가치이념 시리즈 제 1편(가치경제론)

자본가의 임금론

황 정 희 지음

太乙出版社

▣ 머리말

자본가의 노동착취설이나 대기업이 자원 배분을 비효율화시킨다는 기존 경제학의 견해를 정면으로 부인한다

나는 지금 이 글을 쓰면서 새삼스럽게 두 가지 사실에 감사하게 된다.

첫째는 나에게 돈이 없다는 사실이고, 둘째는 권력이 없다는 사실이다. 많은 사람들은 의아하게 생각하겠지만, 나는 진심으로 이 두 가지 현실을 위대한 운명적 선택으로 여기고 있다.

'팔은 안으로 굽는다'는 말이 있듯이, 사람들은 모두 자기 입장에 충실하기 마련이다. 그리고 자기의 입장을 정당화하고 합리화하고 싶어한다. 모두들 부자가 되고 싶지만 어쩔 수 없이 가난한 자도 있기 마련이다. 그리고 그것이 어차피 현실이라면 가난을 차라리 옹호하고 싶을 때도 있을 것이다. 그래서 자신을 청렴의 표상으로 포장하려는 마음은 어쩌면 인지상정일지도 모른다.

돈 많은 사람들은 무언가 부정한 방법으로 재산을 모았을 것이라고 추측하게 되며, 또 많은 경우 그것이 사실이기도 했다. 일부 과장된 면이 없지 않아 있지만, 부자에 대한 빈자(貧者)들의 비난과 원망이 상당히 정당하게 들린 적도 있다. 그리고 언제나 그러하듯이, 부자에 비해 상대적으로 빈자들의 수가 많기 마련인데, 그 많은 빈자들의 지지를 받기 위해서라도 정치인들이 옹호해야 할 입장은 이미 정해져 있었다. 물론 과거에는 빈자들의 논리에도 설득력이 있었기 때문에, 비록 이미 정해진 입장을 옹호한다고 할지라도, 그것이 학자의 양심을 크게 손상시키지는 않았다.

하지만 좀 더 냉정하게 문제에 접근하여 올바른 관찰을 해 보면, 진실은 너무나도 크게 왜곡되어 있음을 발견하게 될 것이다. 요즘에는 좀 덜 하지만 불과 얼마 전까지만 해도, 비록 그것이 학자의 양심에서 우러나온 말이라 하더라도 그것이 빈자의 입장과 상치될 때는 성난 군중들로부터 어용으로 매도당하기 십상이었다. 진정한 학자의 양심으로 말하더라도 그것이 빈자의 입장과 상치될 때는 어용학자나 악덕 기업주의 앞잡이라는 비난을 감수해야만 되었다. 그래서 부자의 입장을 옹호하기는 더 어렵고 무서운 세상이 되어 버린 것이다.

사람에 따라 정도의 차이는 있겠지만, 만약에 그가 명예를 소중히 여기는 자라면 다른 어떤 명분보다도 도덕적인 굴욕감을 가장 수치스러운 것으로 여길 것이다. 즉, 반체제 인사라는 이유로 억압당하는 것은 얼마든지 참을 수 있겠지만, 부정 축재자의 앞잡이라든가 어용인사라는 식의 비난은 정말 견디기 힘든 모욕이 될 것이다. 최악의 경우, 차라리 완전히 무능력한 사람으로 비난받더라도 태연할 수 있겠지만, 비도덕적인 사람으로 평가받는다면 감당할 수 없는 치욕감에 얼굴을 들지 못할 수도 있을 것이다.

그래서 양심있는 많은 학자들은 침묵할 수밖에 없었다. 아니, 솔직히 더 정확하게 표현하자면, 올바른 논리와 입장을 이해하는 학자들은 거의 없었고, 그래서 침묵할 필요도 없었으며, 따라서 그들은 빈자의 입장을 옹호하기만 하면 되었고, 그 덕분에 많은 빈자들의 지지를 확보하여 대중적 인기를 누릴 수 있었던 것이다. 참으로 아이러니컬하게도 권력과 부를 얻기 위해서는 권력과 부를 비난해야만 되었고, 그것이 그 두 가지를 얻을 수 있는 지름길임을 그들은 알고 있었던 것이다. 왜냐하면, 빈자의 수가 더 많기 때문이며, 민주주의에서는 다수가 더 큰 힘을 갖게 된다는 맹점이 있기 때문이다.

나는 앞으로 많은 사람들로부터 비난을 받게 될 것이다. 그렇지만, 내가 어용인사라는 식의 비난에는 두려워할 필요가 없을 만큼 확실한 배경을 가지고 있다. 이것이 바로 내가 앞에서 감사하다고 말 했던 두 가지에 대한 이유이다. 사실 독자들이 저자의 현실이 어떠한가를 안다면, 나의 위치는 충분히 확고하다는 점을 인정할 것이다.

마지막으로 부탁하고 싶은 것은, 이 책을 읽어가다 보면 군데군데 반발심을 일으키고 짜증나게 하는 대목도 있을 것이다. 그러나 끝까지 참고 읽어가다 보면 감사의 마음으로 바뀌리라 믿는다. 왜냐하면 이 책에서 이야기되고 있는 내용이 적어도 진실임이 분명하기 때문이다.

저자가 생각하는 글의 전체 구성은 크게 3부로 나뉘는데, 이 책에서는 제1부만 다루기로 했다. 제1부는 기존 경제학에서 풀지 못하고 있는 여러 경제, 사회 문제와 함께 그동안 복잡한 경제적 이해관계로 인해 불신을 야기했던 노사 간의 임금 문제 등 현실적인 주제들을 주로 취급하였다.

제1부의 목적은 가치 이념을 논하기 전에 기존 경제학의 문제점들을 먼저 지적하고 그에 대한 올바른 해법을 제시하기 위한 것이다. 또, 여러 이해 집단들이 서로의 권익만을 위해서 정당한 방법을 무시한 채 무조건 자신의 입장만 주장하는 것을 해결하고, 혼란과 무지로부터 질서와 규칙을 도출해 내기 위해서이다.

따라서 그동안 자본가가 노동자를 착취한다는 노동착취설이나, 대기업과 독점의 존재가 사회적 부를 억제하고 자원 배분을 비효율화시킨다는 기존 경제학의 견해를 정면으로 부인한다. 사실 자본주의가 발달하면 할수록, 부유한 나라이면 나라일수록 기업 규모가 더 크고 숫자도 더 많다. 조금만 살펴보아도 세계 일류 기업들은 한결같이 선진국이라 불리는 부자 나라에 있음을 알 수 있다. 자본가가 노동자를 착취했다면 자본가들이 많은 선진국의 노동자들이 가장 가난해야 될 텐데도 불구하고 그들은 가장 풍요로운 생활을 하고 있다.

또한, 대기업의 존재는 규모의 경제를 실현시켜 부를 크게 만드는 요소가 되고, 독점력의 존재는 규모의 경제가 이미 실현되어 사회적 이익이 발생되고 있다는 증거임을 이 책은 밝히고 있다. 그러나 이 책에서는 대기업과 독점이 사회적 부를 최대로 하기 때문에 허용하자는 얘기를 하고 있는 것이 아니라 오히려 그 반대의 결론을 내리고 있다.

참으로 아이러니컬하게도, 대기업과 독점의 존재는 경제적 부를 너무 증가시킨다는 점 때문에 규제되어야 한다. 그 이유는, 부의 지나친 증가는 환경 오염뿐 아니라 인간성의 오염까지 가져오기 때문이다. 사실 지나친 부와 여유는 퇴폐적인 향락 문화를 번창시키며, 사회에 기여하는 바가 거의 없는 일부 직종들을 오히려 인기 직종으로 탈바꿈시킨다.

다시 말해서, 지나친 풍요는 근검 절약의 정신과 생활 태도를 비웃고, 귀중한 시간을 어떻게든 허비하지 않고는 견디지 못하는 한심한 사람들을 양산한다. 쉽게 말해서 조금이라도 남는(기다리는) 시간에 대해 자신을 재충전할 수 있는 기회로 생각하지 않고 반대로 사람을 심심하게 만든다고 불평하는 것이다. 그 결과, 없는 편이 차라리 유익한 그러한 일이나 분야에 많은 자원을 투입함으로써 사회적 부를 축내고 낭비하게 만드는 것이다.

전체적으로 제1부의 내용은 이런저런 내용으로 산만한 느낌을 줄 것이다. 더구나, 지나칠 만큼 세밀한 설명은 오히려 단순한 주제와 명쾌한 논의를 어렵고 지루하게 만들 수도 있다. 따라서 제4장과 제5장은 나중에 읽기로 하고 그냥 넘어가는 것도 괜찮을 것 같다.

제4장과 제5장은 내용적으로 좀 지루하고 성격적으로도 다소 독립적인 부분이어서 부록으로 처리할 수도 있으련만 굳이 여기의 목차 순서를 유지했던 것은 저자가 원래부터 갖고 있던 관심의 순서를 존중하는 의미에서 그냥 두기로 했다.

다만 독자들에게 그러한 배경을 주지시킴으로써 읽는 순서의 효율성을 알려두는 바이다. 특히, 제4장 3절과 제5장 1절의 내용은 저자가 보기에도 번거로운 느낌이 들기 때문에 아예 생략하고 넘어가도 무방하리라 본다.

지은이 씀.

■ 서 평

자유주의 시장경제철학에 대한 새로운 시각

강원대학교 경제학과 민경국 교수.

출판사가 '자유주의 경제철학'에 관한 이 책을 이미 평가하여 발간하기로 계획했기 때문에 굳이 이 책에 대한 입론을 별도로 쓸 필요가 있을까 하는 생각이 앞선다. 아무튼 현재 한국 사회에서 진보주의가 또 다시 과거 어느 때보다도 강력하게 대두하고 있는 상황에 비추어 볼 때 이 책은 다양한 계층으로부터 긍정적으로 주목을 받거나, 아니면 반감을 받을 수 있는 책임에는 틀림없다.

이 책은 경영권 문제, 노임문제, 독점문제에서부터 이윤, 지대, 자본문제, 소유권 문제 그리고 심지어 국가 문제에 이르기까지 매우 폭넓고 다양한 현실적인 경제문제들을 다루고 있다.

이러한 문제들은 입이 있는 사람이라면 누구나 한마디씩 할 수 있으리만큼 매우 일상적이고 평범한 주제일 뿐만 아니라 동시에 인류의 지성사에서 유명한 사회철학자라면 다루지 않을 수 없으리만큼 중요하고도 첨예한 이슈들이다.

바로 이러한 이유들 때문에 이 주제들은 그만큼 다루기가 매우 복잡하고 까다로운 주제들이다. 그렇기 때문에 오늘날의 경제학자들이나 지식인들은 이러한 문제들을 회피하거나, 아니면 언론의 눈치를 살피면서 절충적인 방향으로 이들을 해결하려고 한다.

그러나 이 책의 저자는 거침없이 눈치보지 않고, 자신감을 갖고 과감하게 이 까다로운 문제들에 도전하고 있다. 이 경제문제들을, 특히 이 점이야말로 독자가 주목해야 할 바인데, 비용－편익 분석틀이나 또는 수요공급의 틀 내에서 다루고 있는 것이 아니라 비용−편익 분석틀의 저 편에서 그리고 '수요공급의 저 편에서' 다루고 있다. 그러니까 이러한 의미에서 볼 때, 이 책은 '경제철학'에 관한 작품임이 분명하다.

이 책이 돋보이는 것은 우리가 흔히 목격하는 바와 같이 자유주의나 또는 진보주의의 시각에서 그러한 이슈들을 다루고 있는 것이 아니라, 그의 궁극적인 의도는 보다 근원적인 차원에서, 다시 말하면 가치중립적인 차원에서 다루려고 한다는 점이다.

그러니까 위에서 내려다보고 그와 같은 이슈들에 대한 결론을 내리려는 것이 아니다. 만약 위에서 내려다 보고 결론을 내리려 한다면 이 책은 이데올로기라는 비판으로부터 헤어나지 못 할 것이다. 그는 오히려 아래로부터 위로 올라가면서 문제를 접근하고 문제에 대한 결론을 내리고 있는데, 이것이야말로 이 책의 강점이라고 볼 수 있을 것이다. 따라서 이 책은 이데올로기라는 공격으로부터 흔들리지 않고 버티어 낼 수 있는 암묵적이거나 또는 명시적인 강력한 힘을 내포하고 있다.

아래로부터 위로 거슬러 올라가는 과정 그리고 이 과정을 통해 얻은 결론들에 관한 설명은 이 입론에서 생략하고 이 책과 관련하여 우리가 주목해야 할 점은 두 가지이다. 첫째로 이 책은 위에서 언급한 경제문제들에 관한 기존의 이른바 '대중지식' 뿐만 아니라 '지식인의 지식'을 바꾸어 놓고 있다는 점이다. 둘째로 이 책의 결론은 진보주의자들 또는 진보주의자인 것처럼 행세하는 사람들에 대한 선전포고라고도 볼 수 있다는 점이다.

요컨대 이 책은 자기 것은 주지 않고 다른 사람의 것을 빼앗아 가난한 사람들에게 주라고 요구하는 지식인들, 다른 사람의 것을 빼앗아 자신에게 달라고 요구하는 사람들 그리고 이 두 가지 요구를 정치적으로 이용하여 권력과 부를 누리고자 하는 사람들에 대한 도

전장이라고 볼 수 있다.

그렇다고 해서 이 책이 가진 자들에 대한 맹목적인 변론이라고 보아서도 안 된다. 저자는 이 책을 통하여 명예와 인기를 구분하지 못하고 부를 좀먹는 '사이비 가진자들'의 퇴폐적인 소비문화를 가차없이 비판하고 있다.

이상과 같은 의미에서 이 책은 단순히 경제철학이 아니라, 수식어가 붙어 있는, 즉 앞에서 언급한 바와 같이 '자유주의' 경제철학에 관한 서적임에 틀림없다.

이 책은 저자가 의도하고 있듯이 기존의 경제문제들을 밝혀내어 그 해법을 제시하고, 이해 집단들의 무지와 반목에서 비롯된 오늘날 한국사회의 아나키적 상태를 구제할 수 있는 자유주의 사회질서와 이를 위한 규칙을 정립하는데 기여할 수 있을 것으로 여겨진다.

※ 서평자 민경국 교수 소개

1949년 충남 홍성 출생. 서울대 독문과 졸업. 독일 프라이브르크 대학교, 대학원 졸업(경제학 박사). 사회과학 연구소장 역임(1993년). 프라이브르크 대학 객원교수(1995년). 현재 강원대학교 경제학과 교수로 재직중이며 동대학 부설 산업경제연구소 소장으로 활동. 저서 및 역서로는 『헌법경제론』(강원대 출판부), 『신정치경제학』(도서출판 석정), 『진화냐 창조냐』(한국경제연구원), 『시장경제의 법과 질서』(자유기업 센터), 『아담스미스의 도덕감정론』(비봉출판사 : 공역), 『하이에크의 법, 입법 그리고 자유』(자유기업센터), 『하이에크의 자본주의냐 사회주의냐』(문예출판사)가 있다.

■ 추천사

동정을 권리로 생각하는 오류에서 벗어나야 한다

자유기업센터 공병호 소장.

다수(多數)가 옳다고 믿는 것이 항상 올바른 것은 아니다. 다수가 잘못 생각할 수 있고 잘못 행동할 수 있다는 것을 지적할 수 있는 사람은 어느 사회든지 간에 소수이다. 특히 한국 사회처럼 평등주의적인 성향이 강한 사회일수록 소수의 입장에서 무엇인가를 이야기하는 일은 쉬운 일이 아니다.

이 책은 보통 사람들이 갖고 있는 경제상식 흔히 대중경제지식(大衆經濟知識)이라고 불리는 것에 대해서 과감한 의문을 제기하고 있다. 어느정도 용기없이 내놓기 힘든 내용들이 이 책에는 듬뿍 들어 있다.

저자는 어느 대학의 저명한 교수도 아니고 그렇다고 해서 어느 연구소의 알려진 유명인도 아니다. 보다 나은 사회를 위한 다양한 운동들에 참여하면서 느낀 의문을 풀기 위해서 이 책을 시작했다는 점을 분명히 밝히고 있다. 그리고 이 책이 자신에게 가져다 줄 비난도 떳떳하게 받아들일 것을 다음과 같이 말하고 있다.

"돈 많은 사람들은 뭔가 부정한 방법으로 재산을 축재했을 것이라는 기대를 갖게 하며, 또 많은 지적이 사실이기도 했다. 사실 일부 과장된 면이 없잖아 있지만, 그래도 과거 부자에 대한 빈자들의 비난과 원망은 상당히 정당하게 들렸었다. 하지만 좀더 냉정히 문제에 접근하며 올바른 관찰을 통해 보면, 진실은 너무나도 크게 왜곡되어져 있음을 발견하게 될 것이다. 요즘에는 좀 덜

하지만, 불과 얼마 전까지만 해도 비록 그것이 학자의 양심에서 이루어진 말이라 할지라도 그것이 빈자의 입장과 상치될 때는 성난 군중들에게 어용으로 몰아 부쳐지기가 십상이었다."

저자의 말처럼 이 책은 학자라면 좀처럼 언급해서 별반 남는 것이 없는 내용들을 담고 있다. 이해관계가 없는 사람들 입장에서 이런 유형의 주장을 펼치다 보면 비난과 오해를 받기 쉽다.

'임금은 노동(력)의 대가가 아니며 경영권이란 위험부담에 대한 보상 혹은 대가이다'. 때문에 경영권이란 자본이 있어야 가질 수 있는 의사결정권이라고 말하면, 이 사회에서 비난을 덮어 쓸 각오를 해야 한다. 특히 노동조합에 의한 경영참여가 지고지순(至高至純)의 것으로 간주되는 사회적 분위기를 고려한다면 비난받을 각오를 하지 않고서 내놓기 힘든 주장이다. 물론 저자의 주장은 명백한 진리임에도 불구하고 말이다.

저자는 여기에서 한 걸음 나아가 '동정을 권리로 생각하는 오류'에서 한국인들이 벗어나야 한다고 주장한다. 구체적인 사례로서 일한 만큼 임금을 받지 못한다는 오류를 굳게 믿는 사람들, 임금이 노동의 대가라고 주장하는 사람들, 그리고 동정을 권리라고 항변하는 사람들의 각성을 촉구하고 있다.

여기서 한 걸음 나아가 '독점은 위대하며, 살아남은 것은 이긴 것이며, 그리고 부의 불균형이란 자연의 순리일 뿐이다' 라는 주장을 듣는 사람이라면, 저자를 자본의 앞잡이라고 오해할 수도 있을 것이다.

그러나 이런 오해를 불식시키기라도 하듯 저자는 자신의 처지를 이렇게 분명히 밝히고 있다.

"내가 지금 이 글을 쓰면서 새삼스럽게 두 가지 사실에 감사하게 된다. 첫째는 내가 돈이 없다는 사실이고, 둘째는 권력이 없다는 사실이다. 많은 사람들이 의아하게 생각하겠지만, 진심으로

난 이 두 가지 현실을 위대한 운명적 선택으로 여기고 있다."

5여년 간의 고민 끝에 그 연구의 결과물로 탄생한 것이 이 책이다. 그러나 이 책 역시 완전한 것이라고 할 수는 없을 것이다. 열정이 앞서다 보면 논리적 치밀성이 결여될 수도 있기 때문이다. 다만 필자가 저자의 저서를 여러 사람들에게 권하고 싶은 점은 다수가 믿는 것 가운데 잘못된 것이 너무나 많다는 점 때문이다.

이 책은 독자들에게 이 사회에서 유행하고 있는 주장이나 논리들 가운데 얼마나 많은 것들이 잘못된 것인가를 명백히 밝혀줄 것이다. 아무쪼록 이 땅에서 일어나는 다양한 경제현상의 옳고 그름에 관심을 가진 사람들에게 일독(一讀) 을 권하고 싶은 책이다.

※ 추천자 공병호 소장 소개

1960년 경남 통영 출생. 고려대 경제학과 졸업. 미국 라이스대학 경제학 박사. 국토개발 연구원 책임연구원. 한국경제연구원 연구위원. 대표적 저서로는 『기업가』(1998), 『당신의 상식 바꿔야 한다』(1998), 『시장경제와 그 적들』(1997), 『시장경제란 무엇인가』(1996), 『갈등하는 본능』(1996)이 있다.

◈차 례◈

❑ 머리말/ 자본가의 노동착취설이나 대기업이 자원배분을 비효율화시킨다는 기존 경제학의 견해를 정면으로 부인한다 …… 7

❑ 서평 (강원대 경제학과 민경국 교수) / 자유주의 시장경제철학에 대한 새로운 시각 …… 12

❑ 추천사 (자유기업센터 공병호 소장) / 동정을 권리로 생각하는 오류에서 벗어나야 한다 …… 15

제1장 임금은 노동(력)의 대가가 아니다 …… 23

◆ 제 1 절 노동(력)만으로 발생하지 않는 소득 …… 23
◆ 제 2 절 필요하다고 요구할 수는 없다 …… 29
◆ 제 3 절 자본임금과 자동화 …… 35
◆ 제 4 절 자본을 투자한 대가의 보장 …… 40
◆ 제 5 절 경영권이란 위험부담에 대한 보상대가 …… 48
◆ 제 6 절 임금은 자기결정권을 위임한 이자 …… 55
◆ 제 7 절 자본이 있어야 가질 수 있는 의사결정권 …… 62
◆ 제 8 절 이자는 효용선택권을 위임받은 대가 …… 68

제2장 오류의 근원 …… 76

◆ 제 1 절 오류에 이끌리는 이유 …… 76

◆ 제 2 절 노동만이 자본의 근원이라는 오류 ····· 80
◆ 제 3 절 결과를 현재의 원인에서만 찾으려는 오류 ····· 83
◆ 제 4 절 결과론적 해석방법의 오류 ····· 89
◆ 제 5 절 동정을 권리로 생각하는 오류 ····· 95
1. 일한 만큼 임금을 받지 못한다는 오류 ····· 98
2. 임금이 노동의 대가라는 오류 ····· 104
3. 동정을 권리로 생각하는 오류 ····· 107

제3장 독점은 위대하다 ····· 112

◆ 제 1 절 부의 불균형과 인간의 자본착취 ····· 112
◆ 제 2 절 부의 불균형은 생산력 극대화 효과 ····· 118
◆ 제 3 절 부의 불균형, 그것은 순리이다 ····· 121
◆ 제 4 절 독점과 규모의 경제 ····· 126
1. 기존 경제학의 오류 개관 ····· 127
2. 가격이 낮아야만 독점을 할 수 있다 ····· 131
◆ 제 5 절 살아남은 것, 그것은 이긴 것이다. ····· 140
◆ 제 6 절 독점과 진입규제 ····· 145
1. 정부의 허가제 ····· 147
2. 정부의 특허제 ····· 148
3. 정부의 직영업체 ····· 149
4. 정부의 진입규제 ····· 150

제4장 인플레이션의 숨겨진 의미 ····· 154

◆ 제 1 절 기존의 인플레이션 이론 개관 ····· 154
1. 미시 경제학적 분석 ····· 154
(1) 디맨드 풀 인플레이션 ····· 155

(2) 코스트 푸쉬 인플레이션 ……………………………156
2. 거시 경제학적 분석 ……………………………………157
(1) 인플레이션과 실업 ……………………………………157
(2) 스태그플레이션과 갖가지 얼치기 이론들 ………159
◆ 제 2 절 얼치기 이론들의 문제점 ……………………………162
◆ 제 3 절 인플레이션이란 무엇인가? …………………………169
1. 노동과 자본의 관계 ……………………………………169
2. 새로운 이해, 생산인플레이션……………………………172
3. 인플레이션은 일어나지 않았다 …………………………186

제5장 스태그플레이션 ……………………………………………194

◆ 제 1 절 정책 무용론 ………………………………………………194
1. 필요한 것은 인플레이션이다 …………………………194
2. 인플레이션과 실업의 관계 ……………………………197
3. 정부가 할 일은 무엇인가? ……………………………200
◆ 제 2 절 경제학의 잘못된 과제 ……………………………207
◆ 제 3 절 배탈의 원인은 음식이 아니라 과식이었다 ………215
◆ 제 4 절 경기변동 ……………………………………………………220

제6장 이윤(利潤)……………………………………………………225

◆ 제 1 절 이윤의 요소 ………………………………………………225
◆ 제 2 절 위치관계 ……………………………………………………234
1. 지대(地代)……………………………………………………234
(1) 지대 개념의 문제점과 유래 ……………………………234
(2) 경제지대 ………………………………………………………238
2. 지대는 위치 가치 생산의 대가 …………………………243

◆ 제 3 절 이윤을 재론함 ……247
[제7장] 용어정리와 임금의 재론 ……251
◆ 제 1 절 용어구분의 기준 ……251
1. 기준과 원칙 ……251
(1) 생산의 3요소와 개념의 불일치 ……254
(2) 중요한 것은 정의(定義) 자체가 원칙을 지켜야 하는 점이다 ……256
(3) 생산 요소의 조건 ……261
2. 노동 ……263
3. 자본 ……265
(1) 자본의 경제학적 의미 ……265
(2) 자본은 양의 구분이 아니라 질의 구분이다 ……267
4. 위치 ……270
◆ 제 2 절 임금의 철학적 재해석 ……271
1. 총점과 평균 ……271
2. 참여와 기여 ……275
3. 임금 결정과 자본의 역할 ……279
(1) 노동자는 왜 그토록 취직을 원하는가? ……279
(2) 노동만으로 설명되지 않는 임금 ……283
(3) 생산은 현재되지만 생산량은 과거를 포함한다 ……286
4. 인구의 증가와 부의 증가 ……290
(1) 인구 증가가 부에 미치는 두 가지 견해 ……290
(2) 맬더스 인구론의 올바른 비판 ……293
(3) 헨리 죠지의 착각 ……295
[제8장] 소유권과 가치이념 ……300

◆ 제 1 절 상대적 기준으로서의 소유권 ……………………300
1. 소유권의 본질은 우선권이다 ……………………300
2. 1 등은 전승(全勝)이 아니라 우승을 의미한다 ………303
◆ 제 2 절 소유권의 근거로 주장되는 조건과 이유 …………306
1. 인간 중심 사고는 소유권 근거의 제 1 조건 …………306
2. 소유권을 만들어 주는 다양한 소득원 ……………309
3. 자본과 과학기술 ……………………………309
4. 자신의 노동 저축과 선조의 노동 저축 ……………315
(1) 과거 자신의 성공 ……………………………315
(2) 과거 자신의 행운 ……………………………316
(3) 규칙과 행운……………………………………317
◆ 제 3 절 가치이념이 추구하는 소유권 ……………………319
1. 소유권의 주체는 인간 대(對) 인간 …………………319
2. 소유권 발생의 우선 순위………………………………322
3. 가치이념이 추구하는 소유권 …………………………326
◆ 제 4 절 토지 소유권과 지대의 근거……………………327
1. 선점권의 내용과 범위 ………………………………328
2. 선점권의 효용가치 ……………………………………330
3. 지대의 발생과 그 근거 ………………………………331
4. 가치의 해석 방법 ……………………………………333
5. 공동 생산과 공동 분배의 논리적 함정 ……………335
◆ 제 5절 권리보다도 가치를 위해 …………………………337

❑ 에필로그 ……………………………………………………343
❑ 감사의 글 …………………………………………………345

第1章

임금은 노동(력)의 대가가 아니다

제1절

노동(력)만으로 발생하지 않는 소득

임금(賃金)이란 무엇인가 하고 묻는다면 모두들 조금은 의아해 할지도 모른다. 너무나 당연한 질문을 하고 있기 때문이다.

흔히들, 노동을 제공하고 받는 대가가 임금이라고 생각하고 있고, 이것은 또한 직관적으로 얼른 이해가 되는 것처럼 보이기도 한다. 그리고 근로기준법 제18조에서도 '법에서 임금이라 함은 사용자가 근로의 대가로 근로자에게 임금, 봉급 기타 어떠한 명칭으로든지 지급하는 일체의 금품을 말한다'라고 되어 있어서 우리의 이해가 올바르다는 점을 뒷받침하고 있는 것처럼 여겨진다.

즉, 법에서도 임금을 노동의 대가로 지불되는 것이라고 규정하고 있고, 기업주들을 포함하여 많은 사람들도 이러한 정의에 대해 크게 이의를 제기하지 않고 있다.

일반적으로 임금을 노동자의 노동(력)의 대가라고 생각하는 입장에는 노동(력) 그 자체가 고유한 가치, 이를테면 상품의 가격처럼 일정한 가격이 있다는 견해가 반영되고 있다. 그리고 노동가치론을 주장하는 사람들은 한 걸음 더 나아가 노동자들은 그들이 제공한 노동의 대가를 임금으로 다 받지도 못하고 기업주에게 이익을 발생시켜 줌으로써 결국 기업주들만 좋은 일 시켜 주고 있다는 주장의 근거로 이것을 이용하고 있다. 즉, 노동자들은 투자한 노동의 대가를 다 받지 못하고 나머지 많은 부분을 기업주의 이윤으로 착취당한다고 여기는 것이다.

결국 모든 이익의 발생 근원이면서도 그만큼의 대우를 받지 못하니 이용만 당하고 있다는 것이다. 그리고 눈에 보이는 우리의 현실이 그렇지 않은가?

직관적으로 얼핏 생각해 보더라도 기업주의 자본만으로는 상품을 생산할 수 없다. 모든 것은 노동자의 덕분인 것처럼 보인다. 사실 노동자가 이익을 발생시키지 못한다면 어떤 기업주가 노동자를 고용하겠는가? 한 마디로 기업주가 노동자를 먹여 살리는 게 아니라 노동자가 기업주를 먹여 살린다는 것이다.

이러한 논의는 상당히 일관된 체계와 어느 정도의 설득력을 가지고 있는 것처럼 보인다. 그러나 정말 그럴까?

그렇지 않다. 노동자의 노동은 처음부터 어떤 가치나 어떤 상품의 가격처럼 정해진 가치를 가지지도 못하고 가질 수도 없다. 왜냐하면 노동자의 노동이란 그냥 아무렇게나 이루어져서는 생산 활동에 전혀 기여하지 못하고, 따라서 전혀 노동의 가치를 창출하지 못하기 때문이다.

예를 들어, 어떤 노동자가 아무 땅에서나 그냥 땅을 팠다고 생각해 보자. 24시간 동안 거의 쉬지 않고 계속해서 구덩이를 팠다고 하더라도 그 노동자는 땡전 한 닢 벌지 못한다. 운이 좋아서 흙 속에

금덩어리라도 있으면 모를까.

이것은 무엇을 의미하는가?

임금이란 흔히 생각하는 것처럼 단순히 노동(력)만으로 얻을 수 있는 것이 아니다. 다시 말하면, 노동자가 임금을 얻기 위해서는 그것이 생산에 유효하게 기여하여야 하고, 그러기 위해서는 자신의 노동(력)으로 다른 사람의 지시에 따르거나 어떤 시설을 이용해야만 된다. 말할 필요도 없이, 남의 시설을 이용했거나 다른 어떤 것의 도움을 받았다면 그 대가를 지불해야 되는 것은 당연하다.

여기서 우리가 임금이라 부르는 것은 노동자들의 입장에서 보면 그런 것들의 이용 대가를 지불하고도 남은 이익(소득)을 가리키는 것으로 볼 수가 있다.

우리는 '장사를 하려면 밑천이 있어야지' 하는 말을 가끔 들어 왔고, 스스로 그런 말을 하기도 한다. 사실 자본주의 사회에서의 노동은, 그것이 어떤 형태를 취하건 간에, 그 자체가 생산활동의 직접적인 형태로 나타나지는 못하고 반드시 자본이나 자본 시설의 지원을 통해서만 나타난다. 그만큼 자본은 중요하다. 그렇기 때문에 거의 모든 사람들은 본능적으로 많은 자본을 갖고 싶어하며, 또한 그 욕구에는 한계가 없다.

소위 다다익선(多多益善)이란 말은 자본의 경우에 가장 잘 들어맞는 말이다. 왜냐하면, 자본은 많으면 많을수록 생산 활동에 많은 기여를 하여 많은 이익을 발생시키기 때문이다. 그것이 바로 수동으로 운영되는 영세공장보다 완전 자동화된 대기업에서 더 많은 이익을 얻을 수 있는 주된 이유인 것이다.

이처럼 자본은 굉장히 중요하고 필요한 것이지만, 그 양이 제한되어 있어서 인간의 욕구를 충족시키기에는 부족하기 마련이다. 자본이 점차 증대하기는 하지만 그 증대 속도가 무한한 욕구를 충족시키기에는 턱없이 느리다. 그래서 자본을 획득하려는 노력은 인간의 모든 의욕 중에서도 가장 강렬하고 필사적이다. 거기다가 자본은 쉽게 얻어지는 것이 아니고, 그렇기 때문에 더욱 미련을 갖게 만드는 것이다. 즉 자본은 누구에게나 풍족하게 있는 것은 아니며, 또 필요한 만큼 얻기도 결코 쉽지 않다.

일반적으로 자본을 갖지 못한 노동자가 자본의 힘을 이용하여 소득을 얻는 방법에는 크게 두 가지가 있다.

첫번째는 자본을 직접 빌려서 이용하는 것이고, 두 번째는 취직을 하는 것이다.

첫번째 경우는 우리가 잘 알다시피 은행이나 개인으로부터 돈을 빌려서 사업을 직접 경영하는 것이다. 여기서 얻는 순이익은 물론 원금과 이자를 공제한 나머지가 될 것이다.

그런데 두 번째 취직의 경우는 좀 특별하여서 많은 사람들이 오해를 하게 만든다. 그래서 노동자들은 회사에서 벌어들이는 총매출액을 모두 노동자들이 생산한 노동의 결과에 의한 것으로 착각하는 경우가 많이 생긴다. 그러나 자세히 살펴보면 그들의 노동이 자본가의 자본을 이용하고 있음을 알 수 있다. 자본(생산 시설)을 이용한 대가로 소득을 얻었다면 당연히 그 대가를 지불해야만 한다.

여기서 노동자들이 오해를 하고 있는 부분은, 기업주가 총수입 중에서 자본을 이용한 대가와 기타 다른 시설 투자에 소요되었던 경비를 먼저 공제하고 난 다음에 남는 부분을 노동자들에게 임금으로 지급한다는 점이다. 즉, 생산 소득의 몫을 전부 노동의 결과로 착각하고 있는 노동자들의 입장에서 보면 기업주가 자신들의 임금 소득 일부를 빼돌려서 착취하고 있는 것으로 보게 된다는 것이다.

그러나 기업주가 노동자의 노동을 착취한다고 주장하는 일부 운동권 사람들이나 노동가치론자들의 오해를 풀 수 있는 간단한 방법이 하나 있다. 기업주의 자본을 빌리거나 이용하는 대신 노동자의 노동만으로 소득을 얻도록 권유해 보는 것이다. 그런 경우 그 소득은 전적으로 노동자의 노동에 의한 대가가 될 것이며, 따라서 어떤 것도 공제할 필요가 없어진다. 그러나 그것이 얼마나 무모하고 어려운 일인가는 조금이라도 사물을 이해할 수 있는 노동자라면 금방 이해할 수 있을 것이다. 옛날 사람들이 그렇게 힘들여 일하고 후진국 사람들이 그렇게 혹사당해도 생활은 언제나 선진국 사람들보다 가난하다는 것만 보아도 알 수 있다.

흔히들 기업가의 양심에 대해서는 많이 이야기하고 듣기도 한다. 그러나 노동자의 양심에 대해서 말하는 경우는 드물다. 아니, 노동자에게 양심이 있어야 되는 것인지조차 모르고 있다. 그들은 투쟁만이 정의로운 것이라는 억지 주장에 자신들을 맡기고 있다.

도대체 임금의 개념이 이토록 철저히 오해되었던 이유가 무엇인지, 임금이 노동(력)의 대가라는 정의에 대해 어떤 비판도 가해지지 않고 학자들 사이에서조차 별다른 비판 없이 받아들여진 이유가 무엇인지, 사실 신비스럽게 여겨지기조차 한다.

소위 노동운동가라 불리는 사람들의 사상이나 그 지침서들을 살펴보면 곳곳에 너무나 많은 오해가 쌓여 있음을 느끼게 된다. 물론 그들의 입장에서 볼 때는 그것이 오해로 인식되기보다는 오히려 정당하게 여겨질지도 모른다. 그러나, 애초의 출발이 노동자의 권익을 대변하려던 입장이고, 그러다 보니 결국 자신들의 노동 투쟁을 정당화하고, 합리화시키는 필연적인 결론으로 이어질 수밖에 없는 구조적 취약점이 처음부터 내포되어 있었던 것이다.

임금 문제에 관해 이처럼 많은 오해가 쌓이게 된 것은 노사 양측이 문제의 본질을 논리적이고 순리적으로 이해하지 아니하고 오직 자신들의 입장만을 고집하다 보니 결국 눈앞에 보이는 밥그릇 싸움으로 변질되었기 때문이다. 그리고 이러한 논쟁은 임금 문제의 핵심을 흐려 놓아 엉뚱한 논점으로 논쟁을 옮겨 놓고 말았다. 즉, 임금을 주고 받으면서도 임금의 근원을 이해하지 못한 결과, 임금의 본질에 대한 논점을 비껴 가고 말았다. 그래서 논리적으로 이해해야 할 논점을 밥그릇 싸움으로 변질시켜 버린 것이다.

사실 노동자들의 임금 인상 투쟁이 겉으로는 정의로운 것처럼 보이지만, 결국 따지고 보면 밥그릇 싸움의 한쪽 입장에 불과하다. 마찬가지로 노동자들의 임금 인상 요구는 생산 비용을 올려 기업 활동을 곤란하게 한다는 기업주들의 주장 역시 또 다른 한쪽의 입장만을 강조하느라 논리적인 설득력이 미약하게 되었고, 그러다 보니 객관성을 잃은 것으로 보였다.

사실 양자 간의 싸움에 있어서 기업주의 입장은 논리적인 관점에서 보면 매우 유리한 위치에 있었지만 그럼에도 불구하고 논리적인 이해의 결여로 인하여 밥그릇 싸움의 수준으로 전락해 버린 것이다.

그렇지 않아도 이러한 논쟁은 논리적인 우위보다도 대중의 감정에 호소하는 여론식 재판으로 전개됨으로써 객관적인 접근을 어렵게 만드는 경향이 강하다. 여론 재판은 언제나 객관적인 논리보다는 주관적인 감정을 앞세우는 특징이 있다.

예를 들어 부자와 빈자라는 두 입장을 해석함에 있어서, 어떻게 해서 부자가 되었고 어떻게 해서 빈자가 되었는지, 또는 그들의 능력이나 노력과 같은 구체적인 원인은 따져보지 아니하고 두 입장의 차이를 무조건 노동력을 착취하는 자와 착취당하는 자로 이해하는 것이 그것이다.

사실 경제 문제를 이해함에 있어서는 인간의 노동 이외에 자본이라는 요소가 굉장히 중요한데, 이것을 무시하고 인간의 노동력만을 강조하고 그것만이 가치를 가진다고 이해하는 것은 진실을 너무나 크게 왜곡한다.

흔히 많은 사람들이 '돈이 돈을 번다'는 말을 한다. 그러나 그것의 진정한 의미를 이해하는 사람은 거의 없다. 단지 도덕적으로 온당치 못하다고 그것을 비난하는 말쯤으로 이해하고 있다.

그것은 상당히 부당한 것이어서 그런 일은 일어나서는 안 되지만, 자본주의 사회라서 어쩔 수 없다는 식으로 그것을 이해하고 있다. 이러한 인식은 정당한 방법으로는 부자가 될 수 없다는 잘못된 논리를 만들어 냄으로써 결국 빈자의 도덕성은 옳고 부자의 도덕성에는 뭔가 부정한 것이 들어 있다는 느낌을 갖도록 한다. 그래서 빈자의 입장은 변호될 수 있지만, 부자의 입장은 변호될 여지조차 차단되어 버리는 것이다.

제2절

필요하다고 요구할 수는 없다

앞에서 임금이 단순한 노동(력)의 대가가 될 수 없음을 말했다. 그런데 이러한 이론적 관점을 파악하지 못하고 일반적으로 널리 알려진 임금이 노동에 대한 보수 또는 대가라는 인식에만 깊이 집착되어 있다보면 또 다른 오류를 낳게 된다. 즉, 임금은 노동의 대가가 아니라 노동력의 대가라는* 주장이 그것이다. 사실 본질적인 이해에 도달하면 그러한 구분 자체가 의미도 없지만, 실은 모두 잘못된 이해이다.

그럼 여기에서 기존의 이해가 왜 잘못되었는지를 살펴보고, 특히 노동이 아닌 노동력이 임금의 대가라는 또 하나의 더 큰 오류를 살펴 보고 논점의 핵심을 정확히 파악하는 기회를 갖도록 하겠다. 더

* 백산문고「임금이란 무엇인가」백산서당, 1983, p.12~15

큰 오류의 주장은 다음과 같은 논리를 바탕으로 시작된다.

일반적인 이해에서처럼 임금이 노동의 대가라면 말할 필요도 없이 노동자는 자기 노동을 기업주에게 팔아서 임금으로 받는 셈이 된다. 그런데 임금을 받기 위해서는 기업주에게 고용이 되어야 하며, 이때부터는 기업주의 지시에 따라 이루어진다. 따라서 노동의 결과 만들어진 모든 제품은 기업주의 것이 된다. 즉, 고용되는 그 순간부터 노동자의 노동은 이미 자기 자신의 것이 아니므로, 기업주에게 노동을 팔아서 노동 대가를 받을 수 없다는 것이다.

그래서 이때 파는 것은 노동이 아니라 노동력이라고 말한다. 그리고 '노동력'이란 인간이 일을 할 수 있는 육체적인 힘과 정신적인 힘을 지칭하는 것이며, 이 노동력이 소비되는 과정이 바로 '노동'이란 것이다. 즉, 노동자는 노동력을 가지고 있지만, 노동은 이미 기업주에게 빼앗겨 자기의 것으로 팔 수 없다는 것이다.

따라서 임금이란 노동자가 일정한 대가로 노동력을 팔고 그 노동력을 소비시킴으로써 노동하게 되는데, 바로 그 대가라는 것이다. 주의해야 할 것은 노동력을 소비하는 과정의 노동이 아니라 노동력 자체의 대가를 지불하는 것이 임금이란 뜻이다.

그러면 노동력의 가치는 어떻게 이해하고 있는가?

그들은-여기서 그들이란 극단적 노동가치론자를 말하며 앞에서 임금은 노동이 아닌 노동력의 대가라고 주장하는 사람들을 포함한다-역시 그들답게 노동력의 가치가 '노동력의 재생산에 필요한 노동 시간에 의해 결정'되는 것으로 이해하고 있다. 물론 이러한 해석이 얼마나 단순하고 잘못된 이해였는지는 후에 알아보기로 하고 우선 그들의 입장을 계속 청취해 보자.

'재생산'이란 말 그대로 다시 되풀이하여 생산하는 것을 말한다. 노동력은 살아있는 인간에게만 있으며, 노동력의 재생산이란 지속적인 노동을 할 수 있도록 유지시켜 준다는 말이다. 그리고 노동 시간이란 노동자가 자기 자신 뿐 아니라, 가족을 유지하기 위해 필요한 생산물자를 얻기 위한 노동 시간으로 결정된다는 주장을 펴고 있다.

무슨 말인가 하면 노동자가 지속적인 노동력을 가질 수 있도록 하려면 먹고, 입고, 자고, 쉴 수 있어야 한다는 것이다. 그래야만 다시 일할 수 있는 노동력을 유지할 수 있다는 논리다. 그 뿐 아니라 새로운 사회 환경에 적응하고 고급 노동력을 얻기 위해서 교육 훈련이 필요하다. 또한 노동자는 그 가족을 부양해야 되며, 그래야만 그 가족들도 노동력을 유지할 수 있기 때문이다.

여기서 끝나지 않는다. 노동력의 재생산에는 노동자와 그 가족의 의식주는 물론 문화적 혜택도 제공해야 된다는 것이다. 즉, 노동자를 비롯한 온 가족의 충분한 휴식을 보장하는 것은 기본이며, 신문이나 잡지, 그리고 영화나 연극을 볼 수 있어야 하며, 라디오나 TV를 구입할 수 있어야 하고, 심지어 아이들의 교육까지 시킬 수 있는 것까지 포함되어야 한다는 것이다.

솔직히 저자 역시도 노동자 계층에 속하지만, 이 정도의 요구를 듣고 나니 부자되기가 오히려 겁난다. 사실 기업주가 노동자들에게 이 많은 요구 조건을 다 들어 주려면 부도가 나도 몇 번은 나야 하기 때문이다. 그럼 지금부터 이러한 요구 조건의 논리가 과연 근거가 있는지 알아보도록 하자.

우선 먼저 지적할 것이 있다. 임금이 노동이 아니라 노동력의 대가라는 주장을 바탕으로 하는 이론, 즉 마르크스의 공산주의에서 사상의 기초를 이루는 노동가치설의 허구를 먼저 인식하도록 하자.

임금이 노동(력)의 대가라는 일반적 인식이 잘못되었다는 것을 깨닫게 하기에 그토록 어려웠던 이유 중의 하나는 노동가치설의 믿음이 그만큼 강하게 작용했다고 볼 수 있다.

얼핏 보기에 임금은 단순히 노동(력)의 대가로 이해된다. 그러니 노동 시간이 길면 길수록 임금도 많아지는 것은 당연한 해석이다.

그래서 노동이야말로 가치의 기준이며 척도가 된다. 바로 이러한 인식을 바탕으로 노동가치설이 주창되었으니 맹신에 가까운 지지를 얻게 된 것도 무리는 아니었을 게다.

그러나, 앞에서 알 수 있듯이 조금만 생각해 보면 노동만이 가치 있는 것은 아니며, 오히려 자본이 더 중요한 역할을 하고 있음이 밝혀진다. 게다가 노동은 그 가치의 종류가 달라서 단순히 노동 시간만으로 가치를 평가하는 것은 대단한 오류에 빠지게 된다.

이를테면, 단순노동이 있는가 하면, 고도의 숙련도를 요하는 기술이 있으며, 또 사무직 노동이 있고, 그 중에서도 고도의 지식을 요하는 전문직이 있다. 그뿐인가? 우리가 알다시피 엄청난 직종이 있으며, 그 역할이나 기능도 다르다. 게다가 소위 전문직이라 불리는 직종은 많은 공부와 연구를 필요로 하는 것이 많으며, 일반적으로 전문직을 얻기까지는 많은 시간과 교육비가 투자되기 마련이다.

이처럼 어렵게 기반을 다져야만 구할 수 있는 직종은 그 만큼 노동가치가 있다고 볼 수 있다. 더구나 전문직은 단순히 시간과 교육비의 투자만으로 가능할 수 없으며, 개인적 능력이나 노력이 더 중요하게 작용되므로 그만한 대우가 주어져야만 되는 것이다. 즉, 노동의 가치가 단순히 노동 시간만으로 측정될 수 없다는 것은 명백하다.

그렇다면 임금이 노동의 대가가 아니고 노동력의 대가라는 주장은 또 무슨 도깨비 방망이 같은 소리인가?

원래 노동가치설은 노동의 가치만을 강조하다가 논리적 오류에 빠지게 되었으며 그 오류로부터 벗어나기 위해 생각한 것이 바로 그 요상한 논리의 등장인 셈인데 알고보면 자신들의 논리적 합리화에 불과하다. 즉 노동의 가치만으로는 논리를 다듬을 수 없게 되자 전혀 엉뚱한 이유를 내세우고 있기 때문이다.

예를 들면 손님이 1000원의 돈으로 2000원짜리의 상품을 요구하는 격인데 그 이유인 즉, 그 물건을 구입하기 위해 상점까지 오느라고 이미 1000원에 해당하는 추가비용을 교통비 또는 시간으로 지불했기 때문이라면 어떤 느낌이 들까? 만약 이러한 논리가 옳다고 느껴지는 독자가 있다면 이 책을 덮어 주기 바란다. 서로에게 배울 것은 아무것도 없다는 증거일 뿐이다.

생각해 보라. 대기업가가 아닌 평범한 사람들도 한 두번쯤은 다른 사람을 고용해서 일을 시켜 보았을 것이다. 당연하겠지만 혼자서 충분히 할 수 있는 일이라면 남을 고용하지 않는다. 고용할 이유도 없겠지만 우선 비용이 들기 때문이다. 소득을 혼자서 독차지해도 부족하다고 여기는 상황에서 다른 사람의 일자리를 배려하고 소득을 나누려 할 사람은 없지 않겠는가?

그런데 여기서 주목할 부분은 설령 남을 고용한다 할지라도 그것은 혼자서 일을 모두 처리할 수 없기 때문이지 자신의 노동력 재생산을 만족할 만큼의 소득이 보장된다는 뜻은 아니다. 다시 말해서 혼자서 일을 다하여 소득을 독차지해도 노동력 재생산에 필요한 만큼의 소득이 보장되지 못하는데 하물며 일을 나누어 한 사람에게 ―이러한 사람을 흔히 노동자라 부른다 ―그것을 보장해야만 된다는 논리는 도대체 어디서 비롯된 것일까? 개인이 하는 일의 범위는 별탈 없이 할 수 있는 최대한의 범위에서 ―고용주는 임금비를 줄이기 위해 종업원의 수를 최대한 줄이려 하기 때문이다. ―노동량이 정해지는 것이지 모든 노동자의 노동가치가 노동력 재생산 수준의 능력을 보장하기 때문은 아니다.

쉽게 말해서 자기 일을 혼자 다하고 그 소득을 전부 자신의 몫으로 가져가는 것과 생활수준의 보장과는 아무런 관계가 없는 것이다. 잘 알겠지만 원래부터 돈이 많은 일부 사람을 제외하고는 모두들 직장을 원한다.

실제로 대부분의 경우 무일푼의 사람이라면 혼자서(회사의 노동착취가 없는 상태에서) 일하려 하지 않고 회사에 취직하려고(노동착취를 당하려고) 노력한다. 그런데 그런 사람을 취직시켜 주면 나중에는 고마움을 잊어버리고 노동착취를 당했다고 불평한다. 물에 빠진 사람 건져주니 보따리 내놓으라는 격이다.

우리가 알다시피 모든 노동자들은 입장이 다르다. 부양가족이 있는 노동자가 있는가 하면, 없는 노동자도 있다. 또, 부양가족의 수도 다르다. 어디 그뿐인가? 각 개인의 취향이나 문화적 습관도 다르며, 교육비의 지출이나 환경 여건도 다르다. 때문에 노동자마다 필요한 지출 크기가 다르며, 각 소비성향도 다르기 마련이다.

그런데, 만약 노동자 각 개인의 노력이나 능력에 관계없이 노동자의 주관적인 입장에 따라 임의적인 임금이 결정되어진다면, 누가 열심히 일하려 하겠는가? 아마도 생산 가치를 높이려는 노력보다는 보다 많은 혜택을 받으려는 노동자의 이기심만을 자극할 것이다.

요컨대, 임금의 결정은 기업주에게 실질적으로 기여한 가치의 대가이기에 기업의 입장에서 결정되어야 되는 것이다. 만약, 더 많은 돈이 필요하다면 더 많은 일을 하든지, 더 가치있는 일을 하여 돈을 마련하는 것이 도리이다. 따라서 비록 더 많은 돈이 필요하더라도 노동자가 요구할 수 있는 임금은 자신의 노동이 기여한 가치 몫뿐이다.

예를 들어, 부양가족이 많고, 집이 멀기 때문에 또는 교육비가 많이 들고 취미 활동이 다양하여 소비성향이 높다고 해서 남들보다 더 많은 임금을 요구할 수는 없다. 단지, 그것은 개인적 사유일 뿐 정당한 권리의 근거가 될 수는 없다.

그럼 앞에서 언급된 자본이 없는 노동자가 자본을 빌려 장사를 통해 소득을 얻는 방법과 취직을 통해 소득을 얻는 방법의 차이점은 무엇인가 알아보자. 아시겠지만, 남의 자본을 빌려 장사를 하면 남에게 구속되지 않고도 독자적인 경영을 할 수 있다. 대신에 이자와 원금을 갚아야 되는 책임이 있다. 게다가 경영 상태에 따라 손해볼 수도 있고, 성공할 수도 있는 부담을 안고 있다. 한마디로 불안한 것이다.

반면에 고용이 된다는 것은 기업주의 지시에 따라 일을 해야 된다. 그 대신 위험 부담이 없다. 다시 말해서 일정한 수입이 보장되고, 생활이 안정된다. 말할 필요도 없이 기업주의 자본이나 생산 시설을 이용하여 일정한 임금 소득을 얻으면서도 이자나 원금을 갚아야 되는 책임이 없다. 모든 책임은 기업주에게 주어지는 것이다. 그것이 회사가 망하거나 부도가 났을 경우에 그 책임의 소재를 기업주가 지게 되는 이유가 된다.

그렇다면 회사가 잘 되어 큰 부를 축적했을 때도 그 공은 기업주의 것이 되어야 마땅하다. 하지만, 많은 사람들은 이 경우 기업주는 노동자들에 의해 발생한 이익을 혼자서만 부당하게 독식하는 것으로 해석하기가 일쑤다. 그래서 잘 되던 회사가 갑자기 어려워져 문을 닫게 될 형편에 처했을 때 노동가치론자들은 이렇게 항의한다.

'지금까지 노동착취를 통해 부당 이익을 올려 놓고는 이제 와서 회사가 어렵다고 무책임하게 문을 닫으려 하는 것은 용납할 수 없는 처사'라는 것이다. 그렇지만 그러한 항의에 앞서 노동자 덕분에 회사가 잘 되었다는 논리는 회사가 어려울 때의 책임 역시 노동자의 몫으로 돌아간다는 사실을 알아야 한다.

자본 임금과 자동화

우리는 지금까지 노동 임금이란 용어에는 여러 번 접해 왔기 때문에 엄밀한 이해의 여부를 떠나 상당히 익숙해져 있으나, 자본 임금에 대해서는 생소하게 여겨질 것이다. 그도 그럴 것이 자본 임금이란 용어가 여기서 처음으로 엄밀한 정의에 따라 사용되고 있기 때문이다.

앞에서 여러 번 지적되는 동안 대충 짐작했듯이 상품의 생산에는 노동과 함께 자본이 필요하다. 그리고, 노동의 대가로서 노동 임금이 주어지듯 자본의 대가로서 자본 임금이 주어진다. 이렇듯 자본 임금은 막연한 추상적 개념이 아니라 노동 임금과 같이 현실적이고도 구체적인 개념이다. 다만, 임금이 노동의 대가라는 이해에만 너무 익숙해져, 노동임금만이 임금을 뜻하는 전유물로 인식되어 임금의 깊은 이해에 도달하기 어려웠던 것이다. 그리고, 자본 임금의 존재는 그동안 잊혀진 채 있었던 것이다.

더우기 자본의 중요성을 알고 있다해도 노동의 중요성은 훨씬 더 부각되었으며, 여전히 추상적 비교에 머물렀다. 그리고, 자본과 노동을 비교함에 있어 단순히 외형적인 평가를 내릴 수 없는 보다 중요한 요소들이 간과되었다. 즉, 자본과 노동의 기여도는 일률적으로 평가될 수 없으며, 그 양이나 질에 따라 달라진다는 점이다.

다만, 유의할 것은 생산성이 높을수록 자본의 기여도 역시 커지게 되며, 따라서 대기업 종업원들이 영세기업 종업원들보다 더 많은 임금을 받을 수 있게 된다는 사실이다. 물론 자본만이 생산 가치를 가질 수는 없으며, 노동 역시 중요한 요소이긴 하나 기여도에서 자본이 앞선다는 뜻이다.

왜냐하면, 노동이란 소유 방식에 있어서 큰 편차를 보이지 않지만, 자본은 특성상 생산이 가능한 것이어서 소유량의 편차가 크다는 점이다. 그리고, 이 점은 생산 활동에 있어 자본의 기여도를 더욱 높이게 하는 요인이 되고 있다. 즉, 인간의 무한한 물질적 욕구를 충족시킴에 있어 각 노동자의 노동 기여도는 한계가 있는 반면,

자본은 얼마든지 늘릴 수 있는 가능성 때문에 그만큼 그 역할도 늘어나게 된다는 사실이다.

또 하나 유의할 것은 노동자가 소득을 얻기 위해 자본을 이용－회사의 취직이 여기에 해당－하는 것이 정당하듯이 마찬가지로 기업주가 더 큰 부를 창출하기 위해 노동을 필요로 하는 노력도 정당하다. 그렇다면, 기업주가 노동자의 노동을 이용해 부를 쌓았다고 해서 기업주의 노동 착취가 있었다는 해석은 잘못되었다. 왜냐하면, 노동자가 기업주의 자본을 이용해 소득을 올렸다고 해서 아무도 노동자의 자본 착취라고 해석하지 않기 때문이다.

사실 노동자와 기업주는 서로가 서로를 이용하고 있으며, 또 필요로 하고 있다. 어느 쪽도 손해보지 않으면서 이용당하는 셈이다. 그리고, 기꺼이 이용당하는 역을 자처하고 있는 것이다.

일반적으로 이해하고 있듯이 일정한 자본에 대해 노동이 투자되면 소득이 발생하게 된다. 그리고 노동의 질이나 양에 따라서 소득의 크기에도 영향을 받는다는 것은 주지의 사실이다. 그것이 정말 사실이라면 마찬가지로 일정한 노동에 대해 자본이 투자되면 소득 발생이 가능하다. 당연하겠지만, 자본의 많고 적음에 따라서도 소득의 크기는 영향을 받는다. 이것은 노동과 자본의 외양적인 역할을 구분하는 기존의 사고방식이나 연구 방법이 별 의미없었음을 일깨워 주는 대목이다. 즉, 노동과 자본이란 동전의 앞면과 뒷면의 서로 다른 모습에 불과할 뿐, 본질적인 내용은 같다는 것이다.

이러한 연유로 돈이 돈을 벌 수 있는 정당한 이유를 이해할 수 있으며, 이것이 바로 자본 임금의 한 형태임을 설명하고 있는 것이다. 그렇지만, 많은 사람들이 오해를 하고 있는 부분이 있다. 일반적으로 일을 많이 한 사람이 돈을 많이 벌어야 되는 논리에 대해서는 수긍하면서도 자본이 많은 사람 역시 많은 돈을 벌어야 되는 논리에 대해서는 이상하리만큼 이해력이 부족하다.

그렇지만, 맨손으로 구덩이를 파는 두 사람의 작업량보다도 비록 한 사람이지만 포크레인을 이용하면 훨씬 많은 양의 작업을 해낼 수 있다. 이것은 생산활동의 기여도라는 측면에서 자본이 인간의 노동력에 비해 월등하다는 것을 말한다.

이러한 이유 때문에 많은 사람들이 자본을 소유하려고 노력을 하게 되고, 그 노력은 노동이라는 수단을 통해 조금씩 얻어지기도 한다. 그렇다면 자본을 노동 효과와 질적으로 구분시키려는 시도는 별 의미가 없어진다. 즉, 노동의 결과로 돈을 벌 수 있다면 자본의 결과로도 돈을 벌어야 되는 것은 필연적인 귀결이기 때문이다.

한편 많은 사람들이 오해하고 있는 것은 생산 수단의 자동화로 고용을 감소시킨다는 대목이다. 물론 자본가의 노동 착취라는 이해가 잘못되었음은 그렇다 치고 기업의 자동화가 노동자들의 일자리를 줄인다는 견해는 여전히 논란의 여지를 남기고 있다.

마르크스의 경제학에서는 대충 다음과 같은 논리적 전개를 가진다. 자본가는 자본을 이용한 노동 착취를 통해 많은 부를 축적하게 된다. 그리고 생산 공정의 자동화를 통해 생산성 향상을 가져와 더욱 많은 부를 쌓게 된다. 반면에 노동자들은 노동 착취 때문에 가난에 허덕이고, 게다가 일자리마저 기계에 밀려나 실업자로 전락하고 만다. 실업자가 늘면 더욱 빈곤에 시달려 구매력을 상실하게 된다.

즉, 상품의 공급만 있을 뿐 구매 능력을 가진 소비자가 없기 때문에 상품은 팔리지 못하고 재고로 쌓이면서 경기 침체가 일어난다. 그리고 경기 침체의 장기화는 경제공황을 가져와 노동자들의 불만은 극에 달하여 결국 혁명을 통해 자본주의는 멸망하고 노동자의 세상이 된다는 그럴 듯한 시나리오로 되어 있다.

이처럼 공산주의가 자본주의의 필연적 귀착이라는 주장의 핵심엔 생산 수단의 자동화가 인간들을 실업자로 전락시킨다는 인식을 바탕으로 하고 있으며, 상당한 공감대를 얻어내고 있다. 그러나, 이러한 인식들은 깊은 논리적 검증을 거쳤다기 보다는 다분히 감정적 직관에 의존한 것이어서 조금만 주의를 기울이면 그 오류들은 금방 발견된다.

우선 일자리의 원천이 자본임은 알고 있다. 즉, 실업자의 신세를 면하게 해 주는 것은 노동자가 아니라, 자본가들이기 때문이다. 그리고 자본의 증가는 일자리를 늘리게 하거나 노동자의 소득을 높여 주는 역할을 하게 된다. 그렇다면 생산성 향상도 역시 같은 효능을 발휘해야 한다. 왜냐하면 생산성 향상의 결과는 자본의 증가를 가져오기 때문이다. 따라서 생산 수단의 자동화는 생산성 향상과 함께 일자리를 늘려 실업을 감소시키고, 임금소득을 높인다는 결론에 도달한다.

그럼에도 불구하고 많은 사람들이 반대의 해석으로 기꺼이 접근하는 까닭은 무엇일까?

한 마디로 말하면, 논리적 사고의 부족과 깊은 통찰력의 결여에서 비롯되었다. 즉, 나무만을 보고 숲을 보지 못하는 격이었던 것이다. 왜냐하면 회사의 기계화시설은 그 자체로서 또 하나의 산업을 창조하기 때문이다. 그리고 새로운 산업은 새로운 일자리를 늘리게 되는 것이다.

옛날과는 달리 현대는 수많은 직업이 생겨났으며, 후진국보다 선진국에서 더욱 다양한 직종이 개발되고 있다. 직업의 수가 많다는 것은 그만큼 새로운 일자리도 증가한다는 말이며, 일자리가 새로 생긴다는 것은 임금 소득을 얻을 수 있는 기회 역시 늘어나게 된다는 것을 의미한다. 결국, 직종의 다양화와 직업의 증가는 개인뿐 아니라, 사회적 전체 소득을 증대시키는 요인이 되며, 이는 자본 축적의 직접적 결과인 것이다.

사실 옛날에 비해 오늘날의 높은 문화 생활을 영위할 수 있는 바탕은 과학 기술의 발달에 힘입은 생산성 향상에도 있었지만, 그보다 새로운 산업을 발전시켜 수많은 사람을 먹여 살릴 수 있도록 일자리를 제공한 자본의 기여는 더욱 중요했다 할 것이다. 그런데 많은 사람들이 이러한 논리적 이해를 꺼려하는 것은 소위 '부익부, 빈익빈' 현상의 믿음 때문인데, 이것은 잘못된 이해이다.

물론 상대적 부의 박탈감은 생길 수 있으나, 이것은 어디까지나 감정적 이해일 뿐, 실제로는 부자와 빈자 할 것 없이 모두 조금씩 생활수준은 개선되어 왔으므로 부익부, 빈익빈 현상은 일어날 수도 없고 일어나지도 않았다. 그리고, 빈자가 느끼는 박탈감이란 부의 상대적인 차이에서 오는 일종의 괴리감을 착취의 개념으로 왜곡하였던 것에 불과하다.

왜냐하면, 통상적인 생산 활동에서 새로이 늘어난 부가 그 기여도에 따라 분배되었을 뿐, '한정된 부'의 일방적인 편중이 일어난 것은 아니기 때문이다. 다만, 자본을 가진 자가 더 많은 분배의 몫을 가지는 것은 사실이지만, 이것이 부당할 수는 없다. 단지 노동만을 가지고 생산 활동에 참여한 사람이 받는 몫보다는 자본을 함께 투자한 사람이 받아야 할 몫이 더 커야 되는 것은 너무나 당연하기 때문이다.

자본을 투자한 대가의 보장

앞에서 언급된 내용의 전체적 핵심은 노동자의 임금이 자신의 노동력만으로 얻어진 것이 아니라, 자본의 절대적 협조로 가능하다는 것이며, 더구나 기여도의 측면에서 볼 때, 자본의 가치는 월등히 높다는 점이었다. 그리고, 임금의 계산을 함에 있어 그 기준이란 생활 가능 입장(소비 입장)이 아닌 생산 기여 입장(생산 입장)이어야 한다는 점이었다. 즉, 근로자가 근로임금을 요구할 때 전체 생산에 기여한 자신의 생산 가치만큼만 주장해야지 그렇지 않고 생계 유지를 위해 필요한 만큼은 주어야 한다는 식의 주장을 할 수는 없는 것이다.

물론, 이러한 주장이 도덕적으로는 오히려 호소력을 가질 수도 있지만, 정당한 권리로 주장될 수는 없다. 정당한 권리란 어디까지나 이치에 맞아야 하고 논리에 하자가 없어야 되는 것이다. 예를 들어, 거지가 부자에게 허기를 면하기 위해 음식을 달라고 요청했다고 하자. 이 경우 부자가 취하는 행위를 도덕적인 차원에서 다룰 수는 있지만, 법률적 차원에서 다룰 수는 없다. 부자가 거지의 요청을 꼭 들어줄 의무도 없지만, 거지 역시 자신의 부탁을 강제로 행사할 법적 근거는 그 어디에도 없기 때문이다.

그럼에도 불구하고, 근로자가 자신의 생산 기여도가 아닌 생계 유지 수준을 기준으로 임금을 주장한다면 엄청난 경제 혼란을 야기시키게 된다. 왜냐하면, 각 근로자의 생활 여건이나 소비 형태가 크게 달라서 요구 임금 역시 달라질 수 있고, 이 경우 자신의 실질적인 근로 가치가 무시되어 근로 의욕이 상실되기 때문이다. 또한 근로 가치에 관계없이 근로자의 소비 입장에 따라 임금이 결정되면 많은 근로자들은 생산 활동에 참여하기 보다는 소비 성향을 높이는 일에 더 많은 신경을 쓸 것이 분명하다.[1]

1) 엄밀히 말하여 소비 입장을 임금의 기준으로 삼을 수도 없지만, 설령 그렇게 하고 싶어도 그 기준이라는 것이 없어 임금을 결정할 수가 없는 것이다. 다시 말해서 어떤 것이든 그것이 결정되는 데에는 기준이 있기 마련인데, 소비 입장의 임금 기준이란 것은 사실상 의미없는 기준이기 때문이다. 왜냐하면, 소비 입장의 기준이란 각 소비자마다 모두 다르기 때문에 일반적인 기준 자체가 있을 수 없

또 한 번 강조하지만, 많은 노동자들은 자신의 노동 가치 중 일부만을 임금으로 지급받고 나머지는 기업주의 몫으로 빼앗긴다고 불평한다. 즉, 노동자들은 외형적인 생산 결과를 모두 그들의 노력으로 해석하는 오류를 범하고 있다. 이러한 관점은 노동자의 생산 과정이 기업주의 자본에 전적으로 의존함을 간과하였던 사실에서 비롯된 것이다.

노동자가 노동을 통해 많은 자본을 얻기는 무척 힘들다. 이렇게 얻는 데만도 힘든 자본을 생산 과정에서 별 가치가 없다며 평가절하하는 것은 아무래도 억지에 지나지 않는다. 때문에 높은 가치의 자본을 타인에게 빌려 쓴다면 그 만큼의 편의 제공을 받은 셈이며, 따라서 후일 원금 뿐 아니라 거기에 따른 이자까지 지불할 의무가 생긴다. 그런데 이자 지급의 당위성은 일반적으로 돈을 빌려쓴 대가로서 돈의 가치가 시간이 지남에 따라 작아지는 데에 대한 손실을 보상하는 개념과 많이 관련되어 있다. 그리고, 돈의 가치가 점차 떨어지게 되는 원인은 통상 인플레이션 때문이라고 인식되어 있다. 그러나, 그것은 잘못된 인식이다. 즉, 인플레이션이란 물가가 오름에 따라 발생하는 상대적 화폐 가치의 하락 현상을 지칭하는 용어일 뿐 그 원인과는 관계가 없다.

인플레이션에 대한 이론이나 이자의 경제적 근거에 대해서는 글의 구성상 뒤에서 다시 자세히 설명할 기회가 있으므로, 여기서는 생략하기로 한다. 다만 일반적 수준의 내용으로 부연하자면 인플레이션의 원인 속에 숨겨진 이유는 생산성 향상과 그로 인한 유효 수요욕의 확대 및 대중 소비 증가의 상대적 차이에서 찾을 수 있으며, 심리적 요소도 중요한 몫을 차지하고 있음을 지적하는 것으로 그치

으며, 모든 임금의 기반마저 스스로 파괴하기 때문이다. 즉, 이러한 상황에서는 근로자를 고용하려는 기업자의 의욕을 모두 사라지게 하는 것이다.

겠다.

각설하고 같은 이유로 해서 자본가가 남에게 돈을 빌려 주면 가만히 앉아 놀면서도 이자 수익을 올릴 수 있다. 물론 여기서 이자 수익이라는 용어가 불로소득(不勞所得)이라는 뉘앙스를 주기 때문에 적절한 용어라고 보기는 어렵다. 왜냐하면, 이자의 존재가 필연적이고 너무나 보편적인 당위성에 기초하기 때문이다. 즉, 시간이 지남에 따라 감소하는 자본의 가치를 원래의 상태에 준하게 하는 보상일 뿐, 순수한 의미의 수익으로 볼 수는 없는 것이다.

아무튼 자본가의 이자 수익은 어떠한 형태로 이루어지든 그것에 관계없이 자본을 제공하는 한 이자 수익은 보장되어야 하는 객관적 근거를 가지고 있는 것이다.

따라서, 자본가가 자신의 자본을 들여 회사를 설립했다면 자본가의 소득은 최소한 이자수익보다는 많아야 하며, 또 그래야만 자본가의 자본 투자 의욕을 자극시켜 경제 성장에 도움을 줄 수 있는 것이다.

상식적인 수준에서 생각해 보아도 자본가가 자신의 자본만을 이용해도 이자 수익 형태의 수입을 올릴 수 있는데, 하물며 자신의 자본 외에 자신의 정신적, 육체적 노력은 물론 많은 시간과 정열까지 쏟아 부었다면 그 수입이 이자 수익을 넘어야 하는 것은 너무나 당연한 이치이며, 또 그래야만 논리적으로 납득이 가는 대목이다. 그렇지만 현실적으로 적지 않은 자본가들이 이자 수익의 보장은 고사하고 오히려 엄청난 적자난에 시달리다 자신의 재산마저 모두 날리는 경우를 숱하게 보게 된다.

사실상 자본가는 사업 경영을 통해 이자 수익보다 훨씬 더 많은 이익을 올릴 수도 있는 반면에 더 큰 손해를 볼 수도 있다. 어쨌든 사업 경영의 결정권이 자본가 자신에 달려 있는 만큼 신중한 선택을 하여야 한다. 왜냐하면, 이자 수익보다 못한 사업 경영은 이미 실패한 것이고, 따라서 그러한 선택은 적어도 경제적 의미에서는 잘못된 것이라 할 수 있기 때문이다.

현실적으로 자본가는 아무 노력을 기울이지 않고도 자기의 자본만으로 이자 수익을 올릴 수 있다는 것은 명백한 사실이다. 그럼에도 불구하고 사업경영을 통해 오히려 수입이 줄어들었다면 이것은 분명히 뭔가 잘못된 것이다.[2)]

자본가가 사업 경영을 하면서도 총자산의 이자 수익에 미치지 못하는 수입을 얻고 있다면 어떤 의미에서 볼 때, 자본가의 노동 착취가 아니라 오히려 노동자의 자본(가) 착취가 이루어지고 있는 셈이다. 그러나, 결론부터 말한다면 노동자의 자본 착취 개념은 잘못된 해석이다.

왜냐하면 자본가의 사업 경영에 의해 빚어진 결과이므로 그 책임은 어디까지나 자본가 자신에게 있으며, 따라서 사업의 실패 원인을 노동자의 자본착취 때문이라고 변명할 수는 없는 것이다. 그렇지만, 노동가치론자의 주장처럼 생산활동이 자본가의 자본보다 노동자의 노동이 더 중요하고 큰 위치를 차지한다면 상황은 달라진다. 왜냐하면, 회사의 생산활동이 노동자 덕분에 가능하다는 주장은 동시에 노동자 때문에 회사가 망했다는 책임을 회피할 수 없게 하기 때문이다.

결국 노동자가 노동의 책임을 면하기 위해서는 회사의 경영권을 자본가의 고유한 몫으로 남겨야 하는 것이다. 사실 한 회사가 망했을 때 그 회사에 속한 노동자들이 그 책임을 면할 수 있는 특권은 사업경영권을 가지지 않았다는 사실에서 비롯된 것이기 때문이다.

---

2) 엄격하게 보아 원래 자본의 감소만이 적자라고 생각해서는 안 된다. 사실 겉으로 보아 자본의 현상유지는 물론이고 이자수익 증가에 못 미치는 자본의 증가 역시 알고 보면 적자에 포함된다. 문제는 자본 자체만을 생각해서는 안 되며, 인플레이션에 의한 자본가치손실의 보상이 고려되어야 하고, 그 보상분의 이자수익에 미치지 못하는 자본가의 소득이란 소득으로서의 의미가 이미 없다는 점이다.

원론적인 입장에서 자본을 가진 자가 애초에 사업을 결정할 수 있듯이, 사업 경영권도 자본가의 몫이다. 즉, 자본을 투자한 사람이 자본을 투자하지 않은 사람에 비해 뭔가 더 큰 선택권(결정권)을 가져야 한다는 것은 오히려 상식에 속한다. 그럼에도 불구하고 많은 노동자들이 회사 경영권은 물론이고 인사권까지도 참여해야 한다는 요구는 도무지 상식 밖의 주장이다.

솔직히 자본가가 자신의 아까운 자본을 투자하면서도 독자적인 경영권이나 인사권이 없고 일반 노동자와 별 구별없는 조건으로 고유결정권이 침해된다면 누가 자신의 자본을 투자하겠는가? 이런 상황에서 투자를 한다는 것은 결국 노동자들만 좋은 일 시켜주는 꼴이 되기 때문이다.

이와 같은 사실들을 고려할 때, 임금의 결정은 어떻게 이루어져야 합리적인 결정이 되겠는가?

물론 여기서 보여주게 될 기준[3)]은 일반적 수준에서 순수한 학문의 입장에서 원론적으로 제시하는 것일 뿐 강제성은 없다. 다만, 회사의 모든 결정권이 자본가에게 주어져야 하는 것처럼 그 기준을 변경할 수 있는 권한 역시 자본가의 몫이다. 물론 그 기준이 노동자의 마음에 들지 않는다면 취업을 거부하고 실업자가 될 선택권은 전적으로 노동자 몫이다. 그러나, 일단 취업을 수락했다는 것은 노동자가 스스로 자신의 노동 조건에 동의했다는 의미와 자본가의 경영권을 인정했다는 의미가 함께 포함된 것이라 할 수 있다.

따라서, 노동자는 자본가의 지시에 따라야 하는 의무가 주어지고, 그 의무를 지키지 않는다는 것은 취업을 거부하는 것이나 다름없다. 때문에 노동자가 자신의 취업 조건이나 노동 조건에 불만이

---

3) 근본적인 기준은 아니다. 근본적인 기준에 관해서는 좀 더 뒤에 놀라운 내용으로 다시 등장할 것이다.

있다면 그 불만의 표시로서 직장을 그만두는 결정을 자본가의 동의 없이 독자적으로 행사할 수 있다. 그렇지만 직장에 계속 몸담고 있으면서 무리한 요구를 하여 회사에 손해를 끼칠 권한은 애초부터 노동자에게 없었다. 그럼에도 불구하고 이 무언의 규약은 여지없이 무너지고, 많은 노동자들이 사업주의 지시에 따라야 하는 자신들의 본분을 망각한 채 파업을 일삼으며 회사에 계속 남아 자신들의 직장에 누를 끼치고 있는 것이다.

한편, 자본가에게 경영권이 전적으로 독점되어야 하는 것이 이치에 맞다 하여도 그것이 적용되면 일방적으로 노동자들에게 불리하지 않을까 하고 염려될 수도 있다. 이를테면, 사업주가 터무니 없이 임금을 적게 주겠다면 노동자로서는 속수무책으로 당하지 않겠느냐 하는 점이다. 그러나, 그러한 염려는 크게 우려할 것이 못된다.

그것은 노동자들도 사업주 못지 않는 또다른 강력한 방어 수단을 가지고 있는데, 그것은 다름 아닌 취업거부권을 전적으로 자유롭게 행사할 수 있다는 점이다. 이것은 고용주측에서 마음에 들지 않는 직원이 있다해도 법의 규제 때문에 마음대로 해고할 수 없는 것과 크게 대비되는 대목이다. 더구나 사업주가 적자 상태인 자신의 회사를 더 이상 방치할 수 없어 직장을 폐쇄하고 싶어도 복잡한 법 절차 때문에 생각처럼 쉬운 게 아니다. 게다가 사업주의 선택권은 생각보다 그리 강력하지도 넓지도 못하다. 왜냐하면 고용주가 터무니 없는 조건을 제시했을 때 노동자가 취업을 거부하면 그만이기 때문에 고용주라서 마음대로 할 수는 없다.[4)]

사실 사업주가 회사를 설립한 이유는 자신의 자본과 노동자의 노

---

4) 그럼 다음과 같이 불만하는 독자들도 있을 것이다. 노동자란 사람들은 처음부터 조건이 불리하기 때문에 취업을 거부하고 싶어도 어쩔 수 없이 거부하지 못하는데 그까짓 거부권 하나쯤 가지고 무슨 방어수단이니 운운하면서 말할 수 있단 말인가 하고.....

동을 통해 더 많은 부를 창조하는 데 있으므로[5] 노동자를 유치(고용)하기 위해서는 어느 정도의 양보를 해야만 하는 것이다.

노동자들은 항상 자신들에게 더 많은 임금과 유리한 근로 조건을 제공하는 회사를 선택하기 때문에 고용주가 무조건 낮은 임금만을 제시할 수는 없다. 때문에 사업주의 선택권에도 제한이 가해지는 셈인데, 사실 알고보면 아이러니컬하게도 그들에게 부여된 기본적인 권한이 제대로 지켜지는 예는 현실적으로 거의 불가능하다는 점이다. 왜냐하면 훨씬 더 완화-자본가의 양보에 의한-된 기준조차도 노동자들은 불평의 대상으로 여기고 있기 때문이다.

결론부터 말하면 대부분의 자본가들은 사업 경영을 통해 자기자본에 대한 이자 수익에도 못 미치는 소득을 가져가면서도 노동자의 노동 착취라는 비난을 받기가 일쑤다. 그러면서도 자본가의 도산을 지켜보는 노동자들 중엔 어느 한 사람도 그것을 노동자의 자본 착취 때문이었다고 주장하는 것은 꿈에서조차 알지 못한다.

이쯤하고 임금에 있어 원론적인 기준이 어떠한 요구를 하고 있는지 알아 보자. 우선 임금 산출의 기준이 생산 참여 입장이 아닌 생산 기여 입장이어야 함은 명백하다.

그리고, 다음으로 자본가의 자본 투자에 대한 자본이자 부분을 보장해야 한다. 그 기준은 은행의 예금이자의 평균 수준이라면 문제될 것이 없다. 그리고 자본가에게 보장되어야 할 것이 하나 더 있다. 즉, 돈은 은행에 예치하면 이자가 늘어날 뿐 아니라, 원금의 안정성이 보장된다.

그런데 문제의 핵심은 바로 '어쩔 수 없이 거부권을 행사하지 않는다는 사실' 그 자체에 있다. 즉, 거부권을 사용하지 않는 것은 거부권을 행사해도 더 좋은 생계수단을 찾을 수 없을 때 항상 이루어지는 것이기 때문이다.

5) '부'가 단순히 어느 한 쪽에서 다른 한 쪽으로 이동하는 것이 아니라 전체적으로 늘어나는 것을 말하며, 자세한 설명은 뒤에서 다시 언급된다.

반면에, 자본가가 자본을 투자하여 갖춘 생산 시설이라 하는 것은 사용함에 따라 노후되어 점차 그 가치를 잃어 버린다. 게다가 생산 시설은 사용하지 않더라도 시간이 지나면 저절로 낡아 버려 그것을 유지하는 데만해도 비용이 들게 된다.

어디 그 뿐인가? 더 좋은 성능의 생산 시설이 개발되는 날이면 기존의 시설은 그 길로 끝장이다. 한 마디로 자본가의 사업 결정은 상당한 위험 부담을 처음부터 안고 있는 셈이다.

따라서 생산 시설의 현상 유지에 필요한 최소한의 감가상각비가 자본가에게 보장되어야 한다는 점이다. 왜냐하면 감가상각비란 용어 자체가 기존의 용어이기 때문이다.

이제 또하나 고려되어야 할 것은 자본가의 노동(력)에 대한 임금 부분이다. 자본가도 사업 경영이라는 일(노동)을 하는 만큼 그 일을 한 대가는 주어져야 하는 것이 당연한 이치이다.

사실 지금까지 앞에서 말한 것은 자본을 소유한 자본가가 마땅히 보장받아야 할 부분에 대한 것이므로 순수한 의미의 소득과는 구별된다. 따라서 자본가 역시 회사 경영에 기여한 노동의 대가를 자본이자 수익에 관계없이 별도로 받을 권리가 정당히 주어져야 한다는 점이다.

제5절 경영권이란 위험 부담에 대한 보상 대가

앞절에서 자본가는 자본을 투자한 대가로 사업경영권을 가져야 하고, 또한 자본 이자 수익과는 별도로 회사 영업에 참가한 노력(노동)에 대한 대가의 추가 보장이 있어야만 이치적으로 옳다는 것을 알았다. 그렇지만, 다소 회의적으로 느껴지는 것은 자본가의 경영 수당이라고 할 수 있는 경영에 대한 대가를 도대체 어느 정도로 해야 되는지 불분명하고, 또 그 기준이 불분명하다는 사실은 그 근거 역시 미약하다는 반증이 되기 때문이다.

4절에서는 이 부분의 복잡한 상관 관계 때문에 의도적으로 설명을 피해 왔지만, 이제는 그 관계를 자세히 밝혀야 할 때가 된 것 같다.

앞에서 우리는 자본가에게 보장되어야 할 부분을 일반적인 수준이긴 하지만, 비교적 깊이있게 추론을 하여 왔다. 하지만, 좀 더 근본적으로 분석하게 되면 몇 가지의 오류가 숨어 있음을 지적하지 않을 수 없다.

즉, 자본을 투자한 자본가가 보장받을 수 있는 한계는 사업 경영권과 자본 이자 수익 부분 두 가지 중에서 하나로만 제한되어야 한다는 사실이다. 물론 자본을 투자한 사람이 자본을 투자하지 않은 사람보다 더 많은 혜택이 보장되어야 하는 것은 사실이지만, 어느 한 쪽이라도 그 보장이 이루어지면 다른 보장은 상쇄되어 더 이상의 특권은 명분을 잃어 버리는 것이다.

다시 말해서, 자본가는 자본을 투자한 만큼 자본 이자 수익 보장으로 소득 부분이 더 많아야 한다는 특권은 분명하다. 그렇지만, 그 순간 특권은 이미 보장받을 만큼 보장되었기 때문에 자동적으로 다른 특권은 소멸되는 것이다. 또한 사업 경영권을 자본 투자의 대가로 보장받았다면 이것 역시 자본가의 특권을 모두 이용한 셈이 되어 별도의 특권이 계속 유지될 수는 없다. 즉, 자본가의 소득 부분과 권한 부분 양쪽에서 구별없이 특권을 보장하여 결과적으로 특권이 중복 되었던 것이다.

예를 들어, 어떤 사람이 은행에서 돈을 빌려 쓸 경우 그 돈에 대한 원금 및 이자 부분에 대해서는 갚아야 할 의무가 생기지만, 일단 빌린 돈의 사용 결정권은 전적으로 빌린 자의 고유 권한이다. 사실 돈을 빌려준 은행이라고 해서 채무자의 사업경영에 간섭할 권한은 주어지지 않는다. 다만, 돈을 제대로 갚지 못할 때 그 돈에 대한 부분만 법에 의한 강제 집행 및 재산을 압류할 권리가 있을 뿐이다.

이것이 사실이라면 자본가는 자본 투자에 따른 이자 수익이 보장되는 한 경영권까지 모두 혼자 독점할 근거가 없음은 명백하다. 일반적으로 소득의 보장과 권한의 보장은 이율배반적 관계에 있어 모두 동시에 보장받을 수는 없다. 권한의 보장은 소득보장을 포기함으로써 얻어지고, 소득의 보장은 권한의 보장을 포기할 때 얻어지는 것이기 때문이다.

사실 이러한 경향은 인간관계에서 쉽게 확인할 수 있다. 가령 자신이 남에게 돈을 빌렸을 경우 두 사람의 관계는 단지 채권자와 채무자의 평범한 법률적 관계에 불과하며, 이때 채무자는 원금과 이자를 갚아야 하는 의무가 있긴 하지만, 이것이 지켜지는 한, 두 사람은 동등한 관계에 있다.

그러나, 자신이 남에게 자본을 그냥 무상으로 받을 경우 채무자의 변제 의무는 면제된다. 그 대신 자본을 제공해 준 사람의 영향을 결코 무시할 수 없게 된다. 경우에 따라서는 그 사람에게 종속되는 것을 감수해야 될 때도 있다. 물론 종속을 거부할 수는 있지만, 이 경우 경제적 도움을 아울러 포기해야 되는 것이다.

이러한 사실은 자본가가 이자 수익을 보장받는 순간 다른 조건에서는 일반 노동자와 동일한 조건이 되어야 함을 의미한다. 누릴 수 있는 특권을 이미 모두 누리고 있어 더 이상의 정당한 특혜는 남아 있지 않기 때문이다. 그렇다고 해서 노동자들이 사업 경영권을 가질 수 있는 근거가 있다는 것은 더더욱 아니다. 자본을 투자한 자본가에게도 그 특권의 근거가 미약한 마당에 노동자들이 그것을 요구할 수 있는 논리적 근거가 특별히 있을 수는 없을 것이기 때문이다. 그렇다면 도대체 누구의 몫인가?

지금까지 이 글을 읽어온 독자라면 다음과 같은 추리가 가능할 것이다. 즉, 사업 경영권은 자본가의 몫일 수 밖에 없다. 왜냐하면 자신의 자본을 투자하고도 자본에 대한 이자 수익을 보장받지 못했다면 그 대안으로 사업 경영권이라도 보장을 받아야만 논리적으로 공정하게 생각되기 때문이다. 그런데 안타깝게도 그럴 듯하게 보이는 이 순진한 해석이 엄밀한 논리적 요구조건을 충분히 반영하지 못하고 있다는 사실이다.

여기서 주의할 것은 자본가의 사업 경영권이 투자 자본의 이자 수익을 포기함으로써 얻어지는 것과는 별도의 근거에서 비롯되고 있다는 사실이다. 즉, 자본 이자 수익을 굳이 포기하지 않아도 사업 경영권은 자본가의 고유 권한으로 귀속시킬 근거가 확실하다는 말이다. 따라서 자본가는 두 가지의 특권을 모두 정당하게 가질 수 있는 것이다.

우리는 흔히 권리에 따른 의무를 많이 들어 왔고 또 동감하고 있다. 그렇다면 반대로 의무에 따른 권리가 보장되어야 함도 마땅한 논리적 귀결이다. 권리없는 의무만을 강요한다면 누구나 반발할 것이기 때문이다.

노동자들도 여러 부류의 종류가 있다. 노동자들이라 해서 모두가 같은 조건에서 근무하는 것은 아니기 때문이다. 사무직과 생산직을 구별하는 것이 대표적인 예라 할 수 있다. 그러나, 이것은 좋은 예라고 볼 수는 없다. 노동 방식의 단순한 외형적 구분이어서 근본적이지 못하고, 또 별 의미도 없기 때문이다. 그러면 어떤 것이 근본적인 구분이며, 왜 그 기준의 이해가 중요한가?

결과적으로 얘기하면 크게 영업직과 일반 근무직으로 나누는 것이 보다 근본적이며, 현명한 방법이다. 왜냐하면, 노동 형태의 단순한 구분이 아니고 노동 성격의 질적인 구분이기 때문이다. 즉, 영업직에서는 소위 '외판원'으로 알려진 사람들이 종사하는 영역으로 고정 수입이 보장되지 않는다는 큰 특징을 갖고 있다. 그 대신 영업 결정권을 전적으로 가지고 있으며, 능력에 따라 얼마든지 높은 수익을 올릴 수 있는 가능성이 열려 있다.

영업직에는 외판원 외에도 조그만 구멍가게에서 거대한 자본가까지 포함하는 상당히 넓은 영역에 걸쳐 있으며, 개인의 결정권이 일반 근부자들에 비해 비교적 넓다는 장점을 갖고 있다. 특이한 것은 수입의 보장성이 약하면 약할수록 의사결정권의 범위는 넓고 커진다는 것이다.

그들에겐 강제성도 없지만, 반드시 근무가 주어지는 것도 아니다. 그들은 시키지 않아도 근무를 스스로 찾아야 하는 것이다. 선택권이 많은 만큼 소득을 보장받지 못했기 때문이다. 그래서 많은 노력이 요구되지만, 노력한다고 반드시 소득이 보장되는 것도 아니다.

반면에 일반 근무직은 일정한 임금을 항상 보장받는다. 그리고 해마다 물가가 오르지만 그 때마다 인상을 요구하면 그만이다. 시간만 보내면 언제나 소득이 발생하며, 크게 신경쓰지 않아도 안정된 생활을 보장받을 수 있다. 그렇지만, 안정된 소득의 보장이 아무 대가 없이 저절로 얻어지는 것이 아님에 유의할 필요가 있다. 소득의 보장은 하나의 의무를 요구하고 있으며, 그것은 근로자 자신의 의사결정권을 경영권자에게 위임하는 것을 의미하는 것이다.

사실 근로자의 노동 임금이라고 하는 것은 이렇게 하여 얻은 대가이기 때문이다. 아무튼 임금 이론에는 복잡한 상관 관계를 충분히 이해해야만 설명이 가능하기 때문에 다음 절로 미루고 여기서 강조하고 싶은 대목은 경영권은 자본가 역시 회사 경영에 참여함으로써 받을 수 있는 정당한 근로 임금의 보장이 포기됨으로 얻어진 것이며, 자본 이자 수익 부분이 포기됨으로 얻어진 것이 아니라는 점이다.

그렇다면 자본가는 회사 경영권과는 관계없이 여전히 이자 수익을 보장받아야 하는 근거가 살아있는 셈이다. 왜냐하면 회사 경영권은 자본가의 영업 노력이 임금으로 보장받지 못한 데에 대한 보상의 대가일 뿐, 자본을 투자한 자본가로서 응당히 누려야 할 특혜는 아직 고려되지 않았기 때문이다.

그런데 여기에서 상당히 특이한 결론에 도달해야 되는 상황에 직면하게 된다. 자신의 소득 보장을 포기하려는 용기있는 근로자가 있다면, 그 역시 회사경영권에 도전할 자격이 정당하게 부여되기 때문이다. 그리고 보면 경영권이 굳이 자본가의 고유 영역이 될 필요는 없어지며, 그저 소득 보장만을 포기하면 얻을 수 있다는 것이다.

이러한 결론은 뭔가 의심스러운 느낌을 갖게 하며, 그동안 어렵게 찾아오던 근거조차도 회의를 품게 만든다. 야속하게도 진실은 이처럼 복잡한 관계들 속에 가려진 채 완전한 이해에 도달하려는 사람들에게 엄청난 추론의 과정과 노력을 요구라고 있는 것이다. 솔직히 지금까지 전개해 온 논리들은 핵심을 상당히 비껴나간 것이 사실이며 그 허점을 찾기 위해선 원점에서부터 다시 한 번 점검이 필요하다.

아무리 생각해도 일반근로자가 소득보장을 포기한다는 하나의 대가만으로 회사전체의 경영권을 장악할 수 있다는 것은 분명 어딘가 논리적 결함이 있어 보이기 때문이다.

어떤 사람이 자본이 부족하여 은행에서 돈을 빌려 사업을 시작했다고 가정하자. 이 경우 이 사람은 경영권자이므로 소득에 보장성이 없음은 물론이고, 은행에서 빌린 돈의 원금과 이자를 갚아야 하는 의무가 생긴다.

여기서 중요한 대목은 어떠한 경영권자라 할지라도 자신의 자본이 아닌 남의 자본을 빌려 쓴 경우엔 채무자로서의 의무가 발생한다는 점이다. 이 사실은 경영권자가 경영권을 확보함에 있어 소득 보장의 포기만으로는 얻을 수 없으며, 자본의 소유까지를 책임져야 한다는 점을 알려 주는 것이다. 즉, 자본가가 경영권을 가지는 조건으로 치룬 대가는 소득 보장의 포기와 함께 자신의 자본을 투자하는 것이 포함되어야 하는 것이다. 사실 자본의 토대가 없는 경영권은 세상 어디에도 찾을 수 없다.

따라서 그동안 문제가 되어 온 일반 근로자의 경영권 참여 요구[6]는 전혀 설득력이 없고, 근거가 없었다는 것이 밝혀진다.

굳이 일반 근로자의 자격으로 경영권을 갖고 싶다면 자본을 스스로 소유하는 길밖에 없다. 그런데 자본이 없는 상태의 일반 근로자가 회사 경영에 참여했다면 경영 참여의 대가로서 오히려 회사 자본 규모에 해당하는 원금과 이자까지 물어내야 한다. 왜냐하면, 다른 자본가들 역시 경영 참여의 대가로서 이미 똑같은 의무를 다해 왔기 때문이다.

---

6) 매스컴의 보도에서 흔히 접해 왔지만, 일반 근로자들은 임금 투쟁과 함께 회사 경영권 또는 인사권의 참여를 요구 조건으로 파업 투쟁을 일삼곤 한다. 물론 지금까지도 이것을 약자의 애교 정도로 가볍게 생각했던 것이 사실이다. 그렇지만, 이는 노사관계의 근본을 왜곡하고 있는 것이다. 이는 마치 은행에서 돈을 빌려 쓰고 원금과 이자를 못 주겠다는 식의 억지다. 솔직히 자본가들이 스스로 경영권을 얻기 위해 그 아까운 자본을 투자하고서야 가능했는데 노동자들은 아무 자본 투자도 없이 경영권을 공짜로 가지겠다는 것은 도무지 상식 밖의 욕심이다.
조금만 입장을 바꾸어 생각하면 금방 답이 나온다. 사실, 우리 주위에는 돈있는 자본가만 있는 것이 아니라, 돈없는 자본가들도 많다. 그들은 부족한 자본을 은행에서 빌려가며 사업을 유지하게 된다. 바꾸어 말하면 경영권을 가지는 대신 은행에 원금과 이자를 갚아야 하는 의무를 엄격히 적용받고 있다는 말이다. 누구는 이토록 어렵게 하여 얻은 경영권인데 누구는 그냥 달라고 하니 말문이 막힌다.

요컨대 경영권에는 다양한 종류와 그 권한의 정도가 각기 다르기 마련인데, 그것이 전적으로 자본에 영향을 받는다는 것이다. 즉, 자본이 많은 대기업의 사장이 중소기업의 사장보다 더 큰 영향력을 행사할 수 있는 것도 바로 그 이유 때문이다.

다시 한번 강조하지만, 경영권의 논리적 근거는 소득 보장의 포기에서 비롯되었지만, 그 권한의 크기는 자본의 소유 정도에 따라 결정되는 것이며, 이는 소득 보장의 포기가 경영권을 얻기 위한 필요조건일 뿐 충분조건은 아니라는 말이다. 결과론적으로 경영권이란 이러한 위험 부담을 모두 안게 된 일종의 보상 대가인 셈이다.

제6절

임금은 자기 결정권을 위임한 이자

알다시피 임금에 관한 논의는 이 책의 서두에서부터 문제삼아 왔다. 그렇지만, 문제의 복잡한 관계 때문에 의도적으로 그 관계를 밝히지 않았고, 다만 일반인들이 범하기 쉬운 몇 가지 잘못된 접근에 대해 주의를 환기시키는 수준에서만 다루어 왔다. 그러나, 이제 어느 정도 기초가 다져진 것으로 여겨져 그 진실의 내막을 살필 때가 온 것 같다.

앞에서 누차 강조했지만, 임금을 단순히 노동(력)의 대가라고 볼 수는 없다. 만약, 임금이 노동(력)의 대가라면 노동자는 아무 노동이나 하여도 먹고 살 수 있어야 한다. 하지만, 그냥 의미없이 땅을 파는 노동은 노동력의 소모만을 가져올 뿐 소득을 보장하지 못한다. 그런데 그것이 사실이라면 기계야말로 정말 임금을 받아야 하지 않겠는가? 왜냐하면 사람을 이용하는 것보다 기계를 이용하는 편이 훨씬 많은 양의 노동효과를 가져 오기 때문이다.

그럼 더 많은 노동을 하고서도 기계들은 임금을 받지 못하는 이유는 도대체 무엇일까?

바꾸어 질문하면 기계와 인간의 차이점이 무엇이냐 하는 것이다. 분명한 것은 노동(력) 자체는 아니라는 것이 거듭 밝혀졌다. 사실 회사의 경영주가 필요로 하는 것은 기계처럼 의미없는 노동(력)이 아니라 뭔가 좀 더 색다르고 근본적인 것이다. 그렇지 않고서야 굳이 사람을 고용할 이유가 없기 때문이다. 다시 말해서 인간이 가진 특징 중에서 기계가 가지지 못한 장점을 필요로 하고 있다는 말이다.

결정적인 힌트는 인간은 스스로 판단하여 결정권을 행사할 수 있지만, 기계는 그러한 능력을(적어도 지금까지는) 갖지 못했다는 점이다. 기계는 잠재적인 능력을 갖고 있지만, 그것이 '의미있는 노동'이 되기 위해선 전적으로 인간에 의존해야 하는 것이다. 한편, 인간의 힘(노동력)은 기계에 비해 월등히 작지만 스스로 의사를 결정하는 능력 때문에 기계에 잠재한 막대한 힘을 이용해 의미있는 노동력으로 전환시킬 수 있는 것이다.

경영주들은 근로자로부터 바로 그 의사결정권을 필요로 했던 것이다. 그래야만 자신의 자본을 더 많은 자본으로 늘릴 수 있기 때문이다. 이 사실은 앞에 5절에서도 얼핏 언급된 그대로 노동자들은 노동(력)을 자본가에게 위임한 것이 아니라 자신의 의사결정권을 위임했던 것이다.

그리고, 솔직히 말해서 하잘 것 없는 인간의 노동(력) 자체만을 임금으로 주고 살 경영주는 세상 어디에도 없다. 힘(노동력)을 가지고만 생활할 수는 없으며, 설사 인간의 힘이 있다한들 얼마나 있겠는가?

기계와는 비교될 수도 없고, 말이나 코끼리 같은 다른 동물에 비해서도 상대가 되지 못하기 때문이다. 따라서 노동자가 경영주에게 팔 수 있는 유일한 재산가치는 의사결정 능력을 소유했다는 점 뿐이다. 물론 여기서 노동자가 자신의 의사결정권을 희망하면 계속 유지할 수 있으나, 그 상태로 직장을 구할 수는 없다.

취업을 한다는 것은 의사결정권을 경영권자에게 위임하는 것을 의마하는 것이기 때문이다. 그리고, 위임했던 의사결정권을 되찾는다는 것은 직장을 그만 두는 것을 의미한다.

그런데 여기서 문제가 되는 것은 노동자가 의사결정권을 자본가에게 위임한다는 것은 어떤 의미를 가지느냐 하는 점이다. 결론부터 말한다면 노동자는 경영권자가 시키는 대로 해야 한다는 것을 말한다. 즉, 임금은 노동자가 경영권자의 지시에 복종한 대가라고 할 수 있다. 그런데 만약 노동자가 경영주의 지시에 따르지 않고 마음대로 행동을 했다고 하자. 그렇다면 이 노동자는 자신의 의사결정권을 자신이 사용한 셈이며, 따라서 자본가는 이러한 노동자에게 임금을 지급하지 않아도 된다. 왜냐하면, 임금이란 노동자의 의사결정권을 자본가가 빌려 사용할 때 발생하는 것이기 대문이다.

일반적으로 '일'이라고 하는 것은 필요한 곳에 노동을 공급하여 그 작업에 가치를 부여할 수 있는 상태를 말한다. 즉, 자본가가 '필요로 하는 곳'에 노동을 공급해야만 노동의 가치를 가지는 것이지 필요도 없는 곳에 노동을 아무리 많이 해도 가치를 가지지 못한다. 오히려 분별없는 노동은 정상적인 '일'에 방해가 될 뿐이다.

결국 가치있는 노동이 되기 위해서는 경영주가 필요로 하는 노동, 즉 지시에 따른 노동이어야 한다는 사실이다.

따라서 노동자는 경영주가 요구하는 노동만을 제공해야 되는데, 흔히 이것을 가진 자의 부당한 횡포로 알고 있지만, 정말 알고 보면 원래부터 노동자는 경영권자의 지시에 따를 의무가 있다는 사실이다. 그런데 가끔 근로자(노동자)들은 파업을 통해 경영주의 지시를 보기 좋게 무시하면서 어처구니 없게도 임금을 올려달라고 투쟁을 한다.

애초에 노동자가 고용되었을 때는 자신의 의사결정권을 자본가(경영주)에게 위임했다는 약속의 표현이다. 물론 노동자의 항의가 정당한 것이라면 당연히 해야겠지만, 스스로의 약속에 항의하는 것은 도덕적으로 문제가 있다. 왜냐하면 파업이란 '투쟁의 목적'을 스스로 배신하는 행위일 뿐이다. 임금이 마음에 들지 않으면 깨끗이 직장을 그만 두는 것이 도리이지 나중에 와서 임금을 올려달라며 의무는 소홀히 하고 파업이나 일삼으며 약속을 무효화시키는 행위는 잘못된 것이다.

엄격히 말하여 노동자의 선택권은 두 가지 뿐이다. 근로조건이 맞지 않으면 직장을 그만 두는 것과 또는 주어진 의무를 성실히 수행하여 임금의 대가를 갚아야 하는 것이다. 따라서 임금은 임금대로 받으면서 경영권자의 지시를 거부하는 양다리를 동시에 걸칠 수는 없는 것이다. 왜냐하면 경영주의 지시를 거부하는 것은 노동자의 의무를 거부하는 것이므로 이미 임금을 받을 자격이 없어지기 때문이다.

요컨데, 노동자의 존재가치는 노동(력)에 있는 것이 아니라, 의사결정권에 있는 것이다. 따라서 의사결정권을 자신이 계속 가지겠다고 주장하는 한, 자본가(경영주)에게는 아무 쓸모없는 존재일 뿐이다. 그리고 그 쓸모없는 존재를 고용하겠다는 바보는 세상에 없을 것이다. 여기서 한 가지 새로운 사실이 추가적으로 이해된다.

사실 그 동안 노동 가치론자들에 의해 인간의 노동(력)만을 절대시하여 평가하는 과정에서 사무직 종사자나 서비스 종사자들의 임금은 매우 예외적인 경우로 처리되었던 것이다. 물론 생산직 근로자들의 임금은 그런데로 합리화시킬 수 있었지만, 노동자로 보기 어려운 여타 근로자들의 임금은 노동가치설의 근본을 흔들고 있었는데, 이 중요한 사실의 의미가 그 동안 잊혀져 버렸던 것이다. 아마도 임금이 노동(력)의 대가라는 잘못된 인식이 워낙 뿌리깊게 심어져 있었기 때문일 것이다.

그런데 가만히 살펴보면, 별 노동을 하지 않고도 고수익을 올리고 있는 근로자가 있는가 하면, 반면에 많은 노동을 하면서도 전혀 임금으로 인정받지 못하는 사람들이 있다.

대표적인 예는 가사노동에 시달리는 주부들이다. 각종 매스컴에선 주부들의 가사노동도 임금으로 계산되어야 한다며 요즘들어 더욱 아우성이다. 어떻게 보면 가사노동이 파출부보다 훨씬 더 많은 양의 노동을 하기 때문에 임금도 몇 갑절로 계산되어야 한다는 주장은 매우 당연하다. 흥미로운 것은 이러한 계산으로 나온 주부의 임금이 남편의 평균 소득을 능가한다는 사실이다. 물론 그 만큼 노동을 많이 하는데, 남편의 월급보다 많은 것이 무슨 문제냐고 반문할 수도 있으며, 실제로 이혼하는 부부의 경우 법적으로 재산을 분배할 때, 주부의 가사 임금을 고려하는 판결이 종종 관심을 끈다.

그런데 문제는 이러한 계산 방식대로라면 남편이야말로 더 많은 위자료를 받아야 한다는 것이다. 즉, 남편은 단순히 직장에서 받는 월급 외에 처자식을 먹여 살려야 한다는 아빠 또는 남편으로 가정에 기여하게 되는데, 이것 역시 주부의 가사노동과 똑 같은 이유로 그 임금이 계산되어야 하기 때문이다. 게다가 아내 없이 혼자서 아이를 키우는 남자는 아내가 있는 남자들보다도 오히려 더 많은 임금을 받아야 한다는 주장도 가능하다.

왜냐하면 혼자서 아이를 키우게 되면 아내 있는 다른 남자들보다 가사부분에서 노동을 그만큼 더 하기 때문이다. 그뿐 아니라 더욱 기막힌 사실은 주부의 가사노동이 이혼할 때는 위자료 속에 포함시켜 보상받을 수 있었지만, 이혼 후에는 보상받을 길이 없다는 점이다. 다시 말하면, 이혼 전에는 가사노동 임금이 계산되는데, 이혼

후에는 어떻게 해서 계산되지 못하느냐 하는 것이다. 문제는 여기서 그치지 않는다.

사실 남편이 있는 여자보다 혼자서 자식을 키우며 사는 여자(미망인)가 더 많은 가사노동에 시달릴 것이다. 그렇다면 그 여자가 받아야 할 가사 임금도 그만큼 많아야 한다. 그런데 그 임금을 누구에게 받아야 하는가? 대상이 없지 않는가?

결국 이러한 논리는 점점 더 어이없는 결론에 빠지게 한다. 한마디로 한심하기 짝이 없는 결론이다. 도대체 이러한 딜레머의 배후가 일반인의 상식에서 비롯되었다니 놀라울 뿐이다. 그렇지만 임금이 노동(력)의 대가가 아니라 의사결정권의 위임 대가라는 사실만 이해한다면 지금까지의 문제점은 일거에 해결되는 것이다. 그래서, 임금 기준의 정확한 이해가 필요하고 또 이토록 강조하는 이유이다. 결국 근로자는 경영권자가 필요로 하는 의사결정권만 제공하면 이미 임금의 근거가 성립하므로 굳이 '육체적인' 노동 자체를 꼭 해야 할 필요는 없어진다.

현실적으로 자본가가 사업을 위해 필요로 하는 것은 굉장히 많으며, 복잡하고 다양하다. 물론 그 중엔 육체적인 노동 역시 포함되지만 디자인이나 기획과 같은 다른 작업도 동시에 필요로 한다[7]

그 어떤 작업을 하든지 관계없이 가장 근본적인 공통점은 경영주에게 필요한 것은 근로자의 의사결정권이었다. 다시 강조하지만, 만약 임금이 노동(력)의 대가였다면 힘센 사람의 순서에 따라 임금이 결정되었을 것이다.

하지만, 그러한 가능성은 전혀 설득력이 없다. 실제에 있어 육체적인 노동보다는 기술이나 디자인 분야에 종사하는 사람들이 더 좋

7) 비록 육체적인 노동이라 해도 단순히 힘(노동력)을 의미하는 것은 아니다. 즉, 경영주가 필요로 하는 의사결정권 속에 노동력이 포함되었을 뿐이다.

은 대우를 받고 있으며, 특히 광고 모델 분야에서 활동하는 사람들의 경우는 비교할 수 없을 정도의 고수익을 올리고 있기 때문이다.

상황이 이러한데 아직도 임금을 노동력 재생산에 필요한 만큼은 주어야 한다느니, 최저 생활 수준을 보장해야 한다느니 하면서 운운하는 사람들이 있다.[8)]

이제 임금의 주제에서 빠진 마지막 부분을 설명하고자 한다. 본절의 제목에는 임금을 자기 결정권을[9)] 빌려 준 이자라고 말했는데, 아직 그 설명이 없었다. 그냥 자기 결정권을 빌려 준 대가라고만 했을 뿐이다. 그건데 엄밀히 표현하여 그 대가라는 것은 이자에 해당하는 것이다. 그리고 알다시피 이자란 자본의 크기에 따라 비례한다. 마찬가지로 임금 역시 의사결정권의 가치에 따라 달라진다.

여기서 자기 결정권의 가치라 함은 근로자의 업무 수행 능력을 말하는데, 중요한 점은 경영권자의 지시에 따라야 하는 의무가 포함된다는 것이다. 예를 들어, 우리가 어떤 물건을 구입했을 때, 그 물건이 잘 작동하지 않으면 그 상품 가치가 떨어지듯이 업무지시 사항을 성실히 수행하지 않고 거부하면 마찬가지로 그 근로자의 존재 가치도 떨어지는 것이다.

즉, 근로자는 자신의 의사결정권(능력)이 높은 가치로 인정받기 위해서는 경영권자가 요구하는 독특한 재능도 갖춰야 하지만, 스스

---

8) 임금을 지급할 때 그 기준으로 근로자의 생계 유지 수준 같은 것은 전혀 관계가 없다. 임금은 오로지 근로자의 의사결정 능력(업무 수행 능력)과 관계있을 뿐이다. 가게 주인은 손님으로부터 1000원의 돈을 받았다면 1000원어치의 물건만 주면 된다. 즉, 1000원의 돈을 받았지만, 손님의 생계 유지 수준을 고려하여 최소한 먹고 살 만큼은 줘야 한다는 따위의 의무는 없는 것이다. 왜냐하면 그 논리적 근거가 전혀 다르기 때문이다.

9) 이 책에는 여러 가지 용어가 번갈아 사용되어 자칫 혼란을 줄 수도 있을 것 같다. 그러나, 특별한 언급이 없는 한 자기 결정권은 의사결정권과 같고, 자본가는 경영주와 같은 의미로 사용되었다. 다만, 문장의 문맥상 필요한 느낌을 위해 그때그때 용어를 적절히 선택하였음에 유의바란다.

로 알아서 업무를 척척 처리하여 경영권자에게 도움을 줘야 한다. 바로 그렇게 하기 위해서 경영권자의 지시에 따라야 하는 이유가 생기는 것이다. 지시를 거부하는 것 자체가 도움을 주지 못하는 행위이기 때문이다. 결론적으로 근로자에게 있어 의사결정권(업무 판단 능력)은 하나의 자본이며, 그것을 경영주에게 빌려줌으로 해서 받는 것이 임금이므로 결국 이자의 성격을 갖게 되는 것이다.

자본이 있어야 가질 수 있는 의사결정권

직장에 다니는 사람들과 얘기하다보면 '돈을 벌려면 역시 장사를 해야 된다.' 며 자신의 직장을 불평하는 것을 흔히 들을 수 있다. 물론 맞는 말이다. 월급이란 정해진 것이어서 그 한계이상을 기대하기는 어렵기 때문이다. 반면에 자영(의사결정권의 주체)을 하게 되면 남에게 고용되어 일할 때보다 실질적인 노동량이나 시간은 오히려 늘어나지만 당사자가 그것을 피부로 느끼는 데에는 상당히 둔감하다는 잇점이 있다. 그 이유는 자신의 일을 자신이 하기 때문에 심리적으로 피로감을 덜 느끼게 되기 때문이다. 이것이 바로 의사결정권을 가지는 매력인 것이다.

그렇지만, 보통 노동자에게 '월급쟁이가 불만이면 직장을 그만두고 장사를 하라'고 하면 과연 어떻게 할까? 아마 그만 두지 못할 것이다. 말할 것도 없이 직장을 그만 둔다는 것은 자신의 의사결정권을 회사로부터 다시 되찾는다는 것을 의미한다.

물론 자유가 주어질 것이다. 그러나 그 자유를 채 만끽하기도 전에 생계유지의 절박한 상황에 부딪힌다. 그럼 먹고 살기 위해서 다시 의사결정권을 포기하고 직장에 구속되든지 아니면 스스로 장사를 해야 될 것이다.

그런데 장사를 그냥 아무나 할 수 있을까?

장사를 하려면 밑천이 있어야 한다. 그리고 그 밑천이 그냥 저절로 생기지도 않는다. 원래부터 물려받은 재산이 많다면 몰라도 그렇지 않다면 대개의 경우 많은 고생을 겪어야 한다. 이처럼 자본은 얻기가 힘들지만, 힘든 만큼의 가치는 충분하다. 왜냐하면 많은 자본을 소유하게 되면 다른 자본가에게 굳이 구속되지 않고 독립해 살아갈 길이 열리기 때문이다. 장사(자영)를 한다는 것은 자신의 의사결정권을 스스로 행사할 수 있다는 것인데, 이는 자유 상태를 의미하게 된다. 결국 남에게 고용되지 않으려면 다소 간의 자본이 필요하다는 얘기다.

그런데 막상 장사를 하는 사람들의 속사정을 들어보면, '역시 월급쟁이가 제일 속 편하다'는 푸념을 듣게 된다. 그도 그럴 것이 시간만 지나면 월급은 어김없이 나오기 때문에 안정된 생활이 보장되기 때문이다. 더구나 장사란 자본금의 소유 규모에 큰 영향을 받게 되어 규모가 작은 경우에는 차라리 남에게 고용되는 것이 수입면에서도 유리한 경우가 많다.

그리고 설사 장사를 통해 더 많은 수입을 얻는다 해도 몇 가지 더 고려해야 할 것을 잊어서는 안 된다. 우선 근로 시간 문제인데, 일반적으로 회사에서는 하루에 8시간을 기본 근무로 계산하며, 추가적으로 연장 근무를 한다해도 12시간 이상을 계속하는 경우는 드물다. 만약 12시간 이상을 강요하면 빗발치는 항의 수준을 넘어 아마 파업 사태까지 이를 것이다.

그렇지만, 자영업을 하는 사람들은 하루 16시간을 넘기는 경우도 예사로 한다. 더구나 공휴일을 다 찾아 먹는 것은 그림의 떡이다. 한 마디로 눈만 뜨면 장사를 시작해야 되는 것이다.

가령, 우리 부모님의 경우에도 자영업을 하시는데, 저녁 늦게까지 일하시고도 새벽 6시면 문을 열어 일을 시작했으며, 1년에 쉬는 날은 추석과 설날 각각 하루씩, 이틀 뿐이었다. 그렇다고 수입이 많으냐 하면 그것도 아니었다. 내가 어렸을 때부터 부모님께서는 한 가지 장사만을 계속 하셨지만 여전히 가난하였다.

그리고 또 하나 고려할 것은 자본의 이자 부분이다. 다시 말해서 장사하는 데 투자된 자본을 그냥 은행에 맡겨 두고 자신은 별도로 다른 자본가에게 고용되면 임금 소득과 이자 소득이 양쪽에서 동시에 발생하게 된다. 따라서 장사를 할 경우 그 소득을 평가할 때는 임금 소득과 이자 소득을 모두 고려하여 비교해야만 의미가 있는 것이다.

그런데 그러한 사실을 반영이라도 한 듯 일단 장사를 했던 사람들 중에서 많은 사람들이 도리어 직장에 되돌아가기를 희망하고 있는 것이다. 사실 별 볼일 없는 자유를 가지는 것보다 당장 먹고 살아야 할 일이 더 중요하며, 이때 안정된 소득이 보장된다는 것은 생각 이상으로 소중한 가치를 지닌다.

현실적으로 결혼 적령기의 여성들이 선호하는 신랑의 제일 중요한 조건은 안정된 직장을 갖고 있느냐 하는 것이다. 돈이 아주 많은 갑부의 아들이 아닌 이상 직장이 없다는 사실은 결혼 조건에서 치명적인 약점이 되고 만다. 비록 현재 가진 돈은 없어도 안정된 직장을 가지고 있으면, 이미 유리한 조건을 확보한 셈이다. 그렇기에 고등고시라도 합격하면 그날로 일등 신랑감이 될 수 있는 것이다.

흥미있는 것은 일반적으로 월급쟁이가 평생 벌 수 있는 돈을 모두 계산해 보아도 얼마 되지 않는다는 것은 자타가 인정하는 사실이다. 그런데 이상한 것은 그 정도의 돈을 이미 가지고 있는 남자라

해도 직장을 가지지 못 하면 그다지 좋은 신랑감으로 인정받지 못한다는 점이다. 이것은 무엇을 의미하는가? 아마도 그것은 단순히 금전적인 이유 뿐 아니라 안정된 생활이 가져다 주는 심리적 만족감도 하나의 원인일 것이다.

실제의 경우를 살펴보면 이러한 유추는 더욱 쉽게 확인할 수 있다. 이를테면, 공사 현장에서 일하는 일용직 노무자들의 하루 일당은 평균적으로 보아 일반 사무직 근로자의 2배에 육박한다. 그렇다면 일용직 노무자들의 생활 수준도 그 만큼 높아야 된다. 그런데 현실은 전혀 다르다. 아마 대부분의 사람들은 그 이유를 다음과 같이 알고 있을 것이다.

즉, 일용직 노무자들의 수입은 일당으로 계산하면 더 많지만, 한달 단위 또는 일 년 단위로 계산하면 일반 사무직 근로자들보다 수입이 더 작아질 수 있다. 가령 비오는 날 빼고, 일없는 날 빼고 나면 실제로 일할 수 있는 날은 얼마 안 되기 때문에 수입이 훨씬 줄어들기 때문이라고 말이다.

그렇지만 그것이 이유의 전부일까? 물론 그러한 생각에도 일리가 없진 않지만, 노무자들에게 실제 확인하면 별로 설득력이 없는 설명임을 알게 된다. 특별한 경우를 제외하고 일이 없는 날은 그렇게 많지 않다는 사실이다. 평균잡아 한 달 중 25일은 가능하며, 비수기를 포함하여 일년을 단위로 계산하여도 20일 정도는 충분히 가능하다는 것이다. 결국 쉬는 날을 포함시켜도 전체 수입은 크게 줄지 않아야 되는 것이다. 그렇다면 쉬는 날만을 원인으로 돌릴 수 없다.

결론부터 말하면 불확실한 미래에 대한 노무자들의 심리적 불안정감과 생활 방식이 바로 원인이었던 것이다. 즉, 노무자들의 임금 계산은 그때 그때 수시로 계산되기 때문에 항상 불규칙적인 푼돈을 만지게 되며, 그러다보니 규칙적이고 계획적인 생활이 어려웠던 것이다. 이러한 사실이 말해 주는 바는 그것이 비록 작은 임금이라 할지라도 규칙적이고 안정된 소득의 보장이 얼마나 중요한 것인가를 보여주는 단적인 예라 할 수 있다.

그런데 우연한 기회에 노동가치론자들의 주장을 듣게 되었는데, 자본가들이 임금을 노동자들에게 충분히 지급하지 않으면 노동자들은 직장을 그만 두고 자영을 하게 되어 일손이 모자라서 결국 자본가들이 위협을 맞게 된다는 논리였다. 그러나 이러한 논리는 아주 근본적인 오류를 범하고 있다. 우선 직장이 노동자들의 밥줄이기 때문에 함부로 그만 두지 않으며, 설령 그만 둔다 할지라도 그것이 자영으로 곧 연결될 수는 어렵기 때문이다.

자영이란 자본을 필요로 하는데, 그 자본이라는 것이 너무 귀한 것이어서 아무나 쉽게 가질 만큼 충분하지는 못 하기 때문이다. 물론 직장을 옮겨 다닐 수는 있지만, 영영 그만 둘 수는 없다. 다시 말해서 노동자의 입장에서 자신의 의사결정권만으로 먹고 살 수 있게 해 주는 곳은 그래도 역시 직장밖에 없기 때문이다. 일반적으로 직장에 불평을 많이 늘어 놓는 사람일수록 알고보면 직장에 더욱 의존하는 사람들이다. 솔직히 노동자들을 먹여 살려 줄 수 있는 데가 직장말고 또 어디 있겠는가? 그렇다면 직장의 존재를 고마워 해야 되는데도 여전히 불평을 계속하는 못난 사람들이 있다.

그들의 얘기는 노동자의 역할이 절대적이지만 자본가의 수보다 노동자들의 수가 많기 때문에 제대로 평가받지 못한다는 것이다. 따라서 자본가의 수가 노동자들의 수를 능가하게 되면 진정한 노동자 중심 사회가 이룩된다는 것이다. 노동자 중심의 사회가 되면 노동자의 가치가 더 중요하게 되고, 흔해 빠진 자본가들은 구하기 힘든 노동자들을 유치하려고 아우성이 된다는 것이다. 참으로 허무맹랑한 주장이 아닐 수 없다.

우선 자본가의 수가 노동자의 수를 능가해야 된다는 희망 자체가 상식 이하의 추론이다. 왜냐하면 자본은 부의 축적에 절대적인 기여를 하는 만큼 자연히 얻기도 어렵기 때문에 자본가의 수가 노동자 수를 능가할 가능성은 전혀 불가능한 것이다. 게다가 그들의 가정 자체를 역으로 생각하면 자본의 중요성을 결국 인정하는 셈이다.

즉, 자본가의 수가 많아지면 노동자의 가치가 높아진다는 것은 반대로 노동자의 가치가 높아지기 위해서는 자본가의 수가 많아야 된다는 의미로 귀착되기 때문이다. 스스로 내린 결론이 가지는 의미조차 제대로 이해하지 못하고서 아무렇게나 주관적으로 해석하게 되면 이처럼 어처구니 없는 논리에 빠지게 된다.

이쯤에서 본 절을 마감하기 전에 여기 주제와 관련되어 갑자기 기억나는 사실을 들려 주고자 한다. 몇 해 전 부산의 어느 회사에서 사장이 노동자들에게 기존의 임금 외에 별도의 수당을 추가 지급하려 했는데, 뜻 밖에도 직원들이 거부하는 바람에 화제가 되어 신문에 보도된 적이 있었다. 물론 회사의 매출액이 늘어난 데에 대한 노동자의 공로를 인정한 경우이며, 일종의 성과급여제의 부분적 도입이라 할 수도 있었다. 즉, 노력한 만큼의 대가를 어느 정도 보상해 준다는 의미가 담겨져 있었던 것이다.

상식적인 관점에서 당연히 기뻐해야 될 일인데도 그 직원들은 항의하면서 별도의 수당을 거부했다는 것은 상당히 흥미있는 일이다. 그런데 나의 관심을 더욱 갖게 하는 대목은 그 이유 쪽이었다. 너무나도 철저한 이기심과 숨겨진 인간 심리의 내면을 살펴 볼 수 있기 때문이다.

노동자들은 역시 계산에 빨랐던 것이다. 즉, 회사의 매출액이 항상 좋아질 수 없음을 경험으로 알고 있었고, 그것을 대비하여야 했던 것이다. 그런데 그 수당을 받게 되면 그 대비를 못하게 되는 것이다. 왜냐하면 회사의 매출액 증가에 따라 임금 소득이 증가될 수 있음은 똑 같은 논리로 매출액 감소는 곧 임금의 감소라는 필연적인 결론으로 이어가기 때문이다.

이자는 효용 선택권을 위임받은 대가

우리는 5절에서 이자 발생의 이유를 잠깐 스쳐 지나 왔다. 그렇지만 이자에 관한 정확한 이해에 도달하려면 복잡하고도 긴 설명이 필요하기 때문에 일부러 그 언급을 피하여 왔다. 더구나 여기에서 얻어지는 결론은 그 동안의 상식이 근본적으로 잘못되었음을 보여주어 다소 충격을 받게 될 것이다.

사실 이자 발생의 근원과 이자의 정확한 정의를 알게 되면 상당히 놀랄 것이며 한편으로는 흥미있을 수도 있겠다. 아무튼 진실의 규명을 위해서는 절대적으로 필요한 이해이므로 여기서부터 독자들은 조심스럽게 따라오길 바란다.

기억하시겠지만 이미 앞 절에서 이자를 시간이 지남에 따라 감소하는 자본의 가치를 보상해 주는 것이라고 언급한 바 있다. 물론 그 설명에는 충분한 일리가 있으며, 지금까지의 경제 이론과도 일치되는 논리이기 때문에 무난히 넘어 왔다. 그러나 이 책의 심오한 이해에 도달하기 위해선 어쩔 수 없이 기존의 해석에 엄청난 대수술을 해야만 되었다.

난 어렸을 때 부모님으로부터 많은 옛날 얘기를 들었는데, 그 내용 중에는 고리대금업자들의 횡포에 관한 것이 많았다고 기억된다.[10)]

---

10) 지금 생각하니 또다른 이유도 기억난다. 옛날엔 모두가 가난했지만 우리집은 유난히도 가난했으며, 그 당시 부모님께선 어떤 사업을 시작하셨는데 사업에 필요한 기계를 구입하기 위해 옆집에 돈을 좀 빌렸던 것 같다. 그런데 그 원금보다도 매달 불어나는 이자 때문에 고생하시던 부모님의 모습을 옆에서 오랫동안 지켜 보아 왔던 것이다.

그럴 때마다 나는 가진 자들의 끝없는 욕심과 터무니 없는 조건에 가슴앓이를 하곤 했다.

돈을 빌려 주고 다시 받을 때 자신이 빌려준 만큼의 돈만 받으면 그만이지 무슨 놈의 '이자'가 필요해? 그리고 자기가 빌려준 돈보다 더 많이 받아내는 법을 누가 만들었는지 도무지 이해할 수 없었다.

어린 시절 나에게 이자의 존재는 명백히 부당한 것이었다. 때문에 돈을 빌려준 사람이 고맙기는 커녕 그것을 통해 이자돈을 벌려는 속셈이 밉기만 했다. 그래서 나는 나중에 내가 돈을 많이 벌면 절대로 이자같은 것은 받지 않고 빌려 줄 것이라는 맹세를 다짐했던 적이 기억난다. 도대체 이자를 받아내야 하는 근거를 이해할 수 없었기 때문이다. 그래서 자연히 이자에 관해 관심을 갖게 되었고 그 논리적 근거를 찾는데 많은 시간을 소비했던 기억이 난다.

돌이켜 보면 나는 굉장히 강한 결백증과 완벽주의적인 성격을 가졌었다. 그래서 의심나는 곳이 있으면 의심이 풀릴 때까지 집중적으로 생각을 하곤 했다. 그러한 습관은 지금도 남아 있어 많은 시간을 생각하다 보니 시간을 효율적으로 관리하지 못하는 대가를 치룰 때가 많았다.

아무튼 어릴 때 이자에 대한 나의 생각은 그 동기가 좀 달랐다. 다시 말해서 진실을 규명하겠다는 의욕으로 시작한 것은 아니었고, 다만 가진 자들에 대해 어떤 한이 맺혔는데 그 한을 풀기에는 나의 힘이 너무나 미약하다는 것을 동시에 느꼈던 모양이다. 그리고 그것이 어차피 나의 힘으로 풀 수 없는 것이라면 그 문제 자체를 차라리 숨겨 버리고 싶었던 것이 어린 시절 나의 솔직한 고백이다.

왜냐하면 그 문제가 외부에 드러날 경우 결국 나의 미약한 힘도 함께 노출될 것이기 때문이었다. 이러한 심리 상태로 보아 나는 어렸을 때부터 무척 자존심이 강했던 것 같다. 옳지 못한 사실을 알면서도 침묵하고 있다는 사실은 결국 자신에게 힘이 없다는 반증이다. 그래서 나는 이자의 논리적 근거가 잘못되었다는 이유를 찾기보다는 이자의 필연적 존재를 찾는 것이 오히려 과제였던 것이다. 그래야만 부정한 것을 보고도 어쩔 수 없이 숨죽여야 하는 양심의 가책을 받지 않을 수 있기 때문이다.

쉽게 말해, 어린 시절 사색의 동기는 그 변명을 위해 생각하기 시작했으며 그 목적은 뜻 밖에도 쉬웠다. 아무튼 그 변명이 앞 절의 내용인 셈인데 그 생각은 국민학교 시절에 이미 얻은 결론이었으며, 대학 시절 초기까지 상당히 오랫동안 그 결론의 믿음은 변경되지 않았다.

그 이유는 그 결론이 나의 양심과 완벽한 일치를 보여 죄책감 같은 것이 전혀 있을 수 없기 때문이다. 오히려 그 결론은 훌륭해 보이기까지 했던 것이다. 사실 돈이라는 것은 시간이 지남에 따라 그 가치가 자꾸 떨어지므로 나중에 원금을 모두 받는다 해도 빌려준 사람의 입장에서는 손해가 되기 때문이다.

누구나 경험으로 알 수 있듯이 오늘의 화폐 가치는 어제의 화폐 가치보다 못한 법이다. 그렇다면 돈을 빌린 사람이 그 가치를 보상해 주는 것은 당연한 도리라 생각한다. 여기서 이자의 근거는 확실하며 모든 사람의 양심이 이를 보증하고 있는 셈이다.

그러나 그 믿음이 흔들리기 시작한 것은 인간의 보편적인 원리로부터 출발한 가치 이념을 체계화시키는 과정에서 심각한 모습으로 서서히 드러나기 시작했다.

나는 나의 사상을 모든 대상에 객관적으로 적용시키기 위해 모든 선입관을 버리고 진리 규명이라는 오직 하나의 목적을 위해 모든 방면에 걸쳐 광범위한 재검토를 엄격히 적용시키는 지루하고도 고된 작업을 진행하게 되었다. 그 결과의 일부가 이 책에서 다루어 지고 있음은 물론이다.

다시 원점으로 되돌아가서 이자 문제에 대해 생각해 보자. 설명을 간단히 하기 위해 먼저 하나의 예를 들어 보자. 내가 몇 년 전에 도둑을 맞아 자전거를 잃어 버린 적이 있다. 그런데 만약 내가 자전거를 잃지 않고 남에게 잠시 빌려 주었다고 가정하자.

그럼 여기서 자전거는 자본에 해당하는 셈인데 그렇다면 자본에 대한 이자는 자전거의 무엇과 대응시킬 수 있느냐 하는 점이다. 왜냐하면 자전거는 크게 보아 자본에 속하지만 엄격히 표현하여 현물이므로 화폐의 경우와는 다르다. 즉, 인플레이션이 심하게 일어날 때 화폐의 가치는 급속히 하락하지만 현물의 가치는 오히려 올라가는 경향이 있으므로 서로 그 성격이 구별되는 것이다.

그런데 앞에서 이자란 시간이 지남에 따라 손실된 가치를 보상하는 역할에 그 근거를 두었다. 그것이 사실이라면 자전거와 같은 현물 자본은 문제가 좀 복잡해 진다. 그리고 이자의 근거를 명확히 하기가 어려워진다.

왜냐하면 시간에 따라 손실되는 가치가 없다면 이자의 근거도 사라지기 때문이다. 게다가 현물과 화폐가 고인플레이션 하에서 서로 반대의 경향을 보이는 것은 같은 자본이라도 그 뿌리가 다르면 동일한 원리와 기준으로 해석하기엔 뭔가 무리가 있다는 느낌을 준다.

여기서 자본은 자전거에 대응시킬 수 있지만, 이자는 대응시킬 마땅한 대상이 없다는 사실은 앞서 얻은 결론에 심각한 타격을 주는 셈이다. 근거 자체가 의심받기에 충분한 것이다.

물론 그 탈출구가 전혀 없는 것은 아닌 듯하다. 그것은 현물 역시 시간에 따라 화폐보다 가치가 더 크게 손상될 수도 있다는 점을 충분히 고려하지 않았기 때문이다. 이를테면 나에게 자전거를 빌려간 사람이 그동안 이용하면서 조금씩 고물로 변해갔다는 사실이다.

실제로 아무리 새 자전거일지라도 한 번만 타고나면 곧장 '중고' 딱지가 붙게 마련이다. 그리고 당연하겠지만 현물의 경우 빌려쓴 사람이 사용 과정에서 손상시킨 부분이 있다면 보상해 줄 의무가 생긴다. 그렇다면 이때의 보상 개념을 자본에 대한 이자의 개념과 대응시킬 수 있지 않느냐 하는 점이다. 즉, 이자와 같은 근거의 보상 근거를 현물에도 대응시킬 수 있게 되며 이로써 딜레머에 빠져 있던 우리의 고민을 구해 주는 느낌이다.

그러나 결론부터 말하면 우리의 고민은 전혀 구출되지 못했다. 솔직히 말해 아직 본론에 들어가지도 못했다. 다시 말해서 현물의 가치 손상은 화폐의 가치 손실과는 그 뿌리가 전혀 다르다는 것이다. 왜냐하면 화폐는 빌려간 사람의 행위와는 관계없이 시간에 따라 근원적으로 가치가 하락한다. 반면 현물은 쓰는 사람에 따라서 손상이 전혀 없을 수도 있다.

가령 포장 상태로 잘만 보관하면 여전히 새 상품으로－상점 가게의 상품이 바로 여기에 해당한다－평가받을 수 있다. 게다가 '금'이나 골동품의 경우는 시간이 지남에 따라 오히려 가치가 올라가며, 특히 땅값같은 것은 천정부지로 올라가는 게 현실이다.

반면에 화폐의 경우는 땅 속에 아무리 잘 보관한다 해도 떨어지는 가치를 막을 수 없으며 더구나 전쟁이라도 나면 그 날로 휴지 조각이 된다. 이 쯤에서 사태의 심각성을 이해하게 되면 정신이 아찔해 질 것이다. 가도가도 진실은 요원하기만 하다. 갈수록 태산이란 말처럼 문제가 자꾸만 꼬이고 복잡해지는 느낌이다.

그럼 이제 혼란을 줄이기 위해 먼저 정답을 말하고 시작하자. 정답은 본 절의 제목에서 이미 언급된 바와 같이 '이자란 효용 선택권을 빌려 사용한 시간 동안의 대가(보상) 의무를 근거'로 하는 것이다. 그 설명을 간단히 하기 위해 자전거 얘기로 다시 되돌아 가자.

내가 자전거를 남에게 빌려 주었다가 얼마 후 다시 되돌려 받았다면 얼핏 보기에 아무 이익도, 손해도 없다. 그렇지만 여기에서 나에겐 아주 근본적인 손실이 하나 발생하게 된다. 그것은 다름아닌 자전거 주인으로서 누릴 수 있는 여러 가지 특권(효용 이익)을 그 동안 누릴 수 없게 된다는 것이다. 그리고 이것이야말로 바로 '이자'의 핵심 근거가 되는 것이다.

즉, 자전거를 계속 내가 가지고 있었다면 여러 가지 볼일에 이용할 수 있었을 것이며, 그동안 귀한 시간을 절약하여 시간을 알차게 보낼 수 있었을 것이다. 또 웬만한 거리쯤은 자전거를 이용하여 교통비를 절약할 수도 있었을 것이다. 이처럼 자전거 주인으로서 누릴 수 있는 여러 가지 혜택이 있었지만, 남에게 빌려줌으로 해서 포기해야만 했던 것이다.

반면 자전거를 빌려간 사람의 입장에서 보면 새로운 효용 이익이 얻어진 셈이다. 그렇다면 자전거 주인이 그동안 입게 될 손실에 대해 마땅히 보상해야 될 의무가 발생한다. 이것이 채무자에겐 갚아야할 이자 개념의 근거가 되는 것이다.

그런데 앞에서의 말처럼 인플레이션에 의한 가치 손실 보상을 이자 개념의 근거라고 생각하면 인플레이션이 없을 때는 이자의 근거가 사라지는 맹점을 갖게 된다. 그런데 역사상 이자의 존재가 사라진 예는 한 번도 없었으며, 시대와 공간을 초월하여 항상 있어 왔다.

물론 인플레이션 현상이 워낙 일반적인 경향을 보여 왔기 때문에 그동안 계속 있어온 이자의 근거를 인플레이션으로 항상 돌릴 수는 있을 것이다. 그러나, 가만히 살펴보면 그러한 가능성마저 곤란해진다. 왜냐하면 인플레이션이 옛날에는 지금과는 달리 일반적인 현상이 아니었을 뿐 아니라 지금에 와서도 항상 발생하는 것은 아니기 때문이다. 오히려 가끔씩은 반대의 경향을 나타내기까지 하는 것이다. 사실 디플레이션이란 용어 자체가 그러한 사실을 증명하는 셈이다. 그러한 현상이 없었다면 거기에 대응하는 용어도 필요없기 때문이다.

물론 인플레이션이 이자의 근거를 일부 반영하는 것은 사실이다. 이를테면 인플레이션이 심하면 이자도 올라가기 때문이다. 바로 이러한 관계의 특성 때문에 그동안 많은 사람들이 그 모호한 관계를 명확히 규명하는 데 주저했던 것이다. 아니 오히려 인플레이션이야말로 이자를 결정하는 함수관계로까지 설명하기에 이르렀다. 그렇지만 모든 것을 설명하지는 못한다. 왜냐하면 인플레이션이 없는 상황에서도 이자는 항상 있을 수 있고, 또 있어 왔으며, 앞으로도 계속 존속할 것이기 때문이다.

주의할 대목은 이자의 근거 속에 인플레이션 영향이 반영되기는 하지만, 그것은 어디까지나 효용 선택권을 빌려쓴 사람이 보상해야 될 포괄적인 의무 대상에 포함된 결과였던 것이다. 즉, 채무자가 보상하게 되는 이자 속에는 채권자의 효용 이익 뿐 아니라 그 동안 물가 상승으로 인한 자본 가치 하락을 보상해야 되는 의무까지 이미 포함되었다는 말이다. 그래야만 보상의 의미가 있기 때문이다.

여기서 많은 사람들이 오해하게 된 것은 이자 속에 포함된 하나의 속성만을 보고 전체의 속성으로 해석하였기 때문이다. 그 결과 효용 선택권이라는 보다 근본적인 이자의 근거는 숨어 버리고 외관상 쉽게 포착되는 인플레이션만이 이자 발생의 근거로 간주되었던 것이다.

예를 들어 비유하면 겨울에 추운 것은 그 원인이 바람 때문이라고 주장하는 격이다. 물론 바람이 불면 체감 온도를 떨어뜨려 더욱 춥게 느껴지는 것은 사실이지만 그것만으로 진실을 보증하기는 힘들다. 왜냐하면 여름철에는 바람이 아무리 불어도 춥지 않으며－더운 바람은 더욱 덥게 느끼게 할 뿐이다. －날씨가 아주 추운 겨울에는 바람이 불지 않아도 춥기 때문이다. 즉, 추위를 느끼게 하는 것은 온도 자체에서 비롯된 것이지 바람 때문만은 아니다.

다시 말하지만, 자본을 빌려 쓴다는 것은 자본가(채권자)의 효용 선택권을 빌리는 것이며, 이자란 그 효용 선택권을 빌려 쓴 대가이다. 효용 선택권이란 자본을 가짐으로 해서 얻을 수 있는 것이므로 남에게 빌려 주는 순간 그만큼의 선택권도 자동 포기되는 것이다. 따라서 자본을 빌리는 사람은 효용 선택권도 함께 빌리는 셈이다. 결과적으로 이자의 개념은 채권자의 효용 이익(효용 선택권)[11]을 보상해야 되는 채무자의 의무에서 그 근거를 찾을 수 있는 것이다.

여기서 이자의 개념 근거와 일반적인 보상의 개념과는 좀 차이가 생기게 된다. 가령 자전거를 빌려 사용하다가 고장을 냈다면 거기에 합당한 보상의 책임이 생긴다. 그러나, 그것은 채무자의 행위(사용 방법)에 따라 보상의 범위가 달라질 수 있으며, 항상 책임을 지는 것도 아니다. 즉, 고장을 내지 않았다면 보상해 줄 근거는 없는 것이다.

반면에 이자의 발생은 채무자의 능력과 행위에 무관하게 근원적으로 발생된다. 자본을 빌려 사업을 하는 도중에 사업이 망하든 흥하든 관계없이 이자의 근거는 발생하기 때문이다. 이처럼 이자는 효용 선택권을 사용한 채무자라면 그 결과에 관계없이 무차별적인 보상의 의무를 부과하고 있다는 사실이다.

---

11) 효용 이익이란 자본을 가짐으로 해서 부수적으로 얻을 수 있는 이익의 총칭이며, 효용 선택권이란 효용 이익을 선택할 수 있는 상태, 즉 자본가의 권리를 의미한다. 참고적으로 효용 선택권을 가진다는 것은 여러 가지 효용 이익 중에서 자신이 원하는 이익을 선별적으로 택할 수 있는 권리까지 포함된다는 것이다.

第2章

오류의 근원

오류에 이끌리는 이유

지금까지 우리는 많은 사실들 중에 잘못된 오류들을 찾아 지적하여 왔다. 그렇지만 여전히 많은 사람들은 진실을 이해(인정)하는데 망설여 질 것이다. 이미 오류들에 익숙해져 그만큼 논리적 판단이 무뎌졌기 때문이다.

게다가 오류들은 나름대로 감성적인 면에서 호소력을 갖고 있어 어떤 의미에서는 많은 사람들에게 오히려 매력적인 이해 방식이다. 그래서 미련을 못 버리고 끝내 우를 범하고야 마는 사람들이 아직 세상엔 많이 존재한다. 이를 안타깝게 여기며 이해에 도움을 주고자 한 번 더 기회를 마련하려는 것이 본 장의 취지인 셈이다.

앞 장에서 많은 분량을 할애하면서 자본의 중요한 역할을 거듭 설명했었다. 그러나, 아직도 노동만이 경제 생산에 절대적인 가치를 지닌다는 노동가치설이 오히려 더 많은 사람들에게 설득력을 갖고 있는 게 현실이다.

그럼 왜 오류들이 진실보다 더 많은 인기를 누리고 있을까? 그것은 논리적 근거가 취약함에도 불구하고 인간의 감정에 호소하여 그 약점을 숨길 수 있었고, 일반인의 구미에 알맞은 사상 체계로서 거부감없이 쉽게 많은 지지자를 확보할 수 있었던 것이다. 즉, '세상에 있는 모든 부(자본)의 근원은 인간의 노동(력)에서 비롯된 것이다' 란 믿음은 매우 일반적이며 광범위한 지지를 얻고 있기 때문이다.

따라서 노동가치설의 주장은 당연히 많은 사람들의 가슴에 미련을 갖게 하기에 충분했으며, 사실 이 믿음은 굉장한 매력을 갖고 있었다. 왜냐하면 자본의 중요한 역할이 아무리 강조되어 증명될 지라도 어차피 그 자본의 기원을 거슬러 올라가면 결국 인간 노동(력)으로 확인될 뿐이기 때문이다. 즉, 노동(력)의 절대적 중요성만을 증명하는 셈이다. 그리고 이 사실은 너무나 명백하기 때문에 비록 다른 어떤 사실들이 상반된 결론을 요구한다 하더라도 노동가치설의 믿음에는 별 영향을 줄 수 없었던 것이다. 그만큼 보편적인 믿음과 가치관에 포함된 것이어서 그 사상적 토대가 쉽게 무너질 수 없었던 것이다.

여기서 문제는 그 개별적 사실이 잘못되었다는 것이 아니라 그 사상의 논리적 연역 과정에 잘못이 있었다는 것이다. 다시 말해서 '모든 부의 근원이 노동(력)에서 비롯되었다'는 명제와 노동가치설과는 아무런 논리 관계가 성립되지 않는다는 점이다.

그렇지만 지금까지 그 어떤 누구도 그 명제와 사상의 상관 관계를 구별하지 않았던 것이다. 그 결과 사상 체계에서 다소 불합리한 점이 발견되어도 그 바탕을 이루는 보편적인 명제의 믿음이 존재하는 한 그들의 입장이 진실에 가깝다는 착각을 유지하는 데는 별 지장이 없었던 것이다.

그러나 유의할 것은 그 보편적인 명제가 옳다고 해서 노동 가치설을 지지하는 것은 아니며, 또 노동가치설이 부정된다고 해서 그 명제가 부정되는 것은 더더욱 아니란 점이다. 다시 말해서 모든 부의 근원이 노동(력)이라 해서 모든 노동자의 노동 가치가 동일해야 할 이유는 있을 수 없는 것이다.

일반적으로 노동 가치 사상에서 주장하는 바는 모든생산과정에서 노동만이 절대적으로 중요하며 동시에 각 생산 과정은 달라도 각 노동자의 역할은 똑같이 중요하므로 그 임금 역시 동일해야 한다고 한다. 그리고 이것을 공동 생산 · 공동 분배의 이론적 근거로 이용하고 있는 것이다.

이처럼 교묘하게도 그들의 사상을 보편적인 명제와 결부시켜 마치 같은 논리 체계로 연결된 듯한 인상을 받게끔 포장하였던 것이다. 즉, 그 사상이 보편적인 명제와 연결되어 있으므로 그 명제가 부정되지 않는 한 그들의 사상도 무너질 수 없다는 안전 장치를 확보해둔 셈이다. 사실 많은 사람들의 마음을 사로 잡게 된 연유도 바로 이 안전 장치의 속임수였던 것이다.

사람은 태어날 때부터 정상인으로 태어나는 사람이 있는가 하면, 장애인으로 태어나는 경우도 있다. 그리고 같은 정상인이라해도 각 사람마다 생김새가 모두 다르듯이 그 능력도 모두 다르기 마련이다.

또한 비슷한 능력을 가진 사람일지라도 그 사람의 성격에 따라 성실한 사람과 그렇지 못한 사람이 구별된다. 따라서 모든 사람이 동일한 작업 성과를 올리는 것은 절대로 불가능하다. 비록 공동 작업 과정을 통해 생산 활동이 이루어졌다 하더라도 개인적인 작업 성취도나 기여도에 있어서는 여전히 다를 수 밖에 없다.

솔직히 사람마다 지적능력이나 인간성이 모두 다른데 어떻게 그 능력이 같을 수 있다는 말인가?

상식적으로 불가능한 얘기다. 그런데도 노동가치론에서는 소득을 모든 사람들이 공평하게 나누어 가져야 한다고 주장한다. 공동생산을 했으니 공동 분배를 해야 된다는 것이 이유이다. 물론 모든 인간을 차별하지 않는다는 것은 분명 도덕적으로 우월한 사상이다. 그러나 그것이 무분별하게 아무렇게나 남용된다면 오히려 해악임을 깨달아야 하는 것이다.

무릇 모든 것은 순리적이어야 한다. 겉으로 보기엔 평등이란 구호가 매력적일지 몰라도 실은 그것을 구실로 하여 자기네의 이익을 챙기려는 위선에 불과한 것이다. 자신의 권리가 존중되려면 타인의 권리부터 존중해야 된다. 자신보다 더 많은 소득을 올리는 것이 죄악이 될 수는 없으며, 더구나 남이 획득한 부를 함께 나누고자 요구할 권리는 애초부터 없는 것이다.

그렇기에 노동가치설은 남의 것을 탐하는 이기주의자들의 주장일 뿐 보편적인 명제와는 아무 관련도 없는 것이다. 단지 노동의 중요성만을 이용하여 그들의 터무니없는 사상적 도구로 이용하였던 것이다. 그 결과 노동의 진정한 가치마저 오히려 퇴색시켰다. 즉, 그들의 사상이 오류로 밝혀지면서 그 바탕으로 삼아온 노동의 참다운 의미마저 의심받게 만들어 버린 것이다.

결론부터 말한다면 보편적인 명제로부터 얻을 수 있는 진정한 결론은 인간의 노동행위로 인해 부(자본)가 축적되었으며, 그 결과 부의 소유권이 발생하게 된다는 것이다.

다시 말해서 자본이라고 하는 것은 인간의 노동 중에서 의미있는 것과 의미없는 것[12]을 구별짓는 기준인 동시에 그 자본을 생산하는데 기여했던 노동자의 소유권으로 귀속되어야 하는 논리적 근거를 제공한다는 것이다. 그리고 여기서 얻어지는 내용은 자본이 인

---

12) 의미있는 노동이란 노동을 통해 의도한 바의 가치가 실현되거나 지시된 사항에 따라 행해진 노동을 말하며, 의미없는 노동이란 종업원이 주인의 지시에 따르지 않거나 가치 창조가 없는 경우를 말한다.

간과 구별되어야 하는 결정적인 이유를 암시한다.

만약 자본이 인간으로부터 분리되지 않으면 노동의 가치 자체를 의미없게 만들어 버리는 것이다. 즉, 노동이 중요하다는 것은 노동을 통해 이루어지는 자본 형성이라는 결과 때문이다.

바꾸어 말하면 자본이 중요했기 때문에 비로서 노동이 중요하게 평가받을 수 있었던 것이다. 노동의 결과가 의미있는 것이로 연결되지 못한다면 노동 그 자체도 의미를 상실하기 때문이다. 사실 노동의 결과는 자본으로 표현되기 마련인데 자본의 가치를 인정하지 않는다면 결국 노동의 존재를 스스로 부정하는 셈이다. 따라서 경제 주체를 자본과 인간이라는 두 개의 경제 주체로 분리하는 것은 그만큼 인간의 노동이 중요하다는 것이며, 이는 보편적인 명제의 요구 조건과도 일치된다.

제2절 노동만이 자본의 근원이라는 오류

앞 절에선 '노동이 모든 부의 근원'이라는 명제에 의의를 제기하지 않았다. 단지 그 보편적인 명제와 노동 가치 사상은 구별되어야 함을 지적하는 데 그쳤다. 그러나, 그 명제마저 무조건 진실이라고 단정하기엔 이르다. 진실에 도달하기 위해선 광범위한 검토를 모두 거쳐야 하고, 그 후 살아남았을 경우에나 가능한 것인데 그 명제는 아직 심오한 비판을 제대로 받지 못했기 때문이다.

이제 새삼스럽게 문제를 제기한다면 '과연 모든 자본(부)이 노동

만의 결과로 가능할까?'

만약 독자가 조금이라도 현명함을 가졌다면 그 질문에 답은 회의적임을 알게 될 것이다. 왜냐하면 자본의 종류는 매우 다양하며, 그중엔 인간의 노동 결과 이전부터 자본으로 존재해온 것이 있기 때문이다.

대표적인 예로서 석유나 석탄 같은 천연자원은 현재 자본으로 인정되고 있다. 그 뿐 아니라 조금만 더 섬세한 독자라면 주위의 모든 환경이 곧 자본이라는 인식이 가능할 것이다. 즉, 태양 에너지는 물론이고 물과 공기 심지어는 땅과 식물 모두가 자본이기 때문이다.

이러한 사실에서 알 수 있는 바와 같이 모든 자본이 노동에 전적으로 의존하는 것은 아니며, 오히려 천연자원이 더욱 근본적이고 광범위한 자본의 가치를 지니고 있는 것이다. 사실 냉철하게 문제를 분석하면 그동안 보편적인 명제라는 이름으로 살아남았다는 사실 자체가 인간 이성에 심각한 회의를 불러 일으킨다.

문제에 조금만 더 지각있게 접근하면 우리들의 보편적인 명제는 그만 그 한계를 들어내고 만다. 엄밀히 말한다면 인간의 노동이라는 개념 자체마저도 독자적인 가치를 유지하기엔 의심스럽다. 인간의 노동이란 것은 도대체가 자본의 개입없이는 전혀 불가능하기 때문이다.

사실인 즉, 인간의 노동이 이룩한 그 어떤 자본도 원래의 자원 자본이 없이는 불가능하다. 생각해 보라. 인간이 자신의 노동으로 나무 책상을 만들 수는 있지만, 그것도 나무라는 재료가 있기에 가능하다. 물론 나무를 기를 수는 있지만, 씨앗이 있어야만 가능한 일이다. 게다가 토양과 수분은 물론이고 빛 에너지까지 총동원되어야 한다. 인간의 독자적인 노동만으로는 그 어떤 형태의 자본도 절대로 만들 수 없다. 한결같이 자원 자본이라는 재료를 필요로 하고 있는 것이다.

설령 인간이 어떤 재료의 도움도 없이 순전히 노동의 힘만으로 어떤 자본을 창조했다고 가정-절대로 불가능한 얘기지만 -한다 하여도 여전히 인간의 노동행위는 자원 자본에 의존해야 된다. 즉, 인간의 노동 행위는 생명이 살아있을 때 가능한 것인데, 생명이 유지되기 위해서는 에너지가 필요하다.

그런데 그 에너지를 가지려면 영양분의 공급이 있어야 하고 결국 식량이라는 또다른 자원 자본의 섭취를 통해서 가능하기 때문이다.

그런데 한 가지 지적해 둘 것은 자원 자본이라는 것 역시 자본으로서의 독자적인 가치를 가지는 것은 아니라는 점이다. 예를 들어 석유 자원은 그것이 인간의 노동으로 개발되기 전에는 아직 자본으로 인정받지 못했었다. 이렇듯 우리 주위에는 의미없던 자원들이 후일 인간에 의해 요긴한 자본으로 탈바꿈된 경우를 흔히 목격할 수 있을 것이다.

사실상 식량을 비롯한 의식주에 필요한 아주 기본적인 자원 외에는 이처럼 인간의 주관적인 취향이나 요구에 의해 자본으로 변모할 수도 있고, 오히려 불필요한 쓰레기로 전락할 수도 있는 것이다.

지금까지의 사실들이 시사하는 바, 자본이라는 것은 그 자체로서 성립하는 것이 아니라 자본의 재료가 되는 자원 자본과 인간의 노동이 서로 조화를 이뤄 협력할 때 비로소 가능하다는 것이다. 따라서 자본이라는 개념 자체가 인간에게 의존하지 않을 수 없다.

왜냐하면 인간에게 필요해야만 자본이 될 수 있으며, 그 가치 판단을 결국 인간 스스로가 내린 것이기 때문이다. 다만 인간의 모든 주관적인 가치 창조란 것도 따지고 보면 생활 터전이라는 자연 자본에서 이루어졌다는 사실을 감안할 때 더욱 근본적인 가치 창조의 원인은 역시 자원 자본 쪽에 더 큰 비중을 두어야 한다는 점이다.

결과를 현재의 원인에서만 찾으려는 오류

현재 산업 경제에서 이루어지는 모든 생산물은 누구 때문에 가능할까 하고 묻는다면, 노동가치론자들은 단연코 노동자들이라고 답변할 것이다. 얼핏 생각해 봐도 노동자들이 생산을 전면적으로 중단하면 동시에 모든 생산 활동은 마비될 것으로 보인다.

그리고 실제의 경우에도 노동자들의 파업은 곧 생산 중지로 이어지는 것을 얼마든지 확인할 수 있다. 그래서 지금 현재 생산되는 모든 생산물은 노동자에 의해 이루어진 만큼 그 소득 역시 노동자들이 모두 나누어 가져야 한다는 것이다. 그것이 바로 그토록 많이 등장하는 공동 생산 · 공동 분배의 근거였다.

그렇지만, 노동자들만의 힘으로 어떻게 그 많은 생산 활동이 가능하단 말인가?

겉보기와는 달리 생산 과정을 자세히 살펴보면 노동자의 노동이란 것은 생산 시설을 이용한 게 고작이며, 실질적인 생산의 대부분은 자본에 의존한 것이었다. 다시 말해서 현대의 그 엄청난 생산량은 거의 모두가 엄청난 자본 시설의 도움으로 가능했던 것이지 노동자의 노동만으로는 어림도 없는 것이다.

사실 옛날엔 생산량이 지금과 비교하여 엄청나게 작았는데, 그것은 자본 시설이 부족했기 때문이지 옛날 사람들이 특별히 게을렀기 때문은 아니었다. 오히려 생계 유지의 절박한 현실을 모면하기 위해 엄청난 양의 노동을 투입했던 것이다. 그렇지만 아무리 힘있는 사람일지라도 막강한 자본력(기계의 힘)에는 이기지 못하는 법이다. 이를테면, 땅에 구덩이를 팔 때 포크레인을 당할 수 있는 사람은 아무도 없는 것이다.

이로써 생산 활동에 있어 자본의 기여도나 중요성은 충분히 설명되었기 때문에 어느 정도 납득이 간다 하여도 노동가치론자들은 여전히 다음과 같은 생각에 미련을 가질 것이다. 즉, 자본이 중요한 것은 인정하겠지만, 그 자본이란 것이 지금 현재 노동자들에 의해 생산되어졌으니 결국 생산 소득은 모두 현재 노동자들의 몫이라는 생각이다. 일견 수긍이 가는 대목이다.

얼핏 주위를 살펴 보아도 예외적인 경우가 없는 것은 아니지만, 대부분의 생산물들은 현재에서 그리 오래 되지 않은 시점에서 생산된 상품이 주류를 이루고 있다. 이러한 경향은 소득이 높아질수록 신제품의 선호도가 높아지면서 상품의 생산 시점을 현재에 더욱 접근시키고 있다.

그러나 이러한 견해는 전적으로 잘못되었다. 물론 자본 시설의 투자 시기나 상품의 제조 시기가 현재에 가까운 것은 틀림없지만, 그것은 어디까지나 과거의 자본 상태를 반영하는 배경에 지나지 않는다. 다시 말하면, 현재의 자본 시설은 과거 많은 사람들이 남겨놓은 유산 위에 축적된 것이지, 바탕없이 어느 날 하루 아침에 생겨난 것은 아니다. 즉, 일반적인 느낌과는 달리 현재의 자본은 과거의 유산(자본)에 전적으로 의존하기 마련이다.

여기서 자본의 소유권 개념의 근거를 발견하게 된다. 즉, 현재의 자본은 과거의 자본에 의존하게 되며, 그것은 자본가의 의사에 따라 그 소유권이 승계됨으로써 가능하기 때문이다. 다시 말하면 자본가의 생명은 유한하지만 그 소유권은 남아 계속 이어질 수 있는 것이다. 그런데 이 과정이 너무나 자연스러워 오히려 그 의미가 간과되기 쉬웠으나 사실은 상당히 중요한 개념이다. 왜냐하면 오늘의 이 거대한 자본들도 알고보면 모두 과거의 자본 소유권이 끊임없이 승계되는 과정에 축적된 결과임을 깨닫게 하기 때문이다.

그렇지만 노동가치론자들은 몇 가지의 오해 때문에 여전히 진실을 받아들이는데 망설여질 것이다. 그것은 흔히 비유되는 경우인데, 전쟁 후에 이루어지는 신속한 복구에 대한 이유로서, 자본의 중요성보다는 인간의 노동력이 보다 더 중요하다는 느낌을 갖게 하기 때문이다.

다시 말해서 전쟁으로 모든 것이 폐허가 되어 이렇다 할 자본이 거의 없어진 상황에서도 얼마되지 않아서 곧 경제의 빠른 회생이 가능하다는 사실은 인간의 노동이야말로 생산 활동에서 가장 절대적인 요소라고 생각하기 쉬울 것이다. 물론 자본이 전혀 중요하지 않다는 얘기가 아니라 자본없이 노동만으로 얼마든지 경제 재건이 가능하기 때문에 사실상 노동만으로도 모든 생산 활동을 설명할 수 있다는 입장이다.

전쟁으로 자본이 파괴되어도 빠른 복구가 가능한 것은 사실이지만 이 사실만으로 노동이 전부라고 해석하는 것은 논리의 비약이 아닐 수 없다.

왜냐하면 지금까지 일어난 전쟁 후의 경제재건이란 모두 그 이전의 경제상황 즉, 자본의 상태에 영향을 받기 때문이다.

무슨 말인고 하니 그 옛날 임진왜란 이후 다시 조선의 경제가 회복되었지만 지금과 같은 생산 규모의 경제가 갑자기 생겨난 것은 아니다. 즉, 그 당시의 경제 재건이란 그 당시의 수준에 준하는 규모에 불과하며, 지금의 거대한 생산 규모에 도달하려면 엄청난 자본의 뒷받침이 되어야 한다.

게다가 그 당시의 수준으로 재건될 수 있었던 것도 노동만으로 가능했던 것은 아니다.

즉, 지식이라고 하는 또 하나의 자본이 뒷받침되었기 때문에 가능했던 것이다. 이를테면, 6. 25 전쟁 이후 잿더미 속에서 한국의 경제는 다시 재건되었는데, 그것이 가능했던 것은 비록 물질적 자본의 일부는 파괴되었지만 정신적 지식 자본*은 아직 남아 있었기 때문이다. 만약, 전쟁 후 지식인이 한 명도 없이 죽었거나 모든 사람들의 지적 수준이 원시 상태로 되돌아갔다면 인류의 역사는 구석기시대로 다시 돌아가야만 하는 심각한 상황에 놓이게 되었을 것이다.

그런데 이쯤에서 지식이라고 하는 것이 어떻게 자본에 속하는지 의아하게 생각할 수도 있겠다. 그런데 지식이란 그것을 얻기까지 많은 노력이 요구된다. 물질적 자본에 비해 비록 그 형태가 다르지만, 얻기는 더욱 어려운 자본이다. 그러나 일단 얻어진 자본은 광범위하게 응용되어 생산 활동에 놀라운 기여를 해 왔으며, 인류의 역사가 그것을 증명하고 있다. 이렇듯 지식은 자본이 가져야 할 일반적인 유용한 가치를 모두 지니고 있기 때문에 하나의 자본임을 알 수 있다.

이를테면 어떤 지식이나 정보를 얻기 위해 엄청난 자본을 투자하는 예에서 알 수 있듯이 지식 자본은 물적 자본 이상의 자본 가치를 가지고 있는 것이다. 게다가 자본을 늘리기 위해 자본 시설을 이용하듯이 지식이라는 것도 다른 물적 자본에 전적으로 의존해야 하는 양상이 비슷하다.

사실 물적 자본에 전혀 의존하지 않고서 독자적인 지식 자본이 창조될 수는 없다. 다시 말해서 어떤 지식을 연구하기 위해선 의식이 있어야 하고, 의식은 생명이 있어야 하고, 또 생명이란 영양 공급이라는 식량 자본을 필요로 한다. 식량이 부족하면 굶어 죽을 터이므로 지적 자본을 창조할 수가 없을 것이기 때문이다.

이러한 사실은 현실적인 비유로 더욱 명확하게 확인할 수 있다.

---

* 엄밀하게 볼 때 지식을 자본에 포함시키는 것은 불합리한 점이 많다. 그럼에도 불구하고 지식을 자본과 관련시키는 이유는 서로의 상호작용이 너무나 밀접하기 때문에 그것을 강조하기 위함이다. 다시 말해서 지식을 노동에 포함시키는 것이 더 바람직하지만 지식은 현실적으로 자본에 더 많이 의존하고 있다는 사실이다.

즉, 한 가정에서 부모가 자식을 제대로 키우기 위해 지출되는 교육비의 비중은 전체 소득 중에서 과히 절대적이라[13]표현해도 무리는 아니기 때문이다.

사실 교육비란 지적 자본을 쌓기 위해 소요되는 물적 자본이라 말할 수 있는데 시간이 갈수록 배워야 할 정보가 복잡하고 다양해져서 그만큼 첨단 지식을 추가하는데 비용도 많이 들게 마련이다. 이처럼 지식도 하나의 자본이며, 다른 모든 물적 자본과 마찬가지로 독립적으로 얻을 수는 없으며, 다른 물적자원에 의존하여 서로 상호 보완적인 관계를 유지하고 있는 것이다.

결과적으로 전쟁 후 자본이 파괴된 상황에서도 빠른 복구가 가능한 것은 노동 자체 때문이 아니라, 눈에 보이지는 않지만 이미 구축된 지적 자본이 그대로 남아 다시금 물적 자본이 재생되는데 이용되었기 때문이다. 그런데 우리가 자본의 개념과 관련하여 한 가지 유의해야 될 것은 일반인들이 생각하는 이상으로 자본의 범위는 훨씬 더 광범위하게 해석된다는 것이다.

왜냐하면 인간의 노동이 어떤 부[14]를 쌓기 위해 도움을 받게 되는 일체의 수단이나 도구가 모두 자본으로 해석될 수 있는 일반적인 견해에 따르면 지식 뿐 아니라 시간까지도 자본의 영역에 포함시키는 것이 가능하기 때문이다. 그 이유는 인간의 노동이 어떤 부를 늘리기 위해서는 시간이 필요하다는 사실에서 기인한다.

---

13) 엄밀한 의미에서 교육비에는 의식주의 모든 경비가 포함되어야 한다. 왜냐하면 자식의 교육을 위해 단지 학교에 보내는 것으로 끝나는 것이 아니라 먹여야 하고 입혀야 하고 잠잘 수 있는 공간을 포함하여 모든 지원이 아낌없이 투자되기 때문이다. 이처럼 교육비는 학비처럼 직접적으로 투자되는 액수도 엄청나지만 간접적으로 투자되는 비용까지 합치면 실로 엄청난 것이다.

14) '부'라고 말할 수 있는 것은 동시에 자본이라고 말할 수도 있다. 그 이유는 뒤에서 다시 논의될 것이다.

사실 인간의 그 어떤 노동도 시간의 개입없이는 가치 창조가 이루어질 수 없음을 안다. 그리고 시간의 많고 적음에 따라 상품의 생산량 역시 증감한다는 사실은 이미 누구나 경험한 바와 같다. 여기에 덧붙여 노동이라 할지라도 이미 사용되어진 노동은 자본의 형태로 남게 된다는 점이며, 더 이상 노동으로 불리어 질 수 없다는 사실이다. 이 점을 명확하게 하기 위해서 예를 들어 보자.

가령, 어떤 농부가 열심히 농사를 지어 수확을 올렸다면 농사를 짓는 과정은 분명 노동을 통해 이루어 지는 것이 틀림없다. 그러나, 이듬해 다시 농사를 지을 동안 식량으로 사용되는 지난해 수확량은 이미 노동으로 불리어 질 수는 없으며, 자본의 영역에 포함되는 것이다.

모름지기 노동이란 노동이 이제 막 사용되거나 앞으로 사용될 수 있는 형태로 남아 있을 때만 노동의 순수한 의미가 반영될 뿐이다. 사실 이미 사용된 노동은 결정된 행위로서 곧바로 자본에 귀속되기 때문에 더 이상 노동으로 볼 수는 없다. 왜냐하면 농부의 경우 농사를 짓는 노동 행위가 이미 끝난 상태에서는 다시는 그 이전의 행위를 바꿀 수 없으며, 결정된 하나의 역사적 사실로 남게 된다.

물론 미래엔 농사 대신 다른 일을 할 수는 있지만 그 전에 일어난 사실 자체가 변경되지는 않는다. 따라서 노동 행위는 그 노동이 지나는 순간 이미 노동의 영역보다 자본의 영역 쪽에 가까와진다. 즉, 자신의 의사결정권이 아직 자신의 노동력에 유효한 영향력을 행사할 수 있을 때만이 노동으로 이용될 수 있을 뿐이기 때문이다.

엄밀한 의미에서 인간의 노동 가치는 자신의 의사결정권으로 가능한 범위로 국한된다. 때문에 아무리 가치있는 노동 능력을 가졌었다 하여도 그것이 과거의 것이라면 화려한 경력 속에 기록될지언정 현재의 노동이 될 수는 없다. 시간을 돌이킬 수 없듯이 과거의 노동을 돌이킬 수는 없다. 과거의 노동 행위는 지금의 의사 결정 통제 범위를 벗어난다. 이미 지나간 과거는 선택권을 남기지 않기 때문이다.

결과론적 해석 방법의 오류

노동가치론자들의 오해를 불러 일으킨 가장 심각한 오류가 바로 이 오류이며 아마도 역사상 이처럼 많은 사람에게 영향을 끼친 해악도 드물 것이다. 이미 앞에서 간간이 언급되었지만 바로 이 오류 때문에 부익부, 빈익빈 현상이라는 엉터리 이론이 창조되었고 공산주의 사상의 모태가 되었던 것이다.

부익부, 빈익빈이란 말 그대로 잘 사는 사람은 더 잘 살고 가난한 사람은 더 가난해진다는 뜻이다. 얼핏 생각해 봐도 과거에 비해 갈수록 빈부의 차가 심해지는 것은 사실이다. 그리고 이 사실이 바로 부익부, 빈익빈 논리의 유일한 근거이기도 하다. 그렇지만 일반적으로 부자보다도 빈자가 많기 마련이며, 따라서 다수의 지지를 확보하기 위해서는 다수인 빈자의 입장을 대변하는 것이 보다 유리하다. 게다가 그 논리가 어느 정도 설득력으로 위장하고 있다면 더 할 수 없이 좋은 조건이 된다.

상황이 이렇고 보니 왠만한 사람일지라도 그 논리의 허구성을 반박하기는 매우 어려웠던 모양이다. 모든 오류가 그러하듯이 겉으로는 그럴 듯 해 보이지만 알고 보면 진실을 과장한 허구이며 속빈 강정일 뿐이다. 물론 갈수록 빈부의 편차가 벌어지는 것은 사실이지만 그것이 부익부, 빈익빈처럼 가진 자가 가지지 못한 자의 재산을 착취한 결과라고 해석하면 곤란하다.

만약 그 논리가 진정 옳다면 요즈음의 서민들은 옛날의 서민들보다 더 가난해야 된다. 왜냐하면 그동안 서민들이 더욱 착취당했을 것이기 때문이다. 더욱 극적인 경우 원시시대의 서민들은 착취를 거의 당하지 않았으므로 더욱 잘 살아야 한다. 그렇지만 원시인들의 생활상은 그다지 풍족하지 못했음이 알려져 있고, 누구나 인정하는 사실이다. 솔직히 원시시대의 최고 부자라 해도 지금의 거지보다도 생활이 불편했을 것이다.

이처럼 진실의 여러 가지 상황을 고려하지 않고 빈부의 편차를 무조건 부익부, 빈익빈의 논리로 몰아넣어 빈자로 하여금 부자들에게 부당한 느낌을 갖도록 유도했던 것이다. 그 목적은 두말할 것도 없이 다수의 빈자들을 부추겨 자신들의 이익을 위한 사상적 도구가 필요했기 때문이었다.

결과적으로 빈자들은 자신의 가난이 무능해서가 아니라 부자들의 억압과 착취 때문에 가난할 수밖에 없었다는 핑계거리가 생겼고, 동시에 자신들의 투쟁은 부자들의 부당함에 항거한다는 대의명분을 합리화시켰던 것이다. 물론 그러한 해석이 전혀 잘못되었다고 말할 수는 없다. 그렇지만 부분적인 사실을 전체적으로 확대하고 정말 중요한 진실에 대해서는 침묵하는 것은 비겁한 행동일 것이다.

이제 결과론적 해석 방법의 오류를 지적하기로 하자. 빈부의 차를 부익부, 빈익빈으로 밖에 해석하지 못하는 이유는 부가 자본에 의해 늘어나는 사실을 전혀 깨닫지 못했다는 증거가 된다. 즉, 자본의 역할을 이해하지 못함으로써 부를 일정한 양으로 취급하게 되었고 그 결과 부의 한 쪽이 늘어나려면 다른 한 쪽을 반드시 착취해야만 가능하다는 편협된 사상을 강요하였던 것이다.

그러나 실제의 경우 부자가 부를 늘릴 때 굳이 빈자의 재산을 빼앗지 않아도 가능하며, 오히려 빈자의 재산도 함께 늘어날 수 있다. 현실적으로 살펴 보아도 옛날에 비해 자본가의 재산도 함께 늘어났지만, 일반 근로자의 재산 역시 함께 늘어났다. 이러한 일이 가능한 것은 바로 자본의 숨겨진 역할 때문이었다.

자본의 숨겨진 역할에 대해서는 다음 절에서 노동자들의 임금 투쟁의 부당함과 관련하여 다시 논하기로 하고 여기서는 자본과 인간의 함수관계를 기호화시켜 정리하는 것으로 이 절을 끝내기로 하겠다.

결과론적 해석 방법의 오류를 기호화하면 다음과 같이 표현할 수 있다.

[15] $x \cdot y = a$　　{x, y : 미지수, a : 상수
x(자본가), y(노동자), a(전체 부)}

즉, 부를 일정한 값인 상수 a로 취하여 x(자본가)와 y(노동자)의 관계를 대립시킴으로써 필연적인 부익부, 빈익빈이라는 모순을 만들어 놓았다. 이러한 모순을 없애려면 그 함수관계를 다음과 같이 수정해야 한다.

$x \cdot y = \overset{<}{Z}$　　{x, y, z는 모두 미지수이며, 기호(〈) 표시는 점점 커지는 경향을 나타낸다. x(자본), y(인구), z(생산량)}

즉, 생산량 z는 정해진 상수가 아닌 변수(미지수)로서 시간이 지

15) 여기서 x와 y가 곱셈관계로 나타내었지만, 이것은 어디까지나 설명의 편의상 가정한 것임을 유념하기 바란다. 단지 분명히 말할 수 있는 것은 x와 y가 어떤 함수관계에 있다는 사실 뿐이다. 따라서 $f(x \cdot y) = a$로 표현하는 것이 이해하는 데 더 용이할 것이다.

남에 따라 그 값이 점차 증가하는 경향을 나타내는데, 그 이유는 자본(x)이 전부 소비되지 않고 조금씩 축적되어 그 값이 커지기 때문이다. 그리고 y는 인간을 나타낸다. 더 정확히 표현하자면 인간의 의사결정권이라고도 할 수 있는데, 이것 역시 증가추세에 있다. 그것은 인구가 증가하는 것을 말한다. 즉, 의사결정권의 주체가 인간이기 때문이다.

여기서 인구(y)와 자본(x)이 동시에 증가할 수 있는 것은 생산량(z)이 고정된 상수가 아니라 증가한다는 사실에서 설명이 가능할 뿐 아니라, 현실세계를 모순없이 그대로 반영한다.

다만 주의할 것은 인구(y)만큼은 무조건 증가하는 것이 아니란 것이다. 물론 그동안 자본(x)과 생산량(z)이 증가하면서 인구(y)의 증가를 유도[16] 한 것은 사실이지만, 인간은 스스로의 통제력에 의해 적당히 조절될 수 있기 때문이다. 그 이유는 인구(y)의 증가로 인해 생산량(z)이 약간 증가될 수는 있지만 그것이 각 개인에게는 그다지 긍정적인 결과를 주지 못하기 때문이다.

즉, 인구가 증가하면 각 개인에게 돌아가는 몫도 그만큼 줄어들기 때문에 적당히 줄일 필요가 있었던 것이다. 요컨대, 인구(y)는 초기에 조금 증가 추세를 보이다가 어느 정도 시간이 지나면 적정수준을 유지하게 되는데 그 분기점은 크게 세 가지 이유 때문에 그 통제가 자율조정되는 것이 일반적이다.

첫번째는 경제적인 이유 때문이다. 말할 것도 없이 인구의 증가는 각 개인의 평균소득을 줄이게 되는데, 이것은 어디까지나 결과론적인 해석이며 각 개인의 입장에서는 좀더 현실적인 이유가 있

---

16) 옛날에는 인구가 많지 않았다. 그것은 가난 때문에 자녀 양육이 힘들었으며 무엇보다 유아 사망률이 높았기 때문이다. 따라서 인구가 증가하려면 어느 정도의 생계비가 보장되어야 한다. 즉, 자본의 증가 초기에는 인구 증가를 유도하는 것이다.

다. 즉, 많은 자녀의 양육에는 그만큼 양육비가 증가하기 때문에 부모로서의 경제적 부담을 덜 필요가 있었던 것이다.

두번째 이유로는 가치관의 변화 때문이다. 옛날에는 가난했던 만큼 자식에 대한 집착은 더 강했다. 왜냐하면 자신들은 고생했지만 자식들만큼은 출세시키고 싶다는 부모들의 욕구는 상대적으로 더 강해질수 밖에 없었기 때문이다. 즉, 부모 자신들보다 자식 지향적인 사고방식이었던 것이다. 그러던 것이 부의 증가와 함께 부모 자신의 노후에 대한 관심이 높아지는 것이다. 그것은 아마도 자본의 위력을 알게 되었고, 그 결과 자본만 많으면 굳이 자식에 의존하지 않아도 편안한 노후 생활이 보장된다는 생각을 갖게 되었다. 말하자면 자식에 기대하기보다는 부모 자신의 경제력이 더 중요한 문제였다. 따라서 자녀 수를 많이 둘 이유가 사라진 셈이다.

아무튼 옛날에는 인간의 노동이 중요했었는데 자식이 많다는 것은 그만큼 노동력이 풍부하다는 것을 뜻했었다. 단기적으로는 자녀 양육이 부담이 되지만, 장기적으로는 모두 귀한 일손으로 경제적 도움을 주게 되는 것이다. 다만 한 가지 유의할 것은 옛날처럼 가난한 시대에는 자녀가 많아도 그 양육비가 생각보다 심각하지는 않았다는 것이다. 그것은 먹고 살기에도 벅찬 까닭에 교육을 아예 포기함으로써 교육비의 부담이 줄어드는 데 있다. 또한 그것은 그 만큼 빨리 가사 노동에 투입될 수 있는 시간적 잇점이 있기도 했다. 반면 요즈음엔 자녀 교육비의 비중이 엄청나며, 더구나 그 기간은 자녀의 나이가 보통 20대 중반에서 30대 초까지 계속 투자되는 것과 비교하면 실로 엄청난 부담이 경감되는 셈이다.

세번째 이유는 피임 기술의 발달인데, 이는 더 이상의 설명이 필요없을 것이다. 그럼 여기서 x · y = Z의 함수관계를 한 번 되새겨 볼 필요가 있는데, 그것은 x와 y 둘 중 그 어느 것도 '0'이 되면 생산량 Z 역시 '0'이 된다는 사실이다. 이는 인간과 자본이 모두 중요하며, 어느 것 하나로도 충족되지 못하면 생산 활동이 불가능하다는 말이다. 즉, 근로자 없는 회사는 상품을 생산할 수가 없으며, 마찬가지로 사람만으로는 대량생산을 할 수 없다는 것을 뜻한다. 사실 생명이 살아있다는 것 자체가 식량 자본의 공급이 없다면 불가능하기 때문이다.

그렇지만 x · y = Z에서 Z는 전체적인 부의 총량을 나타내는 것이 아니라 새롭게 생산되는 부의 변화량이라는 사실에 유의할 필요가 있다. 다시 말해서 어느 회사의 근로자들이 총파업을 하여 생산이 중단되었다면 새롭게 늘어나는 생산량이 없을 뿐 자본시설 자체가 없어지는 것은 아니므로 총량에는 변화가 없는 것이다. 즉, 회사 자체는 그대로 남아 있으므로, 자본 역시 그대로 보존돼 있었던 것이다.

여기서 유의할 대목 하나만 더 지적하면 어떤 상품을 생산함에 있어 노동자들은 각각의 공정에 해당하는 나름대로의 중요한 역할을 담당하기 마련이다. 그리고, 자동차에 바퀴가 없으면 굴러갈 수 없듯이 그 어떤 작업 공정이라도 소홀히 다루어 질 수는 없다.

그런데 문제는 그러한 상황을 빌미로 모든 노동자의 노동 가치가 동일하다거나 또는 모든 소득이 노동자의 공동 몫으로 나누어져야 한다는 식의 엉뚱한 결론으로 이끌어 간다는 점이다. 물론 생산 과정에서 각 공정이 모두 필요한 만큼 나름대로 중요한 것은 사실이지만, 그렇다고 모든 것이 동일한 가치를 가진다고 말하는 것은 결과론적 오류의 전형적인 예라 말할 수 있을 것이다.

이것 역시 올바른 이해를 위해서는 추상적인 설명보다는 그 개념을 기호화하여 대입시켜 보는 것이 좋을 것이다. 일반적으로 이러한 오류는 극히 제한된 상황을 포괄적인 전체 상황으로 왜곡하면서 발생한 것이다. 예를 들어 a . b . c = x라는 함수관계가 있다고 했을 때, a, b, c 중 어느 것 하나라도 '0'이 되면 전체 x는 무조건 '0'이 된다.

따라서 전체 x를 '0'이 되지 않게 하기 위해서는 a, b, c 중 그 어떤 것도 '0'이 되어서는 안 된다. 그리고 그것은 너무나 당연하다. 그런데 다음 단계에서 모든 변수가 '0'이 되어서는 안 된다는 조건에 대해 '모든 가치는 동일하다'라는 해석으로 비약하면서 그만 오류를 저지르고 있다.

즉, a . b . c = x라는 함수관계는 x가 '0'이 되지 않게 하기 위해서 a, b, c가 모두 '0'이 되어서는 안 된다는 사실만을 알려줄 뿐, a, b, c가 모두 같은 값(가치)을 가져야 할 제한은 요구하지 않고 있다는 것이다. 다시 말해서 산업 생산 과정에 각 노동자의 역할이 모두 필요하지만 그렇다고 그 역할의 가치가 모두 같을 필요는 없으며 또 같지도 않다는 것이다.

동정을 권리로 생각하는 오류

사실 본 절은 이 책의 구성상 처음부터 계획된 것은 아니었다. 그러나, 이 글을 쓰는 동안에 지하철 노조원들과 현대중공업 근로자들의 파업 행위와 임금 투쟁을 보면서 도저히 그냥 넘어갈 수 없다는 느낌에 직면하게 된 것이다.

물론 그러한 행위에 대해 일반시민의 반응이나 언론의 반응은 대체로 비판적인 편이다. 그러나 그 비판의 방식이 자칫 오해를 불러일으킬 수 있다는 점에서는 더 조심할 필요가 있다.

왜냐하면 임금 투쟁 자체의 부당함을 직접 지적하지 못하고 단지 노조원들의 요구가 좀 지나치다는 식의 비판이기 때문이다. 이는 역설적으로 노조원들의 요구가 덜 지나치다면 충분히 정당화될 수 있는 뉘앙스를 풍기게 한다.

더욱 가관인 것은 지하철 노조 파업을 지켜보며 그 잘못을 비판하는 방식이 전혀 엉뚱하게 이루어졌다는 점이다. 이를테면, 노조원들의 주장엔 일리가 있으나 시민의 발을 볼모로 했기 때문에 잘못이었다라든가, 아니면 파업을 하는 것은 좋은데 전면적으로는 하지 말고 부분적으로 하여 시민들을 너무 불편하게 하지만 않는다면 좋을 것이라는 식이다.

이러한 비판이 얼핏 보기에는 잘못을 지적하는 비판 같지만, 실은 논점만 흐려 놓고 말았다. 다시 말해서 노조원들의 임금 투쟁 자체가 가지고 있은 부당성의 논점을 파업으로 야기되는 부수적인 사태의 논점으로 옮겨 놓아 오히려 파업의 부당성을 희석시켜 버렸다.

예를 들자면, 어떤 사람 A가 B라는 사람에게 강제로 돈을 요구했다고 하자. 이때, B는 당연히 그 요구를 거절했으나, A는 더욱 거칠게 그 요구를 주장했다. 그래서 결국 싸움이 벌어졌는데, 얼마 후 그 광경을 지켜보던 C라는 사람이 싸움을 말리면서 A, B 두 사람에게 각각 다음과 같이 충고했다. A는 자신의 요구를 너무 과격하게 주장하여 주위를 시끄럽게 하고 있으니 앞으로는 조용히 대화로써 해결하는 타협 정신을 갖도록 하라고 촉구했고, B에게는 A의 요구를 무조건 거절하지 말고 다소 손해를 보더라도 양보의 미덕을 갖도록 하라고 촉구했다고 하자.

얼핏 보아 근사한 충고같지만, 과연 논리적이고 진실한 충고라고 할 수 있을까? 바로 이러한 비판방식이 진실을 오도하게 되는 전형적인 예라 할 수 있다.

사실 이러한 예에서 가장 문제가 된 것은 남의 돈을 강제로 요구한 행위였다. 그리고, 그러한 요구에 누가 가만히 있겠는가? 당연히 반발할 것이며, 오히려 그 반발이야말로 정의로운 것이다. 솔직히 그러한 요구에 가만히 있는다는 것은 오히려 비겁한 자의 변명에 지나지 않는다. 불의를 보고 침묵하는 것은 결코 군자의 도리가 될 수 없기 때문이다. 그런데도 그 점을 지적하지 않고 단지 싸움만을 문제삼아 서로 양보하는 미덕이 부족하다고 지적하면 이는 논점의 핵심인 원인보다도 결과 쪽에 편중되어 올바른 비판이 될 수 없다.

얼핏 보면 A에게는 요구가 과격했으며, B에게는 양보의 미덕을 지적함으로써 그럴듯한 중용의 비판 자세를 보인 듯 할 것이다. 하지만, 이러한 논법에는 B가 A의 요구를 들어주지 않았기 때문에 사태가 시끄럽게 되었다며 오히려 그 잘못을 B에게 뒤집어 씌워질 수 있는 함정이 있다.

말하자면 파업 자체엔 크게 잘못이 없으며, 다만 그것이 시민들의 불편을 안겨 주었다는 도의적인 책임이 있을 뿐이란 것이다. 그리고 그나마도 파업이란 결국 노사 문제라면서 제3자인 국민들은 간섭할 수 없다고까지 강변한다. 더우기 파업 자체도 부당 임금 때문에 발생하였으므로 그 모든 잘못을 정부측에 있다고 책임을 전과시키고 있다.

비판을 하려면 제대로 해야지 그렇지 않으면 이처럼 논점의 핵심만을 흐려놓아 불의가 도리어 정의로 둔갑하게 된다. 세상엔 강도나 깡패처럼 스스로 나쁜 인간이라 하고 나쁜 짓을 하는 사람이 있는가 하면, 반대로 나쁜 사람이 아닌 척 하면서 나쁜 짓을 하는 사람이 있다.

그런데 그 중에서 첫번째의 경우는 그래도 덜 미운 편이다. 스스로 나쁜 사람임을 드러내 놓고 하기 때문에 조금은 솔직한 느낌을 들게 하기 때문이다. 그것은 자신이 나쁜 사람이란 비판을 공개적으로 받으며 자신의 명예가 손상되는 것을 스스로 감수해야 되기 때문에 일종의 자업자득이라는 최소한의 대가는 지불한 셈이다.

다시 말해서, 악의 탈을 쓰고 나쁜 짓을 하기 때문에 그래도 봐줄만 하지만, 선의 탈을 쓰고 악을 행하는 사람이야말로 정말 나쁜 사람이라는 것이다. 왜냐하면, 나쁜 짓을 하고도 나쁜 인간이라는 공개적인 비판을 받지 않게 위장하는 뻔뻔스러움 때문이다.

이제는 파업이, 많은 사람들에게 불편을 주기 때문에 도의적으로 자제되어야 한다는 식의 어설프고 소극적인 호소는 하지 않겠다. 자칫 파업이 나빠서가 아니라, 불편하기 때문이라는 식의 진실이 왜곡될 염려가 있기 때문이다. 이젠 파업 자체가 도저히 묵고할 수 없는 파렴치한 행위임을 밝히고 용납할 수 없음을 명백히 하는 정공법으로 대처할 것이다. 임금 인상을 위해 파업하는 근로자들은 다음과 같은 잘못된 오류를 진실이라고 착각하는 데서 비롯된다.

1. 일한 만큼 임금을 받지 못한다는 오류

임금 투쟁의 바탕에는 아마도 일한 만큼 임금을 받지 못한다고 생각하는 사상이 너무나 뿌리깊게 쇄뇌되어 있기 때문일 것이다. 사실 노동 착취 따위와 같은 별별 우스꽝스러운 개념들도 거의 모두가 이 사상과 같은 통속임을 생각하면 얼마나 심각한 오류인지 짐작할 수 있을 것이다.

지금까지 많은 사상가들 역시 노동자들은 일한 만큼의 충분한 보상을 받지 못한다고 생각했는데, 그것은 노동자들이 실제 생산한 제품의 생산량에 비해 임금은 너무나 작았기 때문이다. 예를 들어, 어느 회사의 한 노동자가 손톱깎기를 제작했다고 가정하자. 그리고 이 노동자가 한 달동안 생산할 수 있는 제품의 생산량을 가격으로 환산하면 약 300만원 정도라고 하자. 그런데 이 노동자가 회사로부터 받는 임금이 한 달동안 자신이 생산한 생산량의 겨우 1/3에 불과한 100만원 정도밖에 안 된다면 당연히 항의할 것이다. 자신들이 생산한 양보다 훨씬 더 작은 임금을 받고 있으니 반발심이 생길 것은 당연하고, 남은 200만원의 차액을 노동 착취로 오해할 것이다.

이러한 예는 다소 차이가 있을 수 있으나, 거의 모든 노동자들은 자신이 생산한 양의 전부를 임금으로 받지 못한다는 것은 명백하다. 그런데 이러한 반발이 과연 근거있는 행동일까?

이 경우, 진실을 알기 위한 가장 손쉬운 방법은 자신의 임금을 착취당한다고 투덜되는 근로자에게 회사를 그만두면 될 것이라고 충고해 보면 된다. 즉, 회사에 다니지 않고 혼자서 직접 상품을 제작하면 자신의 노동을 착취당할 일도 없고, 스스로 올린 수입을 모두 다 가질 수 있기 때문이다.

그렇지만, 그렇게 할 바보 천치는 세상에 단 한 명도 없다. 오히려 어떻게 해서든지 회사에 취직하려고 기를 쓰는 것이 현실이며, 직장을 갖기 위해서 엄청난 시간을 투자하며, 취직시험에 매달리는 사람도 얼마든지 있다. 왜 그들은 취직을 하려고 할까? 이미 많은 사상가들이 노동자들은 노동 착취를 당함으로써 형편없는 임금을 받고 있다고 밝혔는데도 말이다.

정말 사상가들의 말이 옳다면 모든 근로자들은 바보 천치임에 틀림없다. 스스로 노동 착취를 원하고 있기 때문이다. 더욱 놀라운 것은 노동 착취당한다고 그렇게 목청높여 부르짖던 노동자들도 정작 직장은 그만둘 생각은 하지 않는다. 오히려 그러한 노동자일수록 직장에서 해고하려고 하면 더 크게 반발한다.

사실 나 같으면 그들의 주장처럼 노동 착취를 당한다고 여겨지면 당장 회사를 그만둘 것이다. 그래야 노동 착취를 당하지 않고 이익이 되기 때문이다. 그렇지만 모두들 그렇게 하지 못하는데 그 이유는 도대체 무엇일까? 그것은 두말할 것도 없이 노동가치론자들의 주장이 허구이기 때문이다.

만약 노동자 한 개인이 혼자서(자본시설의 도움없이) 상품을 생산한다고 했을 때 회사에서 받는 임금 소득보다 절대로 높아질 수 없다. 그런데도 정말 혼자서 손톱깎기를 제작하려고 시도한다면 우선 철판이 필요하다. 그리고 철판은 철광석에서 철을 추출한 후에 가능하다. 어디 그뿐인가? 철광석은 하늘에서 떨어지는 것이 아닌 이상 모두 혼자서 다 채광해야 한다. 말이 쉽지 어떤 누가 혼자서 감히 이 과정을 모두 할 수 있단 말인가?

사실 이 과정은 모두 엄청난 자본 시설이 필요하며, 한 인간의 노동으로는 어림도 없다. 그럼에도 불구하고 혼자서 전과정을 제작한다면 솔직히 한 달에 1000원짜리 손톱깎기 하나도 만들기 힘들 것이다. 내 생각엔 한 달이 아니라 1년의 기간을 준다해도 제대로 상품 가치가 있는 손톱깎기를 만들 수 있는 사람은 극히 드물 것이다. 내 말에 불만이 있는 사람이 있다면 한 번 시도해 보아라. 만약, 자본 도구를 전혀 이용하지 않고 순전히 손으로만 만든다면 평생에 하나 만들지도 못하는 사람이 숱하게 많을 것이다.

일반적으로 노동자가 회사에서 상품을 생산한다고 하는 것은 혼자의 힘으로 하는 것이 아니라, 거대한 자본 시설을 이용한 극히 제한된 단순 작업의 일부에 지나지 않는다. 즉, 하나의 상품이 생산되기 위해서는 실로 엄청난 제작과정이 필요하며, 엄청난 자본시설과 노동이 투입되어야 한다. 더구나, 한 회사에서 상품의 전 과정이 제작되는 경우는 거의 찾아볼 수 없으며, 수많은 회사의 다단계 공정 과정을 거쳐야만 가능한 것이다.

이처럼 한 노동자가 생산한 제품이라고 해도 알고 보면 수많은 제작 과정에 참여한 마지막 단계의 일부에 지나지 않는다. 그런데도 그것을 마치 혼자서 다 생산한 것인 양 주장하는 것은 아무리 착각이라 해도 좀 지나친 착각이다.

그런데 지금까지 저질러온 노동가치론자들의 가장 큰 실수는 자본의 엄청난 역할을 과소평가했다는 데 문제가 있었다. 사실 하나의 제품을 만들기 위해서는 실로 엄청난 자본 시설이 투자되는 것은 말할 것도 없고, 구덩이 하나를 파기 위해서도 포크레인과 같은 자본 도구를 이용해야 한다. 물론 맨손으로 할 수도 있겠지만, 그 작업의 효율성을 볼 때, 비교가 되지 않기 때문이다.

이처럼 자본의 역할은 엄청나며, 그 영향을 미치지 않는 곳이 없다. 여기에 비해 인간의 노동이란 정말 초라하기 짝이 없다. 바로 진실에 도달하는 관문은 자본의 절대적인 역할을 인정하는 자세이다. 결국 노동자가 생산한 상품은 자본 시설을 이용한 것이어서 노동자가 기여한 순수 몫은 얼마되지 않음을 알 수 있다.

여기서 한 가지 더 짚고 넘어갈 것은 옛날 사람들이 지금보다 가난했던 것은 노동량이 부족해서가 아니었다. 노동량은 오히려 현대인들이 부족하며, 그 결과 비만증까지 초래되었던 것이다. 옛날 사람들은 그 많은 노동을 통해서도 최소한의 생계유지마저 어려웠다.

물론 그들은 노동 착취를 당하지도 않았으며, 자신의 노동으로 얻은 수익을 전부 자신이 가져갔는데도 말이다. 그리고 가난한 나라의 경우에도 마찬가지이다. 그들 역시 노동량이 적었기 때문에 후진국이 되었던 것은 아니다. 오히려 선진국의 노동자들보다 더 많은 고생을 하고 있다.

그런데도 왜 가난해야만 하는가? 더구나 후진국에는 자본가의 수가 적기 때문에 노동 착취도 적다. 노동가치설에 따르면 자본가가 적다는 것은 그만큼 노동 착취가 적었다는 반증이 된다. 왜냐하면, 자본가의 자본은 노동 착취와 비례하므로 노동착취는 자본이 많은 선진국에서 더 많이 당한다고 봐야 하기 때문이다.

지금까지 살펴본 바와 같이 이 모든 사실은 노동가치론자들의 이론과 완전히 빗나가고 있다. 사실 한 인간이 먹고 살아가기 위해서는 자신의 노동만으로는 거의 불가능하다. 심지어 육체 노동의 현장인 공사장에서조차 삽이나 망치 같은 최소한의 자본 도구는 있어야만 한다. 자본 도구가 없이는 다른 노동자들의 작업 수준을 따라갈 수가 없기 때문이다.

이처럼 인간은 자본에 전적으로 의존할 수밖에 없으며, 그 대신 대가[17]를 지불해야 한다. 물론 그 대가를 지불한다 하더라도 자본을 이용하는 편이 훨씬 더 이익임은 두말할 나위도 없다. 바로 그것이 사람들로 하여금 취직자리를 구하게 하는 이유가 되는 것이다. 그리고 임금이 적다고 투덜대는 사람일수록 계산이 빠른 사람들이기 때문에 직장을 그만 두려고 하지 않는다.[18]

아무리 임금을 적게 주는 회사일지라도 자신의 노동만으로 벌어들일 수 있는 소득보다는 많기 때문이다. 물론 단기적으로는 회사에 불만을 품고 그만둘 수 있으나, 장기적으로는 어차피 자본에 의존할 수밖에 없다. 회사에 취직을 한다는 것은 곧 자본에 의존하는 것이기 때문이다.

한편, 지하철 노조의 파업은 좀더 파렴치한 행위임을 지적하고 싶다. 즉, 그들은 자신들이 일한 만큼 대가를 받지 못한다고 하면서 스스로 모순되는 요구를 하고 있다. 왜냐하면, 지하철 공사측에서는 막대한 자본을 투자했지만 돈을 벌기는 커녕 오히려 엄청난 적자에 시달리고 있기 때문이다.

이 경우 그들은 자신들의 월급을 털어서라도 회사에 반납하여 도움을 줘야 한다. 그들의 주장처럼 기업의 성공이 노동자의 공이라면 기업의 어려움 역시 노동자의 책임으로 봐야 한다. 따라서 지하

---

17) 바로 이 대가 때문에 노동자가 300만원 상당의 상품을 생산해도 그 임금을 다 받을 수 없는 근거가 생긴다.

18) 직장을 다닌다는 선택 자체가 그나마 가장 많은 혜택을 받고 있다는 증거가 된다. 물론 더 많은 소득을 올릴 수 있는 다른 직장이 있겠지만, 그 직장은 자신의 수준보다 더 높은 자격 조건을 요구하고 있기 때문에 어차피 비교 대상이 아님을 알아야 한다. 만약 자신의 능력으로 가능한 최선의 직장이 있었다면 이미 먼저 선택되었을 것이기 때문이다.

철 공사의 막대한 피해와 적자는 지하철 공사에 속한 노동자의 무능함으로 연결된다. 그리고, 자신들이 무능해서 기업을 어렵게 했다면 그만큼 미안한 느낌을 가져야 할 것이다.

노동자들이 입버릇처럼 말하는 것은 '자신들이 그동안 기업에 열심히 일해 주었다.'는 것이다. 과연 열심히 일한 대가가 회사를 그토록 적자에 시달리게 할 수 있을까? 회사의 재정 사정이 좋지 못하다는 것은 노동자들이 그만큼 일을 태만히 했다는 증거가 된다. 일을 태만히 했으니 기업의 적자폭만큼 월급을 반납해야 하는 것이다. 그런데 역시 계산이 빠른 노동자들은 놀랍게도 기업이 잘 되면 노동자의 공이라고 하면서도, 기업이 망하면 기업주의 실책이라고 주장한다. 잘되면 자기탓, 못되면 조상탓하는 이기적 습성을 여기서도 여지없이 보여주는 것이다. 노동자들은 자신들의 지나친 임금 때문에 기업이 망했다고는 절대로 말하지 않는다.

기업이 노동착취를 통해 부를 늘렸다는 그들의 주장이 설득력을 가지려면 동시에 기업이 적자에 시달릴 때 그 이유를 노동자의 과잉 임금 지급 때문이라고 인정해야만 되는데, 유감스럽게도 그러한 논리적 이치를 깨우친 노동자는 극히 드물다는 사실이다.

요컨대, 일한 만큼의 대가를 요구한다는 것 자체가 불가능한 것이다. 왜냐하면 노동자의 일이란 항상 자본 시설에 의존하기 때문에 순수한 노동의 양을 객관화시킬 수도 없지만, 설사 그것이 가능하다 하더라도 인간의 노동 자체만을 평가하여 임금을 계산한다면 그 노동량이 너무나 유치하며[19] 임금 수준은 형편없이 낮아진다는 사실이다.

---

19) 생산 활동에 투입된 인간의 노동이란 거의 모두 자본 시설을 이용하거나 도움을 받는다. 더구나, 자본 시설의 힘에 비하면 인간의 노동량은 너무나 미미하다. 따라서 전체소득 중 자본 시설이 기여한 몫을 뺀 순수한 인간의 노동량 대가는 유치할 수 밖에 없다.

2. 임금이 노동의 대가라는 오류

이 오류는 이미 앞에서 많은 설명이 있어 왔듯이 임금은 노동의 대가가 아니다. 즉, 의사결정권을 위임한 대가인데, 이는 자본을 빌려주고 받는 이자에 해당하는 개념과 유사하다. 그리고, 빌려준 자본량에 따라 이자도 달라지듯이 한 개인의 의사결정권(능력)도 각기 달라서 임금이 달라지는 양상 또한 유사하다.

사실 그동안 앞장에서 임금이 무엇이냐에 대해 풍부한 설명이 있었기 때문에 새삼 다시 반복할 필요는 없다. 다만, 현시점에서 자꾸만 발생하는 노조원들의 파업 사태를 보면서 몇 가지 강조할 필요성이 느껴졌기 때문이다.

앞에서 하루 종일 구덩이를 파도 땡전 한 닢 얻지 못한다는 설명을 통해서 노동 자체만으로는 임금을 요구하는 근거로 충분하지 못함을 보여 주었다.

그런데 만약 임금이 진정 노동의 대가라면 다음과 같은 특성을 보여 주어야만 하는데, 우선 노동의 가치를 객관화시킬 수 있어야 한다는 점이다. 그래야만 일정한 가치를 나타낼 수 있으며, 그 가치만큼 임금으로 요구할 수 있기 때문이다. 그런데 아무도 노동을 객관화시킬 수는 없다.

왜냐하면 후진국 노동자들은 더 많은 노동을 하면서도 선진국 노동자들보다 더 적은 임금을 받고 있으며, 옛날 사람들도 마찬가지이기 때문이다. 다시 말해서 노동을 객관적으로 평가할 경우, 후진국 노동자들이나 옛날사람들이 훨씬 많은 양의 노동을 했고, 그 만큼 임금도 높아야 하는데, 현실은 그 반대이기 때문이다.

사실상 노동을 객관적 가치로 나타낼 수는 없으며, 결론적으로 임금이란 그 사회의 자본 보유량에 의존하게 되는 것이다. 즉, 옛날보다 요즈음 더 높은 임금이 가능한 것은 자본의 효율성으로 전체 생산량이 증대하여 그만큼 노동자에게 더 많은 소득이 배분될 수 있었기 때문이며, 선진국 역시 후진국보다 더 많은 자본을 가지고 있었기 때문에 전체 생산성도 더 높아질 수 있었던 것이다.

이처럼 임금은 자본시설의 보유량에 의존하게 된다. 그런데 여기서 설명이 더 필요한 대목은 임금의 크기는 자본 시설에 따라 달라질 수 있지만, 그 근거는 아니다. 즉, 임금의 근거는 앞에서 누차 강조한 바와 같이 의사결정권의 위임한 대가(이자)에서 비롯되는데, 아주 쉽게 말하면 노동자가 기업주의 지시에 복종함으로써 발생하는 것이다.

잘 아시다시피 모든 근로자들이 육체 노동만을 하여 임금을 받는 것은 아니다. 직업의 종류가 수없이 다양한 만큼이나 노동의 형태도 다양하다. 그런데 이 많은 노동의 형태 중에서 임금을 받으려면 항상 갖추어야 할 가장 근본적인 기준이 있다. 그것은 아무리 노동의 강도가 약하고 편한 일이라 해도 기업주의 지시에 따른 노동이라는 점에서는 불변한다는 사실이다.

그런데 참고할 것은 일반적으로 기업주의 지시에 따른 노동행위는 가치를 가지게 되는데, 임금의 발생 근거가 바로 그 가치 때문에 발생하는 것은 아니라는 점이다. 왜냐하면, 그러한 노동 행위 중에서도 가치를 지니지 못하는 경우가 허다하지만, 그래도 임금이라는 측면에서 보면 그 근거는 여전히 살아 있기 때문이다.

이를테면, 기업이 도산하는 경우인데, 기업주의 지시에 따라 근로자들이 열심히 일했지만, 어쩌다가 결국 기업이 망했을 경우, 사실상 노동자들의 노동 행위는 별 가치가 없어지는 것이다. 그렇지만, 기업주의 입장에서는 여전히 임금 지불 의무가 있으며, 근로자들 역시 받을 권리가 남아 있다. 이러한 논리가 가능한 것이 바로 의사결정권의 위임 대가라는 임금 발생의 핵심 근거 때문이다. 결국 기업주의 지시에 따른 노동이라면 그것이 어떠한 종류이거나 또는 성공 여부에 관계없이 거의 무조건 발생한다는 사실이다.

현실적인 예를 보자면, 건설 현장에서 일하는 노동자들의 경우, 그들은 비록 외관상 육체 노동을 하여 임금을 받고 있지만, 자세히 살펴보면 노동 자체만으로 임금이 발생하는 것이 아님을 알 수 있다. 현장 노무자들은 그 노동이 항상 지시된 노동이어야 하기 때문이다. 다시 말해서 아무리 힘세고 열심히 일하는 사람일지라도 현장 감독의 지시를 어기고 자기 마음대로 땅을 파거나 자신을 위한 일을 한다면 노임을 받을 수 없다. 왜냐하면, 의사결정권을 감독에게 위임하지 않고 자기 스스로 사용했다면 스스로 고용을 거부한 것이 되며, 고용되지 않은 노동자에게는 임금 지불 의무가 발생하지 않기 때문이다.

여기서 알 수 있듯이 문제는 항상 의사결정권의 위임 여부에 따라 임금 여부가 결정되는 것이다. 사실 건설 현장에서는 비오는 날 쉬게 되는데, 그 쉬는 행위도 감독의 지시에 따른 것이라면 노동 여부에 관계없이 임금은 발생하지만, 비록 노동을 하고 있더라도 지시된 노동이 아닌 자기 의사에 따라 개인적으로 한 것이라면 노동 여부에 관계없이 임금은 발생하지 않는다.

이제 마지막으로 임금과 소득의 의미 구분을 해야 할 때가 온 것 같다. 한 마디로 임금이란 노사관계의 조건이라 할 수 있다. 즉, 노동자가 기업주에게 의사결정권을 위임하는 의무를 수행함으로써 권리 조건이 발생한 것이다. 그리고, 의무가 지속되는 한, 권리의 보장성이 확보된다는 특성을 갖고 있다. 반면 소득은 임금보다 좀 더 포괄적으로 쓰일 수 있는데, 그것은 개인적인 노동을 통해서도 소득이 가능하기 때문이다. 가령 구덩이를 파다가 재수가 좋아 금을 발견하면 그것이 그 사람의 소득이 될 수 있으며, 또는 장사를 하여 수입을 올릴 수도 있다. 그런데 임금과 결정적인 차이점은 보장성이 없다는 것이다. 즉, 땅을 팔 때 금이 발견된다는 보장이 없으며, 장사를 했을 때 항상 성공하다는 보장이 없는 것이다. 그저 사후에 수입이 생겨야 소득이라 부를 수 있을 뿐이다.

여기서 일반 근로자들이 분명히 인식해야 할 너무나 중요한 대목이 있다. 그것은 임금 투쟁이나 파업 행위, 그리고 경영권이나 인사권의 참여요구는 노동자로서 전혀 권리가 없다는 사실이다. 거듭되는 얘기지만, 임금의 최초 발생 근거가 기업주의 지시 이행이므로, 그것을 거부하겠다는 것은 자신들의 요구 근거가 사라진다는 것이다. 다시 말해서 추가 요구 조건이 관철되느냐, 안 되느냐의 문제가 아니라 아예 임금 자체를 받을 자격이 없어지는 것이다.

무릇 권리란 의무를 수행할 때 발생한다. 아무리 인간성이 타락했을지라도 최소한의 의무마저 저버리고 권리만을 무조건 요구한다면, 이 사회에 존재할 가치가 전혀 없는, 정말이지 나쁜 인간이다.

3. 동정을 권리로 생각하는 오류

임금 투쟁이나 노조 파업은 앞에서 지적한 대표적인 오류에서 연유한다. 그러나, 그 오류를 지적하는 것이 지금까지는 그런 대로 무난히 넘어왔다. 그런데, 이번에 설명할 오류는 상당히 미묘하고도 심리적인 호소력을 갖고 있기 때문에 완벽한 논리성을 확보하지 못하면 노동가치론자들의 함정에 빠져 헤어나기가 어렵게 된다.

노조원들이 임금 투쟁을 할 때, 항상 쓰는 수법이지만 다음과 같은 호소방법으로 여론을 현혹하려 한다. 이를테면, 자신들이 최저생계비도 미치지 못하는 임금으로 살아가고 있으니 어느 정도 살 만큼은 인상되어야 하지 않느냐 하는 식이다. 논점의 핵심을 꿰뚫지 못하고 그냥 멍하니 듣고 있으면 그저 노조원들이 말이 백 번이고 지당하게 느껴질 것이다.

항상 그렇지만 자기네에게 불리한 얘기는 은폐하고, 유리한 얘기만 과장하여 선전하기 때문에 멋 모르는 사람들의 입장에선 최소한 동정적 심정의 지지라도 보내게 되는 것이다. 그렇게 열심히 일하고도 최저 생활마저 보장받지 못하고 있으니 이런 억울한 일이 어디 또 있을까? 상당히 호소력 있는 주장 방법이다.

그런데, 이러한 주장은 크게 두 가지 면에서 술수를 부리고 있는데, 우선 첫번째로 임금은 개인의 생활 수준과 관계가 없음을 알아야 한다. 임금은 오로지 의사결정권의 위임 가치이며, 그 능력 수준에 따라 결정될 뿐이다. 다시 말해서 임금이 결정되는 것은 어떤 근로자의 집안 형편이 가난하든, 부유하든 관계없이 그 근로자의 능력에 따라야 한다는 것이다. 그런데 그러한 기준을 무시하고 개인의 능력보다 엉뚱한 이유를 빌미로 임금을 차등시킨다면 또 다른 불평등이 야기될 것이다.

그럼 더 많은 임금을 받기 위해서 자신의 능력을 개발하는 전통적인 방법은 무너질 것이다. 그리고 능력은 형편없어도 집안이 어렵다는 이유만 만들면 더 많은 임금을 받을 수 있기 때문에 오히려 무능한 집안 식구를 만드는 것이 경제적으로 유리하게 되는 괴상한 사회를 만들게 될 것이다.

여기서 논의의 핵심은 노동자의 집안이 가난하다고 하는 것은 하나의 동정이 될지언정 권리는 될 수 없다. 권리는 오로지 개인의 능력에 관계될 뿐이며, 동정과는 질적으로 다른 차원의 평가 기준이다.

그리고 여기서 능력이라 함은 의무 수행 정도를 말하며, 의무 수행이 선행되어야만 그만큼의 권리를 요구할 수 있는 자격이 주어진다는 것이다. 그렇지만 동정은 어떤 의무가 선행되지 않았기에 정당한 권리로 요구할 수는 없다. 다만 도의적인 방법으로 상대에게 설득하여 도움을 호소할 수 있을 뿐이다. 물론 이 호소의 수용 여부는 전적으로 상대의 권한에 속하는 것이므로, 비록 그 상대가 도움을 주지 않는다 해도 그 자체를 비난하거나 강제로 도움을 청할 수는 없는 것이다. 그것은 권리가 아니기 때문이다.

그런데 지금까지 노조 파업이나 임금 투쟁은 동정의 문제를 마치 권리의 문제처럼 위장하고서 자신들의 요구가 정당한 권리행사인 양 선전하였던 것이다. 그렇지만 기업주 자신들도 그것이 논리적으로 잘못된 것임을 간파하지 못했기 때문에 그저 소극적인 대응밖에 할 수 없었다. 그 결과, 싸움은 밥그릇 싸움으로 전락되었고, 이 경우 강자보다 약자에 우호적인 인간의 동정심을 자극했던 노조측의 입장이 보다 많은 지지를 얻는 데 유리했던 것이다.

다음으로 두 번째의 술수는 임금의 보장성을 임의대로 확대 주장한다는 것이다. 즉, 임금의 보장성이란 입사할 때 쌍방이 합의된 임금을 입사기간 동안 일정하게 안정적으로 수령할 수 있다는 뜻이지, 개인의 생계 유지를 전적으로 보장한다는 것은 아니다. 다시 말해서 임금의 보장이란 임금 지급의 약속을 보장한다는 것이지 각 개인의 생계를 전적으로 보장하는 것이 아니었다.

따라서 노동자가 항의할 수 있는 대목은 약속된 임금이 보장되지 않을 때 뿐이며, 약속이 지켜지는 상황에서 단지 개인적으로 임금이 부족하다는 이유만으로 항의할 수는 없는 것이다. 사실 돈이란 노동자 뿐 아니라 기업주도 부족하다고 느끼기는 마찬가지일 것이기 때문이다.

잠시 눈을 감고 원시시대로 되돌아가자. 원시인들이 하루 종일 먹이 사냥을 했을 때 많이 잡는 날도 있겠지만, 별로 잡지 못한 날도 있을 것이다. 그리고, 하루종일 열심히 사냥해도 수확이 별로 없었다면, 그 사람은 자기의 사냥 기술을 원망해야 할 것이다.

그런데, 만약 식량 고기가 부족하다고 임금 투쟁을 한다면 뭔가 이상하다고 느낄 것이다. 아무리 열심히 사냥한다고 해서 반드시 식량이 풍족하게 보장될 수는 없는 것이다. 다시 말해서 노동하는 것과 생계 보장은 전혀 차원이 다른 것이다. 이러한 상황은 우리가 개인적인 장사를 할 경우에도 쉽게 확인된다. 열심히 장사한다 할지라도 반드시 최저 생계가 유지되지는 않는다. 바로 그 이치를 깨달아야 하는 것이다.

따라서 임금이 보장성을 갖는다는 것은 노사 간에 합의된 일정 수준의 소득을 계속 보장한다는 것이지, 그 보장의 임금 수준이 반드시 최저 생계를 유지해야 하는 것은 아니다.

사실 노동자들의 임금 수준이 모두 일정했던 것도 아니다. 임금 수준은 모두 다르기 마련인데, 그 이유는 노동자들의 가치, 즉 능력이 같을 수 없기 때문이다. 이처럼 임금이 부족하다고 생각하면 더 많은 노동을 하든지, 아니면 능력을 개발한다면 더 높은 임금을 요구할 권리가 생기지만, 생활 수준을 핑계로 임금을 요구할 권리는 없는 것이다.

요컨대, 핵심은 임금이 노동자의 가치로 결정되는 것이지, 노동자의 생활 형편에 따라 자의적으로 결정될 수는 없다는 것이다. 따라서 노동자의 임금 투쟁은 정당한 권리 요구가 아니며, 다만 동정을 구걸하는 것이다. 그리고, 그 구걸을 마치 정당한 권리처럼 강제로 요구하고 있는 것이다. 게다가 임금 투쟁을 하고 있는 기업치고 임금이 적은 기업은 없다는 것이다.

사실 대부분의 임금 투쟁은 임금이 높은 대기업의 노동자들에 의해 주도되고 있다는 사실은 우리를 더욱 서글프게 한다. 정말로 생계가 어려운 사람은 임금 투쟁을 하지 않는다. 그들은 먹고 사는 것이 얼마나 어려운지 알고 있으며, 그래서 적은 임금이라도 받을 수 있다는 사실이 기쁜 것이다. 솔직히 그 적은 임금이라도 주는 기업이 없다면 노동자들은 굶어 죽어야 할 판이다. 그렇기에 아무리 적은 임금이라도 일자리가 없는 노동자보다는 나은 것이다.

결국 임금 투쟁이니 파업이니 하는 것은 배부른 노동자들의 여유와 자기 기만일 뿐이다. 그리고, 그 정도나마 살 수 있는 것은 자본가들의 은혜임을 모르고 있는 것이다.

엄밀한 의미에서 자본가는 자본을 소유했다는 사실 자체만으로도 사회에 유익한 일을 하는 것이다. 왜냐하면 자본이 많은 나라일수록, 그리고 자본이 많은 기업일수록 임금이 높은 것은 말할 것도 없지만 우선 일자리 자체를 제공하는 사실만으로도 그들은 엄청난 이익을 노동자들에게 제공하고 있음을 깨달아야 하는 것이다.

第3章

독점은 위대하다

제1절

부의 불균형과 인간의 자본 착취

자본주의가 비판을 받게 되는 가장 큰 이유이자, 가장 결정적인 부분은 소위 부익부, 빈익빈으로 알려진 부의 불균형 현상과 관계된다. 아마도 이것이 공산주의 사상을 잉태하게 하는 원인이 되었으며, 이것의 해결 과제가 곧 공산주의 사상에 부여된 최대의 과제였음을 누구도 부인하기 어려울 것이다.

지금까지 부의 불균형 현상은 크게 두 가지의 방식에서 해석되어 졌다. 첫번째는 우리가 이미 익히 들어왔던 자본가의 노동착취 개념으로 설명하는 것이고, 두 번째는 결과론적 해석 방법의 하나로 빈부의 차가 생긴 것은 반드시 착취하는 쪽과 착취당하는 쪽이 있기 때문이라는 입장이다. 물론 이러한 주장이 안고 있는 잘못에 대해서는 이미 어느 정도 언급이 있었으나, 그 자세한 사정을 이제 살필 때가 온 것 같다.

분명한 것은 자본가의 노동 착취 개념이 잘못되었다는 점이며, 이러한 관점에서는 오히려 노동자의 자본 착취라는 논리적 귀결로 이르게 한다는 사실을 앞에서 보았다. 물론 노동자의 자본 착취는 잘못된 해석이며, 따라서 자본가의 노동 착취 역시 잘못된 해석이다. 그런데, 이렇게 해석이 잘못될 수밖에 없었던 것은 경제 현상을 주어진 고정 관념의 틀 안에서만 해석하려고 하다보니 피할 수 없는 결과였다.

경제 현상을 바라보는 일반적인 해석방법에 의하면, 자본가와 노동자는 기본적 경제 주체로서, 사회구조를 설명하는 핵심 요소들로 파악되고 있다. 다시 말해서, 자본가와 노동자는 기업의 사용자측과 고용자 입장이라는 단순한 관계가 아니라, 경제 질서에 가장 크게 영향을 미치는 핵심 주체 관계에 있다고 보는 것이다. 이러한 관점은 모든 경제 현상을 자본가와 노동자에게만 돌아가도록 하고 있다.

즉, 다른 외적 요인이 자본가 및 노동자의 계층 구조를 형성시킨 것이 아니라, 자본가와 노동자는 처음부터 규정된 별개의 개념이라고 보는 것이다. 그렇지만, 결정적인 문제점은 자본가와 노동자의 존재 그 자체에 대해서는 아무 것도 설명할 수 없다는 점이다. 사실 태어날 때부터 자본가와 노동자가 따로 정해진 것은 아니었다.

우리는 주위에서 가난했던 사람이 부자가 되었다거나, 반대로 부자가 알거지로 전락했다는 얘기를 자주 들어 왔다. 이것은 몇몇 사람의 개인에게만 해당되는 것이 아니라, 전 인류의 역사에 있어서도 자본가와 노동자의 인위적인 선택이 처음부터 결정되었다는 증거는 그 어디에서도 찾을 수 없다.

그리고 자본가와 노동자의 구별 자체에도 문제가 많다. 왜냐하면 자본 소유에 다소 차이는 있겠지만 사람들은 약간씩의 자본을 모두 갖고 있기 마련이다. 물론 자본의 일정액을 기준으로 정하여 자본이 많은 사람과 적은 사람으로 나누어 부를 수는 있겠지만 그런 기준도 없이 그냥 자본가와 노동자의 구분이라면 많은 논란의 소지를 안고 있다. 사실 자본가로 부를 수 있는 자본의 기준도 마련되어 있지 않지만 자본가 사이에서도 자본의 정도가 천차만별로 차이가 나며 마찬가지의 차이가 노동자 사이에서도 존재하기 때문이다.

어디 그 뿐인가? 어떤 사람들은 직원을 거느린 작은 회사의 사장이면서도 다른 한편으로 더 큰 회사의 직원 또는 공무원으로 근무하는 예가 적지 않는데, 그들은 도대체 노동자인가, 자본가인가?

결론부터 말한다면, '자본가와 노동자'의 구분은 별의미가 없으며 따라서 '자본과 인간'[20]이라는 구분이 좀더 근본적이며 문제의 올바른 분석이다. 자본과 인간의 존재는 생산 경제 활동에 있어 불가분의 관계이며, 동시에 어느 한 쪽의 도움이 없이는 그 기능을 제대로 발휘할 수 없는 것이다. 그리고, 자본과 인간의 구분은 성질이나 기능면에서도 전혀 다른 바탕을 두고 있어 근본적인 경제 주체로 인정할 수 있다.

많은 사람들이 무의식 중에 잊고 있는 것은, 옛날에 비해 오늘의 풍족한 경제 생활이 가능했던 원인이다. 왜냐하면, 대부분의 사람들이 그것을 과학 기술의 발전 때문이라고 막연히 얘기하면서도 여전히 자본가와 노동자를 경제 주체로 이해하는 데 불만을 가지지 않고 있는 사실로 미루어 충분히 짐작할 수 있기 때문이다. 그런데, 우리가 어렸을 때의 호기심을 조금이라도 여전히 지키고 있었다면 누구나 다음과 같은 질문을 자연스럽게 가지게 될 것이다.

옛날 사람들이 어려운 생활을 했던 것은 게으른 탓이었을까? 아니면, 낭비의 결과였을까? 이 물음에 대해 우리가 솔직히 답할 수

---

20) 여기서 말하는 인간이란 의지력을 가진 의식체로서의 인간을 말하며, 그 인간의 노동이란 단순히 육체적 노동력을 말하는 것이 아니고, 의지력(의사결정권)에 의해 통제된 노동으로서의 가치를 발휘할 수 있는 것을 의미한다.

있는 것은 오늘의 우리보다 옛날 사람들이 훨씬 더 많은 노력과 고생을 겪었다는 사실이다.

그렇다면 옛날 사람들이 그토록 고생하고 많은 노동을 했는데도 불구하고 가난한 생활을 할 수밖에 없었던 원인은 도대체 무엇 때문일까? 그것은 바로 자본의 역할이었다. 우리가 자본에 관해 조금이라도 깊게 생각해 보면 자본의 역할과 그 위력에 놀라게 될 것이다. 자본은 사람을 가리지 않는다. 누구나 자본을 가지면 그만큼의 경제적 여유가 생겨난다. 사실 우리가 자본가라고 부르는 기업주들도 알고보면 많은 자본을 소유했기 때문이며, 그래서 자본가라고 부르지 않는가?

자본을 남에게 빌려주면 이자를 받을 수 있으며, 그것도 전적으로 자본 액수에 비례할 뿐이다. 그래서 자본은 그 자체로서 가치가 있으며, 정직하다. 그러면서도 자본은 자기의 몫을 요구하지 않는다. 그 덕에 자본을 소유한 사람은 자본이 발생시킨 이익을 순전히 자기의 몫으로 가질 수 있다. 반면에 노동자들은 자신의 노동에 대한 대가를 어김없이 요구한다. 바로 이러한 연유 때문에 자본가의 자본 축적이 노동자의 자본 축적보다 훨씬 더 유리했던 것이다.

따지고 보면, 자본가의 노동 착취라는 개념은 정말 우스운 생각일 뿐이다. 사실 노동자의 노동생산이란 자본에 비해 정말 보잘 것 없는 것이다. 옛날 원시인들이 그토록 생존을 위해 몸부림쳐도 삶을 지탱하는 것조차 힘들었던 이유가 자본의 도움이 없었기 때문이다.

잠시 동물의 세계에 눈을 돌려 보자. 동물들은 아무 자본도 소유하지 않았을 것이다. 그래서 하루 종일 먹이를 찾아 헤매어 다니지만, 생명을 유지하기에도 벅찬 일이다. 먹이를 구하기 위해 해마다 철새들이 날아다니는 노력(노동)은 인간이 생계를 위해 투자하는 노동에 비해 더욱 필사적이다. 그럼에도 철새들의 생활 여건(수준)은 인간에 비해 도무지 비교가 되지 않는다. 사실 동물들이 게을러서 생계 유지가 어려운 것은 아닐 것이다.

여기서 진정 자연이 우리에게 주는 교훈은 자본의 도움 없는 생명체의 노동이란 생명의 유지조차도 보장하지 못할 만큼 불완전 하다는 사실이다. 자연에서 생명 유지란 그 자체만으로도 가장 큰 행운이며, 대부분의 생명들은 다 자라기도 전에 도중에 죽어 버리고 마는 것이다.

반면에 인간들은 대부분의 경우, 정도의 차이는 있겠지만 거의 모두가 자본을 소유하고 있다. 그리고, 설사 전혀 자본을 가지지 못했다 하더라도 다른 사람의 자본에 의존함으로써 간접 소유 효과를 가지게 되므로 사실상 자본을 통하지 않고 살아간다는 것은 거의 불가능하다 할 것이다. 민생고를 해결하기 위해 직장을 구한다는 것 자체가 자본에 의존하려는 노력이다. 그리고 이왕이면 대기업에 취직하려고 하는 것도 따지고 보면 더 많은 자본에 의존[21] 하기 위해서이다. 대기업이 중소기업보다 임금이 높은 것도 많은 자본의 효율성에서 비롯되었기 때문이다.

이제 우리는 놀라운 결론에 접근하게 된다. 그동안 우리는 자본가의 자본 축적이 노동 착취에 의한 것으로 오해했는데, 사실은 인간의 자본 착취 때문에 가능했다는 사실이다.

인간이 자본에 의존하는 과정에서 발생한 추가 이익을 모두 인간이 차지함으로써 인간의 자본 소유는 더욱 늘어나게 된다. 그리고 자본의 의존도가 높으면 높을수록 인간의 자본 소유 규모도 가속적

---

21) 일반적으로 대기업의 노동자들보다 중소기업의 노동자들이 더 낮은 임금을 받게 되는데, 그것은 노동이 부족했거나 게을러서가 아니다. 그 결정적인 이유는 자본이 부족하기 때문이다. 즉, 자본이 부족하여 생산 효율성이 떨어졌기 때문이다.

으로 불어난다. 결국 인간은 누구나 할 것 없이 모두 자본을 착취하고 있었던 것이다. 그러면서도 인간들은 스스로 착취하는 사실을 의식하지 못했던 것은 자본이 인간처럼 자기 몫을 소리내어 요구하지 않았기 때문이다.

결과적으로 자본가가 노동자보다 자본축적이 빨랐던 것은 노동자의 노동을 착취했기 때문이 아니라, 자본가의 자본 착취 규모가 노동자의 자본 착취 규모보다 훨씬 컸기 때문이다.

자본주의를 비판하는 이유의 또 하나로, 결과론적 착취 해석 방법이다. 즉, 빈부의 차가 발생한 것은 필연적으로 착취하는 쪽과 당하는 쪽이 있기 때문이라는 입장이다. 그럴 듯해 보이는 이러한 해석은 국제 관계 속에서도 적용시켜진다. 물론 자본주의하에서도 발전은 가능하지만, 그것을 모든 사람들이 공유할 수 없다는 데 문제가 있다는 지적이다. 다시 말해서, 발전하는 나라도 있지만, 거기엔 반드시 쇠퇴하는 나라도 있기 때문이다. 어느 정도 수긍이 가는 말이 아닌가!

얼핏 생각하기엔 현실을 상당히 정직하게 설명하는 느낌이다. 그러나, 이러한 해석이 안고 있는 가장 큰 모순은 현실의 부분적인 이해만을 위해 전체적인 이해를 완전히 포기했다는 점이다.

가령 발전하는 나라가 있는 반면에, 쇠퇴하는 나라가 있다고 해서 반드시 착취에 의한 것으로 결론을 내리는 것은 문제를 너무 단편적으로 이해하고 있는 대목이다. 왜냐하면, 세계 경제 전체를 장기적인 관점에서 거시적으로 살펴보면 과거에 비해 엄청난 성장과 발전을 거듭했기 때문이다.

그리고, 빈부의 차란 단지 상대적인 평가일 뿐이며, 객관적으로 보면 세계 모든 나라의 경제 성장은 장기적으로 정(正)의 기울기를 가진다는 사실을 알 수 있다. 그럼에도 불구하고, 잘못된 이러한 해석 방식이 여전히 미련을 갖게 하는 것은 논리적 체계보다는 감정적 이해 방식에 더 익숙해져 있기 때문이다.

사실 빈부의 차에 대해 잘 살펴보면, 대부분의 경우 상대적 차이는 있어 왔지만, 절대적 빈곤이 늘어나지는 않았다는 점에 유의할 필요가 있다.

솔직히 먹고 사는 문제 만큼은 거의 해결되었기 때문이다. 게다가 앞에서도 잠깐 언급되었지만, 과거에 부자였던 사람이 오히려 망하는 경우도 있으며, 과거에 가난했던 사람이 부자가 되는 경우도 많다. 어떻게 착취하는 사람이 망하고 착취당하는 사람이 성공할 수 있을까? 하기야 이 경우에도 전혀 해석 방법이 없는 것은 아니다. 부자가 착취를 당하고 빈자가 착취를 한 것으로 하면 되니까 말이다.

그렇지만 그 대신 착취하는 쪽이 자본가이며 착취당하는 쪽이 노동자였다는 전통적인 종래의 해석 방식은 포기해야 하지 않는가?

부의 불균형은 생산력 극대화 효과

이미 앞에서 언급한 바와 같이 부의 불균형이 자본주의를 비판하게 하는 가장 큰 원인이 되고 있는 것은 사실이다. 그런데 사람들이 정말 모르는 게 하나 있다. 그것은 부의 불균형이 해결될 수도 없지만, 생산성 향상과 전체의 부를 늘리기 위해서라도 오히려 파괴되어서는 안 된다는 점이다.

즉, 부의 불균형은 그 역기능보다도 순기능이 훨씬 더 많다는 사실이다. 물론 공산주의가 지향했던 바와 같이 공동 생산, 공동 분배를 통해 모두 평등하게 잘 살려고 시도했지만, 결국 실패로 돌아갔던 것도 따지고 보면 개인적 능력이나 노력에 관계없이 모두 공평하게 살 수 있다는 터무니 없는 무책임한 이상 때문이었다. 솔직히 그러한 사회에서 어느 누가 열심히 일할 의욕이 생겨 나겠는가?

굳이 역사적 현실을 되돌이키지 않더라도 모든 사람이 공평하게 잘 살았으면 하는 희망은 생각만큼 희망적이지도 못하고, 낭만적이지도 못한 것 같다.

가령 사람들 모두가 회사를 가진 자본가라고 상상해 보자. 물론 모두가 돈 많은 자본가들뿐이니 착취당할 대상이 없어서 무척 행복할 것이라 생각할지도 모르겠다. 그렇지만, 조금만 더 상상을 계속하면 너무 끔찍한 사실을 깨닫게 된다.

그럼 도대체 누가 회사일을 하겠는가? 모두가 회사를 가진 사장들이라면 굳이 남의 회사에 노동자로 고용될 필요가 없을 것이고, 결국 회사는 움직일 수 없어 문을 닫게 될 뿐이다. 국민 없는 국가가 존재할 수 없듯이 직원 없는 회사가 회사로서 존재할 수는 없기 때문이다. 물론 회사의 생산 시설이 완전 자동화된다면 직원 없이도 회사가 움직일 수 있겠지만, 모든 회사에서 적용될지가 의문이다.

설사 모든 회사가 자동화된다 할지라도 최소한 자동화 시설을 만드는 사람은 필요할 것이 아닌가? 하기야 자동화 시설을 만드는 자동화 시설 회사가 있다면 가능할지도 모르겠다. 그렇지만 그것을 또 누군가는 해야 하지 않겠는가?

그런데 더욱 큰 문제는 자본가만의 세상은 사실 자본가만의 세상이 될 수 없다는 것이다. 자본의 가치란 상대적 가치로 평가되기 때문이다. 다시 말해서 희소성의 원리에 지배되고 있는데, 모든 사람들이 풍족하다는 것은 이미 풍족한 것이 될 수 없다. 왜냐하면 그 풍요의 가치가 그만큼 반감되었기 때문이다.

모름지기 부의 개념의 의미는 상대적 관계에서 정의될 수 있다. 독자적인 의미로는 개념이 형상화되기 어렵다. 남성과 여성의 구분도 상대적인 개념에서 정의되었을 뿐이다. 만약 사람이 모두 남성이었거나 또는 여성이었다면 남성과 여성의 구분은 무의미하다. 즉, 그들은 자신이 남성인지 여성인지 말할 수 없다.

왜냐하면 비교될 대상이 없기 때문이다. 아니 그보다 남성이니 여성이니 하는 단어 자체가 없을 것이다. 마찬가지로 부자와 빈자라는 것도 상대적인 개념에서 비롯된 것이지 절대적인 것은 아니다. 그럼에도 불구하고 모든 사람들이 부자가 될 수 있었다면 그들은 벌써 부자가 아니니다. 될 수 없는 것이다.

사람은 누구나 극한 상황에서 더욱 노력하게 된다. 위기를 극복하기 위해서 그만큼 많은 노력이 필요하기 때문이다. 마찬가지로 부자보다는 아무래도 빈자들이 심리적 여유가 부족할 것이다. 당장 먹고 살아야 할 과제가 놓여 있고, 그것을 해결하기 위해 필사적인 노력이 요구되기 때문이다.

여기서 중요한 것은 그 많은 노력들이 전체적으로 볼 때, 결국 생산량을 늘리는 효과를 가져다 준다는 것이다. 그런데 모든 사람들이 부자라면 여유가 있기 때문에 그만큼 노력의 필요성도 절실하지 않게 된다. 그것은 결국 사회 전체적인 규모에서 생산 극대화를 유도시키지 못하게 하는 조건이 되어 그 효율성을 떨어뜨리게 할 것이다. 이처럼 부의 완전한 평등은 생산 의욕을 저하시키게 되어 별로 낭만스러운 것이 못 된다.

유의할 것은 지금까지의 논의된 얘기는 자본의 규모가 같은 정도일 때 부의 분배가 불균형이면 성장에 효율적이라는 것이지 적은 자본이 큰 자본보다 효율적이라는 것은 아니다. 다시 말해서 전체 자본 규모는 클수록 생산성이 좋아지는데, 다만 같은 자본 규모라면 부의 불균형 상태가 오히려 더 경제성을 가진다는 말이다. 그리고, 그것은 빈자의 생산성을 자극할 뿐 아니라, 부자에겐 규모의 경제를 실현시켜 전체 사람들의 경제를 향상시킨다는 것이다.[22)]

이제 빈부의 차는 생각보다 불쾌하지 않다. 저자 역시 빈자 중의 한 사람이지만, 오히려 빈자됨을 다행으로 여기고 있다. 빈자이기 때문에 빈자로서 겪는 많은 어려움이 있긴 하지만, 그것이 즐거운 것은 그러한 경험 모두가 돈으로 얻을 수 없는 귀중한 정신적 재산이 될 수 있고, 민생고 해결을 위한 나의 노력은 그만큼 더 크게 발휘될 것이기 때문이다. 결국 그러한 나의 노력들이 나의 삶을 보람있고 가치있게 만들어 줄 것이다. 사실, 내가 부자였다면 나는 나의 고뇌를 중단했을지도 모른다. 아니 그보다 시작도 못했을 것이다.

제3절

부의 불균형, 그것은 순리이다

앞에서 우리는 부의 불균형이 가져주는 경제적 이익에 대해 알아보았다. 그런데 내용의 핵심을 꿰뚫지 못하고 건성으로 이해하면 마치 경제적 이익 때문에 부의 불균형을 감수할 수 있어야 한다고 호소하는 느낌을 가질 것이다.

그런데 분명한 사실은 부의 불균형이 자연의 순리적 현상이라는

---

22) 규모의 경제란 전체 생산 규모가 커지면 생산성이 향상되어 그만큼 소비자들에게 저렴한 가격에 공급할 수 있게 되는 것을 말하는데, 규모의 경제를 이룩하려면 어느 정도 자본이 집중되어야 가능하다. 그런데 부가 공평하게 분배되면 자본이 분산되어 규모의 경제를 이룰 수 없게 되는 것이다.

것이다. 즉, 모든 사람의 능력이 다르듯이 개인적인 소득에도 편차가 있을 수밖에 없다. 소득이 다르면 자연스럽게 자본의 소유량도 달라지기 때문이다.

사실 가만히 보면 이 세상 모든 삼라만상은 제각기 다른 모습과 특성을 보이고 있다. 수많은 돌이 각각 모양과 색깔이 다르고 산에도 그 규모나 높이가 다르다. 이처럼 완전히 같은 것은 그 어디에도 없다.

마찬가지로 부의 불균형 역시 순리에 따른 것이다. 순리란 거역할 수도 없으며, 거절해서도 안 되는 것이다. 순리란 겉으로 보기와는 달리 내면적으로 깊고 오묘한 섭리가 있는 것이다.

모든 것에는 장단점이 있게 마련이듯 순리 역시 장단점을 함께 갖고 있다. 그러나 전체적으로 볼 때, 가장 합리적인 선택은 역시 순리에 의존하는 것이 가장 현명하다는 사실이 드러난다. 물은 항상 낮은 곳으로 흐르듯이 순리란 항상 자연스럽고 가장 무리없이 선택되는 것이기 때문이다. 또, 그것을 순리라고 부르는 것이며, 그래야 하는 것이다.

그런데 이 순리적인 현상을 거부하고 만인의 소득 분배가 공평해야 한다는 아름다운 주장의 뒷편에는 몇 가지 숨겨진 의도가 깔려 있기 마련이다.

그것을 살펴보면, 첫째로 자신을 과시하고 싶은데 그 명분이 필요하다는 사실이다. 예를 들어 어떤 사람이 권력을 잡고 싶다고 해서 그것을 명분으로 사용할 수는 없다.

가령, '내가 권력을 잡기 위해서 그러는데 당신이 좀 도와 주어야겠어' 하는 식의 주장은 설득력이 없다. 왜냐하면 권력의 이익이 한 개인에게만 집중되기 때문에 지지를 얻기 위한 대의명분용으로는 불리하기 때문이다. 솔직히 자신의 이익도 아닌 남의 이익을 위해 쫄병으로 일해줄 사람은 없다.

따라서 비록 자신의 권력 쟁취에 속셈이 있다 하더라도 그것을 성취하기 위해서는 우선 지지세력이 필요하다. 그러기 위해서는 그 이익이 공동으로 분배된다고 유혹해야만 지지자들을 끌어 모을 수가 있는 것이다. 쉽게 말해서 진실 규명보다 자신의 욕구 충족을 정당화시킬 수 있는 명분의 합리화가 더 절실했던 것이다.

그리고 두 번째의 의도는 자신들의 명분이 보다 많은 사람들의 지지를 구하기 위해서는 진실보다는 다수의 편에 서는 것이 유리하다는 계산이다. 그렇게 하기 위해서는 자기네의 입장이 옹호될 수 있는 배경으로 민주주의를 내세우는 것이다. 민주주의란 말 그대로 다수결의 원칙을 내세우는 사상으로 민주주의가 실현되면 비록 진실이 아니라해도 그것이 다수의 입장을 대변한다면 그것만으로 모든 것을 정의로 둔갑시킬 수 있기 때문이다.

다음으로 세 번째 의도는 다수의 입장을 정당화시키기 위해 그 명분을 구성하는 이론적 도구를 만드는 작업이다. 그래야만 효과적인 선전 전술을 펼 수가 있기 때문이다. 다시 말하면, 아무리 다수의 입장이라 해도 그것이 논리적이지 못하다면 설득력을 상실하게 되므로 어느 정도 호소력을 갖기 위해 도덕적으로 하자가 없는 것처럼 포장할 필요가 있었던 것이다.

사람이란 자기가 하는 일이 옳지 못하다고 느끼면 심리적 위축감을 가져오지만, 진정 도덕적으로 정당하다고 느낄 때 비로소 열정적으로 일에 전념할 수가 있는 것이다. 말하자면 부의 공평한 분배 주장은 평등 사상의 구실 아래 자기네의 이익을 충족시키려는 속셈을 숨기고 있었던 것이다.

물론 평등 사상이 도덕적으로 매력적이긴 하지만, 그것은 어디까지나 그 자체로서 정당한 근거를 지닐 때 뿐이다. 다시 말해서 평등 사상을 구실로 다른 사람의 권리를 부당하게 박탈할 수는 없으며, 그 어떤 사상도 인간의 가장 기본적인 권리를 부정하는 것이라면 이미 가치를 상실한 이념이라 할 수 있다. 만인이 공유할 수 있는 사상이 되려면 사익보다 공익을 우선하되, 공익을 빌미로 정당한 개인의 권리를 짓밟아서는 안 되는 것이다.

공익이란 결국 개인의 정당한 권리가 궁극적으로 보장되어야만 실현될 수 있으며, 또 그래야만 공익이라 부를 수 있기 때문이다.

그런데 우리가 어떤 사상을 신봉하는 것은 그 사람 개인의 선택 문제이긴 하지만, 몇 가지 기본적인 원칙에 대한 공동 인식만은 반드시 필요하다. 왜냐하면, 사상이란 개인적인 문제로 끝나지 않고 사회 전반에 영향을 미치기 때문에 신중을 기하지 않을 수 없는 것이다.

솔직히 빈자의 입장에서는 부자의 재산을 빼앗아 골고루 나눠 주면 재산이 불어날 것이므로 반대할 이유가 없다. 오히려 은근히 바랄지도 모른다. 다만 남의 재산에 대해 같이 나누고자 요구하는 것이 정당할 수 없기 때문에 망설이고 있을 뿐이다. 이러한 상황에서 부의 공평한 분배가 평등 사상이라고 큰 소리를 외치면 그 기회를 틈타 군중 심리는 이기심 쪽으로 기울게 되는 것이다. 여기에 꽤 많은 사람들이 이러한 주장의 문제점을 알면서도 평등 사상이라고 하는 워낙 당당한 기세에 눌려 제대로 반론을 펼치지 못했던 것이다.

사실 논리의 완전한 이해에 도달하지 못하면 반론은 커녕 오히려 그들의 작전에 말려들기 십상이다.

요컨대, 모든 사람의 능력이 같을 수 없음은 자연의 순리이다. 그리고 능력이 같지 않으니 소득에 차이가 생기는 것 역시 자연의 순리이다. 순리를 거역하면 항상 부작용이 있기 마련이며, 능력이 있어 소득이 많은 것을 탓할 수는 없다. 오히려 칭찬해야 될 것이다.

그런데 그러한 이치를 무시하고 그들이 힘들여 모은 재산을 강제로 나누고자 하면 그것이 제아무리 '평등사상'을 내세운다 해도 정당화될 수는 없다. 물론 내가 남에게 돈을 빌려주면 되돌려받을 수 있는 권리가 존재하는 것은 의심의 여지가 없다. 그런데 내가 돈을 빌려주지도 않았으면서 단지 상대가 나보다 돈 많은 부자라고 해서 돈을 받아낼 권리가 나에게 생기는 것은 아니다.

또 다른 경우 국가적인 규모에서 위정자가 정책을 구상할 때 빈민들을 구제하는 특별한 법을 반드시 제정해야 할 의무가 있는 것은 아니다. 더구나 그 특별법을 위해 부자의 재산권을 침해할 권리는 위정자 뿐 아니라, 그 누구에게도 없다. 그리고 빈민들도 자기네들을 위해 특별빈민구제법을 만들어 달라고 주장할 권리는 없다.

다만 위정자가 국회의 동의를 얻어 특별법을 만들 수는 있지만, 그것은 어디까지나 위정자의 선택 여부에 속하는 문제이다. 그런데 이러한 논의의 목적은 이제 부자가 빈자를 도와줄 의무가 없으니 도와주지 말자는 것이 아니다. 오히려 빈자들을 위해 새로운 사회적 가치 이념을 구축하려는 것이 이 책의 원래 목적이다.

다만 논의의 핵심은 구걸의 문제를 권리의 문제로 왜곡하고 있다는 점이다. 그래서 설령 부자들이 빈자를 도와주고 싶은 생각이 가끔 들다가도 그것을 당연한 권리로 여기는 일부 몰지각한 빈자들이 밉기 때문에 도와주고 싶은 마음이 없어지는 것이다. 구걸의 문제를 솔직히 구걸의 문제로 말할 수 있으려면 진정 용기가 필요하다. 그리고 그러한 용기가 있다면 그것이 구걸이라 할지라도 결코 구차하게 보이지 않는다.

약자가 스스로 약자임을 시인하는 것이야말로 진정 본받아야할 미덕이기 때문이다.

사람은 누구나 자존심이 있어서 자신의 요구가 구걸이라 말하기보다는 하나의 권리라고 말하고 싶을 것이다. 그렇지만, 자신의 자존심을 위해 상대의 권리를 희생시킬 수는 없음을 뼈저리게 깨달아야 할 것이다.

제4절

독점과 규모의 경제

본 절에서는 독점이 완전 경쟁에 비해 사회적 손실을 발생시킨다는 기존 경제학의 잘못된 해석을 지적하기 위해서 지면을 마련했으며, 어쩔 수 없이 경제학적 전문 용어를 사용하게 된다. 그러다보니 비전문가인 독자들의 경우 그 내용을 이해하기 위해서 사전 지식이 조금은 필요할 것으로 여겨진다.

물론 경제학적 전문 용어의 사용은 최대한 억제했으며, 기본적인 용어에 대해서는 용어 해설을 먼저 실었기 때문에 반드시 사전 지식을 필요로 하지는 않게 했다.

그러나, 깊이있는 이해를 위해서는 경제학 원론에서 미시경제론만 읽어도 크게 도움이 될 것이며, 시간이 부족하다면 생산물 시장 이론만 따로 골라 탐독해도 좋을 것이다. 그렇다고 해서 이 부분을 읽기 전에 꼭 먼저 읽으라는 얘기는 아니며 이 책을 읽고 난 후 가벼운 마음으로 차분히 읽어가도 순서상으로 무방하리라 본다.

글의 구성은 기존의 이론을 일부 발췌[23]하여 대략적으로 살펴본 후 독점이 필연적으로 발생시키는 규모의 경제(economics of scale)를 통해 사회 전체적으로 엄청난 경제 이익이 발생하는 이유를 알 수 있게 순서를 정했다.

---

23) 원문을 그대로 옮긴 것은 아니며 부분적으로 발췌했는데, 그 이유는 내용의 보충을 위한 것도 있지만, 무엇보다도 원문의 내용 중에 부적절하게 표현된 공급곡선(S)을 일반적 형태인 우상향으로 보정시키기 위함이었는데, 참고 문헌은 다음과 같다.
金大植 외 2명, 『經濟學原論』, 박영사, 1989, pp. 337 ~ 340.

S (供給 : supply)

D (需要 : demand)

P (價格 : price)

Q (상품의 수량 : quantity)

MC (限界費用 : marginal cost) - 생산물 한 단위를 추가적으로 생산할 때 소요되는 비용. 즉, 제품 생산량이 증감할 때 추가적으로 증감되는 비용 부분으로 총비용에서 증감분을 말한다.

MR (限界收入 : marginal revenue) - 생산물 한 단위를 추가로 판매할 때 얻어지는 수입. 즉, 제품 한 단위를 더 판매할 때 얻어지는 수입 부분으로 총수입에서 증가분을 말한다.

AR (평균수입 : average revenue) - 한 기업이 올린 총수입(total revenue ; TR)에 대해서 전체생산량으로 나눈 값을 말한다. 즉, 생산물 한 단위당 수입을 의미하며 AR = TR / Q로 나타나게 된다.

1. 기존 경제학의 오류 개관

어느 한 시점에서 완전 경쟁이었던 한 산업이 독점 기업으로 통합되어 버린다면 시장 가격과 공급량은 어떠한 영향을 받을 것인가?

〈그림1〉에서와 같이 완전 경쟁 산업의 수요 곡선이 D, 한계비용 곡선이 MC로 표시된다고 하자.

개별기업의 한계비용 곡선이 곧 산업의 한계비용 곡선이 되고, 이 한계비용이 평균 가변 비용[24]의 극소치보다 높으면 산업의 한

---

24) AVC (平均可變費用 : average variable cost) - 상품을 생산할 때 드는 총비용 중에서 고정적인 비용 외에 가변비용이란 것이 있다. 가변비용이라 함은 생산량을 증가시킴에 따라 비용이 추가적으로 증가하게 되는데, 이와 같이 생산 수준이 변함에 따라 변동하는 비용을 말한다. 그런데, 여기서 말하는 평균 가변 비용이라 함은 총비용 중 총가변 비용을 전체 생산량으로 나눈 값을 말한다.

계비용 곡선이 그대로 시장의 공급 곡선이 된다. 이때, 시장 가격은 P가 되며, 완전 경쟁 시장의 공급량은 시장 수요 곡선과 공급 곡선이 교차되는 Q_1이 된다.

이제 이 완전 경쟁 산업이 한 거대산업(巨大企業)에 의하여 독점화되면 P_1가격선에서 한계비용 곡선과 수요 곡선이 만나 결정되던 완전 경쟁 사업의 가격 체계는 무너지고, P_2로 그 가격선이 높아진다. 즉, 완전 경쟁과 비교하여 독점하에서는 시장가격이 높고, 공급량은 줄어든다.

이는 독점기업의 공급량 결정이 수요 곡선보다 기울기가 더 가파른 한계 수입 곡선(MC)에 의존하기 때문이다. 따라서 소비자의 입장에서는 완전 경쟁 산업이 독점화되면 완전 경쟁 하에서보다 적은 수량을 더 비싸게 구입해야 하기 때문에 소비자 후생이 감소된다.

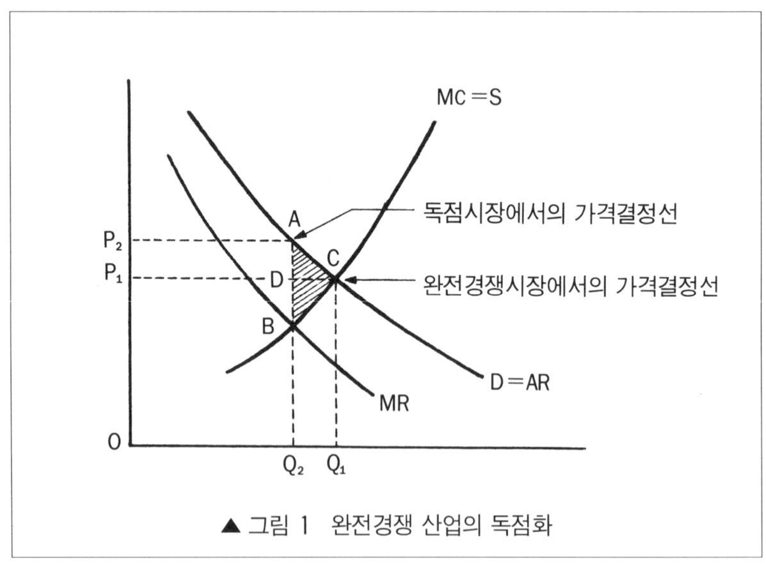

▲ 그림 1 완전경쟁 산업의 독점화

같은 비용 구조(費用構造)라면 독점하에서의 가격이 완전 경쟁 하에서의 가격보다 더 높다는 것은 완전 경쟁 하에서는 $P_1=MC$이나, 독점하에서는 $P_2>MC$인 것에서도 쉽게 확인할 수 있다.

참고적으로 P=MC의 한계비용 가격 설정은 자원 배분의 효율성 면에서 아주 중요한 의의를 가진다. 수요, 공급 이론에서 시장 가격은 소비자가 한 단위 더 소비하기 위하여 지불할 용의가 있는 수요 가격(需要價格)을 나타낸다. 그리고, 한계 비용은 생산자가 한 단위 더 생산하기 위하여 치러야 하는 기회 비용(機會費用)을 나타낸다.

따라서, 시장가격과 한계 비용이 같다는 것은 시장에서 거래되는 상품의 마지막 단위에 대해서 소비자가 기꺼이 지불하고자 하는 가격이 그 마지막 단위를 생산하는 데 소요되는 기회비용과 일치하는 것을 뜻한다. 이는 자원 배분이 매우 효율적이라는 것을 말한다.

그럼 독점에서 나타나는 $P_2>MC$는 어떻게 해석할 수 있는가? 이는 〈그림1〉에서 Q_1, Q_2로 나타나는 것처럼 독점 상품을 생산하는 한계비용(P_1)이나 그 이상의 화폐액(P_1에서 P_2 사이)을 지불하고도 상품을 소비할 용의가 있는 소비자들이 많이 있지만, 그만한 화폐액으로는 그 소비자들이 독점 상품을 전혀 소비하지 못하는 것을 의미한다.

바꾸어 말하면, 독점 상품의 생산에 자원이 더 투입되어 Q_1만큼 생산되면 Q_1생산의 한계 비용만 지불하고도 상품을 구입하고자 하는 소비자들이 많이 있으며, 이것은 사회적으로 바람직한 것인데, 이윤극대화에 이끌리는 독점 기업은 자원의 과소 고용으로 상품을 Q_2Q_1만큼 과소 생산하는 것이다.

현재의 생산 수준에서 A산업에서는 $P_a>MC_a$인데, B산업에서는 $P_b<MC_b$라면 사회 전체적으로 볼 때, 자원이 효율적으로 배분되고 있다고 말할 수 있는가? B산업에서는 시장에서 거래되는 상품의 마지막 단위에 대해서 소비자들이 기꺼이 지불하고자 하는 가격

(Pb)이 그 마지막 단위를 생산하는 데에 드는 기회비용보다 작다.

즉, 필요 이상으로 많은 생산 요소가 B상품 생산에 투입되고 있다. 따라서 과다 고용되고 있는 B산업에서 과소 고용되고 있는 A산업으로 생산 요소를 전용하는 것이 사회 전체로 볼 때 생산 요소가 보다 효율적으로 이용되는 것이며, 이 논리는 $P_a=MC_a$, $P_b=MC_b$가 될 때까지 유효하다.

이러한 이유로 경제 내에 있는 모든 산업에서 P=MC의 관계가 성립할 때 경제가 자원 배분의 효율성을 시현(示顯)하고 있다, 혹은 자원 배분이 효율적이다라고 말하는 것이다. 따라서 일부 산업이 독점산업일 때 P〉MC이기 때문에 자원 배분은 비효율적이다. 이 경우, 제품 단위당 비효율성의 크기는 P－MC가 된다.

〈그림1〉에서 완전 경쟁 산업이 독점 산업으로 바뀌면서 생산량이 감소함에 따라 감소되는 한 단위마다 P－MC만큼의 사회적 손실 (social loss)이 발생한다. 생산량이 Q_1에서 Q_2로 감소할 때 발생하는 손실의 크기는 삼각형 ABC로 표시된다. 이를 독점의 사회적 비용(social cost)혹은 후생 손실(厚生損失 ; welfare loss 또는 dead-weight loss)이라고 한다.

내용을 좀더 구체적으로 설명하면 생산량을 Q_2Q_1만큼 증가시킬 때 사회적 총이득은 AQ_2Q_1C만큼 증가한다. 왜냐하면, 수요 곡선 밑의 면적이 사회적 총이익을 나타내기 때문이다. 그런데 비해서 사회적 총비용은 BQ_2Q_1C만큼만 증가한다. 그 이유는 한계 비용 곡선(限界費用曲線) 밑의 넓이는 총비용을 의미하기 때문이다.

따라서, 생산량이 Q_2Q_1만큼 증가할 때 삼각형 ABC(=AQ_2Q_1C－BQ_2Q_1C)만큼의 사회적 순이득이 발생한다. 이때, 삼각형 ABC 중 작은 삼각형 ADC는 소비자 잉여의 증가분이요, 또 작은 삼각형 DBC는 생산자 잉여의 증가분이다.

따라서 생산량을 Q_1에서 Q_2로 감소시키면 사회적 순이득이라 할 수 있는 삼각형 ABC의 효용 가치가 사라지며, 이는 완전 경쟁이 독점으로 바뀌면서 발생하는 사회적 손실이라 할 수 있다.

한편, 다른 관점으로 볼 때, 독점에서 Q_2Q_1만큼 적게 생산하면 완전 경쟁에서 보다 자원이 절약된다. 절약되는 자원이 다른 재화의 생산에 사용될 때 창출하는 가치는 BQ_2Q_1C로 표시된다. 삼각형 ABC의 가치는 사회에서 영영 소멸되고 만다. 삼각형 ABC를 후생 손실이라고 부르는 이유가 여기에 있다.

2. 가격이 낮아야만 독점을 할 수 있다

우리는 바로 앞에서 독점 하에서는 완전 경쟁보다 소비자 가격이 높아지고 상품의 생산량도 줄어들어 사회적 손실이 발생한다고 들어 왔다. 그러나, 결론부터 얘기하면 그러한 해석은 지나치게 과장되고 왜곡되어 있다. 그럼에도 불구하고 기존 이론을 비교적 상세하게 언급했던 이유는 그만큼 저자의 연구 결과에 자신있다는 의미도 있지만, 정말 진실에 접근하기 위해서는 자신의 견해 이상으로 상대의 견해에도 깊은 이해가 있어야 하기 때문이다.

비록 상대의 견해가 오류라고 할지라도 그 나름대로의 근거와 배경 정도는 갖고 있는 법이다. 따라서 그것을 명확히 지적해 주지 못하면 오히려 오류가 진실인 양 위세를 떨치기 때문이다.

각설하고 그 오류의 핵심을 이제 지적하면, 독점 가격은 결코 완전 경쟁 가격보다 높을 수 없다는 사실에 있다. 즉, 완전 경쟁에 대해 생산량을 줄이고 상품 가격을 올릴 수 있다면 그만큼 높은 이윤이 발생할 것이다. 그렇게 되면 당연히 투자 유인이 생길 것이고, 심한 생산 경쟁이 붙어져 생산 가격은 떨어지며, 생산량은 늘어나 결국 완전 경쟁 상태로 환원되어 버리기 때문이다. 세상에 돈많이 버는 사업이 있다는데 그냥 마다할 사람이 어디 있겠는가?

다시 말해서 독점이 유지되려면 규모의 경제를 통해 상품 가격을 떨어뜨려[25] 다른 사람들이 생산에 쉽게 참여할 수 없도록 하여 혼자서만 독점할 능력이 되어야 하는 것이다. 즉, 자본이 부족하거나 기술이 부족한 사람은 규모의 경제를 이룩하기가 어렵기 때문에 독점 가격 수준으로 가격을 낮출 수 없게 되는데, 그 이유는 판매 수입보다도 생산 비용이 더 높아져 손해를 입게 되기 때문이다.

비록 독점기업이 어떤 산업에서 많은 이윤을 발생시키고 있다 하더라고 돈없는 보통 사람들이 그 가격에 상품을 생산할 수 없기 때문에 어쩔 수 없이 생산에 참여할 수 없게 되는 것이다.[26] 반면, 독점 기업에서는 낮은 가격에도 상품을 생산할 수 있게 되는데, 그 이유는 규모의 경제가 실현되면 낮은 가격을 받고도 충분히 높은 이윤이 가능하기 때문이다.

조금이라도 현명한 독자라면 기업주가 독점력을 확보하기 위해 얼마나 많이 노력하고 고생해야 되는지 알고 있을 것이다. 우선, 자본이 많아야 하는 것은 말할 것도 없고, 그 규모 또한 엄청나게 커야 한다.

물론 자본이 많다는 사실만으로도 규모의 경제가 일부 실현되겠

---

25) 실제의 경우, 규모의 경제가 실현되면 상상을 초월할 정도로 그 가격이 내려간다. 가령, 자본을 전혀 가지지 못한 노동자 한 개인이 자동차를 만든다고 하면 그것은 거의 불가능하다. 단 한 대라도 말이다. 설사, 평생이 걸려 한 대를 만들었다 하더라도 그것은 엄청나게 비싸게 된다. 즉, 평생이 걸려 만든 차이므로 그 차의 가격 역시 한 사람의 평생 임금분에 해당되기 때문이다. 그만큼 완전경쟁이란 비효율적인 것이어서 상품 가격이 높아지는 것이다.

26) 완전 경쟁이 되려면 돈없는 사람들도 모두 참여할 수 있을 정도로 하찮은 산업이어야 하는데, 아무리 하찮은 산업이라 할지라도 규모의 경제에 영향을 받지 않는 예외적인 산업이란 특별한 경우조차 허용되지 않는다. 따라서, 그러한 산업이 현실적으로 존재할 리가 만무하며, 설사 존재한다 할지라도 옛날, 그것도 아주 오랜 옛날에나 전설적으로 있을 법한 얘기이고, 실제의 경우 다소 차이는 있을 수 있겠지만, 규모의 경제를 실현시키지 못하면 적자생존에서 살아남지 못한다.

지만, 어차피 최고의 갑부가 아닌 이상 자본가끼리 또 경쟁이 붙기 마련인데, 그러한 상황에서 독점을 확보하려면 끊임없는 연구와 기술 개발을 해야 한다. 그래야만 규모의 경제를 한층 더 심화시켜 가격을 낮출 수 있기 때문이다. 물론 같은 가격일지라도 상품의 품질을 좋게 개량시킨다면 그것으로 독점을 행사할 수 있는데, 이것 역시 규모의 경제가 실현한 가격 인하 효과라고 할 수 있다.

왜냐하면, 더 좋은 상품을 같은 가격에 생산할 수 있다는 말은 사실상 생산 가격을 낮추었다는 것에 해당하기 때문이다. 즉, 더 높은 가격에 받을 수 있는 상품을 같은 가격에 공급했기 때문이다.

그럼 지금까지의 논의를 막연히 추상적으로 하기보다는 그래프를 통해 구체적으로 정량적인 비교값을 추출하고자 한다. 그래야만 진실이 더욱 명확하게 드러날 뿐더러 설득력도 높아지기 때문이다.

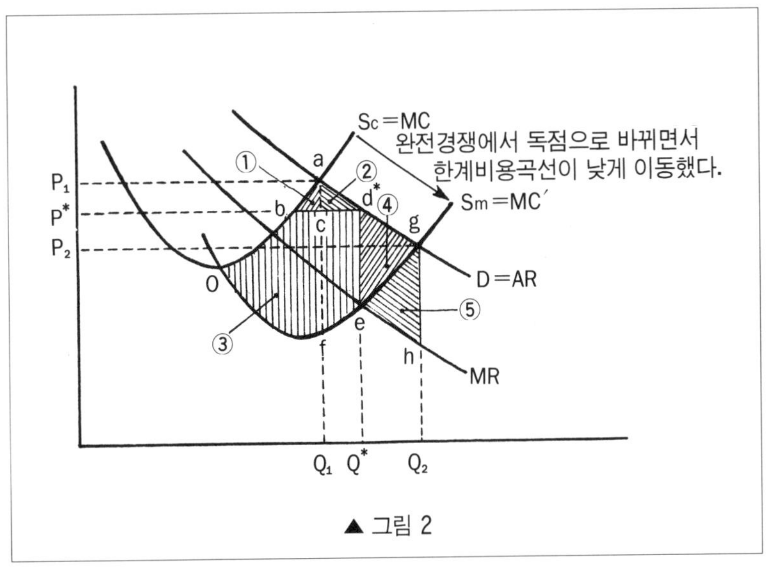

▲ 그림 2

〈그림2〉는 완전 경쟁 하의 공급 곡선이 독점으로 바뀌면서 규모의 경제를 실현시켜 생산 원가가 절감되어 공급 곡선이 낮아진 상

황을 보여주는 것이다. 즉, 생산량이 늘어나고 가격은 낮아져 전체 사회적인 잉여가 생겨난 것이다. 여기서 주의할 필요가 있는 것은 독점 하에서 균형점이란 완전 경쟁에서처럼 공급 곡선(Sm)과 수요 곡선(D)이 교차하는 점에서 결정되는 것이 아니라, 공급 즉 한계 비용 곡선(MC′)과 한계 수익 곡선(MR)의 교차점을 연장한 d*에서 결정되는데, 그 이유는 그래야만 공급자 측에서 최대 이윤이 발생하기 때문이다.

다시 말해서, 어떤 제품을 한 단위 추가적으로 생산할 때 들어가는 추가 비용과 그 제품이 팔리면서 들어오는 판매 수익의 추가분이 일치하는 수준에서 생산량을 결정하게 되는 것이 가장 많은 이윤을 발생시킨다는 것이다.

물론 완전 경쟁에서처럼 상품의 한 단위를 추가 판매함으로써 얻는 수입이 그것을 생산하는 데에 들어가는 비용보다 적다하더라도 전체 총수입이 총비용보다만 적지 않다면 계속 공급을 증가시켜 평균 수입 곡선(AR)과 한계 비용 곡선(MC′)이 만나는 곳에서 가격과 생산량이 결정되면 보다 유리한 것이라고 생각할 것이다. '즉, 수요 곡선과 공급 곡선의 교차점인 g에서 결정된다면 생산량이 늘어나 사회 전체적인 부를 증대시키면서 가격은 낮아져[27] 소비자들에게 이익을 발생시킬 것이다.'

그러나 이 가정은 낭만적일 뿐, 부질없는 희망에 불과하다. 왜냐하면 공급자 측인 독점자의 목적은 사회 전체적인 부의 증가가 아니라 자신의 이윤 극대화에 있기 때문에 우리의 희망과 같은 결정을 할 리가 만무하다.

이것이 첫째 이유이며, 두 번째의 이유는 이윤 극대화를 선택하는 개인적 결정을 우리가 제한하거나 간섭할 수는 없다는 것이다.

---

27) 생산량이 늘어나면 그만큼 희소 가치가 떨어져 가격은 자연히 내려가게 된다.

왜냐하면, 자신의 부를 늘리고 싶은 욕망은 누구에게나 있으며, 그것은 인간의 가장 기본적인 권리에 속하기 때문이다. 더구나, 그것이 부당한 방법을 통한 것만 아니라면 오히려 사회적으로 유익한 것이 된다. 즉, 한 개인의 이익이란 어차피 사회 전체적인 부에 포함되기 마련이어서 개인이 얻은 소득이 곧 사회의 소득을 증가시키는 셈이다.

그리고 이제 세 번째 이유가 가장 중요한데, 그것은 우리의 희망 자체가 전혀 실현성없는 바탕에 가정을 두었다는 사실이다. 즉, 완전 경쟁에서나 일어날 수 있는 방식의 균형점이 결정된다는 것은 독점의 상황이 아니란 말이며, 독점이 아니라면 규모의 경제가 어렵기 때문에 독점 하에서처럼 한계 비용 곡선이 낮아질 수 없다는 점이다. 그리고, 완전 경쟁에서와 같은 균형점이란 결국 a에서 결정되기 때문에 생산의 비효율성으로 엄청난 사회적 손실이 발생하게 되는 것이다.

아무튼 〈그림2〉에서 완전 경쟁 하의 균형점 a와 독점 하의 균형점 d^*를 비교 해석하면 다음과 같은 결론을 얻을 수 있다.

① 삼각형 abc 의 소비자 실질 이익이 발생한다. 즉, 완전 경쟁 하에서 P_1의 높은 가격에도 상품 Q^*를 구입했던 소비자들이 P^*의 낮은 가격에 구입할 수 있게 되었으니 그만큼 실질 이익이 발생한 셈이기 때문이다.

② 삼각형 acd^*의 잠재소비자 효용 이익이 발생한다. 즉, P_1의 가격엔 너무 높아서 구입할 수 없었던 소비자들이 P^*의 가격으로 낮아져 새로운 구매 소비자들이 늘어날 수 있었기 때문에 그만큼 잠재된 효용 이익을 실현시킨 셈이다. 여기서 ①과 ②는 소비자의 이익 부분이라 할 수 있다.

③ $boed^*$만큼의 공급자 이익이 발생한다. 즉, 완전 경쟁에 비해 규모의 경제가 실현된 독점 하에서 한계 비용이 낮아져 그만큼 공

급자의 이윤이 크게 발생했기 때문이다. 그런데, 소비자의 이익이 사회 전체 이익에 포함될 수 있듯이 마찬가지로 사회의 구성원인 공급자의 이윤 역시 사회 전체 부를 증가시켰다고 해석해야 마땅하다는 점이다.

결국 완전 경쟁이 독점으로 바뀌면서 $aoed^*$(=①abc + ②acd^* + ③$boed^*$)만큼의 사회적 잉여가 발생했다는 것인데, 여기서 특별히 $cfed^*$만큼은 완전 경쟁에서는 없었던 새로운 사회적 잉여부분임을 알아야 한다. 즉, fQ_1Q^*e 만큼의 생산 비용으로 $cQ_1Q^*d^*$만큼의 사회적 가치를 창출했기 때문이다.

그런데 지금까지는 〈그림2〉처럼 독점 하에서는 규모의 경제가 실현되어 완전 경쟁보다 가격이 낮아진 일반적인 경우만을 논하여 왔다. 그렇지만 독점에서 규모의 경제란 항상 충분하게 이루어지는 것은 아니며, 미미하게 이루어질 수도 있다. 따라서 규모의 경제가 실현되어도 상품의 가격은 경우에 따라 완전 경쟁 하에서 보다 더 높아질 수도 있는데, 그 상황을 〈그림3〉에서 나타내 보인 것이다.

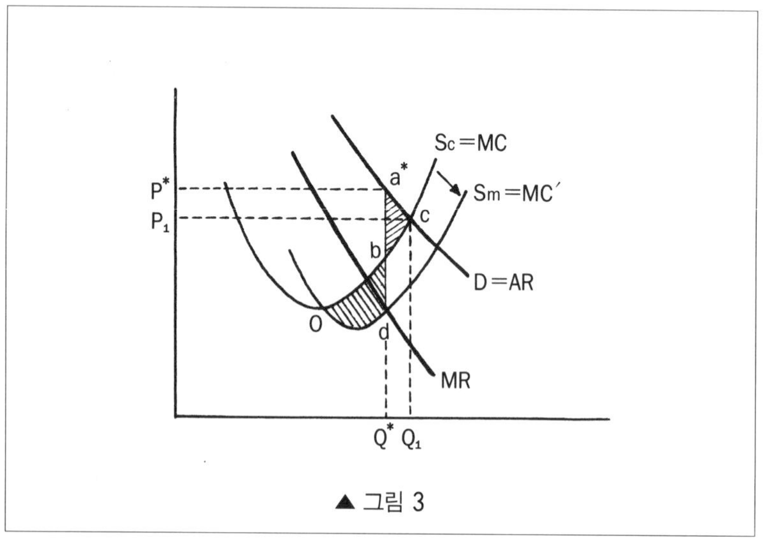

▲ 그림 3

독점 하에서 비록 규모의 경제가 실현되었다 할지라도 그 정도가 작으면 가격이 떨어지지 못하고 오히려 더 높아질 수 있고, 생산량 또한 줄어든다면 당연히 사회적 부가 줄어든다고 생각할 수 것이다.

그러나 그것은 문제의 본질을 올바로 꿰뚫지 못했기 때문이다. 문제를 피상적으로 보지 말고 근본적으로 파악해야 한다. 이미 확인한 바와 같이 사회적 손실량은 〈그림3〉에서 삼각형 모양의 abc 부분에 해당한다. 그런데 그것으로 모든 손익 계산을 끝낸 것은 아니다. 즉, 상품의 공급량이 줄어 소비자의 효용가치 면에서는 다소 줄었으나, 생산자의 이윤은 늘어났는데, 그 이유는 비록 큰 폭은 아닐지라도 한계 비용 곡선이 낮아졌기 때문이다.

즉, obd만큼의 생산자 이윤을 발생시킨 것이다. 결국 손익 계산은 소비자의 손실 부분과 생산자의 이익 부분을 서로 상쇄시켜 남은 양의 정도에 따라 결정되게 된다. 물론 그 결과는 〈그림3〉에서 볼 수 있는 바와 같이 생산자 이익은 obd으로 소비자의 손실량 abc 보다 면적이 더 넓게 나타나며, 이는 사회 전체의 부가 증대되었음을 말해 주는 것이다.

이쯤에서 다시 〈그림2〉로 되돌아가 설명해야 할 곳이 남아 있다. 즉, 독점 생산자가 한계 비용을 낮춘 상태에서 이윤극대화를 목적으로 하지 않고 사회 전체적인 이익을 위해 가격은 P_2로 하고, 생산량은 Q_2로 하는 균형점 g를 결정했다고 하자. 과연 우리의 희망처럼 가장 이상적인 자원 분배가 실현되었다고 볼 수 있을까?

결론부터 얘기하면 오히려 균형점 g가 균형점 d^*보다 더 큰 사회적 손실을 발생시키고 있다는 점이다. 그 이유는 다음과 같다.

④ 〈그림2〉에서 삼각형 d^*eg 부분은 소비자의 잉여의 증가분이며, 이에 대한 해석은 이미 앞에서 이루어진 그대로이다. 즉, eQ^*

Q_2g만큼의 비용으로 $d^*Q^*Q_2g$만큼의 효용 가치를 창조했기 때문이다.

⑤ 반면에 삼각형 ehg 부분은 생산자의 낭비라고 말할 수 있다. 왜냐하면 eQ^*Q_2g만큼의 한계 비용(MC′)을 투자하고도 eQ^*Q_2h만큼의 한계 이익(MR)밖에 얻지 못했기 때문이다. 쉽게 말하면 생산량을 Q^*에서 Q_2만큼 늘릴 동안 상품을 한 단위 더 판매하여 얻을 수 있는 한계 이익보다 상품을 한 단위 더 생산하는 데 더 많은 한계 비용이 들어가기 때문이다. 결국 얻은 이익보다 잃은 손실이 더 커서 사회적 손실은 증가한 셈인데, 그 이유는 ehg 면적이 d^*eg 면적보다 더 넓기 때문이다.

그런데 위와 같은 해석은 겉으로 나타난 현상만을 단순하게 파악한 것일 뿐, 아직 완전한 이해에는 도달하지 못한 것이다. 즉, 생산량을 Q^*에서 Q_2만큼 늘릴 동안 늘어나는 소비자 잉여부분을 깊이 있게 살펴보면 그 모양이 점점 줄어드는 현상을 발견하게 될 것이다.

반면 생산자의 손실 부분은 점점 늘어나는 모양을 하고 있다. 이 상황을 엄밀히 해석하면 효용의 낭비라고 말할 수 있다. 왜냐하면 부를 최대로 하려고 할 때, 한 종류의 상품만을 최대로 생산해서는 그 목적이 달성될 수 없기 때문이다. 다시 말해서 여러 종류의 생산품에 대해 각각 한계 이익을 최대로 보장하는 것이 곧 전체 부를 최대로 하는 것이며, 그렇게 하기 위해서 기존의 비용을 적절히 배분하여 생산량을 결정해야 한다는 것이다.

이를테면, 사과 10개의 효용 가치보다 사과 5개와 배 5개의 효용 가치가 더 크기 마련이다. 즉, 생산량의 개수는 양쪽 모두 10개씩으로 같지만, 효용 가치는 각기 다를 수 있으며, 생산량의 종류가 다양한 쪽이 더 크게 되는 것이다. 사실 이 세상 모든 이치를 살펴보면 무엇이든 너무 흔해 빠지면 가치가 떨어지는 것이다.

아무리 귀한 물건이라 해도 지나치게 많아지면 오히려 불필요하게 되는 법이다. 어느 정도 양이 부족할 때 효용 가치가 커져 귀해지고 아껴지지만 풍족하게 되면 가치는 떨어지게 되고 그만큼 낭비되는 것이다.

물론 〈그림2〉에서 d^*eg만큼의 소비자 잉여가 생겨나긴 했으나, 그 정도의 작은 효용을 위해, 그것도 점점 줄어드는 이익을 위해 ehg만큼의 비용을 추가 부담하기엔 아까운 느낌이 든다. 차라리 그 비용을 다른 산업에 투자하면 훨씬 더 큰 효용 가치가 새롭게 생겨나는 것이다. 어떤 것이든 항상 새로울 때, 그리고 그것이 부족할 때 더 많은 가치가 발생하기 때문이다.

여기서 또하나 중요한 사실은 눈에 보이는 효용 가치 외에 또다른 평가 요소가 있다는 점이다. 다시 말해서 어떤 하나의 물건이 풍부해질 때, 단지 가치가 떨어지는 평가로 끝나지 않으며, 낭비로 인한 쓰레기와 환경 오염이라는 또 하나의 사회적 부담을 가중시킨다는 점이다. 물론 이 부분에 대한 설명은 뒤에서 다시 논할 기회가 있겠지만 사실 환경 오염이야말로 지나친 부가 함께 몰고오는 가장 직접적인 병폐이다.

식량이 꼭 필요하긴 하지만 넘치면 음식물 찌꺼기가 되고 비닐봉지가 편하긴 하지만, 이것 역시 넘치면 쓰레기가 되는 것이다. 즉, 효용 가치의 낭비로 끝나지 않고 새로운 문제거리가 사회적 부담으로 야기되는 것이다.

이 모든 사실들을 고려할 때, 소비자의 효용만을 위해 일방적으로 생산량을 늘리는 것은 한계 비용의 낭비 뿐 아니라, 환경 오염과 같은 사회적 비용이 증가하여 결코 바람직하지 않다는 사실이다.

살아남은 것, 그것은 이긴 것이다

지금까지 설명을 들으면서 혹시 독자들 중엔 완전 경쟁 하의 비효율성이 이렇게 확실한데도 그 많은 사람들이 한결같이 오류에 빠진 사실에 조금은 당황해질 것이다. 게다가 경제학계의 그 뛰어난 대학자들 중에서도 이 책에서 지적하는 사실들을 미처 깨닫지 못하고 잘못된 편견을 주장했다는 사실은 이 책의 독자들을 더욱 놀라게 할 것이다. 그럼 왜 이렇게 심각한 오류가 오히려 당연한 사실처럼 받아들여지게 되었을까?

그 오류의 근원을 거슬러 올라가면 크게 두 가지의 이유를 발견하게 되는데, 그 첫번째 이유가 일반적인 현상을 특별한 가능성으로만 취급했다는 점이다. 다시 말해서 경제학자들도 독점력으로 사회적 부가 증가할 가능성을 전혀 부인하지는 않았으나, 그렇게 되려면 한계 비용이 낮아져야 하는데, 그 필연적인 이유를 찾을 수가 없었던 것이었다.

즉, 일반적인 현상을 특별한 경우로만 이해했던 것이 결정적인 실수였던 것이다. 그들은 오로지 생산자 측에서 사회의 이익보다 자신들의 이윤 극대화를 목적으로 한다는 원칙론에만 매달려 전체 사실을 놓쳐 버렸던 것이다.

그런데 그들이 조금만 더 연구했더라면 독점이 살아남게 되는 필연적인 이유로서 사회적 부를 증대시키는 사실에 주목할 수 있었을 텐데, 조금은 아쉬운 느낌이 든다. 분명, 독점 기업은 필요 이상의 이윤을 올릴 수도 있지만, 그것은 어디까지나 자신의 생산 비용을 절감한 범위 내에 한정된다. 그렇기 때문에 독점 기업의 높은 이윤이란 독점 기업이기에 가능한 것이고, 작은 기업들에겐 그 가격에 생산조차 할 수 없는 가격이어서 도저히 이윤 추구를 기대할 수 없기 때문이다.

그런데 만약 기존의 이론처럼 독점 기업이 완전 경쟁 하의 가격보다 더 높은 가격으로 올리고 생산량을 종전보다 줄인다면 다른 작은 기업들도 참여할 수 있는 여지가 생기고 독점력은 파괴되어 버릴 수 있다. 왜냐하면 완전 경쟁보다 높은 가격에 생산량이 결정되면 완전 경쟁균형점까지 가격이 떨어질 때까지는 작은 기업측에서도 이윤이 발생하기 때문이다.

다시 말해서 생산자가 이윤 추구를 목적으로 하는 것과 똑같은 논리로 소비자들 역시 가장 낮은 가격에 상품을 구입하려 한다는 것이다. 따라서 낮은 가격에 공급할 수 있는 기업만이 살아남을 수 있고, 결국 독점 기업이 존재할 수 있는 것은 소비자 가격 경쟁에서 성공했다[28]는 뜻이다.

다음으로 두 번째의 이유를 지적하면 잘못된 예를 이론에 적용시킴으로 해서 이론 자체를 오염시켜 버린 것이다. 완전 경쟁이 독점보다 유익하다는 오류에 빠지게 한 가장 대표적인 잘못된 비유는 독점에 의한 석유 가격 인상을 경험했기 때문이다. 즉, 1970년대 초반 세계 경제에 극심한 충격을 준 제1차 오일 쇼크도 석유 수출국에 의해 조직된 석유수출국기구(OPEC)가 석유 공급 국가 간의 자유 경쟁을 카르텔로 봉쇄하였기 때문이다.

---

28) 가격 경쟁에서 이기려면 우선 값이 싸야하는 것은 당연하다. 그러나, 값만 싸다고 해서 소비자의 요구를 충족시켜 줄 수는 없다. 가끔 독점의 가격이 꽤 높은데도 불구하고 소비자들이 선호하는 경우를 자주 보게 되는데, 그것은 품질 면에서 그만큼 뛰어나기 때문이다. 즉, 독점을 확보하기 위해서는 상품을 낮은 가격에 공급할 수 있는 능력 뿐 아니라, 상품의 질도 높여야만 가능하다는 얘기다. 결국, 독점에 성공했다는 말은 그만큼 사회 전체를 유익하게 하는데 기여했다는 것을 뜻하게 된다.

물론 보통 사람들의 입장에서 표면적으로만 보면 당연히 그러한 해석이 가능할 것이다. 그러나, 그것은 완전 경쟁과 독점 가격을 비교할 수 있는 적절한 예가 되지 못함을 깨달아야 하는 것이다. 즉, 독점과 또다른 독점 방식의 비교를 놓고 완전 경쟁과 독점간의 비교 대상으로 삼았던 것이다. 게다가 그것도 특별한 경우의 독점을 일반적인 독점 현상에 연계하여 해석하는 데에서 더욱 심각한 오해가 빚어진 것이다.

우선 석유 산업은 완전 경쟁 산업이 될 수 없다. 물론 OPEC의 각 회원국들끼리는 경쟁 상대가 될 수 있으나, 각 회원국 그 자체가 하나의 독점 체계로 구성되어 있다. 그 이유는 첫째, 석유라고 하는 자원 자체가 몇몇 나라에 편중되어 있기 때문에 국가 간의 완전 경쟁이란 애초부터 불가능하여 독점적일 수 밖에 없다.

둘째, 석유 산업이란 대단위 자본 집약산업이기 때문에 국가 단위 차원의 생산 운영 체계가 필요하다. 그래야만 규모의 경제를 실현시켜 석유 가격을 낮추어 국가 간 경쟁에서 버틸 수 있기 때문이다. 사실, 개인적인 차원에서 완전 경쟁으로 소규모씩 석유를 채집한다고 하는 것은 거의 불가능할 뿐 아니라, 설사 강행한다 하더라도 석유 가격은 엄청나게 비싸지게 될 것이다. 이러한 비효율성을 극복하기 위해 어쩔 수 없이 국가 단위 차원의 독점 체계를 구성하지 않을 수 없었던 것이다.

따라서 OPEC이 구성되었다는 것은 완전 경쟁이 독점으로 바뀐 것으로 비유할 수 없으며, 단지 개별 독점에서 카르텔 독점으로 독점 성격이 바뀌었을 뿐이었다. 카르텔 독점이란 이미 구성된 기존의 개별 독점들이 조직을 연합한 것에 해당하는데, 오해를 줄이기 위해 몇 가지 유의할 것을 지적해야겠다.

(1) OPEC의 조직으로 인해 석유 가격이 인상되긴 했으나, 그것은 이미 규모의 경제를 통해 충분히 낮아진 석유 가격에서 조금 올

린 것에 불과하다. 다시 말해서 완전 경쟁에서라면 엄청나게 비싸질 가격이 국가 단위 차원의 독점 생산 체계로 인해 대량 생산이 가능하여 석유 가격을 대폭 떨어드릴 수가 있었던 것이다.

즉, 석유 인상의 원인은 개별 독점에서 카르텔 독점으로 바뀌면서 생긴 것이지 완전 경쟁이 독점으로 바뀌면서 생긴 것은 아니라는 것이다. 그리고, 더욱 중요한 것은 카르텔 독점으로 석유 가격이 대폭 올랐지만, 완전 경쟁과 비교한다면 여전히 엄청나게 낮은 가격에 공급되고 있음을 알아야 된다. 왜냐하면, 석유 시장이 완전 경쟁으로 개방된다고 할지라도 보통 생활 수준의 사람들이 완전 경쟁의 석유 공급 시장에 아무리 뛰어들어봤자 독점 카르텔의 공급 가격에는 도저히 생산할 수 없을 것이기 때문이다.

만약 생산할 수 있었다면 독점 카르텔 자체가 유지될 수 없었을 것이다. 사실, 독점 카르텔이 구성되었다는 사실 자체가 완전 경쟁 가격의 패배를 증명하는 것이기 때문이다. 한 마디로 말해서 석유 가격 폭등 원인을 완전 경쟁이 독점으로 변했기 때문이라는 비교는 잘못이다. 그 이유는 완전 경쟁 가격은 너무 높아서 아예 독점 가격의 경쟁 대상이 될 수 없으며 따라서 완전 경쟁 가격 자체가 존재하지 않기 때문이다.

(2) 개별 독점에 비해 카르텔 독점의 가격이 높아진 이유는 무엇일까 하는 점이다. 일반적으로 기구가 커지면 규모의 경제가 실현되어 가격이 낮아지는 것이 통례이기 때문이다.

그런데 이 경우는 정반대의 상황이 벌어진 것이다. 그 이유는 개별 독점이 카르텔 독점으로 바뀌면서 규모의 경제가 일어날 가능성을 처음부터 배제시켰기 때문이다.

즉, OPEC은 국가라고 하는 개별 지휘 체계는 그대로 유지한 채, 하나의 연합체적인 성격으로 결성된 것이기 때문에 일사불란한 지휘 체계에서 볼 수 있는 경영합리화가 이루어질 수 없었다. 따라서 경영 합리화에 따라 경비 절감 효과가 전혀 있을 수 없기 때문에 공급 가격이 떨어질 수 없었다.

명실공히 독점이 되려면 하나의 지휘 체계로 구성되어야만 하고, 그래야 효과적인 규모의 경제를 이룰 수 있으나, 독점 카르텔이란 독점 연합체로서 독과점과 비슷한 성격으로 일종의 변형 독점이기 때문에 경영 합리화가 되지 못하여 개별 독점보다 오히려 가격이 높아질 공산이 있다. 왜냐하면 기존의 개별 조직은 합병되지 못한 채 그대로 유지되어 생산 비용은 떨어지지 않았는데 비해 조직을 연합체로 만들면서 조직 기구가 거대해져 그만큼 기회 비용(조직 운영비)은 늘어났기 때문이다.

(3) 장기적이고 거시적으로 볼 때, 독점 카르텔에 의한 석유가격 인상을 꼭 나쁘다고만 볼 수는 없다. 물론 단기적으로는 석유를 값싸게 대량 공급하는 것이 부를 늘리는 데 유리하겠지만, 석유 자원이란 어차피 한정된 자원이기 때문에 그만큼 빨리 자원 고갈을 맞게 될 것이다. 다시 말해서 우리 세대의 이익만을 위해 대량 소비를 일삼으면 다음 후세들에겐 그만큼 불이익이 앞당겨지는 것이다.

결국, 전체적으로 보면 대량 생산과 소비는 인류에게 결코 유익하지 않다. 오히려 적정선에서 석유 소비를 줄여 장기적인 자원이 될 수 있도록 하는 것이 전체 경제에 도움이 될 수도 있다.

한편 시간이 갈수록 석유 소비량은 가속적으로 불어나고 있는데, 이러한 추세라면 머지않아 석유 자원의 고갈로 인해 엄청난 에너지 부족 사태가 야기될 것이다. 그렇다면 그 에너지 사태에 대비하여 대체 에너지가 개발되어야 하는데, 그러기 위해서는 어느 정도 상당한 연구 시간이 필요하다. 다시 말해서 새로운 대체 에너지가 개발되기 위해선 시간이 필요하고 그 시간을 최대한 연장시키기 위해서라도 석유 자원의 소비를 억제시켜야 한다는 것이다.

결론적으로 석유 가격을 낮춘다면 일시적인 효용 가치를 늘릴 수는 있으나, 석유 자원의 한계성 때문에 그것이 결코 효용 가치를 높인 것이라고 말할 수는 없다. 그만큼 후세들이 불이익을 받기 때문에 전체적으로 이익이 늘어났다고 단정하기는 어려울 것이다.

독점과 진입 규제

원래 3장 6절은 원고 초고에서 빠져 있었다. 그런데 나의 이론을 다른 사람들에게 설명하는 과정에서 뜻밖의 비판을 받게 되었다. 그리고, 그 비판이 상당히 인상적이었던 것은 경제학을 조금이라도 공부한 사람이라면 거의 누구나 제기하는 공통된 부분이었다는 점이다. 게다가 더욱 놀라운 것은 그 비판의 방법에 뭔가 잘못이 있다는 사실을 인식하는 사람 역시 아무도 없다는 공통점이었다.

나는 사람들에게 독점력이 존재한다는 사실 자체가 완전 경쟁 시장가격보다 독점 시장 가격이 낮다는 증거라고 설파했다. 완전 경쟁 시장의 가격보다 높은 독점 가격이란 있을 수 없으며, 설사 있다고 해도 이미 독점력을 행사할 수 없는 것이다. 왜냐하면 완전 경쟁 시장보다 높은 가격에 상품을 공급하면 초과 이윤이 발생한다는 뜻이고, 따라서 많은 사람들이 그 산업에 뛰어들 것이므로, 자연히 공급은 늘어나 독점을 행사할 수 없는 것이다.

독점 가격을 이해하는 데 중요한 점은 독점 기업이 독점 가격을 마음대로 조정할 수 있는 폭(범위)이 넓으면 넓을수록 그만큼 완전 경쟁 시장 가격보다 낮다는 사실을 이해하는 것이다. 다시 말해서 독점 가격을 올렸는데도 불구하고 여전히 독점이 유지되었다는 말은 역설적으로 다른 기업이 아직 독점 기업에 도전할 수 없을 만큼 가격 경쟁이 떨어지거나 상품의 질이 낮다는 사실을 증명할 뿐이다.

물론, 독점 기업이 독점 가격의 범위를 지나치게 올리면 다른 기업들도 가격 경쟁에 도전할 수 있게 되고, 따라서 다수의 공급자를 만들어 독점력은 파괴되어 버릴 것이다. 결국 독점이란, 규모의 경제를 실현시켜 좋은 상품을 저렴한 가격에 공급할 때 가능한 것이고, 가격이 낮으면 낮을수록 상품의 질이 좋으면 좋을수록 독점력은 강해진다. 왜냐하면 소비자들은 더 좋은 조건(더 좋은 품질에 더 낮은 가격)이 생기기 전에는 기존의 조건 중에서 선택할 수 밖에 없는데 독점 가격을 따랐다고 하는 것은 그래도 그것이 가장 유리한 조건이기 때문이다.

형편없는 상품을 터무니없이 높은 각격에 결정하는 한 그 어떤 기업도 독점력을 행사할 수 없다. 왜냐하면 그 기업의 상품을 선호하는 소비자가 있을 리 만무하기 때문이다. 일반적으로 독점 기업은 대기업인 경우가 대부분이다. 물론, 대기업은 아니더라도 독점 상품의 특정 산업 부분에서는 가장 큰 기업일 가능성이 높다. 그래야 규모의 경제를 실현시켜 독점력을 행사할 수 있기 때문이다.

이토록 상황이 명백하였기에 처음엔 나의 이론에 비판을 하려던 사람들도 한 동안 반응이 없었다. 그러다가 뭔가 꼬투리를 찾았는지 좀 엉뚱한 논점의 문제들을 들고 나와 나의 이론에 공격을 하기 시작했다.

그러나 그 반론은 별로 실효성없는 공격이었다. 그들의 반대 논리는 대충 이러한 것이다. 독점은 다른 기업의 참여를 막는 시장진입 규제 때문이라는 것이다. 즉, 정부의 허가를 얻어야만 된다든지 또는 특정 기업을 지정하거나 아니면 아예 모든 기업을 규제하고 정부 자신이 직접 경영하는 것은 독점이 진입 규제 때문에 생겨난 것이지 가격 경쟁에서 이겨 생겨난 것이 아니라는 주장이다. 얼핏 들으면 맞는 얘기 같기도 한데, 개별적으로 나누어 구체적으로 살펴보자.

1. 정부의 허가제

의사, 변호사, 전기 기사, 열관리 기사 등 여러 가지 자격증이나 허가를 받아야만 할 수 있는 직업이 있다. 이 직종은 자격 조건이 제한되어 있어 높은 수입을 올린다 해도 다른 사람들이 쉽게 참여할 수 없다. 참여하려면 그들 역시 자격증이나 허가를 받아야 가능하기 때문이다. 물론 이 경우, 몇몇 독점자들이 필요 이상의 초과이윤을 얻는 것은 사실이다. 그러나, 그 사실이 전체 수요자들에게 손해를 입힌다고 볼 수는 없다.

만약, 의사가 자격증이나 허가 없이도 가능한 직업이라면 이러한 직업으로 많은 사람들이 몰려 이 직업에 종사하는 사람들의 소득이 낮아지는 반면, 수요자들은 낮은 가격의 혜택을 볼 수도 있을 것이다. 그러나, 자격없는 사람들로 인해 많은 수요자들은 전체적으로 혜택보다 손해가 더 커지게 된다.

이를테면 실력없는 의사에게 몸을 맡겨 싼 가격으로 수술을 받았지만, 오히려 병세가 악화되었다든지 전기 공사를 저렴하게 했지만, 잘못된 배선으로 화재를 입었다면 이는 혜택이라기보다는 손해라고 해야 할 것이다. 결국 사회 전체의 이익과 질서를 위해 허가제가 생긴 것이다.

2. 정부의 특허제

어떤 개인이나 기업이 특허를 얻으면 어느 일정 기간 동안은 독점권을 인정받게 된다. 따라서 그동안은 그 사람이 아무리 많은 수입을 올린다해도 다른 사람들이 침범할 수는 없다.

그렇다면 특허권을 가진 사람은 필요 이상의 수입을 올리고 있으니 사회 전체적으로 손해가 아닐 수 있냐고 반문할 수 있다. 더구나, 특허권자가 값을 올려도 다른 기업의 사람들은 속수무책일 수밖에 없다.

그러나 깊이 생각하면 내용이 달라진다. 특허권자가 값을 올려도 다른 상품 쪽으로 대체하지 않고 특허 상품을 선호하는 사람이 여전히 많다면 그만큼 그 특허상품이 가격에 비해 품질이 월등히 좋다는 반증이다. 소비자가 가격의 변동에 대해 비탄력적인 수요를 갖는다면 그만큼 독점력이 존재한다는 뜻이고, 독점력이 살아있다는 것은 그 독점 상품이 아직 다른 상품에 비해 비교 우위에 있다는 말이다. 결국 소비자의 수요가 있는 한, 그리고 특정 기업에게 독점력이 제공될 만큼 특정 상품에 수요가 집중된다면 그 상품과 그 상품을 생산한 기업의 존재는 사회적으로 유익하다는 증거가 된다.[29)]

그런데 더욱 중요한 문제는 특허권을 인정하는 것이 비록 사회적

---

29) 규모의 경제를 실현하여 가격 경쟁에서 살아남은 자유 경쟁 독점 가격과 특허권과 규제에 의한 불완전 독점 가격(비경쟁 독점 가격)을 비교하면 당연히 규모의 경제에 의한 자유 경쟁 독점 가격이 사회적으로 유익하다. 그러나, 여기서 말하는 비교 대상은 자유 경쟁 독점 가격과 비경쟁 독점 가격의 비교가 아니고, 완전 경쟁 시장과 비경쟁 독점 가격과의 비교이다. 다시 말해서 가격이 좀 비싸더라도 양질이 특허 상품이 생산되는 것이 사회적으로 이익인지 아니면 비특허 상품인 종전의 제품을 종전의 가격으로 그냥 계속 생산하는 것이 사회적으로 이익인지를 놓고 평가해야 한다.

으로 불이익하다 하더라도 그것을 인정해 주는 것이 옳다는 점이다. 왜냐하면 어떤 규칙이나 사회적 법규는 경제적인 이익보다 도덕성에 기준을 정해야 하기 때문이다. 다시 말해서 개인의 노력으로 얻는 결과를 인정해 주어야 하는 원칙이, 사회적인 부를 증가시키는 원칙보다 더 중요하고 우월하다는 원칙이다. 더구나 특허권자의 이익은 남의 손해나 부담을 통해 얻는 것이 아니고 특허권자 자신에 의해 창출한 부를 자신이 가져간다고 봐야 한다.

3. 정부의 직영업체

여러 산업 중에는 정부가 경영하는 직영 업체가 있기 마련인데, 정부가 직접 운영하는 만큼 독점의 전형적인 사례라 할 수 있다. 그러나, 이 경우의 독점은 영리 추구를 목적으로 한다기보다는 사회간접 투자를 목적으로 한 것이기 때문에 정부가 국민들에게 터무니없는 가격으로 바가지 씌운다고 보기는 어렵다. 오히려 정부가 개입하는 독점 기업은 성격상 정부 개입의 독점이 국민에게도 유리하다는 점이다.

가령, 철도 건설이나 대규모 교량 건설 같은 경우 일반인은 말할 것도 없고 대기업이라도 맡기는 어렵고 맡으려는 사람도 거의 없다고 생각된다. 왜냐하면 그러한 공사에 들어가는 총비용은 엄청난데 비해 그것으로 인해 얻는 이익은 총비용에 미치지 못하기 때문이다. 일반적으로 철도 건설이나 교량 건설이 국민 전체를 대상으로 한 총효용은 총비용에 앞서지만, 개별 기업의 기준에서는 총효용보다 총비용이 더 들어간다고 여기게 되므로 건설 계획을 포기할 것이다.

참고적으로 우리 나라의 경우, 정부의 독점 산업 중에 전매 산업이 있다. 나는 다른 나라의 경우를 잘 모르지만, 전매 산업을 정부가 독점하는 경우는 드물다고 생각된다. 아무튼 이 경우가 특별한 사례일지라도 나 개인적인 견해로는 바람직하다고 본다. 왜냐하면 담배같은 것은 국민 건강상 권장할 만한 것이 전혀 못 된다. 그런데 이러한 산업을 민간 산업으로 돌리면 치열한 경쟁이 붙을 것이고, 서로 많은 판매를 위한 막대한 광고비까지 들어갈 것이다. 건강에 나쁜 흡연을 끊게 하지는 못할 망정 오히려 많이 팔기 위해 광고까지 한다는 것은 개인적으로 보나, 국가적으로 보나 쓸 데 없는 낭비 요인이 아닐 수 없다.

4. 정부의 진입 규제

정부는 필요하다고 생각되는 경우 민간 산업일지라도 시장 규모에 비해 과다 경쟁을 막기 위해 기업의 생산 참여를 규제하는 경우가 있다. 물론 이렇게 함으로써 과도한 투자나 중복 투자를 막아 사회적 총비용을 절감하는 효과가 있다는 것이 정부 규제의 주된 이유이다.

그러나 한편으로 정부 규제를 피한 기업(특혜 기업)은 별 어려움 없이 독점력을 행사하여 높은 독점 가격을 책정하여 부당 이익을 챙길 수도 있을 것이다. 왜냐하면, 정부의 규제 때문에 다른 기업이 진입하기 어려워 독점력을 빼앗길 우려가 적기 때문이다. 그래서 이것을 두고 독점 가격이 완전 경쟁 시장 가격보다 높다고 주장하는 학자가 많다.(사실은 대부분이다).

가령 우리나라의 경우 얼마 전에 삼성그룹이란 대기업이 자동차 산업에 참여한다고 발표하였다. 물론 기존 업계인 현대, 기아, 대우 등 몇몇 대기업들이 반대했지만, 특정 기업만을 골라 진입 규제한다는 것은 별로 설득력이 없었던지 결국 참여가 허용되고 말았다.

만약 이때 삼성이 정부의 규제없이 참여할 수 있거나, 또는 규제에 묶여 참여가 불가능했을 때 두 가지 상황 중 어느 경우라도 완전 경쟁 시장 가격이 독점 시장 가격보다 낮다고 할 수 있는 논리는 찾을 수 없다. 다시 말해서 정부의 규제로 인해 독점 기업이 바뀔 수 있다는 논리는 가능하지만, 정부의 규제로 (독점이 생겨) 완전 경쟁 시장의 가격보다 높아진다는 것은 논리적으로 앞뒤가 맞지 않는 것이다.

사실 독점은 정부의 규제가 없어도 규모의 경제를 통해 가장 저렴한 가격에 상품을 공급할 수 있는 기업이면 자동으로 갖게 되며, 정도의 차이는 있을지언정 그러한 기업은 항상 있기 마련이다.

여기서 문제를 단순화시키기 위해 지금 현대가 자동차 산업을 독점한다고 가정하자. 그리고 삼성의 참여로 현대의 독점이 무너지고 대신 삼성이 독점하는 경우를 가정할 수도 있다. 그렇지만 이때 변한 것은 단지 독점 기업이 현대에서 삼성으로 바뀌었다는 사실밖에는 아무 것도 없다.

삼성이 현대의 독점을 빼앗았다고 해서 독점 가격이 완전 경쟁 시장 가격보다 높다는 것을 증명하는 것은 아니다. 물론 현대가 계속 독점을 유지한다고 해도 마찬가지이고, 시장을 현대와 삼성이 공동으로 나누어 가진다해도 한 기업의 독점이 두 기업의 독점으로 그 표현이 조금 바뀔 뿐이다.

어느 경우이든 독점 시장 가격이 완전 경쟁 시장 가격보다 높을 수는 없다. 사실, 일반 개인은 말할 것도 없지만, 웬만한 기업이라 할지라도 자동차 산업 같은 경우 막대한 자본 집약 산업이기 때문에 엄두도 내기 어려운 산업이다. 어느 정도 경쟁이 되려면 규모의 경제가 필요하고 그럴려면 대기업이 아니고는 곱절의 가격으로도 생산하기 어려울 것이다.

실제로 현대나 삼성 모두 대기업이기는 마찬가지이기 때문에 가능한 일이지 조그마한 기업이 자동차 산업에 참여하겠다고 나서는 경우는 있을 수 없다. 즉, 정부의 규제에 의해 참여하지 못하는 것이 아니고 스스로 진입을 포기한 것이다.

각설하고 독점력의 의미를 한 가지 다른 비유로써 설명하고자 한다. 가령 A라고 하는 어떤 대기업이 다른 기업에 비해 2배이상 임금이 높다고 하자.

이 경우, 노동자들은 서로 A기업으로 가려고 몰려들 것이고, 자연히 A기업에서는 가장 좋은 인재를 먼저 선택할 수 있는 일종의 독점력이 생길 것이다. 그런데, A기업에서 이윤을 높이기 위해 임금을 다소 낮추어도 다른 기업과 동일한 임금 수준까지 내려가기 전까지는 독점력이 여전히 유지될 것이다.

이러한 사실이 시사하는 것은 독점력에 수요자들이 순응한다는 것은 아직 수요자에게 그만큼 이익이 있다는 사실이며, 그 이익이 사라지면 독점력도 사라진다는 점을 이해해야 하는 것이다.

여기서 내가 하고 싶은 말은 최악의 경우, 내 이론에 잘못이 있다고 가정하자. 그리고 비판하는 것도 좋다. 그렇지만, 비판 대상과 비판 내용이 일치해야 하는 원리는 지켜져야 한다.

그런데 그들의 비판 내용과 비판 대상은 서로 다른 것이었다. 의문의 제기는 나의 이론에 대해서 하면서 정작 그 이유를 찾는 곳은 엉뚱한 곳이었다.

이를테면, "'1+1=3'이 아니므로 '2+2=4'가 아니다"라는 식이다. 여기서 '1+1≠3'이라는 사실과 '2+2≠4'이라는 사실은 별개의 문제다.

다시 말해서 '1+1=3'이 잘못된 것은 '1+1=2'라는 등식 관계를 위배했다는 자체적인 문제점 때문이지 '2+2≠4'와는 논리적으로 관계가 없다. 더구나, '2+2≠4'는 '1+1≠3'이라는 사실과 관계없이 잘못된 것이다. 왜냐하면, '2+2=4'가 되어야 옳기 때문이다. 즉, '1+1≠3'은 '2+2≠4'와 관계가 없지만, '2+2=4'와도 관계가 없다.

아직도 그 관계가 잘 이해되지 않는다면 좀 쉬운 비유를 들겠다. 가령, '흰색은 검정색보다 밝다. 그러므로 키다리는 난쟁이보다 작다'라는 명제가 있다고 하자.

여기서 흰색이 검정색보다 밝은 것은 틀림없는 사실이다. 옳은 명제이기 때문이다. 그렇지만 앞의 명제가 옳다고 해서 '키다리는 난쟁이보다 작다'라는 명제가 참이 되는 것은 아니다. 물론, '키다리가 난쟁이보다 작다'는 명제는 명제 스스로의 정의에 위배되므로 당연히 틀린 것이다.

그런데 여기서 문제삼는 논의의 촛점은 어느 명제가 옳고 그르냐 하는 것이 아니고, 두 명제의 관계가 서로 상관없음에도 불구하고 두 명제를 하나의 인과 관계로 해석하는 데에 잘못이 있었다는 사실이다. 그리고 바로 그 점을 지적하기 위해 이렇게 많은 설명을 지루하게 하였던 것이다.

정부의 진입 규제에 의한 독점 기업의 가격이 높다고 해서 그 원인을 독점이라고 말할 수는 없다. 그것은 단지 비경쟁 독점(불완전 독점)의 가격이 자유 경쟁 독점의 가격보다 높다는 것을 의미할 뿐이다.

그런데, 비경쟁 독점하의 독점 가격이 자유 경쟁 독점보다 가격이 높은 것은 사실이나 완전 경쟁 시장의 가격보다는 낮다는 사실이다. 그리고 정부의 진입 규제가 영향을 끼칠 수 있는 범위는 독점 기업의 이름을 바꾸는 데까지만 관계되고, 독점 가격이 완전 경쟁 시장 가격보다 높다고 주장하는데는 아무런 논리적 관계가 없을 뿐 아니라, 내용과도 다르다. 그것은 독점 가격이 완전 경쟁 시장 가격보다 낮기 때문이다.

第4章

인플레이션의 숨겨진 의미

기존의 인플레이션이론 개관

인플레이션 현상은 실업 문제와 함께 거시경제학이 궁극적으로 풀어야 할 과제로 설정된 중요한 이론이다. 그러나, 지금까지는 그 이론이 잘못되어 있었으며, 그 결과 스태그플레이션이란 해결 불능의 모순을 스스로 안게 되었다. 그뿐 아니라 더욱 근본적인 오류로서 인플레이션의 발생원인에 대한 엉뚱한 해석을 낳고 말았다.

말하자면 나무만을 보고서 숲을 보지 못했던 것이다. 아무튼 그 자세한 비판과 함께 올바른 해석은 뒤로 미루기로 하고 우선 기존 이론을 소개하는 순서로 하겠다. 다만, 지금 소개하는 기존의 이론이 잘못되었음을 먼저 지적하는 것은 미리 혼란을 없애기 위해서이다.

1. 미시 경제학적 분석

미시 경제학적 분석 방법은 인플레이션 이론의 고전적 해석이라 할 수 있으며, 가장 일반적인 형태라 할 수 있다. 이 전통적인 해석 방식이 왜 잘못되었는지는 뒤에서 살펴볼 기회가 있겠지만, 이론적 구조가 간단하여 이해하기가 쉽다는 장점을 갖고 있다. 그러나, 문제의 본질을 꿰뚫지 못하고 있다.

이를테면 인플레이션의 원인으로 크게 비용 상승과 수요 증가로 해석하고 있는데, 문제가 있다. 즉, 수요량은 불규칙적이어서 증가할 때가 있지만, 마찬가지의 이유로 감소할 수도 있는 것이다. 다시 말해서 일시적인 인플레이션 현상에 대해서는 수요 증가로 그 원인을 돌릴 수가 있지만, 장기적으로 지속되는 인플레이션 현상의 역사적 사실을 보증할 수는 없다. 왜냐하면, 수요가 항상 증가한다는 보장이 없기 때문이다.

그리고, 인플레이션의 또 한 가지 원인이라 할 수 있는 비용상승 요인은 더욱 설득력이 없다. 오히려 과학 기술의 발전으로 장기적인 안목에서 보면 생산 비용이 점점 떨어질 수 밖에 없기 때문이다. 게다가 수요가 증가하면 오히려 가격은 더욱 떨어질 수 있는데, 이는 규모의 경제를 통해 저가의 대량 생산 체제를 가능하게 하기 때문이다.

각설하고 기존 이론들을 대략적으로 살펴본 후에 진실에 대해 알아보도록 하자.

(1) 디맨드 풀 인플레이션

demand-pull inflation이란 총수요의 증가에 의해 일어나는 인플레이션을 말하며, 수요 견인 인플레이션이라 부르기도 한다. 이는 주류경제학에서 다루는 인플레이션 이론의 가장 일반적인 해석 도구에 속한다고 볼 수 있다. 그리고 익히 알고 있는 바와 같이 수요와 공급 법칙으로부터 가장 쉽게 유추할 수 있으며 직관적으로 명백하다.

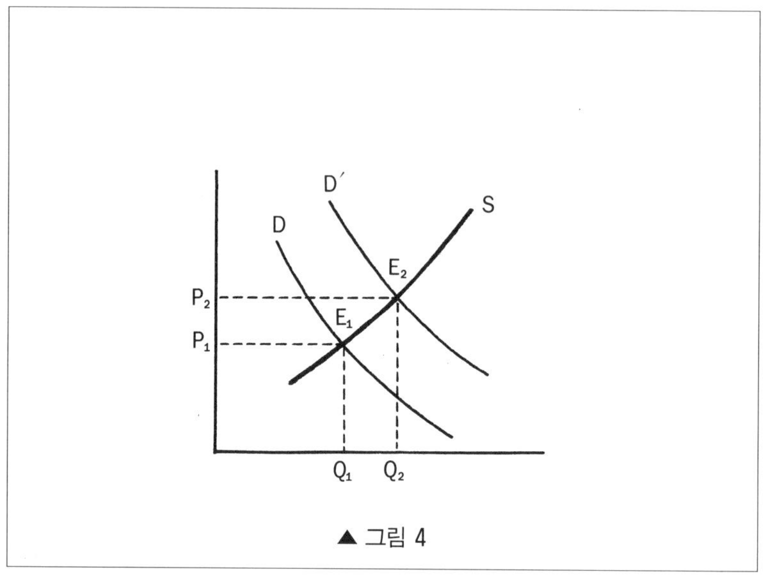

▲ 그림 4

〈그림4〉를 통해 다시 한 번 설명한다면 생산량이 Q_1에서 P_1가격을 유지하던 균형점 E_1이 수요량의 증가로 인해 수요 곡선이 우측으로 이동함으로써 새로운 균형점 E_2를 만족시킨다.

그 결과, 생산량은 Q_2에서 결정되어 Q_1,Q_2만큼 늘어났으며 가격은 P_2로 결정되어 P_1,P_2만큼 오르게 될 것이다.

(2) 코스트 푸쉬 인플레이션

cost-push inflation이란 생산비용이 증가함으로써 발생하는 인플레이션을 말하며, 비용 상승 인플레이션이라 부르기도 한다. 이는 디멘드 풀 인플레이션과는 달리 공급자측의 생산 비용 상승으로 생산량을 줄여 발생하는 경우이다. 즉, 생산 가격이 높아짐으로써 수요량이 줄어들어 생산은 줄고 가격은 상승하게 되는 것이다.

〈그림5〉를 통해 다시 확인하면 비용 상승으로 공급 곡선 S가 좌측으로 이동하여 새로운 공급 곡선 S가 주어진다. 그렇게 되면 균

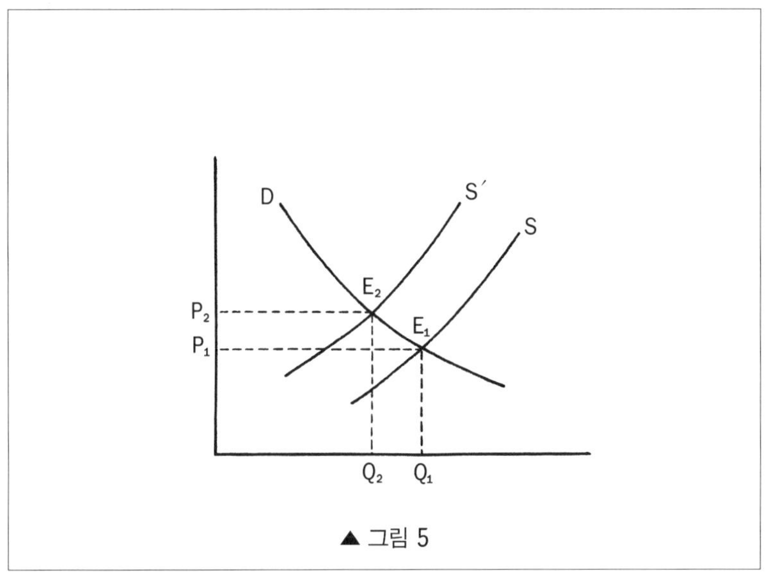

▲ 그림 5

형점 역시 E_1에서 E_2로 바뀌게 된다. 그 결과 공급량은 Q_2,Q_1만큼 줄어들고, 가격은 P_1,P_2만큼 오르게 되었다.

여기서 주의할 것은 코스트 푸쉬 인플레이션이 디맨드 풀 인플레이션과 한 가지 다른 차이점을 보이고 있다는 점이다. 즉, 가격은 다 같이 상승했지만, 생산량은 코스트 푸쉬 인플레이션에서는 줄어들었고, 디맨드 풀 인플레이션에서는 같이 늘어났다는 점이다. 특히, 코스트 푸쉬 인플레이션처럼 가격 상승과 생산량이 역의 관계를 보이는 현상은 뒤에서 논의하게 될 스태그플레이션 이론과 함께 다시 거론될 것이다.

2. 거시경제학적 분석

(1) 인플레이션과 실업

거시 경제학에서 해결 과제로 제시되는 가장 대표적인 경우가 인플레이션과 실업이다. 그런데 안타깝게도 이 두 마리의 토끼를 잡을 수는 없다는 결론을 현대 주류 경제학에서는 이미 내리고 있다. 이는 필립스(A. W. phillips)라는 영국의 경제학자가 임금 상승률과 실업률 사이의 역사적 자료를 검토하면서 그 두 변수 사이에 역관계가 있음을 발견하면서 드러났기 때문이다.

다시 말해서 실업을 감소시키려면 어느 정도의 인플레이션을 감수할 수 밖에 없고, 마찬가지로 인플레이션을 진정시키려면 어느 정도의 실업을 피할 수 없다는 것이다. 즉, 실업이 줄어들면 들수록 물가는 상승하고 반대로 물가를 낮추면 낮출수록 실업은 더욱 늘어난다는 말이다. 원래는 임금 상승률과 실업률 사이의 역관계를 역사적 자료에 의해 발표된 것을 필립스 곡선이라 불리는데, 최근에는 임금 상승률 개념보다 더욱 포괄적인 인플레이션 개념을 대신 대응시켜 사용된다.

아무튼 이러한 관계를 주위에서도 쉽게 관찰할 수 있는데, 장사가 잘 되면 물가가 올라간다. 장사가 잘 된다는 말은 수요가 많다는 것인데, 수요가 많으면 경기가 좋은 호황기를 뜻하며, 당연히 물가가 올라가기 마련이다. 높은 가격에도 불구하고 서로 물건을 사려고 하기 때문이다.

반면에 불경기가 되면 물가는 떨어진다. 즉, 수요가 떨어져 장사가 잘 안 되면 가격이 내려가기 때문이다. 한 마디로 말해서, 호황기에는 물가가 상승하고 불경기에는 물가가 내려간다는 것이며, 이는 완전 고용과 물가 안정을 동시에 달성하려는 것이 어렵다는 결론이다.

필립스 곡선[30]은 영국의 경제학자가 1861년부터 1957년까지의

30) A. W. phillips, "The Relation between Unemployment and the Rate of change of Money Wages in the United Kingdom, 1861~1957", Economica, New Series, vol. 25, Nov. 1958.

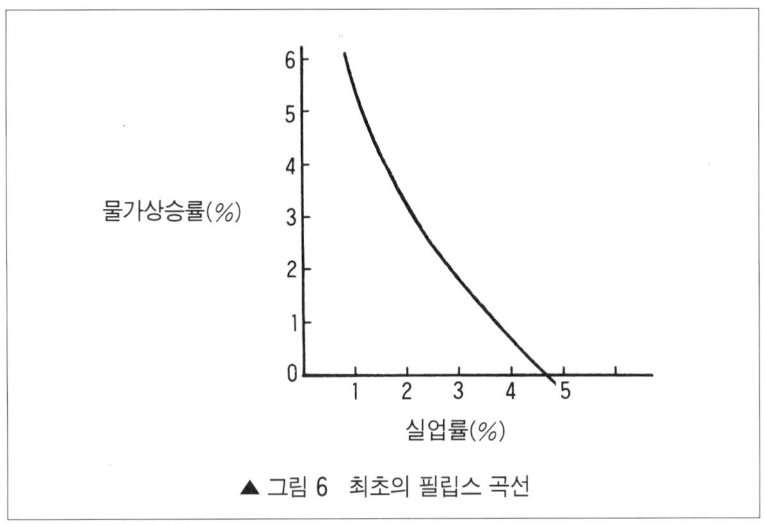

▲ 그림 6 최초의 필립스 곡선

역사적 통계 자료로부터 시계열(時系列) 분석한 결과로 얻어졌으며, 영국경제에 관한 화폐임금상승률과 실업률 사이에 역의 관계가 있다는 사실을 실증적으로 증명한 것이다. 필립스 곡선의 이름은 발견자의 이름을 따서 붙여진 것이다.

(2) 스태그플레이션과 갖가지 얼치기 이론들

1970년대에 들어와서 경제학계는 큰 충격을 받게 된다. 그동안 주류 경제학의 전통 경제 이론에서 도저히 허용될 수 없는 스태그플레이션(Stagflation : 인플레이션과 경제 불황이 동시에 일어나는 경제 현상)이 나타났기 때문이다. 다시 말해서 1970년대는 불경기였는데도 불구하고 물가는 떨어지지 않고 오히려 인플레이션 현상을 보였기 때문이다. 말하자면 두 마리의 토끼 중에서 한 마리의 토끼도 잡지 못했다는 뜻인데 경제학계가 정말 미궁에 빠진 이유는 경제 목적을 달성시키지 못한 현실적인 이유보다 이론적인 이유쪽이었다.

스태그플레이션은 70년대 초 석유 파동과 함께 세계를 휩쓸고 간

불치의 경제병으로 그 모습을 뚜렷이 나타내었다. 사실 상식적으로 생각해 보아도 경기가 불황일 때 가격이 높아진다는 것은 확실히 이해하기 힘들다.

우리는 흔히 불황이 불어 닥쳐 물건이 팔리지 않고 재고로 남게 되면 값을 하락시켜서라도 판매촉진을 꾀하려는 상인들의 상술을 이미 보아왔고, 이론적으로도 상당히 근거있는 행위라고 생각된다. 물론 상인들이 손해를 줄이려고 불황기에 오히려 가격을 올릴 수도 있을 것이라는 가정을 할 수도 있다.

하지만, 이러한 가정 속에는 중요한 경제 철학을 포기하고 있는 것이다. 즉, 평상시의 낮은 가격에서도 판매되지 않는 상품이 더 높은 가격에서 판매될 리는 만무하기 때문이다.

상인들의 입장에서는 100원의 값이라도 받고 이익이 남는다면 판매를 원하지, 200원의 값을 굳이 고수하면서까지 자신의 가게에 그냥 재고로 남아 있길 원하지는 않을 것이다. 왜냐하면 100원에라도 팔아서 약간의 이익을 챙기는 것이 상인에게는 유리한 조건일 것이기 때문이다.

다시 말해서 경제 현상을 해석함에 있어 개입되는 가정 속에는 반드시 영리 추구 목적을 포함해야 하는 것이다. 그렇지 않으면, 그 결과는 아무 의미가 없다는 것이다. 그것은 서로가 영리를 추구하는 측면에서 모든 것이 결정되어지기 때문이다. 즉, 그들의 관심은 이윤 자체에 있을 뿐 가격이란 껍데기에 있는 것은 아니다.

그럼 도대체 어떠한 이유로 인해서 불황기 임에도 불구하고 인플레이션이 일어난단 말인가? 이는 매우 흥미있는 문제이며, 이에 대한 현대 주류 경제학의 대표적인 대안 이론을 두 가지 소개하기로 하겠다. 결론부터 이야기하면, 두 가지 이론 모두가 잘못되었지만 왜 그것이 잘못되었는지를 논하기 이전에 기존의 대안 이론을 잠깐 살펴보는 것도 참고가 될 것이다.

첫번째의 대안을 살펴 보자면, 이는 이미 앞에서도 언급되었던 바 있는 코스트 푸쉬 인플레이션 이론 바로 그것이다. 즉, 비용 상승으로 공급 가격이 올라가게 되고 그 결과 수요는 줄어들어 인플레이션과 불황이 동시에 발생하게 된다는 것이다.

그러나, 이러한 해석 방식은 스태그플레이션의 초기 상황에서만 유효할 뿐, 곧 설득력이 상실되고 만다. 그것은 제1차 석유 파동이 일어난 1973~4년 이전부터 경제는 1960년대까지의 안정적인 필립스 곡선에서 벗어나 있기 때문이다. 또한 제2차 석유 파동이 일어난 1978~9년 이후 1980년대에는 석유가격이 하락하고 국제 원자재 가격이 안정세를 보였음에도 불구하고 최초의 필립스 곡선으로 회귀하지 않고 있기 때문이다.

이러한 상황에서 등장한 두 번째의 대안은 통화주의 학파의 기수 프리드만(M. Friedman)과, 같은 미국의 경제학자 펠프스(E. S. phelps)가 1968년에 각각 독자적인 논문을 통해서 제시된 자연 실업률 가설이다. 이 가설은 정부의 재량 정책이 주도한 수요견인 인플레이션에 새로운 예상 요인이 가세하여 비용 상승 인플레이션이 부차적으로 감안된 혼합형 인플레이션 이론 모형이다.

간단히 요약하면, 정부에서 실업을 줄이기 위해 확대 재정 정책을 채택하여 일시적으로 실업을 줄였으나, 그 결과 시장 경제에 통화 자금이 많이 풀려 들어가 인플레이션 요인이 발생하게 된다.

그렇지만 여기까지는 그런대로 불만은 없다. 물론 인플레이션이 나타나긴 했으나 그 대신 실업률을 조금 줄일 수 있었기 때문이다. 그러나, 수요견인 인플레이션(확대 재정 정책의 결과로 생긴 인플레이션)에 의한 예상 인플레이션의 기대 심리로 공급자 측의 비용 상승 인플레이션을 유발시키게 된다. 그렇게 되면 상품 가격이 높아져 소비자의 수요를 떨어뜨려 경제는 위축되어 불황이 닥쳐 실업은 다시 증가하게 된다.

따라서 전체적으로 볼 때 실업 수준은 다시 원점으로 되돌아가게 되고 결국 인플레이션만을 유발시킨 셈이다. 말하자면 스태그플레이션이 이렇게 하여 발생한다는 것이다.

자연 실업율 가설이 결론적으로 시사하는 내용은 말 그대로 일정한 실업률이 자연적으로 존재하게 되는데, 그 이유는 경제 구조가 고도화됨에 따라 직업을 바꾸는 인구와 더 좋은 직업을 탐색하는 인구가 생겨나 어느 정도의 실업은 항상 적정 수준을 유지하게 되기 때문이다. 그리고, 실업과 인플레이션의 상호 역관계가 단기에만 성립하고 장기에는 아무런 관계가 없다고 강변한다.

그런데 자연 실업률 가설이 나오게 된 배경은 코스트 푸쉬 인플레이션만으로는 스태그플레이션을 효과적으로 설명할 수 없다는 반발에서 시작되었다. 즉, 석유 파동과 같은 원인의 비용 상승 인플레이션이란 1회적이어서 그때그때 일으킬 뿐 지속적이고 가속적으로 인플레이션을 일으킬 수 없다는 인식에서 비롯되었던 것이다.

얼치기 이론들의 문제점

앞에서 논의된 얼치기 이론들—스태그플레이션의 원인으로 제기된 비용 상승 인플레이션이나 자연 실업 가설을 포함한 여러 이론들—의 문제점을 지적한다면, 우선 실업과 인플레이션의 역관계가 단기에는 성립하지만, 장기에는 성립하지 않는다고 함으로써 이론적 논리에 단절을 가져왔다.

말할 것도 없이 장기란 단기의 시간적 연장이므로 단기에 관계되는 것은 장기에도 당연히 관계될 수 밖에 없다. 차라리 장기에는 관계있으나, 단기에만 관계가 없다고 한다면 그런대로 수긍할 수는 있을 것이다. 왜냐하면 단기에는 설혹 어떤 관계가 있더라도 시간이 짧아서 그 효과가 미미하게 나타나거나 아직 효과를 나타낼 만큼 시간이 충분하지 않을 수도 있기 때문이다. 그러나, 단기에 나타나는 현상이 장기에는 전혀 관계없다는 것은 논리적 주장에 신뢰성을 손상시킨다.

따라서 단기에만 관계되고 장기에는 정말 관계가 없다면 그 이유를 명시할 수 있어야 할 것이다. 그렇지 않고 결과만을 내세워 주장하면 뭔가 미끄럽지 못하고 찜찜하여 의도적으로 합리화시켰다는 느낌을 갖게 하기에 충분하다.

게다가 그동안 어렵게 얻어낸 결론조차도 의심하게 만드는 것이다. 즉, 장기에 관계없는 것이라면 단기에도 관계없어야 하기 때문이다. 결국 자연 실업률 가설을 인정하기 위해선 필립스가 역사적 통계 자료를 이용해 실증 분석한 결과마저 부정해야만 가능한 것이다.

다시 말해서 자연 실업률 가설 자체만으로는 장기적으로 실업과 인플레이션이 관계가 없다는 이론적 결론을 내부적으로 유도할 수 없으며, 다만 현실적인 문제를 합리화하기 위해 외부에서 임의적으로 개입시킨 가정일 뿐이었다.

또한 기대 요인 인플레이션에 의한 비용 상승 인플레이션이 겹쳐 스태그플레이션을 유발시켰다는 결론도 너무 성급하다. 그것은 논리가 치밀하지 못하고 비약적이며, 적당히 얼버무린 것이다. 이미 앞에서 지적했듯이, 경제적 현상은 매우 현실적인 바탕에서 이루어짐으로 어떤 가정이나 개연성에 지나치게 의존하여 이해하는 것은 금물이다.

다시 말해서 기대 심리에 의해 비용 상승 인플레이션이 일어날 수 있다는 가정은 한마디로 어림없는 가정일 뿐이다. 왜냐하면, 영리 추구를 목적으로 하는 경제 주체들에게 영리 추구에 위배되는 가정이나 기대 심리란 전혀 불필요한 것이다.

물론 여러 사회적 현상이나 분위기가 인플레이션을 자극할 수도 있지만, 그것이 경제 주체의 입장에 전적으로 반영될 수는 없다. 그 이유는 경제 주체의 입장에서는 오로지 그 선택이 이윤 추구와 직결되느냐 하는 점에서 결정될 뿐이기 때문이다. 물론 어떤 공급자의 입장에서 볼 때, 비용 상승의 기대 심리로 상품의 가격을 올리고 싶은 유혹이 있을 수는 있다.

그러나 그 유혹이 상품 가격을 곧바로 올릴 수 있는 결정과는 질적인 차원이 다르다. 즉, 상품 가격을 올린 결과, 추가적으로 얻어지는 이윤이 있긴 하지만, 그 대신 수요량이 줄어들면서 이윤이 축소되는 부분도 있기 때문이다. 따라서, 공급 가격의 결정은 이 두 조건의 비교 우위를 통해 결정되는 것이지, 무조건 상품가격을 높이는 방법으로 결정되는 것은 아니다.

그리고 바로 이것이 시장 경제 기구의 안정 장치이기도 한 것이다. 만약, 이러한 현실적 안정장치가 없었다면 지금과는 비교할 수 없을 정도의 사상 유례없는 인플레이션이 끊임없이 진행되어 시장 자율 조정 능력을 완전히 마비시켰을 것이기 때문이다. 그러나, 시장기구가 파괴되지 않고 유지될 수 있는 것은 상호 간에 이윤 추구 극대화라는 매우 현실적인 원리가 작용하기 때문이다.

그런데 여기서 주의할 개념은 생산 비용이 증가했는데도 불구하고, 상품 가격이 시장 가격의 통제 하에 묶여 가격 인상이 불가능하다는 얘기가 아니다. 오히려 이 경우는, 당연하겠지만, 인플레이션이 발생하게 된다. 다만, 문제의 핵심은 생산 비용 자체가 왜 올랐느냐 하는 점이다.

일반적으로 비용 상승 인플레이션 이론을 다룰 때, 그 내부에 모순을 잠재하게 하는 원흉은 항상 묵시적으로 가정하는 초기조건에 있었다. 그것은 '생산 비용이 인상되었기 때문에' 하는 식의 초기 조건 가정에 잘못이 있었던 것이다. 다시 말해서, 생산 비용 상승이라는 초기 조건이 진실로 실현되려면 그전에 반드시 어떤 물건의 가격을 올릴 때 그로 인해 수요량이 감축하여 줄어드는 이윤보다 가격을 올림으로 해서 생기는 추가적인 이윤 부분이 더 크다는 보장이 전제되어야만 하는 것이다. 바로 이것이 비용 인상 인플레이션을 다룰 때 먼저 인식해야 될 문제의 핵심이라 할 수 있다.

그런데 지금까지 문제삼아 온 얼치기 이론에서는 그 부분적인 잘못보다도 더욱 심각한 오류가 아직 남아 있다. 그것은 스태그플레이션 원인의 근본적이고도 필연적인 이유를 파악하지 못하고 엉뚱한 곳에서 그 이유를 찾고 있었던 것이다. 다시 말해서, 정부의 확대재정 정책으로 수요 견인 인플레이션이 생기거나 또는 비용 상승 인플레이션이 생기거나 할 것 없이 그것은 그다지 중요한 문제가 아니다. 중요한 것은 스태그플레이션이 그러한 이론들과는 관계없이 근원적으로 발생해 왔다는 말이다.

무슨 말인고 하니, 만약 스태그플레이션이 앞에서 언급된 얼치기 이론들 때문에 일어난 것이라면, 정부의 확대 재정 정책이 실시되는 시점과 항상 일치해야 될 것이다. 그러나, 그렇지 못 했으며, 더구나 70년대 초 스태그플레이션이 사회 문제화 되기 이전에 벌써 각국들은 여러 차례에 걸쳐 확대 재정 정책을 해 왔지만, 스태그플레이션이 일어나지는 않았다.

다시 말해서, 정부의 확대 재정 정책이 실시되는 동안 스태그플레이션이 반드시 일어나는 것은 아니며, 더구나 확대재정 정책이 실시되지 않는다고 해서 스태그플레이션이 발생하지 않는 것은 더더욱 아니라는 것이다.

따라서 스태그플레이션 현상을 진정 이해하려면 문제의 본질을 바로 꿰뚫어야 하고, 근본적인 이해가 뒷받침되어야 할 것이다. 그렇게 하기 위해서는 모든 것을 처음부터 원점으로 되돌려 다시 엄밀한 분석을 해야만, 그 후 스태그플레이션이 경제 발전 과정상에 왜 존재하게 되는지 그 필연적인 이유를 깨닫게 될 것이다.

약간 화제를 바꾸어 저자가 기존의 인플레이션 이론에 의구심을 갖게 되는 과정을 들려 주고 싶다. 그것은 인플레이션과 관련된 이론들의 문제점을 좀 더 실감나게 파악할 수 있고, 문제를 이해하는 과정에도 많은 흥미를 유발시킬 수 있으리라는 기대 때문이다.

인플레이션 현상은 엄연한 역사적 사실이며, 장기적으로 볼 때, 계속 증가하는 한 방향을 가진다는 사실은 기존의 이론과 상식으로 볼 때 아무래도 이해하기가 힘들었다. 물론, 수요가 증가하면 물가를 상승시켜 인플레이션이 일어날 가능성은 열려 있으나, 한편으로 수요가 감소하면 반대로 물가가 내릴 수 있는 가능성 역시 얼마든지 열려 있는 것이다. 말하지면 수요가 증가할 수 있는 가능성 만큼 수요가 감소할 수 있는 가능성도 똑 같이 존재하여 어느 한 쪽에만 무게를 실어 이론을 분별없이 적용시킬 수는 없다는 사실이다.

내가 인플레이션 현상에 대한 궁극적인 원인에 관심을 가지면서 여러 가지 관계되는 이론을 살펴 보았지만, 실망만을 거듭하였다. 그것은 거의 대부분의 이론들이 일시적일 수 밖에 없는 이유만을 가지고 장기적인 현상을 설명한 것인양 선전하고 있었기 때문이다.

다시 말해서, 기존의 이론들은 인플레이션이 일어날 수 있는 원인을 지속적으로 제공할 수 없다는 문제점이 있으며, 게다가 그 경우 디플레이션에 의해 원점으로 회귀되어 버린다는 사실이 간과되었었다. 이러한 점은 앞에서도 잠시 언급되었듯이 수요 증가로 인한 인플레이션 이론은 사실상 수요량과 가격의 상관 관계만을 시사할 뿐, 수요량이 늘어나는 쪽으로 한 방향이어야 하는 필연성을 요구하지는 못하고 있음을 분명히 알아야 한다.

그런데 어떻게 수요량이 계속 늘어나는 한 방향만을 유지할 수 있다는 말인가? 주지하는 바와 같이 수요란 공급과 상호의존 관계에 늘 놓여 있어 어느 한 쪽의 일방적인 의사가 결정될 수는 없다는 점이다. 그것은 공급량에 따라 수요는 얼마든지 늘어날 수도, 줄어들 수도 있기 때문이다.

그리고 설령 수요가 계속 증가하는 한 방향을 가진다고 가정해도 여전히 또 하나의 걸림돌이 있음을 알아야 한다. 즉, 수요가 증가하게 되면 공급도 증가하게 되어 대량 생산 체제를 필요로 하게 된다.

이는 생산규모의 확장을 의미하고, 이 과정에서 규모의 경제가 실현되어 생산 비용이 절감된다. 물론 초기에는 생산 비용의 절감이 공급자의 이윤으로 귀속되지만, 곧 상품 가격의 하락[31]으로 연결되어 소비자에게도 그 혜택이 돌아간다.

다시 말해서 수요증가는 장기적이고 거시적으로 볼 때, 규모의 경제를 유발시켜 오히려 가격 인하를 촉진시킨다는 것이다. 이러한 사실은 이론적으로도 명쾌하지만 현실적으로 충분한 설득력을 가진다. 왜냐하면, 규모의 경제를 통해 생산 비용이 절감되어 수요의 증가에도 불구하고 상품 가격이 하락하는 경우를 쉽게 확인할 수 있기 때문이다.

게다가 수요 견인 인플레이션 이론의 허점은 더욱 근본적으로 드러나고 있는데, 그것은 다름 아닌 일부의 부분적인 사실을 전체적인 상황으로 왜곡하고 있는 부분이다. 즉, 수요 증가로 인해 전체

31) 수요가 증가함에 따라 급증하는 수요 물량을 충족시키기 위해서 공급자들은 대량 생산 체제에 들어가 이윤을 극대화시키려 할 것이다. 그러나, 공급자들은 대량 생산이 원가 절감에 유리하다는 이점을 모두 알기 때문에 대량 생산 체제의 경쟁이 불가피하게 된다. 결국, 대량 생산으로 절감되는 비용 부분은 공급자끼리의 경쟁으로 인해 가격을 하락시키게 되는 것이다.

물가가 오를 수 있다는 견해는 너무나 근시안적이고 단편적이다. 사실 수요란 전체 소득 수준의 제한을 받게 되어 임의적으로 그 크기를 가정해서는 안 된다.

이를테면 욕심이란 항상 끝이 없기 마련인데, 이것을 수요라고 말할 수는 없다. 경제학에서 말하는 수요란 현실적인 의미를 가져야만 되는데[32] 그렇게 되기 위해서는 자신의 수요 의사를 실현시킬 수 있는 소득 수준이 뒷받침되어야 하는 전제를 필요로 한다. 따라서 수요가 전체적으로 갑자기 몽땅 늘어날 수는 없다. 왜냐하면, 수요가 증가하려면 소득의 증가야말로 필수적인데 소득 증가의 보장없이 일방적인 수요가 증가될 수는 없기 때문이다. 즉, 소득 증가의 보장없는 수요의 증가란 항상 일부적인 수 밖에 없다는 얘기다.

그런데, 여기서 어느 상품에 대한 수요 증가를 소비자 입장에서 본다면, 그 상품에 대한 소비자 측의 증가를 의미하게 된다. 그렇다면 전체 소비자의 주머니 속에는 그만큼 잔고가 줄어들어 여분의 유효 수요량은 줄게 된다. 다시 말해서 어떤 상품에 대한 수요 증가는 동시에 다른 상품에 대한 수요 감소로 이어질 수 밖에 없으며, 이 경우 물가는 하락하게 될 것이다.

결국 전체적으로 광범위하게 일어나는 물가 상승을 수요 상승 요인으로 설명하는 데는 한계가 있으며, 이론적으로 그 타당성을 보증할 수도 없다는 점이다.

그럼 우리들의 두 번째 후보 이론은 어떠한가? 즉, 지금까지 수요 측면을 고려한 것과는 달리 이번에는 공급자의 입장을 고려한 이론 말이다. 그것은 이미 앞에서 언급된 코스트 푸쉬 인플레이션을 말하는데, 이것 역시 불합리하다는 것이 앞서 제기된 문제점에서 이미 드러났다.

---

32) 이러한 의미의 수요를 특별히 '유효 수요'라 부른다.

물론, 가격이 오르면 물가는 상승하겠지만, 가격이 오른다는 애초의 가정 자체에 심각한 오류가 내포되어 있었던 것이다. 사실 가격은 더 큰 이윤이 보장될 때만 오를 수 있는데, 가격 상승으로 수요량이 떨어지면 오히려 손해를 볼 수도 있기 때문에 공급자가 마음대로 가격을 올리지는 않는다는 것이다.

그런데 공급자가 구태여 생산 가격을 올린다면 그것은 가능한 일이다. 그러나, 공급자는 가격 자체를 올리는 것이 목적이 아니라 이윤을 극대화하는 것이 목적이라는 것이 전제의 핵심이다.

제3절 인플레이션이란 무엇인가?

1. 노동과 자본의 관계

인플레이션이 왜 일어나는지에 대한 연구는 부가 늘어나는 것과 관계된다. 그렇다면 부는 어떻게 해서 늘어나며, 부를 창조하는 노동과 자본의 관계를 어떻게 이해해야 하는지가 전제의 바탕이 된다.

지금까지는 막연히 추상적인 설명만으로 노동과 자본의 관계를 암시했으나, 여기서 문제가 되는 것은 자본과 노동량을 투입하는 비율과 그로 인해 늘어나는 부의 크기와의 관계이다. 즉, 생산에 투입된 비용의 증가 속도와 산출된 부의 증가 속도가 서로 다르다는 사실이다. 다시 말하면, 산술적인 비용의 증가로 거의 기하급수적인 생산의 증가가 실현되는 셈인데, 이것이 바로 규모의 경제를 가능케 하는 주된 이유였다.

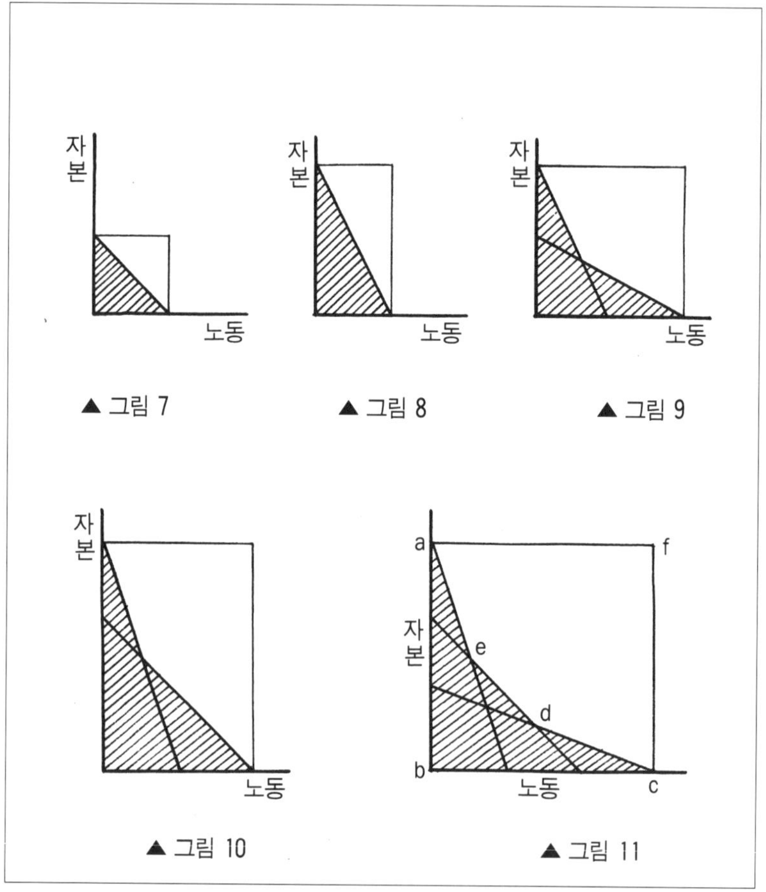

▲ 그림 7 ▲ 그림 8 ▲ 그림 9

▲ 그림 10 ▲ 그림 11

〈그림7〉에서 〈그림11〉까지는 자본과 노동량이 각기 한 단위씩 증가하면서 차츰 규모의 경제를 실현시켜 비용절감이 나타나는 상황을 기하학적 모형으로 표현한 것이다.

각 그림의 전체 사각형 모양에서 빗금친 부분은 비용을 나타내고 나머지 빈 공간은 생산량을 나타내는데, 자본과 노동이 한 단위씩 증가해 감에 따라 비용 부분보다 생산량을 나타내는 빈 공간이 상대적으로 증가하는 현상을 볼 수 있다. 이는 생산의 효율성이 점차 높아진다는 것으로 생산 비용이 절감되는 효과를 말하는 것이다.

그런데, 주의할 것은 〈그림7〉에서 〈그림11〉까지 나타낸 것은 자본이 집중되어 노동의 집단적 분업 즉, 경영권자의 강력한 지휘하에 일사불란하게 움직여 노동의 효율성이 극대화될 때의 상황이다. 따라서, 전체 자본은 비록 일정할지라도 그것이 분산되어 노동이 분업화되지 못하고 개별화되면 생산은 비효율적으로 떨어진다.

다시 말해서 전체 자본과 노동의 단위가 각각 100단위씩 있다고 가정했을 때, 한 사람의 경영권자가 있어 자본과 경영권이 집중되어 대규모 분업화를 이룩하면 100단위에 해당하는 노동자들이 100단위의 자본을 각자 골고루 나눠가진 상태에서 소규모의 영세 작업을 하여 생산한 총생산량보다 더 많아진다[33]는 얘기다.

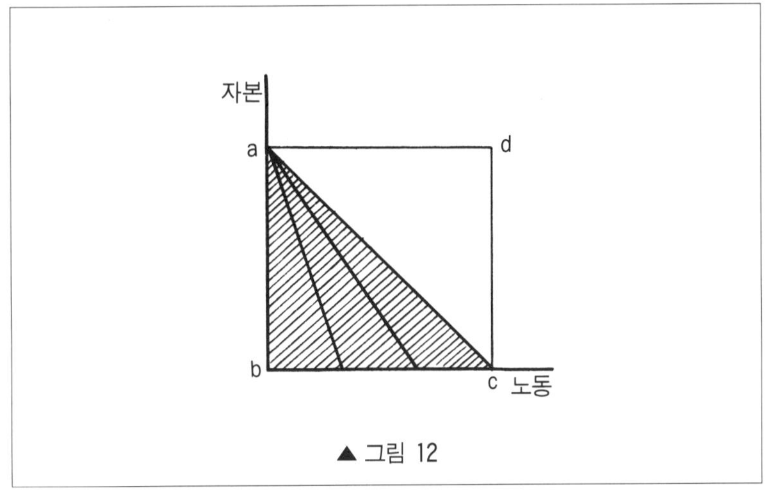

▲ 그림 12

---

33) 공산주의 체제의 생산성과 비교하여서는 곤란하다. 생산성을 높이려면 자본과 경영권의 집중외에 개인의 사유재산권 보장이라는 더욱 중요한 요소를 필요로 하는데, 공산주의 경제체제에서는 바로 그 사유재산권을 인정하지 않았던 것이다. 그 결과로 생산성이 낮았던 것은 두말할 나위도 없다. 즉, 공동 생산, 공동 분배는 겉으로 듣기엔 꽤나 낭만적이지만, 알고보면 속빈 강정일 뿐이다.

〈그림12〉는 〈그림11〉과 비교하여 볼 때, 전체 자본에 대해 경영권이 분산되어 있는 경우, 이를테면 소규모 단위의 개별 경영 체제가 비용과 생산면에서 얼마나 비효율적인가를 보여주고 있다. 즉, 〈그림11〉에서는 빗금친 부분인 abcde만큼의 비용으로 afcde만큼의 부를 생산하는데 비해, 〈그림12〉에서는 더 많은 비용 즉, 빗금친 abc만큼의 비용으로 더 적은 생산 즉, acd만큼의 부만을 생산할 수 있다는 것이다.

2. 새로운 이해, 생산 인플레이션

부를 증가하게 하는 가장 큰 원인은 말할 것도 없이 과학의 발달로 인한 기술 혁신에서 비롯되지만, 앞의 내용에서처럼 단순히 자본과 노동 단위의 증가만으로도 어느 정도는 가능하다. 그것은 규모의 경제를 통해 적은 비용으로 보다 많은 부를 증대시킬 수 있기 때문이다. 그렇다면 우리의 다음 관심은 이렇게 하여 증가된 부가 전체 사회에 어떻게 표출되는지를 알아보는 일이다.

지금부터 설명하는 개념은 경제학에서 인플레이션과 관련하여 저자가 최초로 발견한 개념이며, 더구나 인플레이션이 왜 일어나야만 하는지를 관념적으로 명확하게 인식시켜 주는 모형이론이기 때문에 굉장히 중요한 부분이다. 아마 이 부분을 완전히 소화하게 되면 경제학의 핵심을 꿰뚫게 되는 새로운 눈을 갖게 할 것이다. 그리고 이러한 이해 과정이야말로 학문의 진면목이 진정 어떠한 것인가를 느끼게 하는 아주 특별한 대목이기도 할 것이다.

사실 지금까지의 인플레이션 이론들이 한결같이 모순점을 안게 된 이유는 인플레이션 현상의 내용보다도 외형적인 특징에만 주목한 결과였다. 다시 말해서 내용면에서 서로 다른 현상이라 할지라도 외형적인 특징이 비슷하다 보니 그것을 모두 같은 현상으로 이해하여 인플레이션이라는 동일한 원리로 해석하는 오류를 범했던 것이다.

즉, 물가지수의 상승이라는 외형적인 특징에만 주목하여 그것을 모두 인플레이션이라 부르다 보니 정작 그 내용면에서 크게 두 가지 유형으로 나누어야 할 부분은 소홀히 다루게 된 것이다. 그러니, 자연히 그 두 가지 개념의 기준을 명확히 구별할 수 있는 정말 중요한 높은 안목을 가질 수는 없었던 것이다.

그런데, 그 두 가지 개념을 살펴보면 품귀 인플레이션과 통화 인플레이션으로 나눌 수 있음을 알 수 있다. 그리고, 이러한 구별의 근거는 외형적으로는 같은 부류로 묶여질 수 있는 것들이 실제 내용적으로는 전혀 다르다는 데서 찾을 수 있다. 이를테면, 품귀 인플레이션이라 함은 전쟁과 같은 원인으로 물자의 원활한 공급이 중단되어 생활 필수품이 품귀 현상이 일어나 물가 상승이 일어나는 것을 말한다. 이 경우, 전체화폐액이 그대로라면 -화폐는 정부에서 계속 찍어 내므로 일반적으로 (전시를 포함해서) 전체 액수는 계속 늘어난다. -생산 물량은 줄어들어 물가를 올리게 된다. 그 이유는 생산물의 비율보다 화폐량의 비율을 올려 놓았기 때문이다.

일반적으로 물가 수준은 전체 상품량과 전체 화폐 액수의 비에 관계된다. 그럴 수 밖에 없는 것이 화폐란 그 특징상 교환 매체일 뿐, 그 자체가 부의 가치를 가지지는 못하기 때문이다. 따라서 부를 증가시킨다는 것은 물품을 풍부하게 생산하는 것을 말하며, 화폐를 많이 찍어내는 것은 아니다. 화폐의 증가는 단지 물품을 교환하기 위해 주머니 속에 더 많이 넣고 다녀야 하는 불편함을 증가시킬 뿐이다. 따라서 품귀 인플레이션은 여러 인플레이션 중에서도 일상생활을 어렵게 하는 가장 악성 인플레이션이라 할 수 있다.

다음으로 통화 인플레이션은, 생산량은 별로 증가하지 않은 상태에서 정부의 재정 확대 정책으로 통화량만 증가시켜 생산물에 대한 화폐액의 비율을 높여 놓아 결국 물가를 올린 경우를 말한다. 따라서, 이 현상을 외형적인 특징에만 집착하여 관찰하면 현물에 비해 화폐의 비율이 상대적으로 높아짐으로써 발생하는 물가 상승이란 점에서 품귀 인플레이션과 동일한 원리로 이해되는 함정이 있다.

그러나, 내용은 전혀 다르다는 사실에 유의해야 한다. 왜냐하면, 부의 크기는 현물을 기준으로 평가되므로 통화 증가로 인한 통화 인플레이션은 상대적인 화폐의 가치 하락을 뜻하지만, 현물의 감소로 인한 품귀 인플레이션은 '부' 그 자체가 소실되어 나타나는 가치의 절대적 총량이 하락하는 것을 뜻하게 된다. 즉, 품귀 인플레이션인 경우는 현물 자체가 줄어듦으로써 현물의 단위당 상대적 가치를 그만큼 상승시켜 상대적인 화폐의 가치 하락과 함께 부의 실질적인 축소[34]까지 야기시키는데 비해, 통화 인플레이션이란 부의 실질적인 감소는 없고 단지 화폐의 통화량 증가로 인해 상대적인 화폐의 가치만을 하락시킨 것으로 끝나 성격이 질적으로 다른 것이다.

그런데, 이와는 성격이 상당히 다르면서도 가장 근본적인 생산 인플레이션 개념이 또하나 있다. 물론 아직까지는 그 개념이 명확하게 이해되지 못한 채, 누구에게도 주목받지 못했었다. 그러나, 이 개념의 이해야말로 인플레이션 현상의 근본을 추론하는 핵심이라 할 수 있다.

그럼 이제 생산 인플레이션을 이해하기 위한 기초 과정으로, 부가 늘어나면 어떻게 되는지 생각해 보자. 일반적으로 어떤 물건의 가치는 생산 비용에도 영향을 받지만, 더 큰 요인은 희소성에 따라 결정된다는 사실이다. 따라서, 생산성 향상으로 어떤 상품의 공급

---

34) 품귀 인플레이션에서 현물의 개별적인 면에서 본다면 상대적 가치는 희소성 원리에 따라 상승하지만, 전체 현물의 총량은 생산감소로 줄어들었기 때문에 '전체 부'는 반대로 줄어들게 된다.

이 늘어나면 늘어난 만큼 오히려 희소 가치면에서는 떨어진다.

다시 말해서 부의 증가는 그 증가와 함께 스스로의 상대적 가치를 떨어뜨리게 한다는 것이다. 물론 이 사실은 그동안의 상식과 별로 조화스럽지 못하다고 느껴지겠지만 어쩔 수 없는 진실이다. 사실 이 개념이 그렇게 어려운 것은 아니지만, 지금까지는 부의 증가로 인해 인간의 삶이 풍요롭게 된다는 경험적인 현실에 너무 압도되어 희소 가치의 하락과 같은 엄밀한 해석은 눈에 가려져 있었을 뿐이었다.

구 분	현물 기준 평가	화폐 기준 평가
품귀 인플레이션	절대 가치 하락	절대 가치 하락
	상대 가치 상승	상대 가치 하락
통화 인플레이션	절대 가치 일정	절대 가치 일정
	상대 가치 상승	상대 가치 하락
생산 인플레이션	절대 가치 상승	절대 가치 상승
	상대 가치 하락	상대 가치 상승

[표 1]

그런데, 생산 인플레이션 개념에 특별한 점이 있다면 기존의 인플레이션이 화폐의 가치를 떨어뜨리는데 비해, 생산 인플레이션에서는 반대로 현물의 가치 자체가 내려간다는 점이다. 물론, 현물의 가치를 떨어뜨렸다고는 하지만, 그 절대량의 총가치를 떨어뜨린 것은 아닌데, 이 점에 대해서는 다음 절에서 다시 논의될 것이다. 다만 많은 부를 생산하다 보니 그만큼 부가 흔해빠져 개개의 희소 가치가 상대적으로 떨어졌을 뿐이다.

아무튼, 현물의 상대적 가치 하락은 명백하며, 이 점이야말로 인플레이션 개념 이해에 필요한 본질적 조건이다. 그럼에도 불구하고 그 개념이 얼핏보아 인플레이션의 외형적인 특징 −그 특징이 자의적으로 규정된 것이긴 하지만−을 나타내 보이지 않아 그 의미를 독자들이 인식하기까지는 저자의 연구를 기다려야 했으며, 참으로 오랜 세월을 필요로 했다고 하겠다.

사실 그동안 진정한 의미의 인플레이션 개념을 파악하지 못하고 단지 외형적인 특징에만 의존해온 지금까지의 주류 경제학은 그 결과로 인해 보다 심오한 이해에 접근하는 데는 실패하게 된다.

그럼 생산 인플레이션 개념이 도대체 무엇이며, 무엇이 그토록 근본적인 내용을 갖게 하는지 살펴야겠다. 우선, 이해를 돕기 위해 적절한 비유를 찾아보면 풍선에 바람을 불어넣는 상황과 비유될 수 있다. 가령, 풍선 속에 얼마간의 공기를 넣었다고 생각하자. 그리고 다시 풍선 속에 들어있는 공기량의 8배를 더 불어넣었다고 가정하자. 그렇다면 풍선 속의 공기 밀도는 몇 배로 늘어날 것인가?
물론 그럴 리 없지만, 얼핏 생각하면 공기량을 8배로 더 넣었으니 그 밀도 역시 8배로 높아져야 한다고 생각할 수도 있다. 그러나, 공기의 늘어난 양만큼 밀도가 커지지는 않는데, 그 이유는 풍선 역시 커지기 때문이다. 즉, 풍선이 커지는 만큼 밀도의 크기를 상쇄해 버린 것이다.

그런데 그 관계를 엄밀히 추론하지 못하면 자칫 오류에 빠질 수 있기 때문에 질문을 좀더 날카롭게 할 필요가 있다. 이를테면 1ℓ의 공기가 들어있는 풍선 속에 다시 8ℓ가 되도록 8배의 공기를 더 불어넣었을 때 풍선의 지름은 몇 배로 커지느냐 하는 점이다. 이 질문의 답변 역시 얼핏 생각하면 지름이 8배로 늘어난다고 생각할 수도 있다. 물론 현실적으로 실험을 해보면 공기량이 8배라고 해서 지름의 크기도 8배로 늘어나는 것이 아님은 쉽게 확인할 수 있다.

이쯤에서 이렇게 생각하는 사람들도 있을 수 있다. 공기량을 8배 더 넣었는 데도 지금의 크기가 8배로 늘어나지 않고 조금밖에 늘지 않은 것은 공기의 밀도가 그 대신 높아졌기 때문이라고 말이다. 일견 의미있는 느낌을 주는 것 같지만, 사실 이러한 해석 방식이야말로 바로 포괄적 해석 방법의 하나로서 오류를 범하게 하는 전형적인 사례에 해당된다. 왜냐하면 공기의 밀도가 처음 그대로인데도 불구하고 지름은 여전히 8배로 늘어나지 못하기 때문이다.

이와 같은 상황을 보다 엄밀히 확인하려고 공기 대신 물(H_2O)로 그 재료를 바꾸어 －공기는 압력에 따라 밀도의 편차가 쉽게 벌어져 밀도를 일정하게 해야하는 실험 조건을 맞추기가 힘들다 －풍선 속에 물을 넣었다고 가정하자. 그리고 같은 순서대로 8배의 물을 풍선 속에 다시 추가하였다면 풍선의 지름은 정확히 두 배로 늘어나게 될 것이다.

어떻게 해서 물의 양은 8배로 늘려 채웠는데 풍선의 지름은 2배밖에 늘어나지 않았는지 의아하게 생각할 수도 있다. 더구나 밀도의 크기는 변함이 없었는데 말이다. 생각하기에 따라서는 참으로 이상한 일이다.

이러한 의문과 유사한 비유를 찾아 보면 한 변의 길이가 모두 10㎝인 정육면체 돌에 대해 같은 재질의 돌을 한 변의 길이가 20㎝인 2배로 늘려 만든 정육면체의 돌이 있다고 했을 때, 그 무게는 2배가 아니고 8배가 되는 것이다.

그 이유는 〈그림13〉에서 보는 바와 같이 x, y, z 모든 축에 대해서 2배씩 늘어난 결과, 체적은 8배로 늘어나게 되었다. 즉, 어느 변이든 길이가 2배 늘어나면 정육면체이므로 세 변 모두가 2배씩 늘어나게 되고, 결국 2^3이 되어 8배가 되기 때문이다. 바꾸어 말하면, 세 방향에 걸쳐 분산되어 늘어났기 때문에 한 변만을 기준으로 보면 비록 2배일지라도 3개의 변을 전체적으로 보면 8배가 된다.

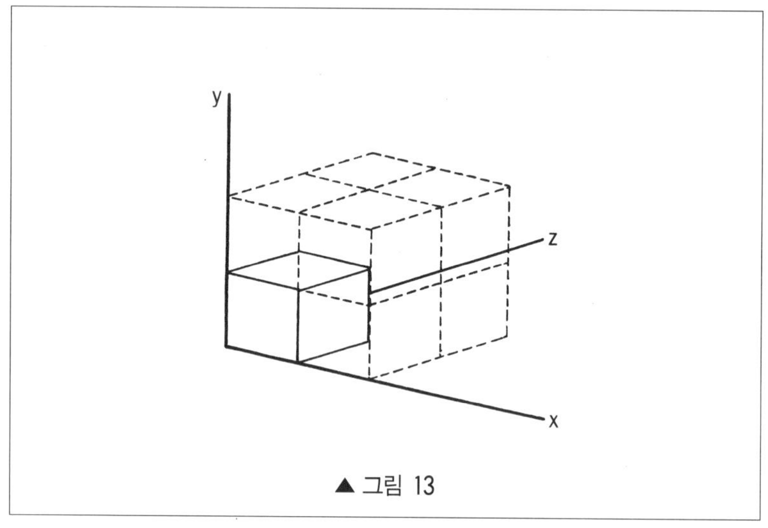

▲ 그림 13

물론 이러한 이치를 진정 이해하지 못하는 독자는 없을 것이나, 그것은 어디까지나 여기서처럼 알기 쉬운 이론적 모형 구조가 개발되었을 때의 얘기다. 바로 그러한 연유로 막상 현실적으로 다가오는 사건에 대해서는 여지껏 해석하지 못했던 것이다.

현실적인 현상이란 항상 여러 가지 복잡한 상황이 서로 다른 원인에 의해 함께 일어나기 마련이어서 어떤 사건이 어떤 원인에 연유한 것인지 그 계통적인 인과관계를 정확히 찾아내기란 여간 어려운 것이 아니기 때문이다. 오직 본질의 핵심을 명확히 꿰뚫어 내어야만 하나의 일관된 이론적 분석 모형을 구성할 수 있는 것이다.

이를테면, 인플레이션에 있어 본질적 내용이라 할 수 있는 현물의 가치 하락을 파악하지 못한 채 외관상 나타나는 화폐가치 하락만을 포착하고서 인플레이션이라고 이해했던 것이다. 더구나 생산 인플레이션의 엄밀한 이해는 고사하고 화폐가치 하락 인플레이션 중에서도 서로 뿌리가 다른 품귀 인플레이션과 통화 인플레이션의 개념 구분에도 아직 이르지 못했던 것이다.

그리고 이러한 지적(知的) 수준에서 부의 증가로 인한 현물가치의 하락을 인플레이션의 근본 이론으로 연결한다는 것은 사실상 무리한 요구였다. 따라서 가치 하락이 왜 부의 증가 수준에까지는 미치지 못 하느냐 하는 평범한 의문조차 품지 못했다. 하물며 의문에 대한 해답을 어떻게 기대할 수 있었겠는가?

흥분을 약간 가라앉히고 생산 인플레이션 개념은 부의 증가로 인해 상대적인 현물가치 하락을 바탕으로 한다. 그렇다면 부의 증가와 현물가치는 역함수 관계를 가진다는 얘기다. 그리고, 이는 곧 서로가 일정한 관계의 속도를 가진다는 의미이기도 하다. 그런데 한 가지 의미있는 질문은 부의 증가 속도와 현물가치 하락의 속도가 왜 동일하지 못 하느냐 하는 점이다.

다시 말해서 부의 증가는 8배로 늘어났는데, 현물가치의 하락은 어째서 2배밖에 되지 않았느냐 하는 것이다. 바로 이 해답을 위해서 앞서 풍선의 예를 들면서 많은 배경 설명이 있었던 것이다.

즉, 풍선 속에 들어있는 공기량의 8배를 더 불어넣어도 풍선의 지름은 두 배밖에 늘어나지 않았다는 사실이 생산 인플레이션의 핵심을 이해하는 열쇠였다고 할 수 있다. 그렇다면 마찬가지의 추론으로 부의 증가는 8배나 늘어났음에도 불구하고 현물가치는 2배의 하락만으로 그칠 수 있었던 것은 현물가치 하락이 분산되어 나타나기 때문임을 알 수 있다.

그럼 현물가치 하락이 분산된다는 것은 무엇을 의미하며, 어떠한 사실을 시사하는 것일까? 그런데 우선 여기서 말하는 현물이란 재산가치가 있는 생산물을 모두 통털어 의미하는데, 그 근원을 거슬러 올라가면 생산 요소로서 노동, 자본, 위치[35]라는 더욱 근본적인

35) 일반적으로 주류 경제학에서는 생산의 3요소로서 노동, 자본, 토지라고 구분하고 있으나, 토지는 자본에 귀속될 수 있기 때문에 토지와 자본의 구분은 하위

개념 구분과 그 의미를 이해하는 것이 관건이 된다.

다시 말해서 어떤 현물을 생산해 내기 위해서는 그 어떤 요소들이 필요하게 되며, 결국 그 생산 요소들의 역할에 상응하는 효과가 나타날 수 밖에 없다. 가령, 사회 전체의 부가 증가하면 그만큼 사람의 노동과 생활의 터전 즉, 위치도 덩달아 중요한 역할을 갖게 된다. 그런데 여기서는 엄밀성을 필요로 하는 만큼 정확히 얘기할 필요가 있다.

따라서 전체의 부는 8배로 불어났지만 부의 가치는 8배로 불어나지 못하고 약 4배 정도 밖에 증가하지 못했던 것이다. 다시 말해서 전체 부가 8배로 불어난데 비해 그 가치는 4배만큼만 증가했다는 것은 결국 상대적 가치로 보면 그 가치가 절반으로 하락한 셈이다.

그렇다면 독자들은 이 사실로 미루어 부가 8배로 증가할 때 현물의 상대적가치 하락은 절반으로 떨어져, 결국 실질적인 가치 상승은 4배만큼만 증가된 셈이 되어 그 전에 언급했던 풍선 비유사실과 내용이 같은 것으로 생각될 것이고, 따라서 이러한 사실에 대해 '가치 하락' 개념의 동일한 해석이 적용된다고 느낄 수 있을 것이다.

그런데 여기서는 엄밀한 이해를 위해 약간의 주의가 필요하다. 즉, 현물의 가치 하락이란 전체 부의 양에 대한 전체 효용가치의 상대적 하락과 함께 희소성의 가치 원리에 따라 '개별' 현물의 절대가치 하락[36]도 동시에 수반하고 있는 것이다.

개념에 불과하다. 따라서 엄밀히 말하면 노동, 자본, 위치라고 해야 되는데, 그에 대한 자세한 설명은 뒤에서 다시 언급될 것이다. 물론 정확히 말하면 노동 역시 자결권(자기 의사 결정권의 준말)으로 대체해야 한다.

36) 〈표1〉에서 생산 인플레이션 하에서 현물 기준으로 절대가치는 증가한다고 했다. 왜냐하면, 한계효용은 감소할지라도 전체 효용은 증가하기 때문이다. 그런데 여기서는 절대가치가 하락한다는 식의 엇갈리는 해설을 하고 있다. 얼핏 보기에는 모순된 진술로 보일 수도 있기 때문에 약간의 보충 설명이 필요하겠다. 여기서 절대가치라 함은 전체가치의 절대량이 아니고, '개별' 단위가치의 절대

다시 말해서 노동이나 위치는 부의 증가와 함께 한계 효용 감소에 따른 전체 효용 가치의 상대적 하락은 있었으나, 개별적인 절대가치는 현물에서처럼 하락하고 있지 않다는 사실에 주목할 필요가 있다.

왜냐하면, 노동이나 위치는 부의 양적 증가와는 별개의 독립 변수이기 때문에 개별 단위수가 증가한다는 보증이 없는 한, 희소가치면에서 별로 달라질 것이 없어 절대적 가치 하락은 생기지 않으며, 오히려 부의 증가는 절대적 가치를 높여 주게 된다.

말하자면, 노동이나 위치는 현물의 생산과는 달리 모두 마음대로 늘릴 수 있는 성질의 것이 아니어서 희소성의 가치를 쉽게 상실하지 않는다. 물론 인구의 증가나 좋은 위치의 개발로 노동과 위치의 희소가치 하락도 가능한 일이긴 하지만, 일반적으로 부의 증가 속도가 훨씬 더 빠르게 진척되기 때문에 노동과 위치의 희소가치는 상대적으로 높아져 절대가치가 높아질 수밖에 없다.

그런데 노동과 위치의 희소가치 상승이 가능한 것은 역설적이게도 부의 증가 때문인데, 그 관계를 엄밀히 추궁하면 노동과 위치의 희소가치 상승보다는 전체 부의 총가치가 더 빠른 증가를 보이고 있다는 사실이다. 즉, 풍선이 늘어날 때 그 표면적의 증가분보다 풍선 속에 추가되어 들어가는 공기량의 증가분이 더 크다는 것이다. 그 점을 분명히 구별할 수 있어야 개념 이해에 혼란을 막을 수가 있다.

가령 1m밖에 안 되는 어떤 아이의 키가 갑자기 8배나 자랐다고 가정하면, 그 키는 당연히 8배로 측정될 것이다. 그런데 만약 우리

량이다. 다시 말해서 부가 증가하면 현물의 절대가치 뿐 아니라 그 생산량도 늘어나게 되는데, 전체 절대가치량에서 늘어난 생산 단위로 나누면 현물의 개별 단위가치가 몫이 된다. 결과적으로 현물의 증가는 개별 단위로만 볼 때 절대가치가 감소했다고 할 수 있다.

의 모든 대상들도 같은 비율로 커지고 길이의 기준이 되는 '자' 역시 8배로 늘어난다면 그 아이의 키는 여전히 1m로 측정될 것이며, 따라서 우리는 그 아이가 8배로 늘어났다는 사실을 알 수 없다.

한편 8배로 커진 아이의 키를 2배로 늘어난 '자'를 이용하여 측정한다면 아이의 키는 4m로, 4배 증가한 것처럼 나타날 것이다. 왜냐하면 기준이 되는 '자' 그 자체가 2배로 늘어나 모든 대상들은 마치 절반으로 줄어든 것으로 측정될 것이기 때문이다. 흔히 경험하는 현상이지만, 어릴 때 본 기억 중에 당시 무척 크다고 여겨진 것들도 자라서 나중에 다시 보게 되면 그 대상은 옛날보다 상당히 작아진 것처럼 느껴졌을 것이다. 그것은 바로 기준으로서의 자신이 그만큼 커졌기 때문에 상대적으로 그 대상은 작아보이는 것이다.

이 비유의 해석은 〈그림13〉에서 다음과 같은 의미를 갖고 있다. 비록 전체 부가 8배로 늘어날지라도 각자의 입장이 되는 기준에서 볼 때, 실질적 부－효용가치－의 증가는 4배 밖에 느낄 수 없는 것은 기준 그 자체가 늘어났기 때문이다. 즉, 임금 상승률이 2배가 되면 증가된 부가 8배라 할지라도 4배의 증가로 밖에 느껴지지 않는 것이다.

그렇지만, 이 쯤에서 몇 가지의 의문이 생길 수 있다. 하기야 기준이 되는 '잣대' 그 자체가 변하게 되면 대상이 되는 상대적 크기도 다르게 측정될 수 있다는 사실은 분명하다. 하지만, 그 기준이 되는 '잣대'의 변화가 전체 변화에 결부하여 왜 일어나야 하는지의 필연성을 보증하지 못한다면 아무 의미를 부여받지 못한다. 왜냐하면 그 기준이 전혀 변하지 않거나 아예 전체대상과 완전히 일치하여 비례적－측정 대상이 2배로 커지면 측정기준도 같이 2배로 늘어나는－으로 변할 수 있는 가능성을 차단하지 못하기 때문이다.

물론 앞서 지적한 대로 그 기준이 분산되어 있다는 식으로 적당히 둘러대면 함께 효용 감소를 집중적으로 일으키지 않았기 때문에 전체 부의 증가분을 완전히 상쇄할 수 없으므로 총효용 증가와 한계 효용 감소를 동시에 말할 수 있는 느낌을 줄 것이다.

그러나, 그 느낌이 엄밀한 이해에 도달한 것은 아니다. 다시 말해서 엄밀한 이해를 뒷받침하는 설명이 부족할 뿐 아니라, 솔직히 뭔가 석연치 않은 논리적 비약이 있는 것 같다. 말하자면 기준으로서의 '잣대'가 측정 대상에 대해 상대적인 영향을 미친다는 점은 인정하지만, 기준이 되는 잣대가 총효용 증가와 한계효용 감소를 항상 동시에 만족시키는 절묘한 수준에서 결정되어야 하는 이유를 보증하지는 못 했던 것이다.

또한 한계 효용 감소가 실제적인 현상인 것은 분명하지만, 그것은 어디까지나 주관적인 느낌의 표현이었기 때문에 객관적인 이론의 모델로 기하학화하여 일반적인 형태로 정형화시키지도 못했다. 상황이 이러했기에 얼핏 이해한 듯 하면서도 명확하지 않고 혼란스러운 느낌마저 주었던 것이다. 물론 한계 효용 감소의 사실을 그래프로 표시할 수는 있지만, 그것은 어디까지나 사후적인 결과만을 표시할 뿐 원인을 이해하는 데는 아무 것도 시사하는 점을 얻을 수 없다.

그렇다면 그 원인에 해당하는 기하학적인 모델을 무엇으로 설정할 수 있을까? 다행히도 이 문제는 의외로 간단하게 모델을 찾을 수 있다. 가령, 추운 겨울 체온을 유지하기에 유리한 몸집이 작은 동물인가, 큰 동물인가 하는 점이다.

누구나 짐작하겠지만 일반적으로 몸집이 큰 쪽이 유리하며 실제적으로도 큰 동물 쪽은 체온이 높은 항온동물들이 많고 작은 동물들은 대부분 변온동물들임이 드러난다.

여기서 이해를 엄밀히 하지 못하면 혼란을 일으키기 쉽다. 이유인즉, 큰 동물은 장점이 곧 단점이 될 수도 있는 바, 그것은 외부에 노출되는 피부 면적이 넓어지면 그만큼 체온이 빼앗기는 부분을 늘리기 때문이다. 그럼에도 불구하고 덩치가 큰 동물이 체온 유지에 유리하다면 그 원인은 어디에 있을까?

우선 상식적인 수준에서 생각할 수 있는 것은 체중에 비해 피부 면적이 좁으면 좁을수록 체온 유지에 유리하다는 점이다. 물론 피부 면적이 늘어나면 그만큼 외부 기후에 노출되는 부분이 늘어나 체온 발산 면적을 넓혀 놓는 것도 사실이지만, 중요한 점은 피부 면적이 넓어진 비율보다 체중이 늘어난 비율이 더 크게 차지하기 때문이다. 결국 이 사실은 덩치가 큰 동물이 작은 동물보다 체중에 비해 피부 면적은 좁다는 것을 의미한다.

그럼 이제 그 이유에 해당하는 부분을 논리적으로 추론하겠다. 먼저 일정한 크기의 직육면체가 여러 개 있다고 생각하고 이 중에서 아무거나 어느 한 가지를 선택하여 무게와 겉면적의 넓이를 측정해 보자. 그리고 나서 또 다른 하나의 직육면체를 위에 포개어 놓거나 옆에 붙여 놓으면 무게가 2배로 늘어나는 것은 의심의 여지가 없다. 그렇지만 겉면적만큼은 두 배로 늘어나지 못한다. 그것은 직육면체가 맞닿는 부분은 중첩되면서 내부 속으로 갇혀 버리기 때문에 갇히는 부분만큼 겉면적은 줄어들게 된다.

가령, 무게가 1kg이고, 가로, 세로, 높이가 각각 10cm인 정방형의 나무로 된 정육면체가 있다고 하면, 그 겉넓이는 정확히 600㎠가 된다. 여기서 똑같은 육면체를 하나 더 가지런히 붙혀 놓으면 무게는 2kg이 되어 2배로 늘어나지만, 바깥 표면 중에 중첩되어 내부로 숨어 버리는 부분이 생겨 전체 겉면적은 2배가 아닌 5/3배 증가한 1000㎠가 된다. 따라서 원인의 핵심은 덩치가 늘어날수록 중첩되어 내부 속으로 함몰되는 부분도 점차 크게 생겨 난다는 사실이다. 이로써 체중 증가에 따라 상대적인 피부 면적의 비율이 줄어드는 이유를 기하학적인 개념으로 명확히 이해할 수 있게 되었고, 결국 주관적인 느낌의 문제를 일반적인 문제로 객관화시켜 이해하는데 도움이 되었을 것이다.

이쯤에서 인플레이션 현상과 관련하여 그 상황을 더욱 이해하기 쉽게 설명하기 위해 노동은 임금에, 위치는 지대에, 자본은 이자에 대응시킬 수 있을 것이다. 그런데, 이미 앞에서도 여러 번 언급했듯이 전체 부가 늘어나면 노동과 위치 그리고 자본의 역할은 그만큼 중요하게 되어 전체 효용가치도 증가하게 된다. 다만, 체감하는 효용가치의 증가 속도는 부의 팽창 속도보다 낮기 때문에 전체 부에 대한 상대적 가치 하락은 피할 수 없다. 즉, 한계 효용가치는 줄어들게 되는 것이다.

이 상황을 그림에서 표현되는 형식으로 빌려 설명하면 외형상의 부가 8배로 증가했을 때 체감 효용가치도 함께 증가하지만, 그것은 한계 효용 감소로 인해 상대적으로 부의 외형상 증가분보다 체감 효용가치의 증가분이 더 작기 때문이다. 그런데 전체 부의 증가분만큼 증가하지 못하고 상대적으로 절반에 불과한 4배의 효용가치 수준에서 증가를 그친 이유를 그림에서는 무엇을 통해 알 수 있으며, 어떻게 표현되고 있는가?

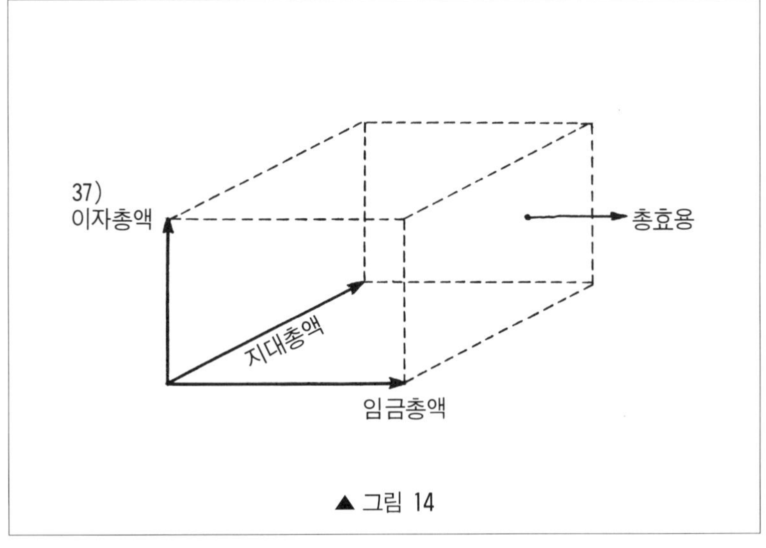

▲ 그림 14

그림에서 표현되는 상황에 대해 보다 용이한 설명을 위해 그 상황에 적합한 용어를 취하면 임금은 다시 임금 총액으로, 지대는 다시 지가 총액으로, 이자는 다시 이자 총액[37]으로 바꿀 수 있으며, 동일한 결과를 얻을 수 있다.

3. 인플레이션은 일어나지 않았다

지금까지 우리는 매우 장황한 설명을 들어오면서 집중력이 산만해져 도대체 무엇을 설명하기 위함인지조차 혼란스러워질 정도로 오히려 문제가 복잡해진 듯하다. 그래서 다시 한 번 요약하면 인플레이션이란 개념은 물가 상승으로 화폐가치가 떨어지는 것을 말한다. 그리고, 화폐가치의 하락은 소득의 감소 개념으로 연결되는데, 그것은 소득의 가치가 화폐로 지급되기 때문이다. 그래서 물가 상승은 소득의 감소를 초래하고 나아가 소득의 총량으로 결정되는 전체 부의 가치를 자동적으로 떨어뜨린 것으로 이해되게 한다. 결국 인플레이션은 부의 가치를 감소시키는 것이 된다.

이러한 연유로 인플레이션을 사회악으로 규정짓게 되고 그것을 억제하기 위한 거시 경제학의 지상 목표가 제시되기에 이른다. 여기서 인플레이션의 특징이란 외형상 나타나는 물가 상승에 주목하게 되었고, 따라서 부의 감소는 곧 물가 상승을 의미하게 된 것이다. 그런데 얼핏보아 아무 하자가 없어 보이는 추론 과정과 그 결론이 내부적으로 피할 수 없는 모순에 연루되어 있다는 사실이다.

즉, 물가 상승으로 화폐의 가치를 떨어뜨리지만, 이 사실은 역으로 말하여 현물의 가치를 상승시킨 것이 된다. 그리고 누구나 아는

---

37) 이자 총액 = 총효용 × 희소가치 (단, 여기서 희소가치는 $\sqrt[3]{\text{총효용}}$ / 총효용). 일반적으로 이자는 효용 선택권의 댓가로 발생하므로, 달리 표현하면 자본의 추가 활용가치라고도 할 수 있다.

바와 같이 화폐 그 자체는 부가 아니다. 다만 부의 교환 매체일 뿐이다. 따라서 부의 기준은 현물이 되어야 하고, 이 경우 인플레이션은 현물의 가치를 증대시킨다는 결론에 이르게 된다.

자! 여기서 우리는 무엇을 선택해야 하는가? 분명한 것은 인플레이션의 개념이 그동안 알려져 왔던 사실과는 반대로 물가상승과 부의 하락이라는 두 조건을 동시에 만족시킬 수 없음을 알았다. 왜냐하면, 화폐가치의 하락이 오히려 상대적인 현물의 가치를 올림으로 해서 외형적으로는 부를 증가시켰기 때문이다.

따라서 어느 한 쪽을 그 개념 속에서 포기해야만 한다. 즉, 내용은 무시하고 외형적인 특징인 물가 상승만을 인플레이션의 성격으로 규정할 것인가 아니면 내용을 중시하여 부의 가치 하락이라는 관점에 따라 인플레이션의 성격을 규정할 것인가 하는 점이다.

그런데 일반적으로 겉모양보다 내용이 중요하며, 그러한 관점에 따르면 인플레이션은 반드시 물가 상승을 필요 조건으로 할 필요는 없어진다. 다만, 부의 가치를 감소시키는 성격을 띄게 되면 그것이야말로 인플레이션의 순수한 개념에 부합된다. 다시 말해서 물가 상승이 있었느냐 없었느냐를 문제삼는 것은 별의미가 없으며, 오로지 부의 가치가 하락되었느냐 아니 되었느냐가 인플레이션의 본질적 의미 구분의 기준이 된다는 것이다. 그리고 부의 감소라는 내용적인 면을 중시하는 개념이 바로 생산 인플레이션이며, 그 핵심이 이렇게 하여 얻어진 것이다.

이것으로 문제가 일단락된 성 싶으며, 또 그렇다면 얼마나 좋겠는가만, 사실은 더욱 혼란스러운 사태에 휘말리는 겨우 시작일 뿐이다. 왜냐하면 이번엔 '내용'에서조차 내부 모순을 드러내고 말기 때문이다. 즉, 현물의 생산이 증가하면 희소성의 가치 원리에 따라 상품의 개별가치는 떨어지겠지만, 전체 효용가치는 증가했기 때문이다.

다시 말해서 한계 효용가치는 떨어져도 총효용가치는 증가한다는 것이며, 이때 우리는 무엇을 기준으로 하여 인플레이션의 개념을 다시금 정하느냐 하는 문제가 뒤따른다. 물론 한계 효용가치로 기준을 정한다면 생산 인플레이션과 같은 모처럼에 얻은 새로운 개념을 유지하는 성과를 거둘 수는 있지만, 그것을 위해 치루어야 할 대가는 너무나 크고 치명적이라는 데에 문제가 있다. 경제란 결국 전체적인 상황을 고려해야 하며, 그래야만 옳바른 결론을 얻을 수 있기 때문에 총효용가치라는 기준은 무시될 수가 없다. 즉, 그동안 인간들이 자의적으로 해석해 온 편견을 지키기 위해 진실을 거부할 수는 없다는 것이다.

그렇다면 우리는 이제 좀 이상한 상황에 직면하게 된다. 사실 그동안 우리들이 생각해 온 인플레이션 개념 속에는 부의 가치하락이라는 믿음이 핵심을 이루었다. 그래서 그 믿음을 지키기 위해 '물가상승'이라는 외형적인 특징 부여가 잘못이었음을 수용하면서 내부적인 모순을 없애기 위해 전통적인 견해의 일부를 포기하는 용단까지 서슴치 않았다. 그래서 생산 인플레이션이란 독창적인 개념까지 발명했다.

이토록 우리는 노력했는데 이제 그 바닥부터 흔들리기 시작한 것이다. 다시 말해서 생산 인플레이션이란 개념도 현물의 개별적인 단위에서만 적용될 뿐, 전체적으로 총효용면에서 부가 증가한다면 이는 부의 가치 하락이라는 보편적인 애초의 인플레이션 개념과는 조화를 이루지 못하기 때문이다.

오히려 품귀 인플레이션이야말로 인플레이션 이론의 전형적인 모델로 평가될 법하다. 그 이유는 〈표2〉에서도 볼 수 있는 바와 같이 품귀 인플레이션은 물가 상승이라는 외형적인 특징 이외에도 부의 전체 효용가치가 감소하는 특징을 함께 나타내기 때문이다.

구 분	생산 인플레이션	품귀 인플레이션	통화 인플레이션
한계효용	감 소	증 가	일 정
총 효 용	증 가	감 소	일 정
물 가	상 승	상 승	상 승

[표 2]

그렇지만 품귀 인플레이션의 결정적인 문제점은 생산량이 파괴되거나 계속 줄어들 때나 가능하여 전시상황(戰時狀況)과 같이 매우 특별한 경우에만 적용될 수 있다는 것이다.

왜냐하면 현실적 상황은 일반적으로(장기적으로) 기술 발전과 자본 축적에 의해 산업 생산량을 계속 증대시킨다는 것을 고려하면 품귀인플레이션은 그 조건부터가 다르기 때문이다.

더구나 기하학적으로 그렇게 아름다울 수 없는 생산 인플레이션의 개념 발견은 새로운 이해에 필요한 대안으로 확신을 갖게 하기에 충분하다는 현실적인 이유도 있다. 그만큼 생산 인플레이션의 아이디어는 매력적이기 때문이다. 게다가 다행스럽게도 생산인플레이션은 일반적인 감각과는 달리 물가 상승이라는 외형적인 특징도 함께 수반하고 있다는 사실이다.

얼핏 생각하면, 생산 인플레이션하에서는 개별 상품의 한계 효용이 낮아지는 원리에 따라 가격도 낮아질 것으로 생각되며, 설사 통화량 증가분이 생겨 물가상승의 요인이 생길지라도 전체 총생산량의 증가분을 넘지않는 수준에서 통화 증가가 멈추면 상품의 가격 상승은 일어날 수 없는 것으로 보여진다. 물론 생산량의 증가보다 통화의 증가량이 지나치면 물가 상승이 일어나겠지만, 이 경우는 이미 통화 인플레이션[38]의 개념 영역에 속하는 문제이다. 즉, 생산 인플레이션의 원인이 된 물가 상승이 아니라는 것이다.

그렇다면 생산 인플레이션하에서 어떻게 물가 상승이 가능하다는 말인가? 그것은 부의 증가로 인해 그만큼 수요자가 원하는 형태의 상품을 공급할 수 있는 신축성도 늘어나기 때문이다.

그 이유는 생산 인플레이션 하에서는 상품의 양적 팽창만 일어나는 것이 아니고 질적 향상도 일어나기 때문이다. 즉, 생산량의 증가로 희소가치가 떨어지면서 상대적으로 기존의 상품가치가 떨어지게 마련이다. 그 결과 고품질의 상품을 선호하게 되고, 자연히 투자된 생산 비용만큼 가격도 상승하게 된다.

여기서 주의할 것은 생산 인플레이션에서 가격 상승은 흔히 연상하는 화폐의 가치 하락과는 성격이 전혀 다르다는 점이다. 그것은 상품의 품질 자체가 고급화된 결과이다. 다시 말해서 상품이 그만큼 고급으로 개량되었기 때문에 비싸진 것이지, 공급량이 줄어들었기 때문은 아니다. 그럼 지금까지의 정성적(定性的)인 해석에서 벗어나 좀 더 엄밀한 형태의 정량적(定量的)인 해석으로 나아가자.

어떤 초기 조건에서 상품 A의 생산량이 한 단위 밖에 없고 거기에 대응하는 화폐의 전체 통화량은 10원이라고 하자. 그럼 상품 A는 한 단위당 10원의 가격에 거래되는 것으로 생각할 수 있다. 그런데 생산량이 늘어나 상품 A가 2 단위로 늘어나면 희소가치의 하락으로 생산 인플레이션이 발생하여 5원으로 가격이 내린다고 가정하자.

그렇지만, 생산량의 증가와 동시에 통화량도 2배인 20원으로 증가하면 교환 매체로의 화폐 비율과 생산량의 비율을 다시 환원시켜 가격은 원래대로인 10원으로 회복되고 생산량만 두 배로 늘어나는

---

38) 통화 인플레이션에서 일어나는 물가 상승은 생산량의 증가보다 화폐의 통화 공급량이 더 큰 폭으로 증가하여 일어나는 것이다. 따라서 효용가치와는 무관하며, 단지 상품 생산량에 대한 화폐의 통화량 비율이 증가했음만을 의미한다.

형국이 된다. 그리고 여기서 상품 A가 4단위로 다시 증산되고 통화량도 다시 2배인 40원으로 늘어나면 4단위의 상품에 대해 40원의 화폐량이 유통되므로 상품의 한 단위당 가격은 여전히 10원에 머물게 되고 생산량만 처음보다 4배가 늘어난 셈이다.

그런데, 기본적인 수요욕이 어느 정도 충족되면 수요의 선호도는 질적인 방향으로 옮겨진다. 그래서 좀 더 고급화된 상품 B를 생산하게 되지만, 생산량은 다시 2단위로 줄어든다. 그 이유는 상품의 질을 높이기 위해 자본과 시간이 그만큼 더 많이 소비되어 생산량은 오히려 줄 수밖에 없는 것이다. 그렇다면, 이번엔 2단위의 상품 ―비록 상품의 질은 고급화되었을지라도 생산 수량은 줄었다 ―에 대해 40원의 화폐가 유통되고 있으므로 B 상품에 대한 한 단위당 가격은 20원으로 상향 결정된다.

이렇듯 생산량의 증가와 품질 향상이 거듭되는 과정을 통해 생산량 증가[39]와 가격 상승이라는 두 가지 특징이 모두 나타날 수 있는 것이다. 이러한 현상은 경험적으로도 쉽게 확인된다. 가령, 과거에 비해 현재의 물가는 분명 올랐지만, 부의 절대량 증가로 총효용가치는 더욱 많이 늘어나 경제 생활은 오히려 풍족해졌다. 게다가 상품의 질 또한 훨씬 더 향상되어 ―상품의 생산량이 늘지 않았다 하더라도―실질적인 경제 생활도 그만큼 좋아졌다고 할 수 있는데, 비슷한 예는 후진국과 선진국을 비교해도 찾을 수 있으며, 과거와 현재를 비교해도 확인할 수 있다.

이는 분명 인플레이션으로 인해 경제 생활이 어려워진다는 그동

---

39) 생산 인플레이션에서 가격 상승은 상품의 질향상과 관계되는데, 만약 생산성 향상이 질적인 향상으로 연결되지 못했다면 반대로 생산량은 그만큼 더 늘었을 것이다. 즉, 양(量)보다 질적 향상을 추구하는 수요 패턴의 변화로 인해 양적 증가를 소폭으로 유지하고 그 대신 질적 향상을 꾀하였다는 것이다. 다시 말해서 질적 향상이란 양적 증가를 둔화시키는 대가를 치르고서 얻은 결과이다.

안의 사회적 통념과 너무나도 차이가 난다. 사실, 선진국의 물가 수준은 후진국들에 비해 훨씬 더 높지만, 그래도 높은 경제 생활이 가능한 것은 물가 상승 이상으로 사회 전체의 부가 늘어나 물자가 풍부하게 공급되기 때문이다. 그것도 양질의 품질이 말이다. 다시 말해서 선진국에서는 명목 물가는 높지만, 그 대신 부의 생산성은 더욱 높아서 희소가치 하락은 더 빨리 진행된다. 따라서 총화폐량에 대해 총물자량의 비율은 더 높게 되고, 결국 상대적으로 물가는 오히려 저렴하면서도 품질은 더 뛰어나게 되는 것이다.

이제 우리는 여기서 무엇을 알 수 있으며, 어떠한 결론에 도달할 수 있겠는가? 상황이 상당히 자못 복잡해지지만, 번거로움을 마다않고 다시 한 번 결론을 추궁하여 요약하면, 한 마디로 인플레이션은 그 어디에서도 일어나지 않았다는 점이다. 다시 말해서 그동안 우리가 믿어왔던 인플레이션 즉, 물가 상승이 나타나고 그로 인해 부의 가치 −한계 효용가치나 총효용가치 할 것 없이− 가 줄어드는 현상은 어떠한 상황에서도 발견되지 않았으며, 발견될 수 없다는 것을 알았던 것이다.

그렇다면 도대체 무엇인가? 만약 그 어디에도 우리가 기대했던 인플레이션 개념을 현실적으로 찾을 수 없다면 그러한 인플레이션 자체가 없는 것은 아닐까? 사실 그러고 보면 우리는 그동안 스스로 잘못된 이론으로 잘못된 현실적 모델을 선정하고 그것을 파악하려고 했으니, 어찌 가능했겠는가? 이처럼 무모하고도 미련하기 짝이 없는 모험을 자처하고 말았던 것이다.

다시 말하면, 우리가 스스로에게 정의해 왔던 인플레이션의 개념은 현실적으로 존재하지 않는다. 따라서 그러한 인플레이션 개념을 찾을 수 없는 것은 너무나 당연하며, 이는 이론이 어려워서가 아니라, 잘못 되었기 때문이었다.

결론적으로 인플레이션을 어떠한 이론으로 설명하려는 시도는 전적으로 잘못 되었으며, 오히려 인플레이션의 개념과 정의 자체부터 현실에 모순되지 않도록 새롭게 정립시키는 것이 우선 과제이다.

즉, 인플레이션이란 외형적으로 물가 상승이 수반되지만, 전체적으로 볼 때는 오히려 가치를 상승시킨다는 것이며, 또 그래야 하고 그것이야말로 인플레이션을 이해하는 본질인 것이다. 왜냐하면, 표면적이 2배로 늘게 되면 체중은 반드시 2배보다 훨씬 더 이상 –일반적으로 8배– 으로 늘게 되듯 물가 상승을 2배로 올리기 위해서는 부의 증가 역시 반드시 2배 이상이어야 하기 때문이다.

결국, 문제의 본질을 이해하게 되면 인플레이션은 전혀 해로운 것이 아니며, 오히려 성장의 상징일 뿐이다. 다만, 외형적인 특징에만 메달려 미리 성격을 자의적으로 규정짓고 내용을 제대로 읽어내지 못한 무지에서 혼란이 야기되었던 것이다.

第5章

스태그플레이션

정책 무용론

1. 필요한 것은 인플레이션이다

독자들은 이 책을 읽기 전까지만 해도 인플레이션은 경제학이 해결해야 할 과제로의 부정적인 이미지만 잔뜩 갖고 있었을 것이다. 그러다가 조금 앞에서 인플레이션은 부가 늘어나는 경제 성장에서 필연적으로 존재하는 현상임을 이해하였을 줄 믿는다. 말하자면 부의 상징처럼 말이다. 그러면서도 많은 독자들은 부가 늘어나면 인플레이션은 어쩔 수 없지만 그래도 만약 피할 수만 있다면 좋을 것이라는 미련은 여전히 끊지 못할 것이다. 그리고 그러한 방법을 경제학에서 누군가 제시해 줄지도 모른다는 희망을 갖거나 아니면 그 방법을 찾기 위해 직접 도전하려고도 할 것이다.

그러나, 결론부터 말하면 그러한 희망은 부질없는 것에 불과하다. 그것은 우리 인간의 능력이 모자라서가 아니라, 원리적으로 불가능한 것이기 때문이다.

이는 마치 1+1=x에서 x값이 2가 아닌 다른 값 중에서 이 조건을 만족시키는 해(解)를 찾는 노력에 비유된다. 그 어떤 누구라도 이 조건을 만족하는 x의 값으로 '2' 이외에는 다른 값을 제시할 수 없다. 그것은 능력이 모자라서가 아니라 오히려 능력이 있기 때문에 불가능한 것이다.

설사 전지전능한 신(神)이라고 해도 1+1=x를 만족시키는 x의 값으로 선택할 수 있는 여지는 '2' 하나밖에 없다. 다시 말해서 이것은 능력의 문제가 아니라 진실의 문제이며, 만약 다른 값을 가져오면 이미 그것은 정답이 아니거나 필요한 조건을 만족시킬 수 없는 엉터리가 된다.

문제의 상황을 좀 더 실감나게 하기 위해 분위기를 현실적으로 맞춘다면 $\alpha 3$=x라는 관계식에서 x=0, α=0 이라 할 때, 우변항만 x를 (x+1)로 바꾸어 놓고 좌변형이 α=0인 원래의 조건을 그대로 유지하면서 이 조건을 계속 만족시킬 수 있느냐 하는 점이다.

다시 말해서 풍선의 크기를 일정하게 제한하면서 바람을 계속 불어 넣을 수 있느냐는 것이다. 만약 풍선의 크기를 제한시켰는데도 불구하고 계속 바람이 들어갈 수 있었다면 필시 그 풍선은 구멍이 나서 바람이 새기 때문일 것이다.

요컨대 경제 성장은 장기적으로 물가 상승을 반드시 수반하게 된다. 물론 물가 상승으로 화폐의 가치가 하락하면 경제 성장의 효과가 반감되거나 경우에 따라서는 축소[40]될 수도 있을 것이라는 독

40) 물론 품귀 인플레이션이 일어날 수 있는 상황에서는 그러한 가능성 -전체 부가 줄어드는- 은 얼마든지 가능하다. 그러나, 여기서 문제삼는 것은 장기적이고도 일반적인 경제 모델에 관한 것이므로, 부분적이거나 일시적인 것처럼 특별한 경우를 일반적인 시스템에 적용시켜서는 올바른 결론이 유도될 수 없다.

자의 질문도 가능하다. 그러나, 그러한 걱정은 전혀 문제가 되지 않는 기우에 불과하다.

왜냐하면, 풍선 속에 바람을 2배로 불어넣는다고 해서 지름의 크기도 2배로 늘어나는 것은 아니기 때문이다. 즉, 풍선 지름 크기의 증가율은 풍선 속에 들어가는 공기의 증가율보다 항상 적은 법이다. 따라서 물가 상승으로 발생하는 부의 가치 하락분은 늘어난 부의 추가분보다 항상 적어지기 마련이다.

다시 말해서 풍선 속에 더 많은 공기를 불어 넣으려면 지름의 크기를 늘려야 하듯 경제 전체의 부를 늘리려면 물가 상승을 인정해야 한다. 사실, 우리가 경제 성장을 원한다면 항상 필요한 것은 인플레이션이다.

결론적으로 인플레이션은 경제학에서 극복해야 할 과제가 아니라 오히려 요구되는 사항이며, 동시에 경제 흐름의 자연스런 현상이므로 경제 정책에 의해 좌우될 성질의 것이 아니란 점이다.

즉, 전체 부의 증가라는 주제는 경제학의 순수 이론 분야에 관계되는 현상이므로 경제 정책과 연관지으려는 시도는 출발부터 잘못된 것이었다. 생각하면 인간의 상식은 이율배반적인 경우가 허다하여 한 사건의 양면성을 구분하지 못하고 각기 개별적인 것으로 나누어 목표 대상을 차별화시키려 할 때가 많다.

사실 우리의 목표라고 하는 것도 그 속에는 부정적 요소가 있기 마련이다. 그럼에도 불구하고 그것을 목표로 정한 것은 전체적으로 볼 때 부정적인 요소보다는 긍정적인 면이 더 크기 때문일 것이다.

원리적으로 볼 때, 경제 성장과 인플레이션은 서로 비례 관계에

다시 말해서 장기적으로 전체의 부가 계속 증가하는 조건을 만족시켜야 한다는 전제가 필요하기 때문이다. 그런데 품귀 인플레이션 하에서는 생산량이 줄어 듦으로 인해서 즉, 풍선에 바람이 새는 것처럼 오히려 오므라드는 것은 풍선의 크기가 늘어나야 하는 현실적 조건과는 일치하지 않는다는 문제점이 생긴다.

놓여 있어 생산성 향상이 경제 정책에서 포기되지 않는 한 인플레이션을 감수할 수 밖에 없다.

밥을 많이 먹으면 먹을수록 배도 더 많이 불러오듯이 그것은 잘못된 것이 아니라 당연한 것이다. 이것은 마치 사람이 밥을 먹고나면 배가 불러오는 것처럼 당연한 현상을 두고 그 원인이 체력 관리에 잘못이 있었기 때문이라고 진단하는 격이다. 물론 체력 관리가 중요하지만 그것을 모든 경우에 대해 무분별하게 적용을 해서는 안되는 것이다. 요컨대, 인플레이션은 원리적으로 독립적이어서 경제 정책의 통제권 범위를 벗어나 있는 과제이다.

2. 인플레이션과 실업의 관계

현대 주류 거시 경제학에서는 인플레이션과 특별한 상관 관계를 갖고 있다고 알려져 있는 실업을 포함시켜 극복해야 될 두 가지의 최우선 과제로 설정하고 있음은 이미 언급했다. 게다가 실업은 인플레이션과 역관계에 놓여 있음이 필립스에 의해 실증적으로 밝혀짐으로 해서 두 가지의 문제가 동시에 해결될 수 없다는 현실적 인식과 그 배경 때문에 더욱 흥미있는 주제가 되었던 것이다.

그토록 해결되기 어려운 문제라는 사실은 바꾸어 말하여 그것을 해결했을 때 평가의 비중이 그만큼 중요해진다는 것이며, 이는 학자들로 하여금 연구가치 의욕을 최고조로 돋구어 주기에 충분했다. 그러나, 결과는 언제나 그러하듯 항상 만족한 것이 못 되었다.

결론부터 말하면, 이는 처음부터 예견되었으며, 출발 자체가 잘못 되었던 것이다. 그것은 부분적인 내용을 전체적인 내용으로 왜곡했기 때문이다. 물론 인플레이션과 실업의 역관계가 사실이긴 하지만, 이것만으로 능사일 수는 없는데, 문제를 지나치게 단순화시켜 버린 것이 잘못의 원인이었던 것이다.

말하자면, a·b=xp ……… 식(1)의 문제를
a·b=p ……… 식(2)의 문제로 잘못 해석하고 말았다. 다시 말해서 (식2)에서 p의 값을 가령 10이라고 하면, a=1일 때, b=10이 될 것이고, a=2이면 b=5가 되어 a와 b가 역관계임이 명백히 드러난다. 그러나, 식(1)에서는 a값이 1로 정해져도 b값이 10이라고 말할 수는 없다.

왜냐하면, x라고 하는 미지수 상태의 새로운 독립 변수가 아직 정해지지 않은 채로 추가되었기 때문이다. 식(1)은 x값에 따라서 b의 값이 얼마든지 달라질 수 있다. 물론 x=1이고, p=10이라면 종전처럼 a=1일 때 b=10이 될 수 있으나, x의 값이 2로 바뀌고 p=10이면, a=1일지라도 b=20이 되어야 한다. 그런데 현실적으로 상황을 식(2)의 형식으로만 인식해왔던 그동안의 경제학의 풍토에서는 b=20으로 변했다는 사실은 곧 a=0.5가 된다는 사실로 해석하게 된다. 그것은 이미 알려진 바대로 a와 b 사이에 역관계가 있다는 조건을 만족시키기 위함이다.

사실 식(2)에서는 그 길 밖에는 달리 해석할 방법이 없는 것이다. 따라서, 식(1)의 조건에서 x=2이고 p=10이면 a=1이고 b=20이라는 지극히 정상적인 상황조차도 식(2)의 조건으로만 생각한다면 그 이해가 불가능하게 된다.

다시 말해서 식(1)조건을 부정하는 식(2) 조건만으로 분석할 때, 다행히도 x=1이라면 ab=p에서는 변수 x의 존재 여부에 관계없이 p=10일 때 a=1이면 b=10이고, 또는 a=2이면 b=5가 되어 상호 역관계 조건에 별하자가 생기지 않지만, x=2이라는 상황이 벌어지면 변수 x의 존재 여부는 매우 중요해진다.

즉, x=1일 때는 변수 x의 존재를 거부하더라도 이론 구성에서 문제점이 숨겨질 수 있지만, x=2만 되어도 그 문제점은 금방 드러나게 된다. 왜냐하면, ab=xp에서 x=2가 되면 p=10일 때 a=2이고 b=10이 되는데, 이것을 ab=p의 조건으로만 보면 좌변항은 그 값이 20인데 반하여 우변항은 p에만 의존하기 때문에 -우변항에는 p밖에 없으므로- p=10이라는 조건이 우변값을 결정하게 된다. 이는 2·10=10이라는 결론으로 연결되어 모순이 된다.

다시 말해서 식(2)에서는 조건의 정의상 변수 x의 존재 자체를 인정하지 않기 때문에 x값이 그 얼마가 되든지 관계없이 무시되고 p값만 비교 대상에 오른다. 결국 우변항은 좌변항과의 등식 조건을 성립시킬 수 없게 되어 이론적 파탄을 맞게 된다.

따라서 변수 x의 역할은 식(2)의 조건만으로 해석해서는 설명할 수 없는 상황을 충족시켜 줄 수 있음을 의미한다. 물론, x=2일 때, p=10, a=2, b=10이면 a·b=x·p이 성립하는 데에 무슨 문제가 있냐고 반문할 지 모르지만, 그것은 어디까지나 식(1)의 조건을 이해할 때만 가능하다.

문제는 식(2)처럼 ab=p에서는 전체 조건을 충족시켜 줄 수 있는 독립 변수 x의 존재를 빠뜨려 놓았기 때문에 2·10=10 — a=2, b=10, p=10이므로 — 이라는 모순을 피할 수가 없다는 점이다. 따라서, 2·10=2·10이라는 만족한 결과를 얻으려면 식(1)처럼 독립 변수 x를 포함하는 형태의 이론 모델이어야만 한다.

물론 식(1)을 끝내 이해하지 못하더라도 식(2)의 모델만을 고집하면서 어떻게든 합리화시킬 수는 있다. 그러나, 합리화를 시키기 위해서는 식(2)에 새로운 가정이나 자의적인 해석을 첨가하지 않을 수 없어 이론의 아름다운 조화를 깨뜨리게 된다.

가령, 식(2)에 새로운 변수 c를 삽입하여 a·b·c=p라는 식으로 조합하든지 하여 새롭게 짜집기하는 방법이다. 이렇게 하면 변수 c의 값을 1/2로 짜맞추어 2·10·1/2=10의 등식 조건을 성립시킬 수 있기 때문이다.

여기서 c의 역할은 전체 등식 조건에 모순이 일어나지 않도록 하기 위해 사후적으로 보정시켜 준 것이다. 그러나, 매사가 이러한 식의 해석 방법만을 도입하게 되면 현실적 여건이 변하거나, 이와 같이 b의 값이 달라질 때마다 c뿐 아니라 또 다른 변수로서 d나 e같은 요소가 언제 또 필요할 지 모르게 될 것이다. 그렇게 되면 이론 모델은 보편성을 잃어버리고 매우 조잡해져 임시변통식의 이론이 되어버리는 것이다. 요컨대, 핵심은 식(1)을 이론 모델 조건으로 받아들이기만 하면 등식 관계가 아무 어려움 없이 성립이 가능하지만, 식(2)만을 진실로 착각하고 고집한다면 계속 모순 투성이에 부딪힌다는 것이다.

그런데 왜 현실은 식(1)처럼 우변항에 상수가 아닌 미지수를 이론 모델에 포함시키는가? 그리고 그 의미는 무엇인가 하는 점이다. 그 이유는 우변항이 부의 생산량에 영향을 받고 있음을 나타내는데, 누구나 아는 바와 같이 '부'라고 하는 것은 항상 변할 수 있는 변수여서 일정한 상수로 처리될 수가 없기 때문이다. 따라서 인플레이션과 실업의 역관계를 확인한다고 하는 것은 부의 생산량과 관계되는 우변항이 어느 일정한 값을 취할 때로 한정된다.

바꾸어 말하면, 어느 특정한 시점으로 한정시키면 인플레이션과 실업의 역관계를 확인할 수 있지만, 현실적인 상황으로 일반화시킬 수는 없는 것이다. 왜냐하면, 우변항 자체가 장기적으로 변하기 때문에 일정한 상수값으로 처리하려면 단기적인 조건에서만 가능하기 때문이다. 즉, 우변항이 어느 특정한 값으로 지정되는 특수한 상황 조건에 한해서 좌변의 인플레이션과 실업의 역관계를 보증할 수 있는 것이다.

3. 정부가 할 일은 무엇인가?

많은 사람들이 경제학은 부를 늘려주는 학문으로 생각하고 있고,

또 정부의 경제 정책이란 바로 그 역할을 수행하는 과정으로 이해하고 있다. 물론, 그 생각이 전혀 틀렸다고 말할 수 없지만, 진실이라고 말하기엔 오해의 소지가 너무나 크다.

엄밀히 보아 경제학이란 학문이 기여하는 바는 우리의 기대에 그다지 만족스러운 것이 못 된다. 단지 현실적으로 일어나는 경제 현상을 사후적으로 설명하는 역할[41]만을 가질 뿐이다.

다시 말해서 물리학과 같은 자연과학 분야는 어떤 법칙을 알게 되면 여러 현상을 예측하는 결정적인 도움이 된다. 물론, 그 법칙이 쉽게 찾아지는 것은 아니지만, 위대한 과학자의 노력은 그 일을 가능케 하며, 일단 발견된 법칙은 굉장히 중요한 역할을 담당하게 될 뿐 아니라, 그 법칙을 알고 있다는 사실 자체만으로도 의미를 갖게 한다.[42]

---

41) 사후적인 설명이란 이미 사건이 일어난 후이기에 합리화시킬 수는 있지만, 사건이 일어나기 이전에는 아무 역할을 하지 못한다. 이런 경향은 특히 종교 분야에서 강한데, 우주 만물이 모든 현상의 원인을 신의 권능으로 돌리지만 가만히 살펴보면 항상 사건의 발생 후에야 그 결과를 신의 전능으로 논의된다. 그러면서도 신만이 가진다는 전능은 한 번도 재현되거나 보여주지 못하고 확인할 수 없는 과거의 결과만을 가지고 합리화시킨다. 사실 사후적으로 합리화시키는 것은 굳이 신의 힘을 빌릴 필요도 없이 인간이면 누구나 가능한 일이다. 문제는 사전에 어떤 법칙으로 어떤 예측을 할 수 있느냐이며, 그것이 재현 가능하느냐에 있다. 결론적으로 모든 것을 사후적으로 말할 수 있다는 것은 역으로 아무런 사실도 말하지 못하고 있는 것과 같다.

42) 경제학을 포함하는 사회과학은 물론이고, 인문과학들은 수평적인 학문으로 단순히 지식적인 성격의 학문이다. 수평적인 학문이란 다루는 주제의 내용만 좀 다를 뿐 시야의 안목은 비슷하다. 쉽게 말해서 암기 과목이다. 그러나, 자연과학은 수직적인 학문으로 깊이있는 통찰력과 치밀한 논리가 뒷받침되어야 학습이 가능하다. 높은 산일수록 멀리 볼 수 있는 넓은 시야를 얻을 수 있듯이 심오한 성찰 과정은 마치 수평 이동으로 사물을 볼 수 있는 범위와 수직 이동으로 볼 수 있는 범위의 차이와도 같다. 한 마디로 자연과학 분야에서 업적을 남기려면 지식만으로는 불가능하고－자연과학은 엄밀한 추론 과정을 요구하기 때문에 일반인들에게는 지식의 축적 자체마저도 어렵게 여기고 있다. －고도의 통찰력을 수반하는 지혜가 있어야 한다. 일반적으로 자연과학을 연구하는 사람들

사실 물리학의 여러 법칙은 오랜 연구 끝에 발견되는 만큼 이해하기도 어렵다. 이 사실은 물리학을 이해하는 사람과 이해하지 못하는 사람의 능력 차이에 큰 영향을 미치게 됨을 시사한다.

쉽게 말해서 핵물리학을 알아야만 원자력 발전소를 건설할 수 있다는 얘기다. 반면에 경제학을 많이 공부했느냐 아니 했느냐의 차이로는 갑부가 될 수 있느냐 아니냐와는 전적으로 별개의 문제이다.

물론 경제학이 부를 최대로 늘리는 주제를 다루는 학문이기는 하나, 그것을 잘 안다고 해서 실제로 돈을 잘 버는 것은 아니기 때문이다. 오히려 경제학은 전혀 공부하지 않아도 현장 경험이 풍부한 사람이라면 돈을 더 잘 벌 수도 있을 것이다. 그리고, 이 사실은 각 기업의 사장들이 경제학을 잘 해서 사장이 된 것은 아님을 통해서도 쉽게 확인할 수 있다. 그러기에 경제학에서 말하는 법칙이란 실생활에 별도움이 못 된다.

아니 더 정확하게 말하면 도움이 안 된다기보다는 누구나 다 알고 있는 사실이거나 이미 일어난 결과를 나타내는 것이기 때문에 새삼스러운 것이 못되는 것이다. 가령, 경제학의 수요와 공급 법칙이라든가 시장에서의 가격 결정 이론을 보고서 그것을 놀라워하는 사람은 별로 없을 것이다. 그것은 이미 알고 있거나－비록 의식하지는 않았다 해도 무의식 속에서 직관적으로 느낄 수 있는 내용들이므로 －알려져 있는 사실들을 새삼 확인하는 수준에 불과한 것이

이 인문, 사회, 예능 분야의 사람들보다 사생활이 더 깨끗한 이유가 여기에 있는 것이다. 사실 과학자들은 일반인들보다 속세에 덜 오염되었을 뿐 아니라, 범죄율도 적고 스캔들에 휘말리는 정도도 적다. 이러한 인격과 지혜의 근원은 학문의 객관성과도 관계되는데, 특히 예술가와 같은 객관성이 결여된 (복잡한 사실 속에서 객관적이고 보편적인 법칙을 찾는다는 것은 매우 어려우므로 논리적 지혜가 부족한 사람들로서는 자연히 주관적인 분야로 옮겨지기 쉽다) 사람들이 스캔들에 가장 많이 휩쓸리고 마약 사범과 같은 사회 문제에도 개입될 확률이 높아진다.

기 때문이다.

다시 말해서 경제 법칙들은 항상 인간 행위의 사후적인 해석이어서 경험적인 사실이 있기 전에는 어떠한 법칙도 생겨날 수 없으며, 따라서 진정 유익한 정보가 사전에 제공되는 일은 없다.

경제학의 역할에 대한 적당한 비유를 찾는다면 아마도 사진찍기와 비슷할 것이다. 사진이란 오로지 현상의 사후 모습만을 남길 수 있다. 어떠한 상황에서도 사진찍기 이전의 순간을 담아낼 수는 없다. 항상 셔터를 눌리고 난 후의 모습일 수는 있어도 셔터가 눌려지기 전의 모습은 분명 아니다. 경제학의 내용도 마찬가지이다. 언제나 일어난 사건이나 행위에 대한 사후 설명일 뿐이다.

따라서 경제학을 잘 안다고 해도 따지고 보면 기껏 자신(인간)의 경험담을 얼마나 잘 기록하고 정리했느냐 하는 단계에 불과하다. 그러니 그 경험담이 제아무리 논리적으로 기록되어 있다 하더라도 경험 이전의 세계 즉, 선험적인 사실의 기록이 될 수는 없다 만약, 그것이 가능하다면 이미 경험담이라고 할 수 없다. 그것은 거짓말이거나 상상일 것이다.

경험담이란 말 그대로 경험담이어야 하는데, 그러기 위해서 경험의 과정이 필요하고 그 과정을 거쳤다는 것은 항상 경험의 후가 되기 때문이다. 그러기에 아무리 경제를 잘 아는 경제학자라도 남들보다 특별히 돈 잘 버는 예측과 능력을 가질 수는 없다. 만약 가지고 있었다면 모든 경제학자들은 전부 갑부가 다 되었을 것이다. 그러나 물리학과 같이 객관적 — 그 이유때문에 가장 어렵기도 하지만—이고, 심오한 자연과학 분야를 제외하면 인문 · 사회과학 분야란 다 그러하듯 사전 예측에 진정 도움이 되는 것은 별로 없다. 설사 있다 하더라도 평범한 사람이라면 누구나 알 수 있는 정도의 내용밖에는 아무 것도 아니다. 따라서 경제학을 단적으로 말하면 어떤 사람이 돈을 많이 벌면 사후 그 이유에 대해서는 거창하게 설명할 수 있어도, 반대로 사전에 누가 돈을 많이 벌게 되는지에 대한 예측은 전혀 할 수 없는 것이다.

한 마디로 아무 짝에도 쓸모가 없는 것이다. 솔직히 사후의 결과를 얘기하는 것은 별로 어려운 것도 아니며, 설령 어렵다 하더라도 그것이 무슨 의미가 있겠는가? 정말 의미를 가지려면 해설을 잘 하는 것이 아니고, 예측을 할 수 있는 것이어야 한다. 그리고, 그 예측이란 것도 경제학을 공부하지 않는 사람은 전혀 알 수 없을 만큼 놀라운 것이어야 한다. 핵물리학을 모르는 사람이 원자폭탄의 위력에 놀라워 하듯이 말이다. 그래야 그 예측력도 비로소 의미가 있다고 할 것이다. 예측이라고 다 같은 예측은 아니기 때문이다.

이러한 사실은 실제 공부를 하면서도 쉽게 확인된다. 인문·사회과학의 경우, 한 권의 책을 다 읽어도 특별히 새삼스러운 것은 없다. 앞서 얘기한 것처럼 수요와 공급 법칙을 난생 처음 보는 사람이라 해도 그 법칙에 놀라워하지는 않는다. 오히려 당연한 사실로 여기며 그것을 구체적으로 확인하는 느낌일 뿐, 특별히 굉장하다는 느낌을 갖기는 힘들 것이다. 반면, 물리학의 상대성 이론을 대하면 도무지 이해하기도 어렵지만, 상식과 위배되는 놀라운 현상 앞에 너무나 특별하다고 느낄 것이며, 진정 학문의 심오함이란 이런 것이로구나 하고 저절로 감탄이 나오게 될 것이다. 이 글을 읽는 독자 중에 아직 상대성 이론을 읽지 못 했다면 읽어 보기 바란다. 상상을 초월하는 기막힌 세계가 펼쳐질 것이다.

솔직히 인문, 사회과학이란 알고보면, A=A라는 동어 반복 밖에 특별한 것은 아무 것도 없다. 괜히 말만 빙빙 둘러 어지럽게 말할 뿐, 정작 알맹이는 아무 것도 없으며, 결국 내용은 A=A꼴로 제자리 걸음 뿐, 도무지 나아가질 못한다. 따라서, 우리가 인문, 사회과학을 배운다고 하는 것은 새로운 개념을 배우는 것은 아니다. 단지 이미 알려진 개념들을 서로 구분하기 위해서 약속된 공통의 언어

(낱말 : 형식 체계)를 배우는 것에 불과하다. 반면에 자연과학은 개념 자체를 새로이 유도하거나 창조하는 것이다. 즉, 형식이 아닌 새로운 개념(실질적인 내용)을 배우는 것이다. 그리고 어렵게 발견된 중요한 개념이니 만큼 객관적으로 보존할 필요가 있으며, 엄밀성을 기하기 위해 수학의 형식을 빌어 구체적으로 정량화 시키는 것[43]이다.

화제가 약간 빗나간 느낌이어서 다시 원점으로 되돌아가면 지금까지의 내용을 종합해 볼 때 정부가 경제 정책으로 경제 문제를 해결한다고 하는 것은 한 마디로 넌센스에 가깝다는 결론이다. 즉, a·b=p라는 관계식에서는 p=10이라고 할 때 a와 b를 아무리 바꾸어 조합시켜 보아도 전체 p값이 10이라는 사실에는 영향을 주지 못한다. 문제는 a와 b의 좌변항 값이 아니고,우변항의 전체 값이 증가하는 방향성을 이론 속에 포함시킬 수 있느냐 하는 것이다. 또 그래야만 현실과도 부합되는 것이다. 그럴려면 우변항에 독립 변수 x를 포함시킴으로써 우변항 전체의 값을 조정할 수 있도록 해 주는 매개체(미지수)가 필요한 것이다.

여기서 변수 x는 부의 생산성과 관계되므로 변수 x의 상승은 경제적으로 유익한 방향이 된다. 말할 것도 없이 부의 정도는 많으면

---

43) 인문, 사회과학은 설명이 추상적이며 정성적이다. 따라서 그만큼 해석을 엄밀히 다듬지 않았기 때문에 정확성이 떨어지지만, 반면에 자연과학에 비해 모순으로 뒤집어질 가능성은 놀랍게도 오히려 적다. 얼핏 생각하면 이 사실은 자연과학보다도 인문, 사회과학 분야의 우월성을 부여하는 것으로 여기기 쉬운 대목이다. 바로 여기에 문제가 발생하는 것이다. 그런데 우리가 조심할 것은 사실이 그 반대라는 점이다. 오히려 모순으로 뒤집히지 않게 하는 것이 사실은 더 쉬운 것임을 이해할 필요가 있다. 그것은 이론의 내부적 논리 관계가 느슨하면 느슨할수록 그만큼 해석을 자의적으로 바꿀 수 있는 선택의 폭이 넓어지기 때문이다. 즉, 엄밀하게 규정짓지 않았기 때문에 상황에 따라 그때그때 적당히 이유를 붙여 모순을 피할 수 있었던 것이다. 말하자면, 코에 걸면 코걸이, 귀에 걸면 귀걸이로 얼마든지 둔갑시킬 수 있기 때문에 항상 합리화시킬 수 있다는 것이다.

많을수록 그 자체로도 좋지만, 동시에 우변항 전체의 값을 올려 놓아 좌변항의 a와 b가 더 이상 반비례 관계에 있지 않아도 되는 특성을 부여한다. 즉, a·b=10에서는 반드시 a와 b가 서로 반비례하는 역방향을 갖게 하지만, a. b=10x에서는 변수 x의 값이 변함에 따라 a와 b가 모두 같은 방향으로 커질 수도 있는 것[44]이다. 따라서, 인플레이션과 실업의 문제 해결은 우변항의 변수 x 값을 상향 조정할 수 있느냐에 달려 있다.

그런데 앞에서도 이미 지적했듯이 우변항 x의 값은 생산성과 관련이 있으므로 그 값이 크면 클수록 경제적 부가 늘어난다는 것을 의미하게 된다. 그렇다면 정부의 역할은 우변항의 변수 x를 어떻게 하면 증가시킬 수 있을까 하느냐에 초점을 모아야지 그렇지 않고 그 외의 문제에 시간을 소비한다면 부질없는 제로(zero)섬 게임[45]에 빠지게 된다.

다시 말해서 정부가 경제 정책을 한답시고 인플레이션을 낮추고 실업을 줄인다며 통화 정책 운운하며 야단법석이지만 결국 따지고 보면 그런 행위들은 관계식 a·b=10의 좌변항에서 이루어지는 변

---

44) 변수 x의 존재는 그 크기의 증감에 따라 오히려 좌변항을 모두 적어지게 할 수도 있으며, 통상적인 이론에서처럼 a와 b가 여전히 반비례하는 관계를 유지할 수도 있다. 그러나, 여기서 중요한 사실은 a와 b가 반드시 반비례 관계에 놓이지 않아도 되는 이론적 해석의 길이 열린다는 점이며, 또한 현실적으로 살펴보아도 전체 부가 늘어나는 것이 역사적 추세이므로, 좌변항은 서로 반비례 관계가 아닌 동시증가－증가의 폭은 상대적으로 다를지라도－의 관계로 보는 것이 보다 일반적이라 할 수 있다.

45) 제로섬 게임이란 외부와의 무역이 두절된 상태의 고립된 섬에서 일어나는 경제현상을 총체적으로 해석한 개념이다. 말하자면 내부적으로 어떤 변화가 있을지라도 전체적으로 보면 변동이 없는 것을 의미한다. 가령, 어떤 상품 A를 늘려 생산하기 위해 생산 비용을 늘려 투자하면 그만큼 다른 상품 B를 생산하는데 필요한 재원을 부족하게 하여 상품B의 생산은 줄 수 밖에 없다. 결국 상품 A를 늘렸지만 그 대신 상품 B가 줄어 들었으므로 전체적으론 상품의 증가가 이루어졌다고 할 수는 없다.

수 조정에 불과하다.

결론적으로 정부가 취해야 하는 경제 정책은 경제 전체의 부를 증가시키는 정책이어야 하고, 그렇지 못하면 항상 인플레이션과 실업을 동시에 잡을 수 없는 딜레머에 빠지게 된다.

요컨대, 인플레이션과 실업을 동시에 해결하려면 전체 부를 늘려야 되는 것이지 인플레이션이나 실업 그 자체의 문제에만 메달려 씨름하게 되면 오히려 문제를 악화시키게 되는 것이다. 그렇다면 국가 경제의 부를 늘리기 위해서는 어떤 정책이 요구되는가? 그것은 과학 기술 진흥 정책을 의미한다. 그래야 생산성을 향상시켜 부를 늘릴 수 있기 때문이다. 이제 여기서 우리가 얻게 되는 진실은 좀 색다르다. 참으로 아이러니컬하게도 경제 문제를 해결하기 위해서 경제학을 연구하는 것은 별 의미가 없다는 것이다.

문제를 본질적으로 파악할 때 경제 문제는 경제학으로 해결될 수 없고, 오히려 해결책은 과학 기술에서 얻어진다는 점이다. 말할 것도 없이 과학의 발전은 교육을 통해서 가능하므로 교육이야말로 정말 중요한 것이다. 바로 이 사실이 앞으로 논의될 가치 이념과 깊은 관련을 강조하는 이유이다.

경제학의 잘못된 과제

그동안 이 글을 읽어오면서 독자들도 이제는 경제 정책의 핵심이 부의 증가 그 자체로 모아져야 하는 이유를 알았을 것이다. 사실,

내부적인 요소들의 변수 조정만으로 경제 발전이라는 궁극적인 목표에 절대 도달할 수 없기 때문이다. 말하자면 경제 발전의 목표는 경제 발전 그 자체의 수단에 의존해야 하는 것이다. 그것은 내부 변수의 조정만으로는 하나의 목표 달성이 곧 하나의 패배를 가져오는 제로섬 게임에 빠지기 때문이다.

따라서 이러한 딜레머를 극복하려면 궁극적으로 우변항 전체의 값을 올려놓는 길 밖에 없다. 그래야만 좌변항에서 상대의 변수값을 깎아 버리지 않고도 자신의 변수값을 높게 올릴 수 있게 되는 것이다. 가령, a·b=p라는 관계식에서 p값이 10에 고정되었다면 좌변항의 변수 a가 커지기 위해서는 상대적으로 변수 b의 값이 적어져야 하는 것은 불가피하다. 그러나, a·b=px처럼 새로운 변수 x가 생겨 좌변항의 값을 20을 올려 놓았다고 가정하면 변수 a가 커진다고 해서 변수 b가 반드시 적어질 필요는 없으며, 오히려 두 변수 모두 커질 수 있는 가능성이 생긴다.

이것을 외부에서 멋모르고 관찰했다면 다음과 같은 엉뚱한 결론에 빠질 수도 있다. 즉, a와 b는 서로 반비례 관계에 있어야 하는데, 갑자기 반비례 관계가 깨어지고 모두 증가해 버리는 기현상이 벌어졌다는 식의 분석을 내 놓게 될 것이다. 사실 우변항이 변하게 되면 좌변항에 포함된 변수 사이에 변화가 생기게 되는 것은 너무나 당연하다. 그렇지만, 그동안의 경제학은 우변항의 가변성을 고려하지 못하고 좌변항에서의 함수관계(변수관계)에만 집착하였던 것이다. 그러다 마침내 그 문제점이 노출되었던 것이다.

70년대 초 석유파동과 함께 나타난 스태그플레이션 현상은 인플레이션과 함께 실업도 증대하는 현상을 이론적으로 설명해야 되는 의무가 경제학자들에게 닥쳐 왔다. 물론, 많은 경제학자들이 그 이론에 도전해 왔지만, 번번히 만족한 결과를 얻는 데에 실패했다. 그리고, 마침내는 자연 실업률 가설이란 이론을 내놓기까지

했으나, 역시 앞에서 지적한 대로 단기에는 역관계(반비례 관계)를 갖지만 장기에는 아무런 관계가 성립하지 않는다는 식의 무원칙적인 대목들이 포함되어 있어 사실상 이론을 망쳐 놓았기 때문에 믿을 수 없다. 차라리 단기에서는 관계없어 보이는 것이 장기적으로는 관계가 있다고 주장한다면 그래도 일리가 있고, 수긍이 갔을 것이다. 단기의 작은 변화가 누적되어 장기에 걸쳐 나타날 수 있기 때문이다. 물론 단기에는 관계 있으나 장기에는 정말 관계없는 것이 어쩜 존재할 수도 있을 것이다. 그러나, 그 경우 반드시 시간과는 다른 이유가 원인이어야 하고 또 그 원인이 명시되어야 한다.

그렇지 않고 단지 시간에만 그 원인으로 돌리는 것은 흡사 봄에서 여름으로 가까와짐에 따라 날씨가 더워지는 것을 보고 날씨란 시간이 지나면서 더워지므로 (단기적으로) '시간이란 더워지는 과정'이라고 해석하는 격이다. 한편, 날씨가 장기적으로 계속 더워지는 것은 아니므로 -여름이 지나면 다시 겨울이 올 것이므로- 이번엔 (장기적으로) 시간이 날씨와는 관계가 없다는 식의 해석 방법이다.

자칫 이러한 이해 방식은 뚜렷한 원칙없이 그때그때 상황에 따라 자의적인 해석이 이루어지므로 하나의 원인이 상호 모순되는 결과를 가져오는 오류에 빠질 위험이 크다. 가령, 겨울에서 봄이 다가올 때는 따뜻해지는 것의 원인을 시간으로 돌릴 수 있을지 모르지만, 그 시점의 기준이 겨울이 아니고 여름이라면 상황이 달라진다. 이번에는 겨울이 다가오면서 오히려 추워질 것이므로 따뜻해지는 원인을 더 이상 시간으로 합리화시킬 수는 없게 된다. 그럼에도 불구하고 기후의 원인을 시간 자체에 돌린다면 '날씨가 따뜻해지는 것은 시간 때문이다.'와 '날씨가 추워지는 것은 시간 때문이다.'라는 두 가지의 상호 모순 명제가 생겨나 버린다.

아마도 이러한 오류는 전혀 엉뚱한 것(시간)을 원인으로 이해하는 비유에서 찾을 수 있을 것이다. 다시 말해서 시간이란 어떤 원인으로 일어나는 사건(변화)의 과정일 뿐인데, 마치 과정 그 자체를 원인으로 이해하는 오류였다.

사실 시간이라는 개념을 기후 변화와 관련하여 추론하면 기후 변화를 측정하는 어떤 시점에 불과하며, 시간 자체가 기후 변화의 원인일 수는 없다. 따라서 봄에 날씨가 점점 더워진다 하더라도 그것은 그 시점이 바로 지구의 공전 주기상 여름에 접근하는 시기이기 때문이지 단기적인 시간의 조건이 특별한 관계를 성립시켰다고 말할 수는 없다. 즉, 단기의 조건이－장기적이지 않다는 조건－기후의 변화를 결정지우는 것은 아니기 때문이다.

그렇지만, 우리의 주제인 스태그플레이션 현상은 엄연한 사실이므로 어떻게든 이론으로 설명해야 할 의무가 경제학자들에겐 주어지는 셈인데, 다행히고 그 가능성은 열려 있다고 볼 수 있으니, 비관할 필요는 없다. 다시 말해서 거짓이 아닌 사실이라면 그 사실이 일어나야만 하는 이유가 있을 것이고, 그것이 바로 원인이 되는 까닭에 이유를 찾는 작업이 곧 이론을 연구하는 과정이 된다고 할 수 있다. 결국 이유가 있는 이상 이유가 발견될 가능성은 항상 남게 되고, 따라서 옳바른 이론이 언젠가는 인간에게 정복될 수 있음을 확신시켜 주는 셈이다.

다행히도 조금만 주의를 기울이면 스태그플레이션 현상을 설명할 수 있는 기하학적 모델은 쉽게 발견되는데, 그것은 〈그림15〉와 〈그림16〉으로 비유할 수 있다.

보시다시피, 잘 살펴보면 〈그림15〉와 〈그림16〉의 체적은 모두 8로서 같다. 즉, 〈그림15〉에서는 x, y, z 세 축이 각각 '2'이므로, 2×2×2=8이 되고, 〈그림16〉에서는 8×1×1=8이 되어 역시 같은 결과를 가져온다. 물론, 여기서 8이라고 하는 수치의 비유 대상은 경제학의 측면에서 볼 때 사회적 전체 부에 해당하며, x, y, z 축은 각각 이자 총액(자본의 추가 활용가치)과 임금 총액 그리고 지대 총액에 대입시킬 수 있다.

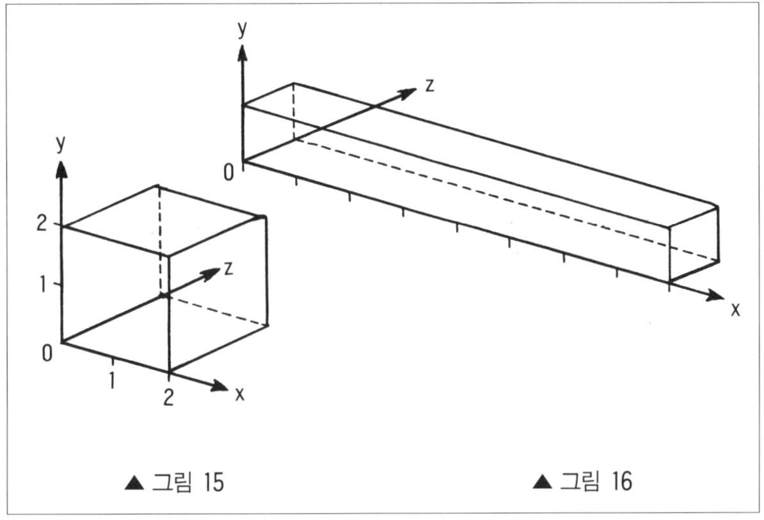

▲ 그림 15 ▲ 그림 16

그 이유는 전체 부가 늘어나면 그만큼 자본의 활용가치(이자)[46]는 물론이고 사람의 노동과 땅의 위치가치도 함께 올라가는 함수관계가 성립하기 때문이다.

그런데 〈그림15〉와 〈그림16〉을 비교할 때, 실질적인 부의 가치는 달라져〈그림16〉보다 〈그림15〉가 더 높아지게 된다. 그 이유는 〈그림15〉에서 x, y, z 축에 대응하는 임금 총액, 지대 총액, 이자총액의 지수라 할 수 있는 수치 '2'를 모두 합하면 6이 되고, 이것을

46) 활용가치는 추가 활용가치의 준말이다. 그것은 활용가치라는 개념 자체가 추가적인 가치이기 때문이다. 다시 말해서 어떤 상품의 활용가치가 있다는 것은 잘 활용하면 그 상품의 구입가격 이상의 가치를 추가적으로 얻을 수 있다는 말이다. 만약 100원의 비용을 들여 구입한 상품이 100원의 가치밖에 창출하지 못하면 활용가치가 없다고 말할 수 있다.

다시 3으로 나누면 (평균값을 구하기 위해) 그 값은 '2'가 될 것이다. 그런데 여기서 '2'라고 하는 수치가 가지는 의미는 부에 대한 평균적인 물가지수를 나타내는 것이므로, 그 값이 높을수록 부의 실제 가치를 떨어뜨리는－물가가 올라가면 소득은 상대적으로 낮아지는 의미를 가지기에 － 역할을 하게 된다. 따라서 전체 부가 8배 늘어났다 하더라도 1/2만큼 상쇄되어 (물가 수준이 2배 상승했으므로) 결국 늘어난 부는 4배의 가치만을 갖게 된다.

반면 〈그림16〉에서는 x, y, z 축에 대응하는 임금 총액, 지대 총액, 이자 총액의 지수값이 각각 8, 1, 1로 나타나 모두 합하면 10이며, 다시 3으로 나누면 3.3(3.33……)이 된다. 따라서 〈그림16〉은 전체 부를 3.3으로 나누게 되어 전체 부를 2로 나눈 〈그림16〉보다 부의 가치가 작아지게 된다.

그럼 이 사실과 스태그플레이션 현상과는 무슨 관계가 있다는 것인가? 이미 앞에서 언급했던 대로 인플레이션 자체는 〈그림15〉에서처럼 직육면체 모양의 전체 부가 늘어나면 당연히 각변을 이루는 부의 요소 가격 총합(이자, 임금, 지대)이 올라가는 것은 필연적임을 이해해야 한다. 즉, 호황기에는 (전체 부 또는 육면체의 부피가 늘어나는 시기이므로) 인플레이션이 일어나고 (각 변도 그만큼 늘어나므로) 한편 인플레이션을 억제하면 (직육면체의 부피와 각 변의 길이가 늘어나지 못한다.) 실업의 증가라는 불황을 피할 수 없게 된다.

다시 말해서 인플레이션과 실업은 역관계에 있다는 사실이다. 따라서 인플레이션과 실업이 동시에 증가하는 이론적 모델을 찾기는 무척 어려워 보였던 것이다.

그러나 〈그림16〉에서 보는 바와 같이 전체 부의 증가가 없는 상황 속에서도 x, y, z 축의 각 변수 조정만으로 인플레이션 효과를 초래한다는 사실이 밝혀진다. 이는 매우 중요한 사실의 발견으로 〈그림15〉에서는 각 변수의 평균값이 '2'가 되어 총효용(8)을 나누면 실질 총효용가치는 수치 '4'에 해당[47]하는 셈이다. 그런데 반해 〈그림16〉에서는 각 변수의 평균값이 3.3이 되어 8을 3.3으로 나누면 실질 총효용 가치는 2.4로 더 낮아져 명실공히 불황 속에 인플레이션이 나타나는 스태그플레이션의 가하학적 모델을 발견하는 데 성공한 것이다.

하지만, 몇 가지 의문점도 더불어 제기되는데, 이를테면 생산성의 정체(停滯)로 부의 증가가 이루어지지 못할 때 내부 변수의 변화로 스태그플레이션이 일어난다고 하는데, 과연 내부적으로 자체 조정이 어떻게 가능하느냐 하는 점이다. 이 점에 관련한 설명은 다음 장에서 경기 변동의 주제와 함께 언급될 기회가 있으므로 여기서는 생략하기로 한다.

그럼 두 번째의 의문을 살펴보자. 만약 지금까지의 내용이 사실이라면 스태그플레이션이 정부의 통화 정책의 실패에서 기인한다는 통화주의 학파의 주장을 뒷받침하는 느낌을 준다는 것이다. 즉, 무분별한 통화 관리로 불황기에 인플레이션 요인까지 발생시켜 스태그플레이션이 일어난다는 주장은 흡사 불황기에 내부 변수의 조정으로 스태그플레이션이 발생한다는 주장과 같은 내용을 표현만 다르게 했다고 느껴지기 때문이다.

다시 말해서, 통화주의 학파는 내부 변수의 조정을 유인한 것이 무분별한 통화 정책의 시행에서 찾기 때문이다. 사실, 상식적인 수준에서 볼 때, 통화량의 변동이 스태그플레이션의 잠재 변수로서 영향을 끼칠 수 있는 개연성의 여지는 충분히 있다고 여겨진다.

---

47) 물가 수준은 특정 물가만을 가지고 논할 수 없다. 따라서, 물가 수준을 정하려면 전체 물가의 평균값을 구하여야 한다. 그리고 그 값(물가 수준)으로 전체 부를 나누면 실제 효용가치를 얻을 수 있다. 〈그림15〉에서는 명목 총효용(명목 전체 부의 총액) '8'에서 '2'로 나누면 실제 효용가치는 '4'가 되고, 〈그림16〉에서는 명목 총효용(명목 전체 부) '8'에서 '3.3'으로 나누면 실제 효용가치는 약 2.4 정도로 낮아진다.

그런데, 아이러니컬하게도 상황이 이쯤되고 나면 통화주의 학파와 정반대의 주장도 논리적 모순은 일으키지 않는다. 왜냐하면, 통화 정책의 잘못으로 스태그플레이션이 발생했다면 마찬가지의 논리로 통화정책을 잘만 수행하면 스태그플레이션을 해결할 수도 있다는 얘기이기 때문이다.

말하자면 의사의 실수로 환자의 병을 악화시켰다는 논리는 동시에 능력있는 의사는 환자의 병세를 호전시킬 수도 있다는 가능성을 남겨놓는 법이다. 그러나, 엄밀히 추론 과정을 거치면 통화량이란 단지 화폐에 대해 실물자본과의 교환 비율만을 의미하기 때문에 통화량의 크기 자체에 너무 매달리는 것은 별 의미가 없다.

중요한 것은 통화량이 변동하는 과정 그 자체에서 내부 변수 조정에 영향을 주기 때문에 통화 정책으로 스태그플레이션의 원인을 제공할 수는 있어도 해결책을 제시할 수는 없다는 딜레머가 바로 거기에서 연유하는 것이다.

한 마디로 말해서 통화 정책[48]은 스태그플레이션을 악화시킬 수는 있지만, 완화시킬 수는 없다. 얼핏 생각하면 이해하기 어려운 논리이나 물리학에서 논의되는 열역학 법칙을 상기하면 이해에 도움이 될 것이다.

열역학 법칙에서 '영구 기관 제작 불능의 법칙'이란 것이 있다. 이 법칙은 열에너지가 높은 곳에서 낮은 곳으로만 이동하는 비가역적인 방향을 가진다는 엄밀한 해석을 일반화시킨 것으로, 엔트로피는 항상 증가하는 방향을 가진다는 말로 표현되기도 한다. 사실, 아

48) 통화 정책으로 인한 통화 인플레이션은 통상 품귀 인플레이션이나 생산 인플레이션과 함께 겹쳐 일어나는 특성 때문에 경제학자들이 인플레이션의 원인을 모두 통화 인플레이션에서만 찾게 되는 유혹에 빠지기가 쉬웠다. 그러나, 통화 인플레이션은 본질적인 교환 매체로서의 화폐 비율과 실질 자본과의 교환 비율 변화라는 의미밖에는 없음을 이해하여야 한다. 즉, 중요한 것은 화폐라는 종이 쪽지가 아니라, 실물 자본의 생산량이다.

무리 과학이 발달해도 에너지를 100% 효율을 이용하는 것은 기술적으로 불가능해서가 아니라, 원리적으로 불가능한 것이다.

아무튼, 이 법칙이 경제학에서 시사하는 것은 통화 정책이 스태그플레이션이 일어나는 방향으로만 진행되는 비가역 반응에 해당한다는 점이다.

그 이유는 통화량의 변동이라는 통화 정책 과정상에 스태그플레이션이 유발되는 원인이 발생하기 때문이다. 따라서 새로운 통화 정책이라해도 역시 통화 변동이란 과정이 개입되고, 그 과정은 다시 스태그플레이션의 악순환을 되풀이할 것이다.

바로 그러한 이유 때문에 통화 변동이란 사회적 돌출 변수를 최소화하기 위해선 통화 정책을 자제하는 수 밖에 없다. 그렇다고 해서 통화 정책을 억제하는 것이 스태그플레이션을 극복하는 하나의 방법일 수 있다는 기대는 분명히 버려야 한다. 다만, 스태그플레이션을 악화시키는 변수 발생을 억제하여 그 시기를 조금 지연시키는 것에 불과하다.

제3절 배탈의 원인은 음식이 아니라 과식이었다

지금까지의 내용 중에서 분명한 것을 먼저 살펴보면 인플레이션과 실업(불황)은 반비례 관계를 유지한다는 것이다. 그것은 원리적일 뿐 아니라, 역사적 실증 분석이기도 하기 때문이다. 그리고, 또 하나 분명한 사실은 인플레이션이 장기적으로 지속되면서도 독립적인 변수 요인이란 점이다.

물론 이 사실에 대한 새로운 해석은 얼른 받아들여지지 않을 것이다. 그동안 인플레이션과 실업은 반비례하기 때문에 a.b=p(여기서 a는 인플레이션, b는 실업, p는 어떤 상수)라는 형식의 도그마에 걸려 인플레이션 (a)값이 장기적으로 커지는 이유를 설명할 수 없었던 것이다.

사실 이 도그마는 a와 b는 서로 반비례한다는 사실만을 알려줄 뿐, 어떤 특정한 변수가 계속 증가해야 하는 사실과는 전혀 무관하기 때문이다. 게다가 어떤 한 값이 계속 증가하려면 반드시 다른 한 값은 계속 작아져야만 하는 대가를 치러야 하는데, 이것은 현실적으로 도저히 수용될 수 없는 내용이 된다.

다시 말해서, 인플레이션이 장기적으로 보장되기 위해선 반드시 실업률은 계속 떨어져야 하고, 마침내는 '0'에 한없이 접근하는 괴상한 결과를 가져오기 때문이다.

따라서, 만족한 결과를 얻기 위해선 몇 가지 사실들을 더 고려하여 보정해 두어야 한다. 그렇지만, 의문이 생기는 대목은 인플레이션과 실업(불황)이 단기에 반비례 관계가 있음에도 불구하고 장기적으로 살펴보면 결국 그 관계가 파괴된다는 사실이다. 다시 말해서 인플레이션이 지속적으로 발생한다고 해서 실업(불황)이 한없이 낮아진 것은 아니었기 때문이다.

게다가 여러 가지 문제점을 피하기 위해 a·b=p 라는 관점을 a·b=px 라는 관점으로 바꾼다 해도 여전히 남는 의문점이 있었다. 물론 a·b=px에서는 인플레이션(a)이 커진다고 해서 실업률(b)이 굳이 낮아질 필요는 없어졌다. 그것은 우변항의 변수 x가 커지는 것으로 설명이 가능하기 때문이다. 그러나, 정작 문제는 왜 실업(b)이 일정한 값에 정체되는 경향을 가지는가 하는 점이다.

물론 엄밀히 말하여 실업률이 정체되어 있다고 말할 수는 없고,

장기적으로 볼 때 다소 증가하는 경향[49]을 가지는 것이 사실이나, 인플레이션의 증가율에 비하면 턱없이 낮은 것이 사실이다.

여기에 대한 직관적 설명으로 가능한 것은 생산성(x)의 증가로 우변항이 커지면 등식관계를 유지하고 있는 좌변항도 커지게 마련인데, 그 변수 대상은 실업(b)보다 인플레이션(a)의 값이 더욱 신축적인 흡인력을 가진다는 점이다.

그 이유는 부의 증가로 인해 소득이 늘어났다면 다소 물가가 오르더라도 견디어 낼 수 있는 경제적 여유도 그만큼 늘어나게 되어 물가상승에 따른 불만이 어느 정도 상쇄될 수 있기 때문이다. 반면, 소득이 다소 늘어났다 하더라도 스스로 실업을 결정하기는 주저하기 마련이다 왜냐하면, 실업은 개인적인 입장에서 볼 때, 살아갈 수 있는 소득원 자체를 상실하는 결과를 초래하므로 비록 그 사회가 높은 복지제도로 실업자를 위로할 수 있다 하더라도 실업이 가져오는 상처의 아픔은 발등의 불이 아닐 수 없기 때문이다.

요컨대, 물가의 상승을 저지하기 위해 자신의 직장을 포기할 수 있다는 의지보다도 자신의 직장을 유지하기 위해 물가의 상승을 허용[50]하는 심리가 비교할 수 없을 정도로 강하다는 것이 실업률 증가 유인보다 인플레이션 증가 유인율이 더 큰 이유인 것이다.

아무튼 사소한 논점들은 이쯤에서 각설하고 꼭 논의해야 할 이야

49) 경제적으로 부가 늘어난다고 하는 것은 그만큼 사회적인 잉여 소득의 증대를 가져온다. 그렇게 되면 모든 사람들이 살아남기 위해 처러야 하는 치열한 생존 경쟁에 참여해야 하는 절박감을 줄여주는 효과가 있다. 왜냐하면, 잉여소득이라는 것이 있어서 누군가는 일하지 않고도 먹고 살 수 있는 길을 열어줄 수 있기 때문이다. 따라서 부의 증가는 그만큼 실업자의 수를 늘릴 수 있는 잠재력이라 할 수도 있다.

50) 물가의 상승으로 직장이 유지될 수 있다는 의미가 아니다. 사실 그러한 관계는 전혀 없다. 다만, 직장을 유지하는 조건으로 물가의 상승을 견디어야 한다면 견디어 내는 쪽을 선택한다는 말이다. 다시 말해서, 개인의 입장에서 직장을 유지해야 하는 욕구가 물가의 상승을 억제하려는 욕구보다는 훨씬 강하다는 말이다.

기가 지금까지 미루어져 왔는데, 그것은 스태그플레이션이 가지는 의미 해석이다. 앞에서 우리는 스태그플레이션을 이야기하면서 인플레이션의 불가피성을 지적했다.

더 정확히 말해서 불가피하다는 정도를 넘어서 오히려 성장의 상징으로까지 추켜세워졌다. 그렇지만, 인플레이션으로 경제에 어려움이 있었다는 경험을 뚜렷이 기억하고 있는 일반인들에게는 '인플레이션이 성장의 상징'이란 식의 해석은 전혀 설득력을 가질 수 없었던 것이다. 현실감을 외면한 이론이란 이미 의미를 잃어버리게 되기 때문이다.

그럼에도 불구하고 결론부터 얘기하면, 인플레이션 자체는 경제 전체에 부가 증가한다는 성장의 상징임에 틀림없다. 그런데, 많은 사람들이 인플레이션에 대해 부정적인 시각을 갖게 된 것은 과식으로 인한 배탈을 음식 자체에 원인으로 돌리는 오류에서 그 비유를 찾을 수 있다.

사실 아무리 좋은 음식도 지나치게 과식하면 배탈이 나게마련이다. 그런데도 배탈의 원인이 과식에 있음을 깨닫지 못하고 음식 자체가 인간에게 유해하고 불필요한 것이었기에 생긴 결과라고 진단하는 셈이다.

또 다른 비유를 하자면, 사람은 어려서부터 자라면서 몸은 커지게 된다. 그럼 당연히 옷도 점차 큰 옷으로 갈아입어야 하고, 또 그래야 미용상으로나 건강상으로나 모두 유익하다. 그런데 그러한 이치를 무시하고 자신의 몸보다 좀 큰 옷을 입었을 때에 불편함을 느꼈다고 해서 큰 옷은 무조건 나쁜 옷이라고 해석한다면 그것이야말로 정말 잘못된 해석이다.

요컨데, 큰 옷 자체가 잘못된 것은 아니다. 그리고 인간에게 음식 자체가 유해한 것도 아니다. 오히려 음식은 영양분을 섭취하는데 반드시 필요한 요소다. 다만, 모든 것이 지나칠 때 문제가 생기는 것이다. 인플레이션도 경제 규모 전체가 커지면 당연히 나타나는 현상이자 바람직한 현상이기도 하다. 물이 많으면 그 물을 담을 그릇도 커야 되듯이 말이다.

말하자면 경제 규모가 커지는 속도보다 더 빨리 진행된 인플레이션만을 가지고 인플레이션의 전부라고 이해하면 곤란하다는 얘기다. 즉, 인플레이션이 나쁜 것이 아니라 지나친 인플레이션이 나쁜 것이다.

다음 두 번째로 미루어 온 논의는 인플레이션과 불황이 겹치는 스태그플레이션은 경제 흐름에서 일어날 수 있는 극히 자연스런 일반 현상이란 점이다. 이를테면, 공(축구공이건 배구공이건 상관없다.)에 충격을 주면 약간 모양이 비틀어지거나 납작해지듯 경제 흐름에 변화[51)]가 생기면 경제 왜곡은 필연적이다. 가령, 공 속에 들어있는 공기를 부(富)의 양에 대응시키고 공의 껍데기 면적은 물가의 지수로 대응시키자. 그런데 공기의 압력이 가장 약한 상태—압력이 가장 약한 상태가 가장 안정된 상태이기도 하다.—가 되려면 공이 완전한 구의 모양을 할 때이다.

따라서 외부 작용에 의해 공의 모양이 일그러진다는 것은 공기의 압력이 증가한다는 뜻이며, 이 경우 같은 양의 공기를 모아 두는데, 더 넓은 면적의 공 껍데기를 필요로 하는 효과와 같다. 결국, 공이 외부의 충격으로 일그러진다는 것은 경제적인 관점에서 바꾸어 말하면, 불황(공기량이 늘어나지 않았으므로)인데도 인플레이션(압력이 증가했으므로)이 겹치는 스태그플레이션이라 할 수 있다.

---

51) 변화의 원인에는 과학 기술의 발전에 따른 산업 생산성이 될 수도 있고, 사회적 환경이나 문화적 배경 또는 정부의 통화 정책 등 모든 것이 변화의 원인이 될 수 있다.

경기 변동

경제의 흐름은 항상 호황기와 불황기라는 경기 변동을 반복하고 있다. 여기에 대한 경제학의 입장은 결과론적 해석 방법이었다. 다시 말해서 경기 변동의 원인에 대해서는 설명할 수 없지만, 현실적인 현상을 인정하고 하나의 결과로서 받아들이는 이론전개 방식이다.

말하자면 모든 이론의 전개에 있어 초기 조건만은 경기 변동의 결과를 기정사실로 하고 경제 현상의 원인 규명은 그 이후의 과제에만 해당되는 문제였다. 이를테면, '불황기에 통화 정책을 확대하면 무엇이 어쩌고 저쩌고 . ' 하는 식으로 경기 이후의 사실에 대해서만 경제학이 관여할 뿐, 경기 변동 자체의 이론이나 원인에는 그동안 관여하지 못해왔다.

그럼 경기 변동을 구성하고 있는 호황기와 불황기는 왜 존재하는가? 우선 호황기부터 왜 생기는지 살펴보자. 일반적으로 호황기라 함은 말 그대로 경기가 좋은 시기를 지칭하며, 당연하겠지만 경제 산업 전반에 걸쳐 생산과 수요가 늘어나는 시기라 할 수 있다.

그런데, 수요란 공급(생산성)에 의존하게 된다. 이는 수요보다 공급 능력이 더 중요하다는 말인데, 사실 공급이 뒷받침되지 않는 수요는 아무 의미가 없다고 봐야 한다. 왜냐하면 인간의 욕심이란 끝이 없지만 그 욕심을 현실적으로 실현시킬 수 있느냐의 문제는 전적으로 주머니의 경제사정이 허용하느냐에 달려 있다. 다시 말해서 유효 수요란 돈이 있어야 가능하기 때문이다.

따라서 수요가 늘어날 수 있다는 것은 주머니 사정이 뒷받침된다는 말이며, 이는 생산성의 향상으로 가능하기 때문이다. 그것은 생산성이 향상되어야만 이익이 늘어날 수 있고, 이익이 생겨야 다시 수요가 늘어나고 수요는 공급을 다시 늘린다. 이렇게 되면 공급을 늘리기 위해 생산성을 높여 이익을 더 높여주게 된다. 결국 생산성 향상이야말로 수요의 증가를 가능하게 하는 호황기의 원동력이라 할 수 있다.

그리고 생산성 향상은 경험의 축적과 과학 기술의 발전으로 가능하다. 결론적으로 과학 기술의 발전이 호황기를 가져오는 원인과 힘을 모두 제공한다고 하겠다.

그렇다면 불황기는 왜 생기는가? 만약 호황기가 과학 기술의 발전으로 발생했다면 지속적인 과학 기술의 발전으로 불황기를 아예 없앨 수도 있지 않느냐고 반문할 수도 있다. 아니 그 반문을 더 정확히 지적하면 지금까지 인류는 끊임없이 과학 기술의 발전을 가져왔으니 지금쯤은 불황기가 있을 수 없다는 말이다. 따라서 과학 기술의 발전으로 호황기가 가능하다는 이론에 보이지 않는 의혹이 제기된다.

얼핏 생각하면 유사이래 과학 기술의 발전은 계속 되어 왔다. 그런데, 호황기가 과학 기술의 발전으로 생겼다면 불황기란 존재할 수 없고, 항상 호황기 뿐이어야 한다. 물론, 과학 기술이 퇴보되었다면 몰라도 인류의 역사이래 과학 기술의 퇴보란 없었다[52]. 더구나 과거에 호황기가 한 번이라도 있었다면 그 후엔 항상 호황기만 지속되어야 한다.

왜냐하면 과학 기술의 덜 발전된 과거에도 호황기였는데 하물며 과학 기술이 더 발전된 시점에 와 불황이 생긴다는 것은 납득하기

52) 단기적으로 보면 과학 기술이 항상 발전한다고 할 수 없지만, 장기적으로 보면 항상 발전한다고 할 수 있다.

어렵기 때문이다. 따라서, 불황기가 존재한다는 것은 과학 기술의 발전으로 호황기가 생긴다는 이론적 논리에 모순을 갖게 하는 것이다. 그런데, 이러한 혼란은 개념의 정의가 명확하지 않아 생기는 착오라 할 수 있다.

사실 불황기란 호황기와 상반되는 개념이라기 보다는 상대적인 개념[53]이라 할 수 있다. 왜냐하면 경기의 상황이란 항상 일정할 수 없는 법이므로 경기가 달라질 때 상대적인 관점이나 시기에 따라 호황기라 부를 수도 있고 불황기라 부를 수도 있기 때문이다. 따라서, 경기가 항상 일정하지 않는 한, 경기의 상대적인 차이 역시 항상 존재하기 마련이어서 호황기와 불황기라는 경기 변동의 수레바퀴는 언제나 돌아가게끔 되어 있다.

그럼 이번엔 경기가 왜 항상 일정하지 않을까? 하는 점에 설명이 있어야겠다. 주지하는 바와 같이 경기의 상태는 과학 기술의 발전에 그 영향을 받는다. 따라서 과학 기술의 발전속도가 일정하지 않는 한, 그리고 과학 기술의 발전이 항상 연속적이지 않는 한[54] 경

---

53) 솔직히 호황기와 불황기는 결과론적 해석의 상대적인 개념이어서, 그 기준이 매우 애매한 경우가 많다. 가령, 어떤 시기가 호황기라 해도 그 시기에 포함되어 있을 때는 자신이 호황기에 있는지 불황기에 있는지 전혀 알지 못하는 경우가 많다. 실제로 호황기일지라도 그 시대를 사는 당사자들에게 경기의 상황을 물어보면 불황기같다는 답변이 오히려 더 많이 나온다는 것을 알 수 있다. 다만 후일 그 시기가 호황기였다고 밝혀지는 것은 통계 자료에 의할 뿐이다. 이것을 단순히 통계자료와 체감느낌의 차이라고 얼버무리기엔 무리일 것 같다. 더 엄밀히 표현하면 불황기와 호황기의 상대적인 개념을 객관적인 개념으로 오해하여 비롯된 결과라 할 수 있다.

54) 과학 기술의 발전 양식은 한단계 한 단계씩 매듭을 가진다. 다시 말해서 위대한 과학자가 항상 같은 시간의 간격으로 태어나 같은 시간의 간격으로 위대한 업적이 완성되는 것은 아니다. 원래 과학 기술의 발전이란 하나의 업적이 완성되기 위해선 많은 시간과 노력이 필요하지만 일단 그 연구 성과는 하나의 열매와 같이 개별적 특성을 가진다. 따라서 과학 발전의 형태는 연속적(analogue)이지 않고 단계적(digital)인 특성을 가진다.

기변동 역시 일정할 수 없다.

이로써 우리는 경기 변동이 왜 일어나는지 그 이유를 알게 된 셈이다. 그렇지만, 호기심 많은 사람들에겐 여전히 남는 의문이 있을 줄 안다. 그것은 불황기가 호황기에 대해 단순히 상대적인 개념이라 보기엔 뭔가 매끄럽지 않기 때문이다.

다시 말해서 불황기와 호황기는 상대적인 차이가 아니라, 절대적인 차이가 존재한다는 것이다. 이러한 추론에 대해 엄밀히 해석하면 상당히 일리가 있다고 하겠다.

다만, 결론을 내릴 때의 주의할 점은 종합적으로 고려해야 한다는 점이다. 일부의 차이가 있다고 해서 상대적인 개념을 절대적인 개념으로 확대 해석하면 더 많은 문제점이 나타나기 때문이다.

그렇지만, 호기심 많은 독자들을 위해 일부의 차이에 대해서도 논하여 그 메커니즘을 간단히나마 설명하도록 하겠다.

새로운 산업발생	고용증대	→ 소득 증가 요인(↑)
	새로운투자	→ 가격 상승 요인(↑)
기계화의 대량생산	실업증가	→ 소득 증가 요인(↓)
	원가절감	→ 가격 하락 요인(↓)
사양산업 발생	실업발생	→ 소득 감소 요인(↓)

[표 3]

〈표3〉에서 볼 수 있듯이 과학 기술이 발전하게 되면 생산성의 향상으로 공급도 늘어나지만, 새로운 산업도 발생하게 된다. 그렇게 되면 생산에 필요한 새로운 고용효과를 가져오는 장점이 생겨난다. 반면에 과학 기술의 발전속도가 주춤하게 되면 새로운 산업 발생에 따른 고용 효과보다 기존의 산업 중에서 유행이 지난 사양산업의 생산 중단으로 생겨나는 실업자의 수가 늘어나게 된다.

요컨데, 불황기란 새로운 산업에서 필요한 인력보다 경제가치가 떨어진 사양산업이나 생산성이 낙후된 기업이 문을 닫으면서 쏟아지는 실업자의 수가 더 많이 배출되는 시기라 할 수 있다.

따라서 불황기가 오래 지속되면 실업자의 수가 자꾸만 늘어나 호황기와는 질적으로 차이를 보일 수 있는 것이다. 왜냐하면, 호황기에는 새로운 산업발생 등으로 그만큼 고용 증대 기회가 생겨 실업자의 수가 상쇄될 수 있지만, 불황기에는 실업자의 증가와 수요 감소의 악순환으로 실업자의 수가 상쇄되지 않기 때문이다.

第6章

이윤(利潤)

이윤의 요소

이윤은 무엇인가? 일반적으로 이윤의 개념을 다룰 때 기업가가 기업 활동으로 얻은 소득 가운데 생산에 참여한 다른 요소들에게 임금, 지대, 이자 등과 같은 형태로 지불하고 남은 소득을 이윤이라 한다. 그렇기에 특별한 기업가가 아닌 평범한 상인에게도 이윤의 개념은 항상 접하는 일상사 그 자체로 취급되는 것이다. 장사하여 남는 것이 이윤이기 때문이다. 그러고보면, 소득을 이윤이라 말해도 무방한 느낌을 준다. 이윤이 곧 소득이기 때문이다.

그렇다면 월급쟁이들의 한 달 월급도 엄연한 소득이니 이것을 이윤이라 할 수도 있지 않느냐 하는 질문도 자연스럽게 가능하다. 그러나, 대부분의 사람들은 여기서 뭔가 개념의 혼란을 일으키며 월급까지 이윤에 포함시키는데는 동의하기가 어려워 약간의 고민에 빠질 것이다.

왜냐하면, 이윤이라는 개념 속에는 단순한 소득이 아니고 순소득 또는 추가 소득이라는 뉘앙스를 더 강하게 풍기기 때문이다. 다시 말해서, 월급쟁이가 한 달 일하고 받는 월급도 분명 소득이긴 하지만, 순소득은 아니라는 것이다. 이유 인즉, 월급은 한 달 동안 일한 노동의 대가(자기 의사 결정권 위임의 대가가 정확한 표현이나 관례상 노동의 대가로 통일하겠다)로써 얻은 것이므로 순수한 의미의 이윤은 아니기 때문이다. 이러한 견해는 이윤이 추가적인 소득만을 뜻한다고 인정하므로 엄밀히 따져 월급은 노동의 추가적인 소득이 아니고 노동한 만큼 −노동가치론자들은 노동(력)량의 대가보다 오히려 소득이 적다고까지 주장한다 −의 정당한 대가를 월급(소득)의 형태로 1:1 비율로 교환했을 뿐이라는 인식을 반영한다. 사실, 이윤의 개념은 처음부터 생산에 필요했던 모든 비용을 공제하고 남은 부분으로 인식되기 때문이다.

그렇다면 문제는 정작 지금부터 발생한다. 월급쟁이의 월급이 이윤에 해당되지 않는다면 도무지 이윤이란 개념은 이 세상 그 어디에서도 찾을 수 없기 때문이다. 월급은 노동의 대가로 교환했을 뿐 이윤이 아니라면 같은 논리로 기업가의 이윤 역시 이윤이 될 수 없다.

왜냐하면, 그 소득은 기업가의 기업 경영 활동이라는 생산 요소에 대한 보수[55]로 볼 수 있기 때문이다. 다시 말해서, 생산에 필요한 비용을 공제하고 남은 '공짜 소득'이 아니고 기업가의 피눈물나는 기업 경영이라는 노력의 결과이기 때문이다.

---

55) 노동자는 자기 의사 결정권을 위임하고 받는 대가로 임금이라는 보수를 얻는다. 말하자면, 의무에 따른 권리 행사를 사후에 보상받는 셈이다. 그러나, 기업가의 경영 활동은 자기 의사 결정권을 스스로 사용한 것이므로 보수 즉, 권리를 요구할 수 없다. 자기 의사 결정권의 사용이라는 권리 행사를 사전에 행했으므로 오히려 사후에 그 대가(의무)를 치루어야 한다. 말하자면, 권리 행사에 따라 그에 상응하는 대가로서 소득을 보장받지 못한다는 사실이다.

여기서 우리는 '이윤이 무엇인가?'라는 질문을 새삼하게 된다. 이제 독자들은 저자가 너무나 당연히 보이는 이 질문을 6장의 제일 첫머리부터 왜 하게 되었는지 그 이유를 알게 되었을 것이다. 그리고 지금까지 경제학의 가장 기초적인 개념조차도 대수술이 필요한 대상임을 느꼈을 줄 믿는다. 그리고 분명한 사실은 이윤을 추가적인 이익(소득)이라든지, 또는 순이익(소득)이라는 개념으로 정의하게 되면 그러한 정의에 해당하는 개념 자체는 현실적으로 존재하지 않는다는 사실이다. 심지어 상인이 도매가의 싼 가격으로 물건을 구입하여 소비자들에게 비싼 소매가격으로 되팔아 차액을 남긴다해도 그것을 이윤이라 할 수는 없다. 왜냐하면, 물건을 판매한다는 행위 자체가 시간과 노력을 필요로 하는 장사[56]이므로 그 차액은 불로소득(이윤)이 아니라 장사의 대가이기 때문이다.

따라서 이윤에 대한 개념을 전면적으로 재검토하여야 한다. 아니 그보다 우선적인 과제는 이윤이란 개념 자체가 존재할 수 있는지 그 여부부터 파악하는 일이다. 가장 쉬운 예로서 어느 노동자의 월급이 80만원이었다고 가정하고, 다음 달에 100만원으로 올랐다면 20만원을 이윤[57]이라고 할 수 있을까 하는 점이다.

그것을 이윤이라고 한다면 기업가는 물론이고 평범한 상인에게

---

56) 장사는 웬만한 노동보다 훨씬 더 힘들다는 사실을 알아야 한다. 특히, 대인과의 많은 접촉에서 오는 스트레스는 차치하고라도 필요 물품 파악이나 판매대금 관리 같이 잔신경이 많이 쓰여 정신적 노동은 다른 직종의 월급쟁이들보다 비교할 수 없을 정도로 그 강도가 높다.

57) 물론 물가 상승률을 고려한다 하더라도 이윤의 폭이 줄어들긴 하지만, 이윤이 생긴다는 사실에는 변함이 없다. 왜냐하면, 특이한 경우(고인플레이션 상황)가 아닌 이상 대부분의 사람들은 과거보다 현재 더 잘 살기 때문이다. 사실 이윤이 없었다면 생활 수준의 향상은 있을 수 없다. 가령, 동물의 세계에서 가장 힘이 세다는 사자의 경우에도 사냥에서 얻는 먹이(소득)양은 평균적으로 일정하기 때문에 생활에는 발전이 없다. 다시 말해서 옛날의 사자나 오늘날의 사자 할 것 없이 모두 항상 같은 생활 수준에 머물고 있는 것이다.

도 이러한 상황은 늘상 접하는 현상이다. 기업가나 상인 모두 할 것 없이 그 전보다 소득이 늘어났다면 늘어난 소득만큼은 이윤에 해당하는 셈이다.

따라서 우리의 관심은 어떻게 해서 종전 이상의 소득으로 이윤이 발생할 수 있는가 하는 문제로 논점이 자연히 옮겨진다.

간단히 요약하면 어떤 사람이 구덩이를 파기 위해 맨 손으로 땅을 파는 것보다 포크레인으로 땅을 파면 훨씬 효과적이다. 다시 말해서 이윤이 발생하는 것이다. 그렇다면 이 이윤의 발생은 포크레인 덕분에 가능하다고 할 수 있다. 따라서 이윤이란 포크레인과 같은 자본시설이 생산 활동에 기여한 몫이라고도 할 수 있다. 결국 자본 시설이 기여한 부분을 인간의 몫(노동)으로 빼돌리면서 붙인 이름이 바로 이윤인 셈이다.

그럼 이번에 알고 싶은 것은 인간에게 안겨주는 자본 시설 자체는 어떻게 만들 수 있느냐 하는 점이다. 말할 것도 없이 과학 기술의 발전으로 가능한 것이다. 바로 그러한 이유로 해서 과학기술의 발전이야말로 이윤을 축적하여 부를 늘릴 수 있는 첩경이 되는 것이다. 그러나 과학기술의 발전만이 이윤을 가져오는 것은 아니다.

이윤의 요소는 크게 3종류의 요소로 나눌 수 있다. 첫번째가 앞에서 언급한 바 있는 자본시설의 이용이고, 두 번째는 노동의 분업[58] 그리고 세 번째로 위치 관계라고 할 수 있다. 그런데 첫 번째와 두 번째의 이윤 요소는 너무나 당연할 뿐 아니라 앞에서도 간헐적으로 여러번 언급되었기 때문에 생략하기로 하겠다. 다만 세 번째의 이

58) 인간의 개별적인 노동의 총생산성과 비교할 때 분업으로 인한 생산성은 훨씬 효율적이다. 따라서 노동으로 얻은 소득(임금)은 노동의 댓가이므로 공짜(이윤)라고 말할 수 없다. 반면 분업을 하게 되면 그냥 단순히 개별적인 노동의 총합으로 이루어낸 생산량보다 생산량이 훨씬 더 늘어나기 때문에 마치 공짜로 소득이 늘어난 느낌을 준다. 다시 말해서 노동은 더 작게 하여도 더 많은 수확률을 얻을 수 있어 노동의 댓가 이상의 이윤이 발생하는 것이다.

윤요소인 위치 관계에 대해서만 근거를 잠깐 살펴보도록 하자.

지금까지의 주류 경제학에서 이윤의 성격과 이윤의 수준을 결정하는 설명은 여러 가지 형태로 전개되어 왔지만, 아직 정설은 없다는 것이 기존 학계에서 내린 스스로의 진단이기도 하다. 그러나, 여기서는 대표적인 이론 두가지를 간단히 소개*할까 한다.

하나는 나이트(F. knight)가 주장한 위험 부담설(危險負擔說)이다. 이 이론은 조금 후에 설명될 또 하나의 이론인 슘페터(J. schumpet)의 혁신설(革新說)보다 다소 덜 알려진 것이긴 하지만, 내용적으로 볼 땐 오히려 좀 더 심오한 면이 있다.

왜냐하면 슘페터의 혁신설은 대부분의 사람들도 쉽게 생각하여 도달할 수 있는 내용이긴 하지만, 나이트의 위험부담설은 좀 더 근원적으로 추궁해 들어가야 생각이 미치는 내용이기 때문이다.

사실 내가 중학교 때 슘페터의 혁신설을 배우면서 회의를 느껴 나름대로 연구를 하여 도달한 내용이 바로 나이트가 이끌어낸 결론과 같은 내용이었음을 후일 알고 놀랐던 기억을 가지고 있다. 말하자면 사고 과정의 수준으로 볼 때 위험부담설을 이해하기 전에 거치는 과정이 혁신설이어서 위험부담설이 분명 한 수 위라고 느끼게 된다.

각설하고 나이트의 위험부담설로 되돌아 가자. 자본가가 기업을 경영하는 데에는 필연적으로 위험이 뒤따른다. 예상할 수 있는 위험에 대하여는 보험에 가입하여 보험료를 생산 비용으로 계산함으로써 위험을 회피할 수도 있다. 그러나, 예상할 수 없고 따라서 보험에 들 수 없는 위험이 있다.

아이러니컬하게도 전혀 예상할 수 없는 화재라든가 도난 또는 분실 등은 오히려 확률적으로 위험률을 계산하여 보험으로 대처할 수

* 「현대경제학 원론」 박영사, 1989, p 441~442.

있지만, 정치, 경제, 사회적인 요인들에 대해서는 어느 정도 예상하면서도 정작 그 결과에 대해 보험으로 대처할 수는 없다.

결과적으로 기업은 이러한 외부 요인(보험으로 대신할 수 없는 위험) 때문에 항상 위험 부담을 갖고 있으며 그것을 현실적인 이윤에 의해서 상쇄되는 것이다. 나이트는 이러한 견해를 반영하여 불확실한 위험을 기업이 부담하는데 대한 보수가 바로 기업 이윤이라고 진단했던 것이다.

여기에 대한 비판을 고등학교 시절의 저자 관점으로 설명하면, 이윤은 앞에서 언급한 대로 과학 기술 발전으로 인한 자본 시설의 생산 기여와 노동의 분업 그리고 위치 관계라는 이윤의 3요소에 의해 발생한다. 다만 위험 부담은 기업가가 자기 의사 결정권을 스스로 사용한 대가에 해당된다. 이것 역시 앞에서 기업 경영권의 주체를 설명할 때 이미 언급된 부분으로 권리에 따른 의무가 바로 위험 부담이며 또 그렇기 때문에 경영권은 기업주의 것이 될 수 있다.

다시 말해서 월급쟁이처럼 자기 의사 결정권을 기업가에게 맡기면 그 대가가 보장되고 위험 부담이 사라지는데, 이는 자신의 권리를 포기함으로써 권리 사용에 따른 위험 부담의 대가(의무)를 회피할 수 있기 때문이다. 반면 기업가에게 위험 부담이란 권리(경영권)를 갖는 조건이므로 필연적으로 치루어야 할 과제(대가)인 것이다.

다소 번거롭고 좀 유치한 비유가 되겠지만 다음과 같이 한 번 생각해 보자.

수채화 그림을 그리기 위해서는 여러 가지 준비물이 필요하다. 종이와 못이 필요하고 물감과 파렛트 그리고 물과 물통도 구비되어야 한다. 그리고 여기 나열된 준비물이 모두 구비되어야만 그림을 제대로 그릴 수 있으며, 어느 것 하나라도 없으면 그림을 그리기가 어려워질 것이다.

따라서 그림을 그린다는 입장에서는 각 준비물을 하나하나 개별적으로 가지는 것은 별 의미가 없고 모두 동시에 준비되어야만 작업이 가능하다. 그리고 모든 준비물이 구비되었을 때 그림이 가능하다는 사실은 그래야 그림을 그리기에 좋은 조건이 갖추어졌다는 말로 바꾸어 말할 수 있다. 그렇다면 여기서 말하는 좋은 조건이란 하나의 잇점에 해당되므로 그 개념을 이윤이라고 한번 바꾸어 생각해 보자.

이제 어떤 화가가 수채화 도구를 사용하여 그림을 그리고 있다고 생각하자. 당연하겠지만, 그림을 그리는 사람의 그림 실력이나 또는 그림을 평가하는 사람에 따라 좋은 작품이 나올 수도 있고, 별 볼일 없는 작품이 나올 수도 있다.

이 경우 그림을 그린다는 행위를 기업가의 경영 활동으로 비유할 수 있으며, 작품성의 가치는 여러 가지 요인과 상황에 따라 유동적일 수 있다는 점에서 기업가의 위험 부담에 비유될 수 있다.

또한 기업가가 기업 경영권을 가지는 대가로 소득을 보장받지 못하는 위험부담을 안게 되듯이 화가가 전적으로 창작한 작품에 대해서는 그 작품의 공과(功過) 역시 그 화가에게 돌아가는 몫[59]이다. 그것은 그리고 싶은 그림을 그렸기에, 자신의 의사 결정권을 사용했다는 점에서 권리를 누렸으니 그 대가는 당연히 치루어야 한다는 논리에 의해서다.

자, 여기서 그림을 그릴 수 있는 준비물이 구비되었다는 사실(이윤)과 화가의 작품이 성공할지, 실패할지 모른다는 사실(위험 부담)이 과연 같은 수준의 기준에서 평가될 수 있을까? 물론 이러한 비유가 정확하다고 할 수는 없으며, 더구나 모호한 개념이 많기 때문

---

59) 가령, 인쇄된 밑그림에 단순히 색칠만 하는 그림이라면 비록 그 작품이 흥행에 실패했더라도 그 책임이 색칠만 하는 사람에게는 돌아가지 않는다. 그 사람은 지시된 대로 색칠만 했기 때문이다. 기업이 망했을 때의 책임이 기업가의 몫이 되듯 흥행의 실패 책임 역시 인쇄 디자인을 기획한 기업에게 돌아간다.

에 어떤 결론을 내리기는 더욱 힘들 것이다.

그러나, 사려깊은 분석을 통해 그림 도구가 준비되었다는 것은 조건의 상황을 나타낼 뿐, 작품성의 성공 여부를 나타내는 것은 아니다. 좀 더 확실히 말하면, 성공 여부가 불확실한 위험 부담은 화가의 이윤으로 상쇄되는 것이 아니고 화가의 권리 사용에 따른 보수(대가)로 상쇄된다는 뜻이다.

다음으로 앞에서 언급되었던 슘페터의 혁신설을 살펴보자.

기업의 혁신(innovation)이란 ① 새로운 상품의 생산, ② 새로운 생산 방법의 도입, ③ 새로운 시장의 개척, ④ 새로운 자원의 발견, ⑤ 새로운 경영 조직의 결성 및 경영 기법 도입 등을 뜻하는 것이다.

슘페터에 의하면 기업가가 이러한 혁신을 적극 추진함으로써 기업이 발전하는데 기업 이윤이란 이와 같은 기업가의 혁신에 대한 보수라는 것이다. 슘페터는 혁신을 이윤 발생의 원천으로 보았을 뿐 아니라, 경제 발전의 원동력으로 중시하였다. 기업가의 혁신을 통하여 생산력을 급진적으로 향상시켜 나가는 과정을 창조적 파괴의 과정(process of creative destruction)이라고 하는데, 이러한 창조적 파괴의 과정에서 이윤이 발생하고, 이 이윤 동기가 경제성장을 촉진한다는 것이다.

독자들도 느끼듯이 이윤에 대한 슘페터의 견해란 이처럼 누구나 쉽게 생각할 수 있는 내용이어서 설득력을 가지게 한다. 그런데 바로 그 사실이 가장 초보적인 인식 수준임을 암시하는 대목이기도 하다. 저자가 일찌기 이 견해에 염증을 느낀 것도 그러한 연유와 관련이 있다. 물론 얼핏보아 슘페터의 견해에 잘못이 있다고 지적하기는 힘들 것이다. 잘못이 있다고 느껴지기는 커녕 오히려 현실을 훌륭하게 설명하는 느낌마저 준다. 기업가의 혁신이 이윤을 증대한다는 사실에는 누가 봐도 오류가 없는 틀림없는 사실이다.

그러나, 문제점은 이윤의 개념을 명확하게 정의하지 못한 상태 –바로 이 사실이 초보적인 실수의 하나였다 –에서 더구나 부분적인 사실을 전체적인 사실로 확대 해석하는 논리적 비약에서 비롯된 것이다. 물론 어떤 기업의 혁신으로 많은 이윤이 발생할 수 있다. 그러나, 사회 전체적으로 볼 때도 과연 그것을 이윤이라 할 수 있는가?

가령, 여성들 사이에 긴 치마에서 짧은 치마로 유행할 것을 예상한 기업이 짧은 치마를 상품화하여 생산하였다고 하자. 그리고 그 예상이 들어맞아 많은 이윤을 남겼다고 하자. 그렇다면 그 기업의 입장에서는 당연히 이윤의 증가가 있었고, 그 성공 원인은 기업의 경영혁신 전략에 있었다고 말할 수 있다. 그러나, 사회 전체적으로 보면 상황이 달라질 수 있다. 왜냐하면, 짧은 치마를 개발한 기업은 많은 이윤을 남겼겠지만 반대로 다른 기업에서는 손실이 생겼을 것이다. 다시 말해서 한 기업의 이윤이 다른 기업의 손실을 통해 얻어진 것이라면 경제 전체적으로 과연 이윤이라 부를 수 있느냐 하는 점이다.

여기서 이윤 개념 자체에 문제가 생긴다. 기업의 이윤을 정의할 때, 그동안 총수입에서 총비용을 뺀 순이익의 개념을 반영하고 있었다. 따라서 한 기업의 이윤이 다른 기업의 손실에서 비롯되었다면 순수한 의미의 이윤이라고 할 수는 없다.

그러나, 슘페터의 혁신설에 대한 비판근거는 좀 더 근본적인 곳에 있다. 즉, 혁신이란 용어의 개념을 좀 더 엄밀히 다듬지 못했던 것이다. 왜냐하면, 기업이 경영 혁신으로 이윤을 발생시켰다고 해서 그 혁신의 성격을 이윤 발생이라는 동일 수준으로 다룰 수는 없기 때문이다. 사실 경영 혁신이라는 말이 매우 포괄적인 개념이긴 하나, 엄밀한 개념은 아니다.

일반적으로 한 기업의 이윤을 증가시키는 방법에는 크게 두 가지의 종류가 있다.

하나는 유행에 맞는 새로운 상품을 개발하거나 새로운 시장을 개척하며 더 넓은 세계로 진출하여 얻는 방법이다. 그리고, 다른 하나는 앞에서 언급된 바처럼 과학 기술의 발전으로 생산성이 향상되어 전체 경제에 부를 늘려 얻어내는 더욱 근본적인 방법이 있다.

그런데 이러한 구분은 단지 이윤을 얻는 방법의 차이가 아니고 질적으로 차원이 다른 구분이다. 한 기업의 이윤에만 적용되는 것과 사회 전체의 이윤에 적용되는 것을 도매급으로 묶을 수는 없다.

다시 말해서 이윤이 발생하지 않는 상황까지 경영혁신의 개념 속에 포함되어 있는데도 불구하고 경영 혁신만이 이윤 발생의 근거인 양, 왜곡시켜 버린 것이다. 주의할 점은 지금까지의 논의가 경영 혁신이 이윤을 발생시킨다는 점을 부정하는 것이 아니란 점이다. 다만, 전체적으로 순이윤을 발생시키는 진정한 혁신의 개념을 분리해야 함을 지적한 것 뿐이다.

위치 관계

1. 지대(地代)

(1) 지대 개념의 문제점과 유래

지대는 토지를 생산 과정에 제공한 대가의 보수, 즉 토지라는 생산 요소가 제공하는 서비스에 대한 가격이라고 일반적으로 정의한다. 그러나, 이 개념은 매우 제한적으로 적용될 뿐 아니라, 현실적으로 많은 문제점을 안고 있다. 물론 옛날에는 이러한 일반적 개념도 유용했겠지만, 오늘날 토지의 가치(지대)는 토지 그 자체의 생산성(비옥도)보다 토지의 위치에 따라 결정적으로 평가된다.

사실 도시의 지대가 시골에 비해 터무니없을 정도의 차이를 보이는 것은 토지의 질(비옥도)이 특별히 좋아서가 아니다. 그것은 도시 생활을 원하거나 직장이 도시에 있어 어쩔 수 없이 도시 생활을 해야하는 사람들의 수요가 많기 때문이다.

수요가 많으면 자연히 지대가 오르기 마련인데, 궁금한 것은 왜 많은 사람들은 그 높은 지대에도 불구하고 도시생활을 하려고 몰려드느냐 하는 점이다. 그것은 도시 생활의 여러 가지 편리한 잇점도 있겠으나, 무엇보다도 직장이 도시에 집중되어 있기 때문일 것이다.

그럼 직장은 왜 도시에 많은가?

우선 기업가의 입장에서 살펴보면, 도시에는 인구가 많기 때문이다. 다시 말해서 다수의 수요자(구매자)를 확보할 수 있기 때문에 높은 지대의 부담에도 불구하고 더 많은 이익을 얻을 수 있다는 말이다.

또한 공장이 외딴 곳에 위치적으로 떨어져 있으면 생산에 필요한 물품이나 여러 시설을 이용하기가 어려워 자연히 서로의 이익을 위해 모여 있어야만 운송비의 절약과 시간 단축의 효과를 얻게 되는 것이다.

두 번째, 개인의 입장에서는 도시의 높은 지대(집세)에도 불구하고 도시에 몰려드는 것은 높은 지대를 감수하더라도 농촌에서의 수입보다 더 많은 수입을 올릴 수 있기 때문이다. 더구나 무시하지 못할 또 하나의 요소는 도시에서의 수입이 설사 농촌에서의 수입보다 못하다 하더라도 여전히 많은 사람들은 도시생활을 고집할 것이다.

그것은 돈으로 계산할 수 없는 많은 문화적 혜택과 자녀의 교육, 편리한 생활과 같은 미련 때문일 것이다. 결국 종합적으로 고려하면, 지대는 위치에 따라 그 가치가 결정되는 셈이다. 물론, 농촌에서는 토지의 비옥도에 따라 다소 차이가 있긴 하겠으나, 이 차이는 농촌의 지대와 도시의 지대가 차이나는 원인에 비하면 무시할 정도로 작다는 점을 기억해야 한다.

이처럼 지금까지의 지대 개념에는 '위치 관계'라는 더욱 중요한 개념이 빠져 있었는데, 그동안 지대의 개념이 형성되어 온 과정을 살피는 문제도 필요하므로 한 번 소개[60]한다.

지대에 관한 본격적인 논의는 19C 초엽 영국에서 일어났다. 그 당시 밀 가격이 폭등하여 빵을 주식으로 하는 영국 사람들은 밀 가격이 왜 폭등하였으며 어떻게 하면 진정시킬 수 있을 것인가에 관하여 열띤 논쟁을 벌였다.

논쟁은 두 가지 상반되는 주장을 놓고 벌어졌다. 한 쪽에서는 밀 가격이 폭등한 원인을 지주(地主)들이 높은 지대를 매겼기 때문이라고 주장하였다. 높은 지대가 부과되면 농부들은 비용을 회수하기 위하여 밀 가격을 올릴 수밖에 없다는 것이다. 따라서, 이 견해에 의하면 정부는 지주가 높은 지대를 매기지 못하게끔 지주를 규제해야 한다는 것이다.

그와 반면에 고전학파 경제학자인 리카도(D. Ricardo)를 위시한 다른 사람들은 밀의 공급이 부족하여 밀 가격이 폭등한 것이라고 주장하였다. 그리고, 지대가 높아서 밀 가격이 오른 것이 아니라 거꾸로 밀 가격이 올라서 지대가 높아졌다고 주장하였다. 밀 가격이 비싸기 때문에 밀을 경작하는 것이 이윤이 크고, 따라서 토지를 빌리기 위한 경쟁이 농부들 간에 심해져서 지대가 상승한다는 것이다.

---

60) 소개 내용은 박영사에서 출간된 「현대경제학원론」에서 발췌된 것이다.

이들은 밀에 대한 수입 관세를 낮추어 밀 수입량을 늘리면 밀 공급의 증가로 밀 가격이 하락하고 따라서 지대도 하락한다고 보았다.

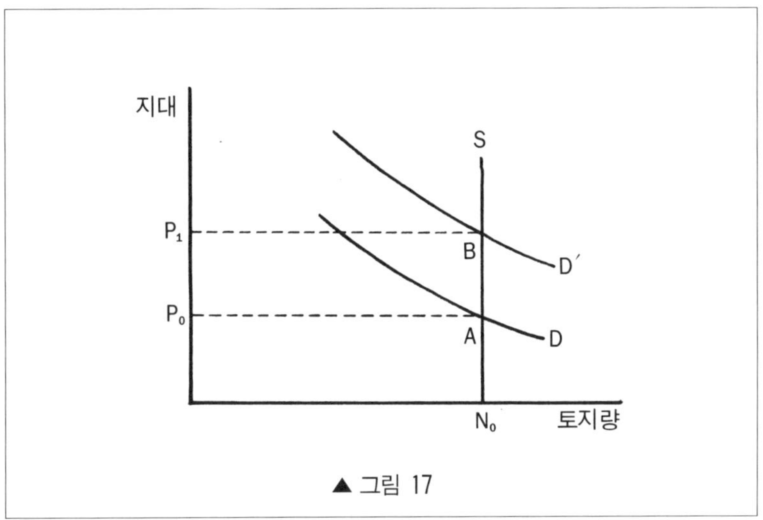

▲ 그림 17

리카도는 고정된 토지가 밀 생산 이 외에 다른 용도가 없다고 가정하였다. 따라서 지주들은 농토를 놀리느니보다 아무리 낮은 지대라도 받고 대여해 주는 것이 유리하다. 이는 지주들의 토지 공급곡선이 총부존량(總賦存量)수준에서 완전 비탄력적(完全非彈力的)이라는 것을 가정한 것이다.

〈그림 17〉에서 토지 총부존량을 N_0라 하면 토지 공급곡선 S는 N_0에서 수직인 직선이 된다. 한편, 토지에 대한 수요곡선 D는 토지의 한계 생산물 가치곡선이 된다. 그럼 S와 D가 만나는 점에 대응하여 지대는 P_0로 결정된다. 이제 밀 가격이 올랐다면 밀 재배가 수지맞는 일이기 때문에 토지에 대한 수요곡선은 오른쪽 D′로 이동하여 종전의 P_0 수준에서 농부들의 토지에 대한 수요량이 공급량을 초과한다. 따라서 농부들 간에 토지를 서로 빌리기 위한 경쟁이 일어나고 이는 새로운 지대 수준을 P_1으로 끌어올린다는 것이 리

카도의 분석이다.

당시 논쟁은 리카도파의 승리로 돌아갔다. 리카도의 지대 이론은 고전학파의 지대 이론으로 불리우는데, 경제학에서는 고전학파 지대 이론과 이에 상반된 주장 두 가지를 놓고 볼 때 고전학파 지대 이론이 옳다고 본다. 다만, 토지가 밀 생산 이외에 다른 용도가 없다고 한 리카도의 가정은 오늘날 적합하지 않다.

토지는 밀 생산 이외에 콩 생산이나 목초지 혹은 택지로 이용할 수도 있는 것이다. 따라서 토지 공급곡선은 우상향의 곡선이 된다. 그런데 토지가 한 용도에서 다른 용도로 전용되는 데에는 다른 생산 요소에 비해 한계가 있다. 즉, 각 용도에 따라 그에 적합한 토질, 지형, 위치 등이 다르기 때문에 토지가 한 용도에서 다른 용도로 무한정 그리고 쉽게 전용될 수는 없는 것이다.

따라서 토지 공급곡선은 우상향하기는 하지만, 다른 생산 요소의 공급곡선보다 상대적으로 더 비탄력적이다. 그러면 요소의 공급곡선이 수직인 것과 우상향인 것은 어떻게 다른 의미를 가지는 것인가? 리카도의 분석은 이러한 의문과 관련하여 오늘날 비단 토지뿐만 아니라 토지 이외의 다른 요소에도 적용되는 경제 지대(economic rent)와 같은 새로운 개념을 낳았다.

(2) 경제 지대

생산에 필요한 한 요소가 현재의 용도에서 다른 용도로 옮겨가지 않도록 지불해야 하는 보수를 그 요소의 이전 수입(移轉收入 : transfer earnings)이라 한다. 그리고 한 요소의 경제 지대란 그 요소가 받는 총보수에서 이전 수입을 뺀 것이다.

말하자면, 이전 수입을 초과해서 요소에서 지불되는 보수가 경제 지대인 것이다. 사실 경제외적 요인이 비슷한 상황에서 한 요소가 다른 용도로 옮겨가지 않도록 하기 위해서는 다른 용도에 쓰여질 때 받는 보수 못지 않는 보수를 지불해야 한다. 따라서, 요소의 이전 수입은 요소의 기회 비용(機會費用)과 같은 개념이다. 요소의 경제 지대는 요소에게 기회 비용 이상으로 지불한 몫이다.

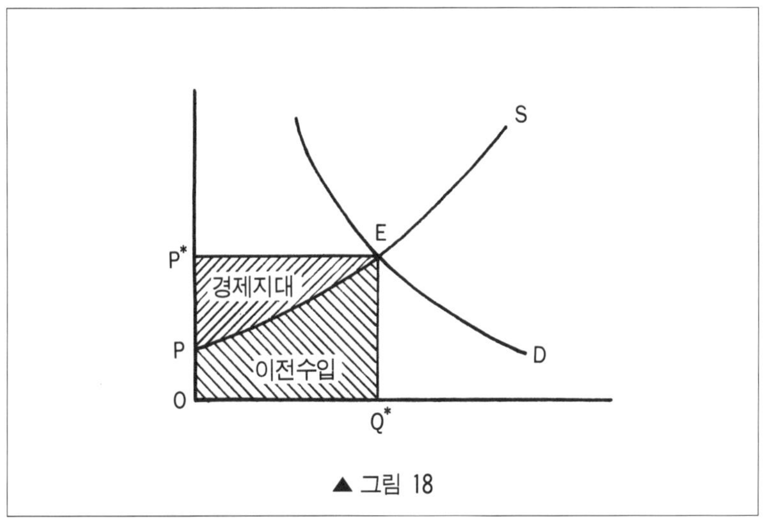

▲ 그림 18

〈그림 18〉을 가지고 이전 수입과 경제 지대의 개념을 살펴 보자. 이 그림은 한 요소에 대한 시장 수요곡선(D)과 시장 공급곡선(S)이 교차하는 점에서 요소의 균형 가격 P^*와 균형 수급량 Q^*가 결정됨을 보여 주고 있다.

여기에서 S곡선이 보여주는 바는 최초의 요소 소유자는 S곡선상의 점에 상당하는 보수를 받으면 고용될 의사가 있다는 것이다. 즉, 공급곡선의 각 점은 각 요소 소유자의 공급 가격을 나타낸다.

따라서 요소의 공급자와 개별적인 교섭을 벌일 수 있다면 $OPEQ^*$만큼만 지불해도 OQ^*요소는 다른 용도로 옮겨가지 않을 것이다. 그러므로 $OPEQ^*$가 이전 수입이다. 그러나, 시장 가격은 P^*에서 결정되어 P^*를 받아야 요소를 공급하겠다고 하는 마지막 요소 소유자를 뺀 나머지는 공급 가격 이상으로 보상을 받고 있다. 요소 소득의 총계는 OP^*EQ^*이므로 경제 지대는 요소 소득의 총계에서 이전 수입을 뺀 PP^*E의 면적이다.

리카도가 상정한 수직적인 토지 공급곡선에서는 지주들이 토지를 놀리느니 아무리 늦은 지대라도 받고－극단적으로는 거저라도－대여할 용의가 있음을 보여준다.

토지는 다른 용도가 없다고 가정하므로 아무 것도 지불하지 않더라도 다른 용도로 옮겨가지 않는다. 즉, 토지의 이전 수입은 0이고 〈그림 17〉에서 토지에 대한 수요곡선이 D′일 때, 지대 전체 OP_1BN_0가 경제 지대가 된다.

이러한 상황에서 정부가 단위 토지당 AB만큼의 세금을 부과하면 지주는 단위 토지당 지대 BN_0에서 세금 AB를 뺀 AN_0만큼만 실제로 받는다. 따라서 지주가 직면하는 실질적인 수요곡선은 D곡선인 셈이다.

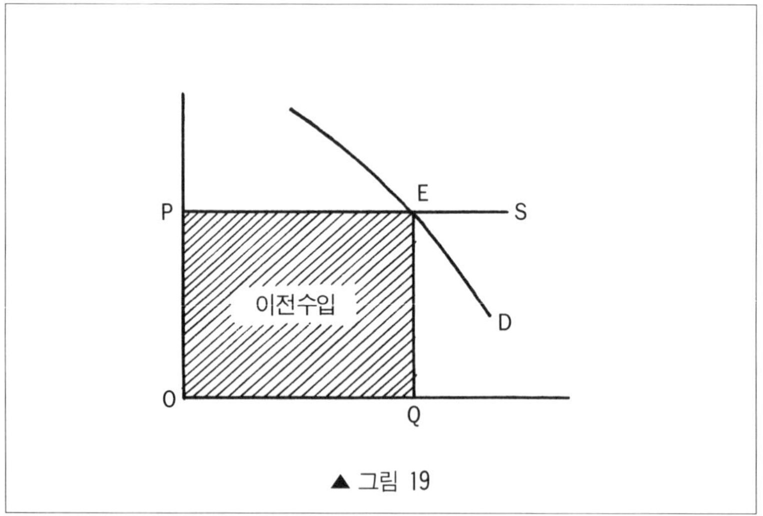

▲ 그림 19

세금액 P_0P_1BA는 전적으로 지주가 부담하여 경제 지대가 OP_0AN_0로 줄어든다. 토지 수급량은 예전과 같이 N_0여서 자원 배분이 왜곡되지 않는다. 이러한 결과[61]는 국민 경제적으로 바람직한 것이라는 문제의식 하에서 일찌기 미국의 경제학자 조지(Henry George)는 토지에만 과세하여 지주들의 '불로소득'을 정부재원으로 삼자는 단일세운동(單一稅運動 : single-tax movement)을 전개하였다.

한편, 공급곡선이 〈그림19〉와 같이 수평선[62]이면 P가 모두 요소의 공급가격 이어서 요소의 총보수 OPEQ가 이전 수입이고, 경제 지대는 0이다. 일반적으로 요소의 소유자들이 받고자 하는 가격, 즉 공급 가격이 다르면 요소 소득의 일부가 경제 지대로 된다. 우상향하는 요소 공급곡선은 공급 가격이 요소 소유자마다 다른 것을 보여준다.

경제 지대의 예로는 인기 연예인 같은 사람들의 보수가 높은 것을 들 수 있다. 이들은 연기와 같은 자기 적성 이외의 분야에서 그처럼 각광을 받기가 힘들다. 왜냐하면, 연예인들이 다른 직종으로 옮기려 해도 그들의 머리가 특별히 좋은 것은 아니기 때문에 다른 직장-머리가 좋은 사람이 들어갈 수 있는 직장-에 들어가 봤자 두각을 나타내기는 힘들기 때문이다. 따라서 이들이 다른 직업으로 옮기는 것을 막기 위하여 지불해야 하는 이전 수입은 많지 않다.

다시 말해서 연예인들은 인기와 같은 외부 요인이 아니었다면 스스로 노력하여 성취한 객관적인 능력이나 검증받은 실력[63]이 별로

---

61) 이러한 결과를 바탕으로 한 조지의 주장은 출발부터 잘못되었다. 뒤에 다시 자세한 설명의 기회가 생기겠지만 여기 경제지대 개념과 관련하여 조지의 잘못된 논리를 지적하면 정부의 토지에 대한 조세액에 관계없이 토지의 수급량이 일정할 것이라는 엉터리 가정을 암묵적으로 채용하였다는 사실이다.

62) 공급 곡선이 수평선인 경우는 현실적으로 존재하지 않는다. 다만 가까운 예는 약수터 물을 들 수 있다. 약수터까지 가서 줄서서 기다릴 수 있는 기본적인 수고와 시간을 투자하면 수요에 관계없이 거의 안정적으로 약수물을 공급받을 수 있다.

63) 연예인들의 학력 수준은 별로 높지 않으며, 설사 대학을 졸업했다고 하더라도

없기 때문에 다른 직업을 택하기도 어렵고 설사 택한다해도 다른 분야에서 그처럼 인정받기는 힘들다. 솔직히 말하여 연기하는 직종자체가 뛰어난 머리를 필요로 하지 않으며 누구라도 그저 '끼'와 운[64] 만 있으면 가능하다.

그럼에도 불구하고 이들의 보수가 높은 것은 이들의 공급은 제한 —운이 좋은 사람은 흔하지 않기 때문이다 —되어 있는데 반하여, 이들에 대한 수요는 높은데 기인하는 것이다. 즉, 그들 수입의 대부분은 수요가 큰데 따른 경제 지대인 셈이다.

마지막으로 경제 지대와 관련하여 준지대란 개념을 살펴 보겠다. 앞에서 공급의 고정성이 강한 요소일수록(공급곡선이 수직에 가까운 요소일수록) 경제 지대가 크다. 그런데 공급의 고정성은 요소에 따라 일시적일 수도 있고 장기적일 수도 있다.

예컨대, 토지의 공급은 단기적으로는 물론 장기적으로도 그 고정

연극영화과 같이 학력 점수가 낮아 쉽게 들어갈 수 있거나 공부하기 쉬운 학과에 들어갈 정도의 실력이다. 가령, 연예인 중에 물리학과 같은 어려운 학문을 전공한 사람을 찾기는 어렵고 꼭 연극영화과가 아니더라도 상대적으로 공부하기에 어렵지 않는 인문, 사회계열의 전공 출신자들이 대부분이다. 그것은 실력이 낮은 사람이라도 마음만 먹으면 연기와 같은 것은 누구나 할 수 있지만 물리학과 같은 학문은 아무나 할 수 있는 분야가 아니기 때문이다.

64) 연예인들은 학문과 같은 종류의 객관적인 실력도 없지만 연예 활동이라는 측면에서 평가해도 그들의 개인적인 연기 실력 때문에 높은 인기가 생겨나는 것은 아님을 알 수 있다. 어쩌다 잘 생긴 외모 —외모 하나만으로도 인기를 얻을 수 있다 —나 방송 출연 횟수나 방송 배역과 같은 연기 외적인 요인과 순전히 운으로 인기를 얻는 경우도 허다하다. 사실 인기가 적은 연예인이라고 해서 인기가 많은 연예인보다 연기 실력이 부족한 것은 아니다. 일반적으로 인기 연예인들은 예쁘고 젊은 사람 중에 많다. 그러나, 연기 실력으로 말한다면 연기 경험이 풍부한 사람들이 더 좋다고 볼 수 있다. 연기 경험이 많다는 것은 나이가 많다는 뜻이기도 한데, 유명 톱스타들은 하나같이 젊고 예쁘다는 사실로 보아 높은 인기의 원인을 연기력 때문이라고 말할 수는 없다. 다시 말해서 연기력이 인기를 결정하는 것이 아니라, 어떤 배역을 맡느냐, 방송출연 횟수가 몇 번인가, 얼마나 잘 생겼느냐가 더 중요한 것이다.

성이 강하다. 그러나, 건물이나 기계 설비 등과 같은 자본재의 경우 단기적으로는 증산, 증설이 어려워 고정성이 강하지만, 장기적으로는 증산, 증설이 용이하기 때문에 그 고정성이 약해진다.

그러므로 단기적으로는 자본 설비에 대한 수요가 증가하면 그에 상응하는 공급이 뒤따르지 못하기 때문에 설비의 임대료가 상승한다. 따라서 그 설비의 소유자는 단기적이지만 이전 수입 이상의 초과 보수를 받게 된다. 생산 요소 소유자가 받는 이러한 단기적인 초과보수를 마샬(A. Marshall)은 준지대(quasi-rent)라 했다.

2. 지대는 위치 가치 생산의 대가

지대에 관한 해석은 여러 가지로 시도되고 있으나, 가장 오해의 여지가 많은 부분이기도 하다. 물론, 그 자세한 설명은 소유권과 관련하여 뒤에서 다시 논의될 기회가 있겠지만 여기서는 이윤의 3요소에 포함된 근거 및 배경 설명과 관계하여 잠깐 살펴보는 기회를 가지도록 하겠다.

일반적으로 자본 시설 이용이나 분업의 효과로 인해 이윤이 발생할 수 있다는 사실에 의의를 제기하는 경우는 없는데 반해서, 생산 위치에 따라서 이윤이 발생되는 사실에는 그 이해가 미치지 못하는 모양이다. 오히려 위치에 따라 토지의 가치 즉, 지대가 오르면 그만큼 생산 비용을 높여놓아 이윤을 줄이는 것으로 생각하기 쉽다.

사실 헨리조지 같은 경제학자는 이러한 견해를 액면 그대로 수용하고 있으며, 심지어 주류 경제학에서조차 그 잘못된 해석을 거의 그대로 반영하고 있는 실정이다. 말하자면, 토지가 생산에 꼭 필요한 생산 요소이긴 하지만 동시에 생산을 제약하는 요소이기도 하다는 입장이다.

그런데 이러한 오류를 낳게 했던 원인은 토지의 절대적 가치－토지의 비옥도나 생산성－는 동일한데 상대적 차이로 지대가 올라가 이윤 추구에 부담이 가중된다는 인식에서 비롯되었다.

지대에 대해서도 역시 뒤에서 상세히 언급되겠지만 지대가 오른다고 해서 생산 비용이 증가하고 이윤이 감소하는 것은 아니다. 지대의 상승은 반드시 부의 상승을 필요로 하며 더구나 부의 증가가 항상 지대의 증가를 앞서기 때문이다.

이 원리는 앞서 지적한 대로 풍선에 공기를 불어넣어 원래 풍선 지름의 2배 크기를 만들기 위해서 필요한 공기의 양은 2배보다 더 많은 8배가 있어야 하는 이치에서 비롯된 것이다.

각설하고 토지의 가치는 순전히 상대적으로 결정되는 것은 아님을 알아야 한다. 또한 지대는 토양의 비옥도에 의존하는 정도보다 위치에 따라 결정되는 정도가 훨씬 심하다는 점이다. 가령, 시골의 논과 밭을 비교할 때 그 지력의 차이 즉, 생산력에 따른 지대의 차이보다 도시에 있는 토지냐 시골에 있는 토지냐에 따라 차이나는 정도가 훨씬 심하기 때문이다. 물론, 많은 사람들이 이러한 차이를 알고는 있지만 그 이유를 상대적인 개념으로 인식하는 데에 문제가 있다.

사실 지대의 차이는 부의 크기에도 영향을 받지만, 단순히 생산(생활)의 위치만 달라도 생산성에 엄청난 차이가 발생하기 때문이다. 예를 들어 어떤 상품을 생산하기 위해 공장을 짓는다고 가정하자.

잘 아시다시피 어떤 상품도 하나의 공장에서 처음부터 끝까지 담당하는 것은 거의 불가능하다. 따라서 여러 공장들이 서로 협력해야만 되는데, 만약 각 공장들이 서로 먼 거리에 떨어져 있다면 협력하는데 많은 시간과 수송비를 필요로 하게 될 것이다. 반면 서로 가깝게 인접하고 있으면 신속한 생산과 수송비의 절감으로 부의 생산성은 증대할 것이다.

다시 말해서 상품 Q를 만들기 위해 A, B, C, D라는 공장이 서로 떨어져 있는 경우와 가까이 있는 경우를 비교하면 가까이 있는 것이 부의 생산에 훨씬 효과적이라는 것이다. 즉, 부의 증가가 생산시설의 위치에 따라서도 가능하다는 점이며, 이는 위치라는 요소(변수)가 자본이나 분업의 생산에 기여하는 가치만큼 중요하다는 것이다. 따라서 위치 관계는 부를 창조하는 하나의 고유한 영역의 생산요소로 취급되어야 하는 것이다.

그러나, 위치의 가치가 지금까지 부각되지 못한 것은 토지라고 하는 애매한 용어와 잘못된 개념으로 사용되어 왔기 때문이다. 그 결과 생산 요소에는 포함되면서도 부의 창조를 제약하는 기형적인 개념으로 왜곡될 수밖에 없었다. 토지라는 포괄적이면서도 나열식 형의 용어는 이윤의 3요소뿐 아니라 생산의 3요소같은 용어 구분에 동일한 기준으로 적용시킬 수 없는 개념이다.

중복을 피하기 위해 용어의 구분 기준에 대해서는 뒤에서 논하기로 하고 여기서는 위치 가치로 인해 부가 증가할 수 있다면 그 부를 누구에게 귀속시킬 수 있는지에 대해서만 잠깜 알아보자. 물론 위치 가치(효과)가 부의 창조에 기여하긴 하지만 그 자체가 추상적인 개념이어서 스스로의 권리를 요구하지는 않는다. 따라서 위치 가치에 관계한 첫번째 사람이 그 우선권을 소유하게 되는 근거가 마련되는 것이다.

그럼 앞서 든 예에서 외딴 곳에 떨어져 있는 E라는 또다른 공장이 있다고 가정하면 그 공장 역시 여러 회사들이 몰려있는 곳(공장 A, B, C, D가 몰려 있는 위치)으로 이주하고 싶을 것이다. 왜냐하면, 생산에 도움이 되기 때문이다. 그러나, 공장을 새로 짓는 데에 드는 비용은 물론이고 여러 시설을 옮기는 데 드는 물류비용을 고려하지 않을 수 없다. 그렇지만 추가로 들어가는 비용보다 앞으로 예상되는 추가 이윤이 더 많다고 판단되면 옮기게 될 것이다. 마찬가지로 외로이 떨어져 있는 F라는 공장이 있다면 이 공장 역시 다른 공장들이 몰려 있는 곳으로 옮기고 싶을 것이다.

그렇지만 기존에 있던 공장 A, B, C, D의 위치를 마음대로 차지할 수는 없다. 왜냐하면, 기존 공장들이 서로 협력하면서 얻은 높은 생산성의 가치를 빼앗기려고 하지 않을 것이기 때문이다. 중요한 것은 그 배타적인 권리 주장이 정당한 근거에서 비롯되었기 때문에 외부에서 함부로 좋은 위치－ 첫 거주자가 그동안 정착하면서 가치를 쌓아놓은 위치－를 요구하는 것은 도덕적으로 하자가 생긴다는 점이다.

서로 협력하여 생긴 추가적인 생산은 협력이 용이하도록 서로 위치를 가깝게 선점했기 때문에 가능한 것이었다. 그렇다면 그 위치를 선점했던 사람이 추가적인 생산에 기여한 셈이고, 따라서 그 몫 역시 그 사람에게 돌아가는 것이 마땅하다. 더구나 기존에 있던 공장들은 그 위치를 고수하기 위해 보이지 않게 지불한 기회 비용까지 고려하면 위치에 대한 우선권 주장은 더욱 근거가 확실하다.

여기서 기회 비용이라 함은 더 좋은 위치를 찾아내어 더 많은 부를 생산할 수 있는 기회를 포기한 채 처음에 선점한 위치를 떠나지 않고 계속 머물면서 다른 공장과 협력하여 그 위치의 생산성이 지속될 수 있도록 그동안 꾸준히 노력한 대가를 말하는 것이다.

그렇다고 해서 F공장이 새로 이전한 E공장 위치로도 옮길 수는 없다. 왜냐하면 E공장 역시 이전하는데 추가 비용을 부담하고 옮겼기 때문에 그에 상응하는 대가를 보상받지 못한다면 E공장에서 스스로 위치를 양보하지는 않을 것이다. 즉, E공장이 F공장보다 우선권을 －F공장보다 E공장이 먼저 여러 회사가 몰려 있는 곳으로 이전했다면 －가지고 있기 때문이다.

그 이유는 그만한 부담(대가)를 먼저 지불했다는 사실보다도 그 위치에서 이미 추가적인 생산이 이루어질 수 있도록 협력하고 있었다는 역할과 그 역사적 사실을 무시할 수 없기 때문이다.

참고적으로 생산 활동에 기여된 위치 가치는 단순히 거리만으로 평가되는 것은 아니다. 자본, 즉 생산 시설의 설치 순서나 방향이 모두 고려되어야 이윤이 극대화되는 것이다.

다시 말해서 현대화된 공장 시설들은 각 공장이 자동화된 생산 라인이 있기 마련인데, 그 순서와 방향이 정해져 있다. 따라서 그 순서와 방향대로 작업이 이루어져야 높은 생산성이 유지된다.

당연하겠지만 그러한 생산 라인의 설계는 사전에 철저한 계획 아래 이루어지는데, 계획 자체가 연구 및 조사, 설계 등의 명목으로 많은 비용이 들어간다는 사실이다. 즉, 좋은 위치의 선점으로 생긴 추가 이윤은 자연히 공짜로 제공된 것이 아니라 그 위치를 선점하고 터를 닦고 정착한 사람의 노력과 보이지 않는 많은 기회비용의 대가로 얻어지는 것이다. 그러니 그 이윤의 몫이 그 위치를 선점하는데 노력한 첫 정착자에게 돌아가야 하는 것이 우선 순위이며 도덕적으로도 합당한 처사이다.

제3절 이윤을 재론함

여기에 실리는 내용은 다음 장에 포함시켜 용어 정리와 개념 구분의 기준을 논할 때 함께 논하려 했다. 그러나 그렇게 하면 내용이 좀 산만해질 것 같고 중복될 것 같아 내친 김에 여기에서 그냥 다루기로 했다.

앞에서 이윤에 관한 대표적인 두 견해 즉, 나이트의 위험 부담설과 슘페터의 혁신설을 살펴보았는데, 엄밀히 말하면 이 두 견해는 어느 것이 더 옳다고 우열을 가릴 수 없는 질적으로 다른 차원의 내용이다.

나이트의 견해는 이윤의 성격을 논하는 내용인데 반해서, 슘페터의 혁신설은 이윤 발생의 방법을 논하는 내용이기 때문이다. 다른 비유를 찾는다면 나이트는 What에 관한 이론이고, 슘페터는 How에 관한 이론이라 할 것이다.

따라서 두 이론을 평가함에 있어 동일한 기준으로 다룰 수는 없으며, 각기 다른 기준 즉, What과 How라는 각각의 입장에서 개별적으로 분석해야 되는 것이다.

우선 나이트의 위험 부담설은 이윤을 기업가의 경영 수당(기업 관리에 대한 임금), 자본 제공에 대한 대가, 위험에 대한 보상이라는 각기 다른 주장 중의 하나이다.

물론 학자에 따라서는 이 세 가지 요소를 모두 포함하는 것이 이윤이라는 견해도 있다. 그런데 첫번째의 해석 즉, 기업 관리에 대한 임금을 이윤으로 보는 것은 적합하지 않다. 흔히 노동자의 임금을 이윤이라고 부르지 않듯, (같은 논리로) 기업가의 경영수당도 이윤이라고 부를 수는 없다. 그것은 자신의 노력을 제공하고 그 대가로 받은 것으로서 결코 공짜가 아니기 때문이다.

이 사실은 이미 앞에서 지적한 바 그대로이다.

그럼 두 번째의 경우는 어떠한가?

자본 제공에 대한 대가는 흔히 이자로 알려져 있다. 물론 이자의 엄밀한 정의는 '효용 선택권을 위임받은 대가'로 되어야 하지만 이자가 그 무엇이든지간에 어떤 것의 대가라는 점에는 일반적인 동의가 이루어져 있으므로 엄밀한 정의를 따르지 않더라도 크게 문제될 것은 없다. 문제는 그것이 공짜가 아니고 '어떤' 대가라는 개념이기에 이것 역시 우리의 논의(이윤이라는 주제)에서 제외된다는 것이다. 따라서 마지막으로 남은 세 번째의 견해 즉, 이윤이 위험에 대한 보상이라는 이론은 어떠한가?

극단적인 경우이긴 하나 밀수나 도박처럼 위험률이 높은 사업을 살펴보면 때때로 높은 이윤이 발생하는 것을 알 수 있다. 그러나, 장기적으로 보면 엄청난 손실이 이윤 못지 않는 빈도로 나타나기 때문에 높은 이윤이 발생한다고 볼 수는 없다. 흔히 듣는 일이지만 도박으로 잘 사는 사람은 없다고 한다(단, 속임수로 얻는 이윤은 제외시켜야 한다). 왜냐하면, 위험률이 높아서 돈을 잃을 가능성이 높다는 것 외에도, 설사 이윤을 얻었다 하더라도 다음 도박에 필요한 일정액수의 도박 자금이 묶여 있어 그만큼 효용 선택권이 사장(死藏)되어 버리기 때문이다.

그러나, 위험에 대한 보상 개념이 이윤이 될 수 없는 것은 더욱 근본적인 데에 있다. 가령, 도박같은 경우, 위험률이 높긴 하지만 그것은 어디까지나 개인의 문제일 뿐, 사회 전체의 모든 거래를 종합해 보면 위험이란 것은 존재하지 않는다는 사실이다. 다시 말해서 돈을 잃는 사람이 있으면 그만큼 돈을 버는 사람이 있기 때문에 항상 상쇄돼 버리는 것이다.

다음으로 슘페터의 혁신설은 앞에서의 지적처럼 이윤의 발생원천에 해당하며 그 원인을 혁신에서 찾는 것은 크게 잘못이 없다. 다만 혁신으로 인한 추가 소득이 기업가 개인에게만 적용되는 것이 아니고 사회 전체에도 적용되어야 하는 원리를 생각하지 못한 것은 안타까운 일이다. 사실 개인의 소득을 늘리는 방법은 굳이 혁신이란 거창한 용어를 사용하지 않아도 된다. 남의 물건을 도둑질하거나 창녀처럼 몸을 팔아도 되며 연예인들처럼 인격을 팔아도 얼마든지 가능하다.

그러나, 이러한 소득들은 한결같이 한 쪽의 이익이 다른 한 쪽의 부담으로 이루어진다는 공통점을 갖고 있다. 이러한 이익은 사회 전체적으로 진정한 이윤이 될 수 없고 이윤의 발생 원천도 아니다.

따라서 How의 입장에서 이윤을 발생시키는 혁신이란 그 핵심이 과학 기술이고 부수적인 요소가 바로 분업 효과와 위치 관계였던 것이다. 그리고 What에 관한 대답을 말하면 자본의 도움으로 발생한 부를 인간의 몫(노동의 결과)으로 빼돌린 부분의 이름이다.

여기서 자본이라 함은 이윤의 3요소에 포함되는 자본 시설, 분업 효과, 위치 관계를 말한다. 주의할 점은 분업이 자본에 포함된다는 것이다. 그 이유는 분업이 자본에 의존하는 데에 있다. 가령, 대기업의 생산 라인에서의 철저한 분업이 가능한 것은 거대한 자본 시설이 있기 때문이다.

다시 말해서 복잡하거나 힘든 것도 자본 시설을 이용함으로써 인간의 작업을 극히 단순하게 바꿀 수 있는 것이다. 즉, 분업은 인간의 노동을 단순한 형태로 바꾸는 '단순 작업'을 의미하는 것이다. 그리고 그 분업을 가능하게 하는 것이 바로 자본이므로 자본에 포함시키는 것은 너무나 당연하다 할 것이다.

第7章

용어정리와 임금의 재론

용어구분의 기준

1. 기준과 원칙

용어의 개념과 그 구분은 매우 중요하다. 따라서 그 기준과 원칙을 정하는 것 역시 중요할 수 밖에 없다. 그러나 자연과학 분야 외의 다른 학분 분야에서는 그 정의가 추상적일 경우가 많고 뚜렷한 원칙과 기준이 불분명하여 자의적 해석으로 인한 개념 정의가 혼란스러웠다. 특히 문제가 되는 곳이 사회과학 분야이며, 그 중에서도 경제학 부분이었다.

경제 문제는 서로의 이해 관계가 첨예하게 얽혀있는 부분이므로 민감할 수 밖에 없다. 따라서 용어 정의와 개념이 불분명하면 서로의 권익을 위해 자기에게 유리한 방향으로만 자의적인 해석을 하려들기 때문에 항상 충돌의 위험이 있다는 것이다. 그리고 그 해석의 결과는 단순히 서로의 입장이 일치하지 않는다는 정도에 머무는 것이 아니라 결론 자체가 정반대의 입장으로 귀결되는데 문제의 심각성이 있는 것이다.

기존 경제학에서 생산의 3요소를 자본, 토지, 노동으로 구분하고 있다. 물론 개별적인 각 요소의 정의에서부터 엄밀성이 결여되고 원칙과 기준이 불분명하여 많은 문제가 있는데 우선 자본, 토지, 노동이 과연 생산의 3요소란 기준에 적합한지를 따져보는 것이 중요할 것 같다.

일반적으로 어떤 것을 구분할 때는 그 나름대로의 원칙과 기준이 있기 마련이다. 따라서 생산의 3요소에 포함되려면 생산 주체로서의 인간이 그 의도하는 바에 따라 생산 수단의 방법이나 양을 조정하고 변화시킬 수 있는 특성이 개념 속에 반영되어야 하는 것이다. 그렇지 않고 단순히 생산에 필요하다고 해서 생산요소에 포함시키면 생산 요소라는 개념 자체가 무의미해진다.

가령, 자본, 토지, 노동 중에서 어느 것 하나라도 없으면 생산이 어렵거나 불가능할 정도로 꼭 필요한 자원들이다. 그렇다고 해서 그러한 기준(생산에 필요한 자원이라는 기준)을 생산 요소에 포함시켜야 한다면 세상에 생산 요소에 포함되지 않는 것이 어디 있겠는가?

우주에 포함되어 있는 모든 존재 대상들도 생산 요소가 될 수 있으므로 생산의 3요소가 아니라 생산의 무한 요소가 되버린다. 왜냐하면 자본, 토지, 노동 뿐 아니라 나무, 하늘, 물, 태양, 공기 등도 모두 생산의 요소에 포함되어야 마땅한데 그것은 그중 하나라도 없으면 생산이 불가능한 것은 말할 것도 없고 삶의 유지 자체가 불가능하기 때문이다.

공기같은 경우 몇 분만 없어도 인류의 멸종은 물론이고 조금만 더 시간이 지나면 동식물의 전멸까지 가능하다. 어떻게 보면 태양,

공기, 물이 인간에게 더 중요하며, 생산에도 더 필요하다고 할 수 있다. 따라서 생산의 3요소에 포함되려면 요소로서의 필요 조건만으로는 곤란하며 어떤 기준과 원칙이 요구되는 것이다.

다시 말해서 생산의 요소라는 용어의 개념은 생산에 필요한 단순한 조건(생산에 필요한 재료 또는 원료)이 아니라 생산에 참여하는 생산자에 의해 그 생산의 개별 요소들이 방법이나 양적인 면에서 조정 가능한지의 여부가 더 중요한 관점이다. 사실 토지는 식량 생산을 위한 수많은 조건(물, 공기, 햇빛 기타 등등) 중의 하나이긴 하지만 양적인 면에서 제약되어 있을 뿐 아니라 생산 주체인 인간에 의해 통제되거나 조정될 수 있는 대상이 아니기 때문에 생산 요소라고 보기는 힘들다.

이해를 돕는 비유로서 각 나라의 군사력을 비교할 때 사용되는 평가 대상 요소에는 크게 화력(무기의 양과 성능), 병력(군인 수), 식량으로 평가되는 것이 일반적이다. 물론, 군사력이 강하다고 할 때, 이 세 가지 외에도 좋은 군복이나 군화 그리고 튼튼한 진지와 참호 같은 것도 필요할 것이다.

어디 그뿐인가? 그런 식으로 말한다면 그 나라의 인구 수는 물론이고 일상의 모든 생활 용품들도 군사력을 지탱해 주는 힘이 될 수 있기 때문에 당연히 군사력 평가 요소에 포함되어야 할 것이다.

이렇게 놓고 보면 군사력의 평가 대상이라는 것은 그 나라의 모든 생산 물자에 대해 전부 해당하는 것으로 된다. 그렇다면 이는 곧 국민총생산액(GNP)이 된다. GNP의 개념 자체가 그 나라의 1년 동안 생산된 총 생산액을 의미하기 때문이다. 결국, 군사력의 크기는 GNP의 크기와 같다는 말이된다.

이쯤되면 독자들도 이러한 구분에 대해 뭔가 잘못되었다는 감을 느꼈을 줄 믿는다. 물론 군사력이 GNP와 전혀 무관한 것은 아니지만 같은 개념은 더더욱 아니다. 개념이 다르다면 분명 내용도 달라야 한다. 당연하겠지만 내용은 용어의 정의에 따라 결정된다. 그리고 정의는 개념의 성격을 반영하기 위해 어떤 원칙과 기준을 정하고 또 지켜야 하는 것이다.

따라서 군사력의 크기를 비교할 때 고려되어야 할 기준은 군사력이라는 특성에 그 초점이 맞추어져야지 군사력에 관계될 수 있다고 해서 모든 물자 요소들을 원칙없이 포함시키는 것은 곤란하다. 그렇게 되면 군사력이라는 개념보다 오히려 GNP개념 자체가 돼 버리는 것이다.

(1) 생산의 3요소와 개념의 불일치

기존 경제학에서 생산의 3요소란 주지하는 바와 같이 자본, 노동, 토지이다. 여기서 특히 문제가 되는 것은 토지인데 그것은 다른 생산 요소와 성격이 다르기 때문이다. 이를테면 노동과 자본은 인위적으로 증감이 가능하지만 토지는 증감이 불가능하므로 생산 요소 중에서 특별히 취급해야 될 것으로 생각하는 사람들이 많았다.

헨리 조지 같은 경제학자는 한 술 더 하여 노동과 자본은 그 근원이 인위적인 부분이므로 소유권을 인정할 수 있지만 토지는 자연이 제공한 것이므로 어느 누구도 개인적인 소유권으로 가질수는 없다고까지 주장했다.

다시말해서 노동과 자본이 투자된 결과로 생산된 생산물은 그 정당한 대가로서 소유권이 인정되지만 토지는 인간의 노동과 자본과는 무관하게 원래부터 자연적으로 존재해온 것이므로 특별히 누구에게 귀속되어야 할 근거가 없다는 것이다.

이러한 오해의 첫번째 배경에는 용어의 개념을 동일한 원리에 따라 해석하지 못한 원인이 크다. 토지가 인간에 의해 만들어진 것이 아니고 그 양도 한정되어 있는 것은 사실이지만 어디 그것은 토지뿐인가?

동일한 기준으로 해석한다면 모든 물적 자본의 근원은 자연에서 비롯된 것이므로 인간의 능력에서 찾을 수는 없게 된다. 가령 삽을 만든 것은 인간이지만 삽을 구성하고 있는 나무와 철은 인간이 만든 것이 아니다.

플라스틱 제품이라 할지라도 그 구성 성분이 되는 재료는 자연에서 구한 것이다. 이처럼 어떤 물건도 그 물질 자체의 구성 성분은 인위적으로 만들어진 것이 아니며 만들 수도 없다.

인간이 농사를 짓고 집을 짓고 공장을 짓는다는 것은 토지의 용도를 바꾸거나 개량할 뿐이지 토지 자체를 만들 수 없다는 견해는 마찬가지의 논리로 인간이 만든 그 어떤 물건도 인간에 의해 창조된 것은 아니며 다만 용도와 모양을 변형시켰을 뿐이다. 만약 그러한 논리로 소유권이 부정된다면 토지의 소유권 뿐 아니라 자본과 노동역시 소유권을 상실하게 되며, 반대로 자본과 노동의 소유권이 인정될 수 있다면 동일한 원리에 따라 토지의 소유권도 자동적으로 인정되어야 하는 것이다.

오해의 두 번째 원인은 통일된 원칙없이 용어의 개념을 자의적으로 정의했기 때문이다. 가령 ① 대구에 집이 있다, ② 어머니가 계신다, ③ 아버지가 계신다. 라는 3개의 명제가 있다고 하자. 그리고 이 세 가지 명제 중에서 좀 성질이 다른 명제를 고른다면 아마 ①번 명제일 것이다. 그 이유는 대구라는 용어가 수많은 도시 중에 하나에 불과한 나열식 개념인데 비하여 어머니, 아버지라는 용어는 부모라고 하는 성질에 의해 형성된 고유한 특성을 반영하는 개념이기 때문이다.

다시말해서 ①번 명제는 여러 도시 중에서 집의 위치가 대구라는 도시에 있다는 것이지 대구에 집이 있다는 사실로 인해 그 도시만이 다른 도시에 비해 특별히 취급되어야 하는 이유는 포함하지 않는다는 것이다.

반면 어머니와 아버지의 개념은 부모라는 어떤 성격의 내용과 관련돼 있어 단순히 어떤 구분만을 위해 지어진 이름(용어)과는 그 개념의 차원이 다를 수 밖에 없는 것이다.

즉, 토지라는 용어는 하늘, 바다, 공기, 태양과 같은 자연적 요소 중의 하나에 해당하는 일종의 나열식 개념에 불과한 것이다. 따라서 노동 또는 자본이라는 용어의 특성과 동일한 수준으로 다룰 수는 없는 것이다. 노동과 자본은 인간에 의해 통제되거나 조정되는 특성을 표현하는 개념의 용어이기 때문이다.

결론적으로 토지가 다른 생산 요소에 비해 특별하게 생각되는 것은 근본적인 특성에서 비롯된 것이 아니라 질적으로 다른 개념을 동일한 수준으로 다루면서 발생하는 차이에서 비롯된 것이다. 말하자면 특별하기 때문에 특별한 것이 아니라 엉뚱한 것이었기에 특별하게 보였던 것이다.

(2) 중요한 것은 정의(定義)자체가 원칙을 지켜야 하는 점이다.

경제학에서 용어 개념 정리에 문제가 되는 것은 그 기준과 원칙이 동일한 원리에 따라 적용되었느냐 하는 것 외에 또하나 중요한 것은 용어의 정의자체가 올바른 원칙에 따라 정의되었느냐이다.

다시말해서 어떤 요소나 그 내용이 그 용어의 정의에 일치되느냐, 아니냐 하는 문제보다 더 중요한 것은 그 정의 자체가 그 정의에 포함되는 요소나 내용을 올바르게 설명하고 있는지 하는 점이다.

그것은 어떤 내용이 그 정의와 일치한다 하더라도 정의 자체가 올바르지 못하면 일치된다는 사실 자체도 무의미해지기 때문이다.

가령, 인간이 동물과 다른 점을 문자의 사용 때문이라고 정의했다 하자. 그러나 사람에 따라서 그 정의를 얼마든지 자의적으로 바꿔 해석할 수가 있다. 사실, 인간이 동물과 다른 점은 불의 이용으로 볼 수도 있고, 도구를 사용하는 점으로 볼 수도 있기 때문이다. 여기서 문제점은 각기 다른 정의들 중 어느 것이 옳고 그른지 판별 자체가 불가능하다는 것이다. 왜냐하면 각기 다른 정의들 모두가 나름대로 일리가 있기 때문이다.

이처럼 정의가 혼란스러운 것은 어떤 요소나 내용을 정의할 때 분명한 원칙과 기준에 따르지 않고 부분적 또는 개별적인 특성에 의해 정의되었기 때문이다. 다시말해서 인간이 동물과 여러가지 면에서 다른 특성이 나타나는 것도 그 원인을 근원적으로 추적해 올라가면 결국 지능의 차이에서 비롯됨을 알 수 있다.

따라서 그 차이의 특성은 지능으로 설명되어야 한다. 그렇지 않고 개별적인 특성으로 정의하게 되면 개별적인 특성이란 한 두개가 아니므로 결국 그러한 정의란 의미를 잃기 마련이다.

그런데 일반적인 관심사는 용어의 정의 자체에 대한 평가보다 내용이 정의에 얼마나 일치되었느냐 하는 점에만 모아지고 있다. 이를테면 자본에 대해서 많은 학자들은 나름대로 정의하면서 스스로 내린 정의에 따라 자본의 종류가 일치하는지를 중요시하고 있다.

그러나 정의 자체가 근본적인 원칙에서 연역(演繹)되지 않은 것이라면 설사 정의에 따라 자본의 내용과 종류를 일치시킨다 하더라도 그 사실은 아무 의미를 갖지 못하는 것이다. 가령 기존의 정의 방식대로라면 식량이나 보석같은 것이 자본에 포함되어야 하는지 말아야 하는지 조차도 자본의 정의에 따라 얼마든지 달라진다. 게다가 자본의 정의에 따라 포함된 물건이라 할지라도 사용하는 사람의 입장에 따라 자본의 범위가 또다시 달라질 수 있다는 것이다.

사실 헨리 죠지 같은 이는 자본의 성격을 자신의 용도로 쓰느냐, 타인의 용도로 쓰는냐에 따라 결정된다는 식으로 무분별하게 정의하여 자본의 일반적 개념을 포기하고 순전히 개인의 주관적인 용도로 그 개념을 변질시키기까지 했다.

그런데 자본의 정의나 개념이 혼란스럽다는 사실이 의미하는 것은 자본의 종류를 어떤 정의에 얼마나 충분히 일치시켰느냐 하는 문제가 그다지 중요하지 않다는 것을 뜻하는 것이다. 아무리 정의에 충실히 따른다 해도 그 정의 자체가 학자들마다 다르기 때문에 정의하는 것에 내용을 일치시킨다는 것은 별 의미가 없어지기 때문이다.

이처럼 혼란스럽고 자의적인 해석을 난무하게 하는 1차적인 원흉은 질문의 내용과 답변의 내용이 각각 다른 부분을 지시하는데서 비롯된다. 그럼에도 불구하고 그 원인을 바로 지적하기 힘들었던 것은 질문과 답변이 서로 무관하면서도 질문과 답변의 개별적인 차원에서의 해석은 틀리지 않았기 때문이다.

사실 그동안 일부 경제학자들 스스로는 의식하지 못했지만 진위여부를 판정하는 기준이란 기껏 질문과 답변이 각각 내부적인 논리에 맞는지 아닌지 하는데까지만 적용되고 질문과 답변이 서로 어떤 관계에 있는지 여부에는 아직 미치지 못했던 것이다.

가령 생산의 3요소라고 하는 자본, 토지, 노동 중에서 자본은 따지고 보면 인간이(노동으로) 만든 것이므로 생산의 요소는 토지와 노동으로 다시 압축시켜야 한다는 헨리 죠지의 견해가 그 대표적인 예에 속하는 것이다.

어떤 사람이 길을 가다가 발을 잘못 디뎌 발에 못이 찔리는 사고를 당했다고 가정하자. 그런데 이 사건을 헨리 죠지의 방식대로 해석하면 다음과 같아질 것이다.

못이란 것도 결국 인간이 만든 것이므로 못에 사람이 찔렸다고 보는 것이 아니라 못을 만든 사람이 발을 찔렀다는 쪽으로 그 책임을 뒤집어 씌우는 것이다.

다시말해서 사람이 못에 찔린 사건에 대해 사람이 사람을 찌른 사건으로 전혀 엉뚱한 결론에 도달하기 때문이다. 이처럼 비유를 통해보면 금방 알 수 있는 것을 왜 그동안 착각하게 되었을까? 그것은 또 다음과 같은 비유로 설명된다. 가령 '1+1=2'란 명제와 '부분은 전체에 포함된다'라는 명제가 있다고 하자.

여기서 '1+1=2'와 '부분은 전체에 포함된다'의 두 가지 명제는 모두 참이다. 그렇지만 이 두 명제 관계에서 첫번째 명제가 참이라는 이유 때문에 두 번째 명제가 참이 되는 것은 아니다.

사실 이 두 명제는 아무 관계가 없으며, 단지 독립적으로 옳은 것이다. 그런데 바로 이러한 사실에만 현혹되다 보니 깊이 생각하지 않고 개별적인 명제의 결과를 놓고 두 명제의 인과 관계에까지 옳은 것으로 확대 해석해 버린 것이다. 말하자면 개별적으로도 명제가 참이므로 합쳐진 명제 역시 당연히 참이라는 묵시적인 실수를 범하였던 것이다.

원점으로 되돌아가서 생산의 요소라는 경제학적 의미는 부를 늘릴 수 있는 힘이나 도구, 가치같은 것을 뜻하게 된다. 그리고 그러한 개념에 부합하는 대상으로 노동, 자본, 토지같은 용어들이 등장한 것이다.

그런데 이처럼 그 개념의 등장 배경을 이해하지 못하는 일부 경제학자들은 엉뚱한 논점을 이유로 스스로의 혼란을 자초하게 된 것이다. 어떻게 해서 부를 늘리는 구성 요소가 무엇, 무엇이냐의 질문에 대해 그 부가 왜 생기게 되었는지에 대한 물음의 답변으로 대체시키고 있기 때문이다. 물론 따지고보면 자본도 결국 인간의 노동에 의해 발생한 것이므로 넓게 보아 노동에 포함시킬 수도 있다.

그러나 그것은 그 부가 왜 생기게 되었는지에 대한 물음의 답일 뿐 생산의 요소가 무엇, 무엇이냐의 답변과는 질적으로 성질이 다른 것이다.

가령 칼에 찔린 살인 사건이 발생했다고 가정하자. 여기서 형사가 이 사건을 해결한다고 하는 것은 사건의 범인을 밝혀내고 잡는 일이다. 당연히 사건의 분석과 조사도 그쪽으로 초점이 잡혀야 한다. 따라서 칼을 만든 사람이 누구냐하는 따위의 문제는 수사의 대상에 포함되지 않는다. 그런데 그 사건이 칼에 찔려 죽은 사건이라고 해서 칼에 연관된 것만을 추종하는 것은 잘못된 일이다. 설사 칼을 만든 사람이 누구인지를 밝힌다 하여도 그것은 어디까지나 칼을 만든 사람이 누구냐의 답변일 뿐, 범인이 누구냐의 답변과는 차원이 다른 얘기다.

물론 그 사건이 칼이란 도구와 관계되고는 있지만 칼을 제작한 사람이 누구인가를 밝히는 문제는 수사 대상과 별개의 문제이기 때문이다.

즉, 칼을 만든 것은 사람이지만 그 사람을 범인이라고 할 수 없듯이 자본을 인간이 만들었다고 해서 생산 요소를 묻는 질문의 답변으로 대체될 수는 없는 것이다.

아무리 질문에 충실한 답변이라고 해도 질문 자체가 달라지면 그 답변이란 소용이 없어지기 때문이다. 말하자면 'Why'의 물음과 'How'의 물음은 서로 다르기 때문에 답변도 다를 수 밖에 없다.

이제 개념 혼란을 야기하는 두 번째의 문제점으로 넘어가자. 두 번째의 문제점을 논리학적 용어로 표현하면 '매개념 부당주연의 오류'가 된다. 쉽게 말해서 부분만을 보고 전체를 확대하는 경우 생기는 오류를 뜻하는 것이다. 이를테면 아기의 성장률을 어른에게 그대로 적용시킬 수 는 없는데 그것은 나이에 따라 성장률이 달라서 어른이 되면 성장이 멈추기 때문이다.

그런데 만약 아기의 성장률을 그대로 적용시키면 엄청난 키다리가 되고 말 것이다. 이러한 사실이 시사하는 것은 자본을 인간이 만든다고 해도 자본을 구성하는 물질 자체는 노동으로 만들 수가 없으므로 자본을 노동과 같은 동격개념으로 처리할 수 없다는 점이다. 즉, 씨앗이 자라 나무가 된다해도 씨앗을 나무와 같다고 말할 수는 없는 이치와 같다.

사실 씨앗이 자라 나무가 될라 하면 우선 시간의 차이가 생기는 것은 물론이고 수분, 태양에너지 같은 외부 환경이 뒷받침되어야 한다. 게다가 도중에 사람을 비롯한 동물의 먹이가 되지 않아야 되고 각종 재해에서도 살아 남아야 하는 조건이 붙는다. 이처럼 수많은 외부 환경의 도움과 함께 모든 수난을 견디어 낸 나무의 존재와 아직 아무것도 경험하지 못한 씨앗의 존재를 동일한 개념으로 묶을 수는 없는 것이다.

엄격히 보아 인간이 만든 자본이란 인간의 노동이 투입되어 자연의 모습을 다소 변형시킨 것에 불과하다.

그것은 어떠한 자본이라 할지라도 그 원료가 되는 물질 자체는 인간이 만들 수 없고 자연의 도움을 받아야 하기 때문이다. 즉, 거대한 자연에 인간의 노동이 조금 투입되어 만들어진 자본을 마치 인간의 노동으로 전부 완성한 것처럼 같은 수준으로 다룰 수는 없는 것이다. 따라서 자본의 개념을 노동의 개념으로 일치시킬 수는 없다고 하겠다.

(3) 생산 요소의 조건

앞에서 생산 요소에 포함되기 위해서는 어떤 조건이 필요함을 언급하였다. 단지 생산에 필요한 요건이라고 해서 생산의 3요소에 포함시킬 수는 없다. 왜냐하면 생산에 필요한 것은 너무나 많아서 일일이 열거할 수도 없지만 '필요 조건'이란 측면에서 보면 기존 경제학에서 정의된 생산의 3요소보다 더 중요한 생산 요소들이 얼마든지 많기 때문이다.

이미 앞에서도 언급되었다시피 이 세상 모든 것이 전부 생산 요소가 될 수 있으며 더구나 공기같은 것은 몇 분만 없어도 인류의 생존자체를 위협하는 가장 중요한 '필요 조건'으로의 생산 요소가 충분히 가능하기 때문이다.

따라서 생산의 3요소에 포함되기 위해선 생산에 필요하다는 조건보다는 생산량을 필요에 따라 변화시킬 수 있는 수단이 있느냐, 또는 그러한 의지가 실현될 수 있느냐, 하는 조건이 중요해진다.

이를테면 작물 재배에 햇빛이 필수적이긴 하지만 햇빛의 역할은 그저 주어진 조건을 수동적으로 제공할 뿐이며, 작물량을 필요에 따라 조절할 수 있는 것은 인간의 노동이나 자본(수단)을 통해서이다.

쉽게 말해서 생산의 3요소에 포함되느냐, 아니냐의 기준은 생산량의 결정에 [65]주요 변수(主要變數)로 작용하느냐 종속 변수(從屬變數)로 작용하느냐의 차이로 결정된다.

그리고 여기서 시사하는 바는 경제학에서 생산이라는 개념이 '양'이란 개념과 분리할 수 없다는 점이다. 가령 어떤 물건의 가치 구분이 가격으로 결정되듯이 생산의 차이란 '생산량'으로 표현된다. 그래서 생산의 개념에 '양'이 빠지면 생산의 차이를 비교 할 수 없다. 생산의 차이란 바로 생산량의 차이를 말하기 때문이다.

바로 그러한 이유로 생산량의 차이, 다시 말해서 생산량을 조절할 수 있다는 능력이야말로 경제학에서 그토록 중요한 기준이 될 수 있었던 것이다. 또 경제학에서 생산의 3요소를 별도로 구별하는 것도 생산량을 능동적으로 변화시킬 수 있는 주요 변수와 수동적으로 기여만 하는 종속 변수와의 차이가 중요하다는 것을 나타내기 위해서이다.

그러한 의미에서 생산의 3요소를 다시 구분하면 기존의 경제학에서 제시하는 노동, 자본, 토지는 노동, 자본, 위치로 바뀌어야 하

---

65) 여기서 말하는 주요 변수는 가변 변수의 성격을 가지며 종속 변수는 고정 변수의 성격을 가진다.

는데 그 이유에 대해서는 다음 절에서 설명하겠다.

2. 노동

노동에 대한 설명은 소유권 문제와 함께 깊이있는 연구를 필요로 하는 광범위한 주제여서 부득이 다음 장으로 미루어야 할 것 같다. 다만 7장에서 다루어야 할 요구 조건이기도 하고 생산 요소의 하나로서 설명이 되어야 할 문맥상의 흐름 때문에 지나치기 어려워 약간 언급하기로 하겠다.

노동이 생산의 3요소 중 하나로 꼽힐 수 있는 것은 '생산량 조절'에 기여하기 때문이다. 이는 생산에 필요하다는 단순히 수동적 조건이 아니라 생산량 자체를 조절하는 수단 또는 능력을 가지는 능동적 조건을 염두에 둔 평가이다.

사실 인간은 노동을 통해 생산량을 얼마든지 통제할 수가 있다. 그리고 생산량 조절에 기여한다는 사실은 노동 수단이 경제적 부의 일정량을 소득으로 분배받을 수 있게 하는 정당한 근거를 제시한다. 노동을 통해 생산이 늘었다면 그 소득은 당연히 노동자의 몫으로 돌아가야 하기 때문이다.

그런데 노동이란 개념과 임금 개념이 모호하고도 추상적으로만 사용되어 온 까닭에 많은 사람들을 혼란에 빠져들게 만들었다. 이는 이론을 엄밀하게 다듬지 못한데서 오는 이해의 부족 때문이다.

노동과 임금 문제는 앞에서 언급되었기 때문에 참고하기 바라며 여기서 복습삼아 새삼 추가한다면 엄밀한 의미에서 임금과 소득개념이 일치하지 않는다는 점이다.

물론 임금은 모두 소득 속에 포함시킬 수 있지만 소득을 모두 임금이라 부를 수는 없다. 왜냐하면 소득이란 개념은 말 그대로 수입의 포괄적 의미인 반면에 임금은 소득 중에서도 보장성을 요구 조건 -비록 기존 경제학자들의 이해 부족으로 이 조건을 구체적으로 정의하지는 못했지만-으로 하고 있다는 점에서 다르기 때문이다.

가령, 월급쟁이는 돈의 액수를 떠나 일정한 금액을 월급의 형태로 보장받지만 자기 사업을 하는 장사꾼은 노동을 통해 소득이 가능하지만 일정한 소득을 고정적으로 보장받지는 못한다. 이처럼 임금 개념은 월급쟁이처럼 일정한 보수의 보장성을 요구한다. 따라서 장사꾼의 수입은 일정하지도 않고 불확실하므로 소득이라 말할 수는 있어도 엄밀하게 임금의 성격과는 다르다고 하겠다.

이제 우리는 노동이라고 불리는 추상적인 개념 속에서 2가지 부분으로 나누어 생각할 수 있을 것이다. 즉, 앞에서 언급된 바와같이 노동은 자결권(자기 의사 결정권의 준말)과 노동력으로 나눌 수 있다. 여기서 노동력이라는 것은 노동자의 지식, 기술, 근면등을 반영하며 생산 요소라는 경제학적 측면에서는 생산에 사용될 경제 수단으로 이해될 수 있다. 따라서 노동력은 자본과 구별되면서도 자본의 잠재적인 성격 때문에 '잠재자본'이라 불러도 될 것 같다.

그럼 소득과 임금이 완전히 일치하지 못하는 핵심 근거는 어디서 유래하는가? 노동력(잠재자본)은 소득의 크기에는 영향을 미치지만 일정한 소득을 보장하지는 못한다. 일정한 소득이 보장되는 임금을 받으려면 자결권을 포기해야한다. 다시말해서 소득의 크기는 노동력과 관계되지만 소득의 보장성은 자결권과 관계되기 때문이다.

여기서 중요한 사실은 임금의 보장성이 노동자가 기업주의 지시에 따르는 대가로 발생하는 것이므로 노동자는 기업주의 지시에 절대 복종해야 된다는 점이다.

물론, 복종을 원하지 않을 수도 있으며 불공평한 것이라고 생각되면 얼마든지 거부할 수도 있다. 그 대신 외판원이나 장사꾼처럼 임금의 보장성을 당당하게 포기하는 도덕성을 필요로 한다. 바꾸어 말하면 자기 사업하는 사람이 남에게 구속을 받지 않고 자결권을 가질 수 있었던 것은 임금의 보장성을 포기함으로써 얻어진 것이다.

따라서 일정한 임금의 보장 혜택을 받으면서 파업을 일삼는 것은 논리적으로나 도덕적으로 비열한 행동이 된다. 사실 임금의 보장성이 어떻게 해서 발생하는지를 정확히 추론하게 되면 임금 노동자의 파업이 얼마나 부당한 것인가를 이해하게 될 것이다.

3. 자본

(1) 자본의 경제학적 의미

노동가치설을 신봉하는 비주류 경제학자들의 공통점은 자본의 경제학적 위치와 의미를 제대로 이해하지 못하고 자주 혼란을 일으키고 있다는 점이다. 흔히 자본을 노동에 종속되는 하위 개념으로 격하시키고 싶은 유혹은 일반적으로 자본 형성이 인간의 노동을 통해 이루어졌다는 사실 때문이다. 그래서 자본을 노동의 일부로 파악하는 것이다. 그것이 바로 생산 요소를 토지, 자본, 노동이라는 3분법에서 토지와 노동의 2분법으로만 구분하려는 이유이다.

그런데 이런 식의 기준으로 한다면 인간의 노동역시 의미를 잃게 된다. 왜냐하면 인간의 노동을 통해 만들어 낸 자본 중 그 어떤 것도 인간의 힘으로만 창조한 것은 아무것도 없기 때문이다. 인간이 만든 그 어떤 자본도 그 재료가 되는 자원은 자연에서 채취할 수 밖에 없다. 설사 인간이 그 재료조차 창조한다 가정해도 인간 스스로만으로는 존재할 수 없다는데 문제가 있다. 인간의 생존 자체가 식량 자원을 필요로 하기 때문이다.

따라서 이 논리는 생산의 요소가 자연밖에 없다는 결론이다.

그런데 문제는 자연이라는 하나의 변수만으로 다양한 상황(생산량) 변화를 설명할 수 없다는 점이다. 유일한 조건(변수)은 유일한 상황(생산량)만을 허용하기 때문이다.

물론 모든 나라와 모든 사람의 생산량이 동일하다면 특별히 연구할 필요도 없이 '자연'이라는 하나의 변수로도 설명이 가능하다. 그러나 국가마다 생산량이 다르고 사람마다 생산량이 다르다면 생산량을 결정짓는 또다른 변수가 존재한다는 의미가 된다. 그런데 무엇보다도 간과되고 있는 점은 변수(조건)의 개수보다도 논리의 결함이다.

자본을 만든 것이 인간이라고 해서 자본을 노동에 포함시키는 것은 마치 망치로 돌멩이를 박살냈다고 해서 돌멩이가 망치의 일부라고 생각하는 것과 같다. 아무리 망치로 돌가루를 만든다 해도 쇠는 쇠이고 돌은 돌일 뿐이다. 단지 그 사실은 돌멩이가 깨어진 원인을 말해 줄 뿐이다.

앞서 밝혔듯이 많은 경제학자들이 혼동하는 것은 How라고 물어야 할 질문을 Why라는 질문으로 착각하기 때문이다. 물론 Why라는 질문에 적당한 답변이 나왔다면 그 자체로서 문제될 것은 없다. 그렇지만 요구하고 있는 답변의 질문이 Why가 아니라 How라는 데 유의할 필요가 있다.

그럼 질문이 Why냐 아니면 How냐 하는 것은 무엇으로 판단한단 말인가? 만약 물리학이나 철학적 주제였다면 질문이 Why형일 가능성이 높다.

그러나 경제학이란 분야 자체가 '생산량'을 다루고 있는 분야이기 때문에 How형의 질문이 더 적절하다. 물론 경제학자들도 Why를 문제삼을 수는 있지만 이 경우는 이미 물리학이나 철학의 범주로 넘어가 버린다.

다시말해서 '생산이 왜 가능한가?'의 해답이 많은 사람의 굶주림을 면하게 하지는 않는다. 배고픔을 해결하기 위해서는 '생산량을 어떻게 하면 늘릴 수 있는가?'라는 질문에서 찾아야 하기 때문이다.

또 그것이야말로 경제학이기도 하다.

그렇다면 자본의 경제학적 의미는 무엇인가? 생산을 하려면 일단 노동이 필요한 것은 분명하다. 그런데 그 생산을 늘리는데는 자본이 중요해진다. 가령 농작물을 수확할 때 맨손으로 수확하는 것보다 낫이라는 자본(수단)을 가지면 수확량(생산량)이 훨씬 는다. 그리고 여기서 수확량에 영향을 주는 또 하나의 요소를 찾을 수 있다.

그것은 경작지의 '위치'이다. 경작지는 멀리 있는 것 보다 가까이 있으면 훨씬 유리하다. 왜냐하면 왔다 갔다 하는데 시간을 절약할 수 있으며 가까운 곳(위치)에 저수지라도 있다면 수확량에 엄청난 영향을 미치기 때문이다. 따라서 생산을 늘리는데 기여하는 부분은 '노동'과 '자본' 그리고 '위치'라는 것을 알 수 있다.

요컨대 생산 요소를 묻는 것은 생산량을 조절할 수 있는 요소중 가장 근본적인 것을 질문하는 것이다. 결국 Why형의 질문에서는 노동에 비해 자본의 중요성이 줄어들지만 How형의 질문에서는 반대가 된다. 그것은 생산량을 늘릴 수 있는 수단으로써의 역할에 초점이 모아지기 때문이다. 그리고 경제학의 입장은 바로 How의 질문에 답하는 것을 채택하고 있다는 점이 무엇보다 중요하다.

(2) 자본은 양의 구분이 아니라 질의 구분이다.

'자본이란 무엇인가?'하고 묻는다면 조금은 의아해 할 것이다. 너무나 당연한 답변을 새삼스럽게 질문하고 있다는 느낌을 주기 때문이다. 그러나 좀 더 질문을 추궁하면 그 답변이 생각이상으로 어렵다는 사실을 알게된다. 사실 이 질문에 대한 전문가들의 견해도 엄청난 차이를 보이고 있다.

물론 여기서 다른 학자들의 개별적인 견해를 살필 필요는 없다. 다만 비주류 경제학자이면서도 노동자들에게 인기가 높은 노동가치설을 참고로 살펴보겠다.

일반적으로 노동자의 수가 자본가의 수보다 많기 때문에 비록 헨리 죠지식의 견해가 비주류 경제학으로 주류경제학에서는 인정하지 않는다 해도 영향력 면에서는 오히려 크다고 하겠다. 더구나 노동자는 약자이므로 진실이야 어찌되었던 교묘하게도 약자를 보호한다는 정의감과 일치되는 느낌 때문에 많은 사람들의 지지를 받게 되었던 것이다. 따라서 그 잘못을 논하고 오류를 바로잡는 것이 무엇보다도 중요하게 되었다.

사실 자본의 정의와 관련하여 가장 주관적이고 따라서 가장 극단적 오류의 전형을 보여주는 것이 헨리 죠지가 내린 결론이다. 그는 자본을 근본적인 성격으로 구별하지 못하고 단순히 용도에 따라 구별되는 것으로 이해했다. 이를테면 같은 '삽'이라도 철물가게를 하는 사람의 소유로 있는 것은 자본에 속하지만 일상 생활에 필요로 하여 사용(소유)하게 되면 자본이 아니라는 것이다.

헨리 죠지는 자본을 근본적인 성격으로 파악하지 못하고 단순히 용도에 따라 구별되는 것으로 이해했다. 얼핏생각하면 그럴듯하고 별 무리없어 보이지만 실은 심각한 문제를 안고 있다.

그것은 이러한 정의가 부자와 빈자의 차이를 의미없게 만들기 때문이다. 왜냐하면 부자가 빈자보다 재산이 많긴 하지만 어차피 그 많은 살림살이도 부자에겐 생필품으로 사용될 터이므로 자본이 아니라는 결론에 이른다. 오직 교환(장사)을 목적으로 하는 물건만이 자본이라고 정의했기 때문에 아무리 많은 재산을 가진 갑부일지라도 자신이 쓸 목적으로 구입한 재산(물건)은 자본이 될 수 없기 때문이다.

따라서 가난한 사람이든 돈 많은 사람이든 교환(장사)을 목적으로 별도의 물건이 보관될 창고(가게)가 있지 않는 한 자본이 없기는 마찬가지인 것이다.

참으로 어처구니없는 결론이 아닐 수 없다. 아무리 돈 많은 자본가라도 장사를 하지 않으면 거지와 마찬가지로 자본가라 볼 수 없다니 말이다. 또 같은 재산을 가진 자본가일지라도 장사를 하느냐, 하지 않느냐에 따라 자본가일 수도 있고 아닐 수도 있으니 이 얼마나 기가 차고 웃기는 얘기인가?

이러한 견해는 자본이란 애초의 용어가 가져야 할 일반적인 성질을 망각하고 주관적인 판단을 지나치게 개입시켰으며 무엇보다도 자본이 원래 정의되었던 이론적 배경을 이해하지 못했기 때문이다. 가령 어떤 사람이 맨손으로 땅을 파면, 얼마 파지 못할 것이다.

그런데 삽을 이용하면 훨씬 많은 작업을 효율적으로 할 수 있을 것이다. 그리고 여기서 '삽'이라고 하는 것이 생산에 기여하는 바로 그 자본임은 누구나 아는 바와 같다. 즉, 작업을 도와주는 수단으로서 별도의 경제학적 의미가 부여된 것이다.

다시 말해서 삽을 이용하면 맨손으로 작업했을 때와 비교할 수 없을 정도로 작업 성과가 높았다면 '삽'이라고 하는 존재는 경제학적으로 무시할 수 없는 변수(요소)가 된다. 작업의 성과가 명백히 다른 것을 동일한 것으로 처리할 수 없으며 그 차이에 해당하는 만큼의 경제학적 해석이 필요한 것은 당연하기 때문이다. 주의할 것은 자본이 양의 구분이 아니라 질의 구분이란 점이다. 쉽게 말해서 삽이 여러개 있을 때, '일부는 자본이고 일부는 자본이 아니다'라는 식으로 말할 수 없으며, 모든 삽은 '삽'이라는 사실 하나만으로 모두 자본이 된다는 것이다. 자본이란 경제학적 정의는 생산에 기여하는 역할에서 고유한 의미가 비롯된 것이지 교환을 목적으로 한 여분의 양에 따라 임의적으로 결정된 것이 아니기 때문이다.

물론 1억원의 돈이 있다고 했을 때, 그것을 생활 자금과 사업 자금으로 얼마든지 구분하여 쓸 수는 있다. 그러나 생활 자금이든 사업 자금이든 할 것 없이 모두 돈(자금)이라는 성질에는 변함이 없다. 용도가 아무리 달라도 그것이 재산이라고 불리어지는 데는 영향을 받지 않는다.

마찬가지로 생산에 도움을 주는 모든 물건은 용도나 수량에 관계없이 모두 자본에 해당된다. 왜냐하면 바로 그것을 자본이라 정의하기 때문이다.

4. 위치

위치와 관련해서는 8장의 소유 문제와 함께 설명되어야 하기 때문에 자세한 논의는 뒤의 2절부터 먼저 살핀 후 다음 8장에서 거론하는 것이 자연스러울 것 같다. 그리고 앞에서 이미 언급된 부분도 약간 있어 서로 중복을 피하려면 사실 여기서 다룰 내용은 별로 없게 된다. 다만 여기에서 다루는 주제에 부합되는 내용만을 골라 간략히 언급하는 수준에서 다룰려고 한다.

기존 경제학에서 생산의 3요소중 하나로 취급하는 토지는 사실 문제가 있음을 이미 언급한 바 있다. 토지라는 생산 요소는 태양이나 공기같은 정도의 경제학적 의미에 더 접근하기 때문이다. 즉, 토지를 생산요소에 포함시키게 되면 태양, 공기 등과 같은 수많은 자연적 요소들도 모두 포함되어야 하는 딜레머에 빠지는 것이다. 그리고 자연적 요소들은 생산에 필수적이긴 하지만 수동적 요소이므로 노동이나 자본과 같은 생산 요소와는 같은 수준으로 다룰 수는 없다. 다시말해서 토지는 주어진 조건인 동시에 제약되어 있다. 말하자면 생산을 늘리기 위해 땅(토지)을 늘리거나 줄이지 못한다는 것이다(이점은 자연적 요소의 공통점이기도 하다).

만약, 인간이 토지라는 생활의 터전을 마음대로 늘릴 수 있었다면 - 또는 토지가 무한히 넓다면 - 생산요소의 하나로 포함되는 것은 당연한 것이다. 왜냐하면 토지의 증감으로 생산량을 조절할 수 있는 능동적인 변수가 하나 더 확보되기 때문이다.

그러나 이것은 하나의 가정일 뿐 현실적인 제약 때문에 토지를 생산의 3요소에 포함시키는데는 문제가 많다.

사실, 대도시의 중심 상가의 지대가 비싼 것은 토지가 좋아서가 아니라 좋은 위치에 자리하여 장사가 그만큼 잘되기 때문이다. 또 많은 사람들이 그 높은 지대를 지불하면서까지 대도시로 몰려드는 것은 높은 지대를 상대하고도 남을 만큼, 좋은 위치를 선점하는데서 오는 혜택이 더 크기 때문이다.

물론, 대도시의 진입을 포기하는 사람도 많지만 이들이 좋은 위치의 가치를 부인해서라기 보다는 높은 지대를 지불할 만큼의 경제적 여유가 없거나 다른 이유가 있기 때문일 것이다.

그런 의미에서 지대라는 표현보다 위치료라는 표현이 더 적절할지도 모른다. 따지고 보면 토지와 관련된 오해 중 '지대'라는 표현상의 문제도 원인의 일부였을 가능성이 높다.

제2절 임금의 철학적 재해석

1. 총점과 평균

'모든 자본은 인간의 노동을 통해서이다' 라는 주장의 논리적 위험에 대해서는 앞에서도 누차 언급되었다. 그런데 이 주장의 위험성은 그 자체적인 내용보다 노동자의 지나친 권익을 정당화하기 위한 논리적 위장 도구로 쓰이는데 있다. 다시 말해 모든 자본의 생산이 노동을 통해서 가능하다는 주장은 모든 생산에서 축적된 부가 노동자의 몫으로만 분배되어야 한다는 논리를 만들어 내는 것이다. 그리고 마침내 부의 분배를 노동자에게 무조건 [66]공평하게 나누어야 한다는 데까지 논리가 비약된다.

물론 생산 과정에 자본의 도움을 받았지만 그 자본 역시 따지고 보면 노동자의 노동이 만들어낸 것이므로 생산된 부의 몫도 전부 (현재) 노동자의 몫이라고 생각될 것이다.

그러나 이 논리는 중대한 실수를 범하고 있다. 바로 전체의 평균 점수를 각 개인의 평균 점수라고 강변하는 것과 다름없기 때문이다.

사실 전체 평균은 말 그대로 학생들의 총 점수에 대한 평균을 나타낼 뿐 각 개인의 점수를 말하는 것은 아니다. 각 개인의 점수는 전체 평균과 비교할 때 얼마든지 다를 수 있기 때문이다.

다시 말해서 자본을 만든 주체가 노동자라 해도 부의 분배가 현재 노동자의 몫으로만 돌리는 것은 잘못된 것이다. 물론 지금까지 명멸했던 인류 전체 노동자들에게 모두 부를 분배한다면 몰라도 현재의 노동자들에게만 국한시킨다면 잘못이다. 아시다시피 모든 자본들이 오늘의 노동자들에 의해서만 만들어진 것이 아니고 과거의 조상들이 남긴 노력과 도움이 있었기에 가능했던 것이다. 역사가 없는 현대 문명국은 하나도 없기 때문이다.

---

66) '공평하다'는 말 자체에만 현혹되면 안된다. 공평하게 한다는 것은 분명 좋은 이미지를 갖게 하지만 거기에는 조건이 붙는다. 다시말해서 차별하지 않는다는 것은 모든 것이 같기 때문에 차별하지 말아야 된다는 의미이지 무조건 차별하지 말아야 하는 것은 아니다. 오히려 무조건 차별하지 않는 것이야말로 공평하지 못한 것이다. 조건이 다르면 조건이 다른만큼 차별도 해야만 공평한 것이라 할 수 있다. 사실 게으른 사람과 부지런한 사람에게 같은 월급을 준다면 잘못된 것이다. 게으른 것과 부지런한 것이 다른 만큼 월급도 차별 적용되어야만 비로소 공평하다고 할 것이다.

그런데 오늘날 생산되는 총 생산액을 전체 노동자－과거의 노동자 모두를 포함하는－에게 나누고 싶어도 나눌 수가 없다. 왜냐하면 이미 과거의 노동자들은 죽었기 때문이다. 그렇다고 해서 그들(과거의 노동자)의 정당한 몫을 오늘의 노동자들이 부당하게 가로챌 수는 없는 법이다.

바로 이러한 문제를 해결하는 자연적인 방법이 부의 분배권 승계이다. 즉, 부모가 가져야 할 몫을 자식이 승계함으로써 부모의 몫이 자동으로 분배되는 셈이다.

사실 인류가 경제적인 관점에서 보통 짐승들과 다를 수 있었던 것 중의 하나는 스스로 이룩한 부를 자신만이 사용하지 않고 후손들을 위해 일부를 남겨둔다는 점이다. 그래서 부가 계속 축적될 수 있었던 것이다.

부모가 죽으면 그 노동력은 사라지지만 생전에 남긴 노동의 결실이 자식에겐 자본으로 이용되면서 더 많은 부를 창출하게 된다. 물론 자식이 이용한 자본이 원래는 부모의 것이었지만 부모로부터 정당하게 물려받은 것이므로 이젠 자식의 것이라 할 수 있다.

그럼 여기서 정당하게 물려받았다는 것은 무슨 의미인가?

가끔 우리는 부모 잘만나 잘사는 자식들을 볼 때면 뭔가 잘못돼 간다는 느낌을 받는다. 일반적으로 소유권은 노동을 통해 얻어지는 법인데 노동도 하지않고 항상 놀고먹는 사람이 부모의 유산을 자동으로 소유하는 사실이 뭔가 공평하지 못하다고 여기게 하기 때문이다. 다시말해서, 부의 소유권 과정이 피땀어린 노동을 통해 얻어진 것이 아니고 저절로 너무나 쉽게 이루어졌다는 사실이 사회 정의에 어울리지 않는다는 느낌이다.

그런데 우리가 유의할 것은 '소유권의 근거가 노동이다'라는 논리는 '노동을 통해 얻어진 소유권은 정당하다'는 논리와 동일한 것이다. 즉, 소유권이 정당하다면 소유권 행사에 하자가 없으며, 그

속엔 소유권을 위임할 수 도 있다는 권리까지 포함되므로 자식이 부모에게 승계받은 소유권은 원래의 소유권이 부모였다는 사실이 부정되지 않는 한 정당한 것이다.

이러한 이유로 인해 부자의 자식으로 태어났다는 이유만으로 저절로 부자가 되는 것이 사회 정의 차원에서 못마땅하게 보일지 모르지만 소유권 승계는 기본적인 권리이므로 그것이 간섭받을 수는 없다.

간섭은 바로 신성한 소유권을 침해하는 것이며 이 기본적인 권리를 침해하고서는 그 어떤 사회 정의도 의미없기 때문이다. 바꾸어 말해서 자식의 소유권을 인정하는 것은 부모의 소유권 행사를 보호하는 행위인 것이다.

따라서 자본가의 자본을 생산에 기여한 몫으로 책정하는 것은 자본이 노동을 통해 얻어진 사실을 부정하는 것이 아니다. 오히려 자본이 노동을 통해 얻어진 사실을 보증하며 그 몫을 철저히 챙기고 있는 것이다. 다만 현재 노동자가 그 몫을 차지하는 것이 아니라 자본의 원래 소유권자인 조상의 권리를 승계한 후손들이 가져갈 뿐이다.

이제 윤곽이 드러났을 것이다. 자본이 노동에 의해 생산되었다는 것은, 소유권의 근거가 노동이었음을 말하는 것이지 부의 분배를 똑같이 해야 한다는 근거는 결코 아니다. 즉, 노동이 부의 증가에 기여했다는 사실만으로 부의 분배량이 결정되는 것은 아니고, 부의 증가에 얼마나 기여했느냐가 더 중요한 것이다. 그러므로 노동은 부의 증가에 기여했다는 사실만을 말할 뿐, 분배의 기준이 되기엔 부족함을 알아야 한다.

사실 자본을 가지고 노동할 때, 생산량이 증가한다는 것은 부인할 수 없지 않는가? 그리고 사회 전체 생산에 더 기여한 사람과 덜 기여한 사람을 같이 취급할 수는 없지 않는가? 결론적으로 총점과 평균의 비유가 시사하는 것은 각 노동자의 수입과 사회 전체 부의 평균은 서로 별개의 것이란 점이다.

2. 참여와 기여

노동가치론자들은 노동자를 생산의 유일한 주체로 파악할 뿐 아니라 부의 분배도 같아야 한다고 주장한다. 이는 생산에 투입된 노동자들의 가치를 동등하게 평가하는 인식에서 비롯된다.

흔히 저질러지는 잘못된 비유로서 선박의 예가 있다. 이를테면 하나의 거대한 선박을 한 개인이 모두 완성할 수는 없기 때문에 많은 노동자들이 각 공정마다 참여하여 수행한다. 물론 여기서 모든 공정이 선박 공정에 필요함은 말할 것도 없고 또, 중요하기도 하다. 그런데 각 공정의 여러 단계가 중요하고 필수적이긴 하나 기여도의 차이를 무시하고 무조건 동일한 노동의 가치로 해석하는데 문제가 있다.

사실 어떤 작업을 수행함에 있어 여러 사람들의 행동과 분업은 필수적이며 또 효율적이기도 하다. 그렇지만 모든 작업 공정이 똑같은 힘과 노력을 필요로 하는 것은 아니며 아주 힘든 작업이 있는가 하면 아주 쉬운 작업도 있다. 또 고도의 숙련도를 필요로 하는 작업이 있는가 하면 단순 노동도 있다. 그리고 많은 자본이 있어야만 가능한 산업이 있는가 하면 몸뚱아리 하나면 가능한 생산도 있다.

이처럼 각 공정에 소요되는 시간은 비슷할지라도 내용적으로는 천양지차(天壤之差)로 다를 수 있음을 알아야 한다. 그렇다면 노동자의 임금이 생산 공정에 참여했다는 사실만으로 결정되어서는 안 되고 기여도의 측면도 아울러 고려해야 함을 알았을 것이다.

그것을 구체적으로 살펴보면 첫째, 노동의 강도가 다르다는 점이다. 즉, 육체적 기여도가 다르다고 하겠다. 단순히 못을 박거나 페인트를 칠하는 작업도 있지만 무거운 짐을 들고 날라야 하는 힘든 작업도 있다. 가령, 작업 현장에 무거운 짐을 운반하는 일은 모두 기피하기 마련이어서 그만큼 임금을 더 지불해야만 사람을 구할 수 있다.

둘째는 기술의 습득이나 숙련도가 다르다는 점인데 정신적 기여도 차이라 하겠다. 청소를 하거나 단순히 짐을 옮기는 것은 특별한 지식이나 훈련없이도 가능하지만 선박의 엔진을 설계하거나 조립하는 작업은 많은 교육과 기술을 터득해야만 가능한 것이다. 물론 고도의 숙련도를 요하는 작업은 그만큼 임금도 높아서 많은 사람들이 희망하는 직업이 될 수 있으나 아무나 가질 수는 없다.

물론 아무나 가질 수 없는 직업이기에 그만큼 보수가 높다고도 할 수 있지만 동시에 이러한 작업은 많은 교육 투자를 필요로 하거나 뛰어난 재능을 필요로 하기 때문이기도 하다. 아무튼 아무나 할 수 없는 일을 하였다는 것 자체가 전체 생산 공정에 기여하는 정도가 크다는 반증이 된다.

셋째는 자본의 투자 정도가 다르다는 사실이다. 앞서 얘기한 선박의 예로 보아 선주(船主)와 선원(船員)의 수입이 같은 비율로 책정되어서는 안 되고 선박의 소유주가 당연히 많아야 한다. 쉽게 말해서 그냥 맨손으로 땅파는 것보다 '삽'이라는 자본을 가지고 땅을 파면 훨씬 많이 팔 수 있는것 처럼 생산에 기여하는 자본의 역할을 무시하면 곤란하다.

노동가치론자들이 흔히 범하는 오류는 자본을 노동의 일부로 착각하는 데서 시작된다. 그렇지만 적어도 '양'을 다루는 경제학에서는 자본의 역할이야말로 정말 중요하고도 중요한 핵심이다.

경제학에서 자본을 무시하는 것은 경제학의 기초를 흔드는 것일 뿐 아니라 무의미하게 만드는 것이기도 하다. 사실, 경제학의 과제는 최소의 비용으로 최대의 이익을 얻는 것이므로 '량'의 개념을 이해하지 못하고서 경제학을 논한다는 것은 상상할 수도 없다. 최소의 비용이나 최대의 이익은 모두 '양'의 개념을 기초로 하기 때문이다.

그리고 알겠지만 '양'의 개념을 무시하면 원시 사회나 현대 사회의 구분도 무의미해진다. 경제적 관점에서 현재와 과거의 가장 큰 차이는 경제적 풍요와 산업의 발달인데 이것의 기반이 바로 자본 시설의 존재이다. 흔히 말하는 생산의 3요소인 노동, 자본, 토지(위치라고 해야 정확하지만) 중 노동이나 토지가 생산에 기여하는 가치는 예나 지금이나 별로 차이가 없지만 자본만큼은 확실히 다르다.

다시 말해서 지금 우리가 옛날에 비해 잘 살게 된 것은 자본이 많아서 이지 토지가 좋았다거나 일(노동)을 많이 해서가 아니다. 오히려 오랜 세월동안 경작하는 과정에 지력이 떨어지면 떨어졌지 더 좋아졌다고 볼 수 는 없다. 또 옛날 사람들이 게을러서 가난했다고 볼 수는 없으며 오히려 훨씬 더 높은 강도의 노동을 했지만 결과적으로 가난했던 것은 자본의 부족으로 생산성이 낮았기 때문이다.

말하자면 자본의 차이야말로 경제력의 차이 그 자체이며 옛날과 오늘날을 차이나게 하는 가장 중요한 요인이다. 따라서 자본을 가진 자와 가지지 못한 자가 같이 일을 하면 자본을 가진 자의 수입이 많아야 하는 것은 당연하다. 자본이 생산에 기여했다는 것이 분명한 이상 자본을 소유한 사람에게 그만큼의 보상이 돌아가야 하는 것은 당연하다.

여기서 중요한 것은 자본가에 대한 보상은 결국 노동의 보상과 같은 의미를 갖는다는 점이다. 왜냐하면 자본을 얻기 위해서는 그만큼 육체적으로나 정신적으로 노동을 많이 했다는 반증이기 때문이다.

역설적이지만 노동가치설이 진정 노동을 가치있는 것으로 여긴다면 자본의 중요성부터 먼저 인정해야 논리에 모순이 생기지 않는다. 자본이야말로 노동의 결실을 보증하는 결정체이기 때문이다.

참고적으로 자본과 노동의 차이점은 첫째, 자본은 사용된 노동이라 할 수 있다. 다시말해서 노동(력)은 앞으로 사용하거나 사용하게 될 것인데 반해 자본은 이미 사용되어진 노동의 흔적인 셈이다. 그렇다고 해서 자본과 노동의 차이를 사용된 노동과 사용되지 않은 노동쯤으로 생각하면 곤란하다. 그런식의 구분은 자칫 노동자들만이 모든 자본을 축적했다는 오류에 빠져들게 하기 때문이다.

자본이 노동에 의해 생산되었다는 것은 노동자의 노동만을 의미하는 것이 아니라 자본가의 노동도 포함되는 것이다. 더구나 지금의 새로운 생산물이란 것도 그 기원을 거슬러 올라가면 과거의 조상 —[67]자본가와 노동자의 구분없이 —들로부터 물려받은 자본이나 지식을 이용했던 것이다. 무릇 노동이란 용어는 자본가와 노동자를 구분하는 것이 아니라 생산요소라는 개별적 특성을 구분하는 것이다.

두 번째는 자본이 보존성을 갖는다는 점이다. 즉, 노동(력)이 노동(력)으로 인정받으려면 노동의 결과가 보존되어야 한다. 노동자가 아무리 열심히 노동을 했다하더라도 그것이 자본(또는 부)으로 결실을 얻지 못하면 말 그대로 '헛일'이 된다. 이를테면 작업을 하는 동작만 시늉하고 실제로 작업을 하지 않는다면 임금을 받지 못한다. 자본을 축적하는데 기여하지 않았기 때문이다.

세 번째로 구별되는 것은 자본의 위임 가능성이다. 사실 이점이야말로 자본과 노동(력)을 구분짓는 가장 중요한 차이인데도 불구

---

67) 여기서 굳이 자본가와 노동자를 구분한다는 것 자체가 부질없는 짓이다. 왜냐하면 자본가와 노동자가 원래부터 정해지는 것도 아니지만 과거에는 자본가와 노동자의 위치가 서로 바뀌어졌을지도 모르기 때문이다. 사실, 가난한 사람도 사업에 성공하면 얼마든지 부자가 될 수 있고 부자도 사업에 실패하면 가난뱅이가 될 수 있는 법이다. 그리고 지금까지 한 번 부자가 되었다고 해서 자자손손 영원히 부자가 계속된 예는 아직 없었으며 마찬가지로 한번 가난뱅이라 해서 그 후손들까지 항상 가난뱅이가 되었던 예도 아직 없었다.

하고 경제학자들의 관심 부족으로 주목받지 못했다.

노동(력)은 사람이 죽으면 자동으로 같이 없어지지만 죽기 전에 남긴 노동의 결실은 자본으로 남게 된다. 대부분의 사람들은 자손들을 위해 자신이 축적시킨 자본을 모두 소비하지 않고 [68]재산으로 남기게 되는 법이다. 그렇게 되어 후손들은 수많은 조상들이 남겨놓은 자본을 이용하여 더욱 많은 자본을 만들어 또다른 후손들에게 끊임없이 물려 줄 수 있는 것이다.

따라서 후손들은 항상 조상의 혜택을 보기 마련이다. 물론 직접적인 혜택이야 조상에게 유산의 사용권을 위임받은 후손들이지만 결국 그 혜택은 사회 전반적으로 영향을 끼치기 마련이다. 그리고 바로 이 모든 혜택이 지속될 수 있는 것은 자본의 위임이 가능하다는 점에서 비롯된 것이다.

3. 임금 결정과 자본의 역할

(1) 노동자는 왜 그토록 취직을 원하는가?

한마디로 말해서 노동자는 취직하는 것이 훨씬 더 이익이기 때문이다. 그렇기 때문에 어떻게 해서라도 취직에 합격하기 위해 그

---

68) 물론 재산을 많이 남기는 조상도 있을 것이고 적게 남기는 조상도 있을 것이다. 그러나 주목해야 할 것은 남긴 재산만 보고 자본에 대한 조상의 생산 기여도를 평가해서는 안 된다는 점이다. 비록 재산은 적게 남겼지만 생산에는 얼마든지 많은 기여를 했을 수 도 있을 것이다.
즉, 사업에 실패하였다는 것은 개인의 유산이 적을 수 있다는 것이지 전체 사회의 부가 줄었다는 것을 의미하는 것은 아니기 때문이다. 다만 사업의 성공이냐 실패냐 하는 것은 자본의 위임권(소유권)자에게 돌아갈 몫을 바꿀 뿐이다. 다시말해서 한 사람, 한 사람의 지출이 다른 사람의 수입과 연결되듯, 한 사람의 사업 실패가 다른 사람의 성공에는 영향을 주지만 사회적 부를 줄인다고 말할 수는 없는 것이다. 왜냐하면 사업에 실패한 당사자의 재산은 줄어들지만, 줄어든 만큼 다른 사람에게 돌아갔을 것으로 사회 전체적인 부는 변하지 않기 때문이다.

어려운 취직 시험에 몇달이고 몇 년이고(심지어는 몇십 년까지도) 매달리는 사람들이 속출하게 된다.

사실 자본가들이야 은행에 돈을 예치시키면 이자로도 먹고살 수 있으니 일부러 위험 부담을 감수하면서까지 무조건 회사를 설립하려고 악착같이 달려붙지는 않는다. 물론 전망이 좋다면 회사를 설립하고 싶은 유혹이 자본가에게도 생기겠지만 노동자가 취직을 원하는 절박감과는 비교될 수 없다는 것이다.

아무튼 노동자에게는 취직 자체만으로도 엄청난 유혹이다. 즉, 안정된 임금을 보장받기 때문에 악착같이 취직하려고 힘쓰는 것이다. 그것이 얼마나 노동자에게 이익이 되는지는 취직하려는 필사적인 노력 자체만으로도 알 수 있다.

사실 취직(고용)되어 일한다는 것은 일(노동) 자체가 힘든 것보다도 —자가 노동을 해도 어차피 노동은 필요하다 —자결권이 없기 때문에(임금을 받기 위해 위임했으므로) 윗사람 지시에 복종해야 하는 것이 눈치보이고 자존심 상하여 못할 일이다. 이토록 눈치보이고 자존심 상하는 데도 불구하고 자가 노동을 택하지 않고 취직쪽을 택하는 것은 무엇 때문이겠는가?

그런데 여기 헨리 죠지 같은 사람은 노동자가 취직하여 받는 조건(임금 수준)이란 자가노동으로 얻을 수 있는 소득에 준하는 것으로 믿고 있었다. 즉, 고용되는(취직) 조건이란 노동자가 자가노동을 하면서 얻을 수 있는 조건(수입)과 비교하여 비슷한 수준에서 결정되는 것이라고 생각했던 것이다. 그래서 노동자는 어느 쪽의 소득이 높은지를 보고 결정한다는 주장이었다.

그러나 이것은 조금만 생각해도 말이 되지 않는다. 만약, 고용 조건이란 것이 자가 노동할 때와 같은 수준의 것이라면 아무도 고용되지 않으려 할 것이다. 왜냐하면 자본가가 노동자를 고용하기 위해서는 자가노동으로 얻을 수 있는 수입보다 훨씬 더 많은 수입이 보장될 수 있는 '보이지 않는 조건'을 제시해야 하는데 그것은 노동자가 고용됨으로 해서 자유(자결권)를 포기해야 되는 대가를 치르기 때문이다.

역설적으로 말하면 고용 임금은 그만한 대가를 치르고도 기꺼이 할 수 있을 만큼 보상이 되어야 함으로 자가 노동으로 얻는 수입보다는 당연히 많아야 한다는 얘기가 된다. 그것도 조금 차이나는 것이 아니라 자유와 바꿀 만한 엄청나게 차이가 나는 것이다.

사실 인간에게 있어 자기 의사를 자기 마음대로 결정할 수 있다는 것은 대단히 중요한 가치를 지니며 따라서 웬만한 보상없이는 스스로 자결권을 포기하지는 않을 것이다. 세상에 이익이 생기지도 않는데 그 귀한 자신의 자유를 스스로 반납할 바보는 없는 것이다. 그것은 수많은 사람들이 자유를 찾기 위해 그 얼마나 많은 목숨이 희생되었는지 인간의 역사를 보더라도 분명해진다.

그럼에도 불구하고 취직의 이점이나 중요성이 약간(이론적으로) 망각되고 있는 것은 역설적이게도 취직으로 인한 혜택이 지나치기 때문이다. 가령 요즈음 일반 노동자의 가정을 들여다 보면 전 가족이 모두 취직되어 돈을 버는 것이 아니고 일부는 실업자로 남게된다.

또 일부는 학생의 이름으로 노동에 참여하지 않는 연령이 점차 늘어나는 추세이다. —옛날에는 교육의 기회가 어렸을 때 잠깐만 주어졌고(더욱 어려운 가정이나 고아들은 아예 교육의 기회조차 없기도 하지만) 조금만 커도 가족의 일원으로 생활 전선에 뛰어 들어야 했다. —그런데 실업자가(가정에) 존재할 수 있다거나 교육 대상자의 연령이 확대될 수 있다는 것은 가족의 일부 수입만으로도 가족 부양이 가능하다는 사실에서 비롯된다.

만약 전 가족의 수입으로도 한 사람의 실업자를 추가적으로 먹여 살릴 수 없다면 그 실업자는 굶어 죽을 위험이 있기 때문에 마냥 실업자로 버틸 수만은 없게 된다.

실제로 옛날에는 완전한 형태의 실업자란 거의 없었고 따라서 실업자와 비실업자의 구분도 애매모호했다. 왜냐하면 거의 모든 사람이 어떤 형태로든 생산에 조금씩은 기여했는데 그것이 가능했던 것은 말 그대로 '모든 손이 생산에 도움'이 될 수 있었기 때문이다.

그렇다면 요즈음은 왜 실업자와 비실업자의 구분이 확연히 들어나는 것일까?

그것은 엄청나게 축적된 자본의 위력 때문이다. 즉, 자본 시설을 이용하는 것과 그냥 맨손으로 노동하는 것은 생산성면에서 너무나 차이가 나서 맨손으로 일해봐야 별로 표시가 나지 않는 것이다. 그래서 차라리 쉬는 것이 이익 일수도 있는 것이다. 쉬더라도 나중에 취직하여 회사의 자본 시설을 이용하게 되면 쉬지않고 자가 노동으로 기여한 총 생산량보다 오히려 더 많은 생산량을 올릴 수도 있기 때문이다.

여기서 헨리 죠지같은 노동가치론자들이 잘못 생각하고 있는 대목을 하나 지적하고 싶다. 그것은 노동자들이 더 좋은 조건을 고려하여 취직을 보류하는 경우에, 헨리 죠지는 그 이유를 고용 조건이 자가 노동 조건보다 좋지 않기 때문이라고 결론 내린다.

그런데 이것은 문제의 본질을 한참 벗어나고 있다. 노동자들이 취업을 보류하는 것은 말 그대로 더 좋은 조건을 갖기위해 탐색하는 것일 뿐 자가 노동의 조건보다 못해서가 아니다. 다시말해서 고용되는 조건으로 비교되는 것은 다른곳에 고용됨으로써 얻을 수 있는 조건이지, 자가 노동으로 얻을 수 있는 조건과 비교되는 것은 아니다.

사실 그 어떤 노동자도 더 좋은 직장을 구하기 위해 취직을 보류하는 경우는 있어도 무일푼 상태의 순수 자영업으로 얻을 수 있는 소득이 더 많아서 취직을 보류하는 경우는 없다. 세상에 [69]무일푼으로 장사를 한다는 것 자체가 아예 불가능하기 때문이다. 그리고 설령 자영업이 더 많은 수입 전망이 있다 해도 자본이 있어야 한다는 전제 조건을 필요로 하는데 이는 굉장히 중요한 대목이다.

흔히 말하듯이 장사를 하고 싶어도 밑천이 있어야 한다고 하지 않는가?

이 사실은 자가 노동의 조건과 고용 노동 조건이 같은 기준에서 평가될 수 없다는 것을 말해준다. 왜냐하면 자가 노동(장사)을 하려면 최소한의 자본을 필요로 하기 때문이다.

다시말해서 자본이야말로 생산성을 높이는 수단과 힘을 가지고 있는데 자본이 있는 사람과 없는 사람을 동일한 수준에서 비교할 수는 없는 것이다. 설사 자가 노동으로 더 많은 수입을 올렸다고 해도 그것만으로 자가 노동의 소득이 고용 노동의 임금보다 많다고 주장할 수는 없다. 자본을 가지고 있다는 사실 자체가 이미 더 유리한 조건을 만들었기 때문이다.

(2) 노동만으로 설명되지 않는 임금

임금 결정을 노동만으로 설명할 수 없음은 분명하다. 소득 자체가 자본의 영향을 받는 데다가 임금의 경우는 자결권이라는 변수까지 고려해야 되기 때문이다.

그렇다고 해서 임금을 자본으로 설명할 수 있는 것은 더욱 아니다. 자본은 임금에 영향을 주는 하나의 주요 변수이긴 하나 자본 자

69) 자본없이도 갑부가 될 수 있다고 주장할 수 있다. 이를테면 무일푼의 노동자가 자본을 빌려 사업을 잘해 나중에 갑부가 되었을 경우 충분히 들을 수 있는 얘기다. 그렇지만 이것은 자본을 잘 빌려쓰는 능력이 있다거나 사업 수완이 좋다는 뜻일 뿐이지 자본의 중요성을 부정하는 것은 아니다. 자본을 빌렸다고 해서 자본이 생산성 향상에 기여한 사실이 부정될 수는 없기 때문이다.
그럼 자본을 빌려 가지고 있다는 것과 원래부터 가지고 있다는 것의 차이는 무엇일까? 이때의 유일한 차이란 이자와 원금을 변제해야 하는 의무가 있느냐 없느냐 하는 점 뿐이다. 왜냐하면 빌렸든, 안 빌렸든 자본을 현재 가지고 있다는 점에서는 동일하기 때문이다.

체에서 임금이 나오는 것은 아니기 때문이다.

만약 임금이 자본에서 빠져나가는 것이라면 자본주는 노동자의 노임으로 전 재산이 탕진될 것이므로 아무도 노동자를 고용하지 않을 것이며 따라서 회사라는 것은 존재할 수 없는 것이다.

그렇지만 현실적으로 회사가 존재한다는 것은 역으로 어느 한쪽의 일방적인 손해가 아닌 양쪽 모두에게 이익이라는 사실을 의미한다.

이해를 돕기 위해 단순한 예를 들어보자. 어떤 무일푼의 건강한 노동자가 맨손으로 땅을 파면 하루에 1m 깊이의 구덩이를 하나 만들 수 있다고 가정하자. 그리고 1m깊이 구덩이의 가치가 만원이라고 한다면 노동자는 자기의 노동으로 만원의 소득을 올린다고 볼 수 있다. 그런데 만약 기계로 구덩이를 파면 1m깊이의 구덩이를 4개 만들 수 있다고 가정하자.

그럼 여기서 기계를 빌리는데 2만원의 돈이 필요하다고 할 때, 노동자가 그냥 맨손으로 구덩이를 파는 것과 기계를 빌려 구덩이를 파는 것 중 어느 쪽이 이익일까?

당연하겠지만 기계를 빌려 노동하는 것이 훨씬 이익이다. 비록 기계를 빌린 대가로 2만원이 공제된다 하더라도 기계를 사용하면 (총 생산가치가 4만원이므로) 2만원의 이익이 발생하기 때문이다. 이는 맨손으로 노동했을 때 얻을 수 있는 소득의 2배가 되는 셈이다. 그런데 여기서 노동자가 기계의 주인에게 2만원의 대가를 지불했다고 해서 노동 착취 당했다고 할 수 있을까?

얼핏 생각하면 생산은 노동자가 했는데 기계의 주인은 가만히 앉아서(단지 기계를 빌려주는 것만으로) 2만원의 불로소득을 챙기는 느낌을 준다. 그렇지만 이러한 논리의 이해 방식은 문제의 핵심을 제대로 파악하지 못하는 데서 오는 착각일 뿐이다. 물론 그 기계가 노동자 자신의 것이라면 소득의 전부는 당연히 노동자의 몫이 되며 이것을 문제삼을 사람은 아무도 없다.

그러나 문제는 그 기계가 노동자의 소유가 아니라는 점에 유의해야 한다. 그리고 이 경우 올바른 논리적 접근을 하려면 노동자의 노동(력)과 기계(자본)를 분리해서－각각 소유가 다르므로－생각해야 된다. 다시말해서 노동자가 노동을 했다고 해도 자본을 이용했다면 그 소득을 전부 노동자의 노동(력) 몫으로만 돌릴 수는 없으며 자본의 몫도 포함되었다고 봐야한다. 그래서 노동가치론자들이 노동 착취를 당한다고 노동자들에게 그토록 주의를 주었지만 설득력이 없었던 것은 노동 착취를 당한 몫이 착취를 당하지 않은 몫보다 오히려 크기 때문이다.

다시 말해서 노동자들이 임금 투쟁하는 것은 임금을 더 많이 챙기기 위함이지 노동 착취 때문은 아니다. 만약 진정으로 노동 착취 때문이었다면 임금 투쟁처럼 힘들고 가치없는 일을 할 필요가 없다. 노동 착취를 당하지 않는 것이 정말 목적이라면 회사를 그만두면 간단히 해결되는 문제이기 때문이다. 그렇게 되면 그토록 소망하던 임금착취를 당하지 않을 뿐 아니라 자기의 노동으로 얻은 수익은 자기가 모두 가질 수 있는데 왜 스스로 임금 착취를 당하려고 자본가 밑으로 고용되겠는가? 거기에는 그만한 이유가 있지 않을까?

즉, 노동 착취가 있었느냐 없었느냐 하는 기준은 순수한 노동(력)만으로 얻을 수 있는 소득과 비교되는 것이지 불로소득자가 있느냐, 없느냐가 아니다. 설령 불로소득자가 있다 하더라도 그것은 노동방법으로 기여하지 않았다는 사실만을 의미할 뿐, 생산 자체에 아무 기여가 없었다는 사실은 아니다. 자본주는 노동이 아니더라도 자본을 통해 얼마든지 생산에 기여할 수 있는 것이고 불로소득이란 바로 이 자본의 기여 부분에서 근거가 생기는 것이다. 다시말해서 불로소득자가 얻은 수입은 노동의 대가로 받은 것이 아니라 자본의 대가로 받은 것이므로 결코 부당하지가 않다.

요컨대 (자본없이) 노동만으로 얻을 수 있는 소득보다 더 적은 소득을 받을 때에만 노동 착취 당했다고 말할 수 잇는 것이다.

따라서 기계를 빌린 대가가 2만원이 아니라 그 이상 된다할지라도 기계없이 맨손으로 벌 수 있는 소득보다 많다면 노동 착취는 결코 일어나지 않은 것이다. 그리고 분명한 것은 노동 착취란 개인의 자유를 박탈하지 않는 한 절대로 일어날 수 없다는 것이다.

사실 스스로 손해보고 싶은 바보는 없을 것이며 조금이라도 노동 착취가 일어난다면 노동자는 회사의 취직을 거부할 것이기 때문이다. 결국 임금이란 노동자의 순수한 노동가치보다는 항상 많아야 되고 또 많을 수 밖에 없는 것이다.

그리고 굳이 착취라는 용어를 쓰고 싶다면 자본가와 노동자 사이가 아닌 자본가와 '자본'의 관계로 한정하여야만 한다. 즉 노동자와 자본의 협력으로 이루어낸 생산물은 노동자와 '자본'의 몫으로 나누어지는 것이 아니라 노동자와 자본가의 몫으로 나누어지기 때문이다. 다시말해서 자본가의 노동 착취는 잘못된 표현이고 자본가의 자본 착취라고 해야 정확한 표현이 되는 것이다.

(3) 생산은 현재되지만 생산량은 과거를 포함한다

헨리 죠지가 저지른 또 하나의 대표적인 오류는 현재의 생산물을 전적으로 현재 노동자의 몫으로 이해하고 강변했던 점이다. 가령 그가 즐겨 사용한 한량의 비유* 하나를 살펴 보자.

'사치스럽게 사는 어느 한량이 있었는데 아버지의 유산을 물려받아 안전한 정부 채권에 투자해 두고 아무런 생산적인 일을 하지 않고 살아간다고 하자. 그렇다면 그의 생활 물자는 실질적으

---

* 김윤상 역「진보와 빈곤」무실, 1992, p. 53~55.

로 볼 때 과거에 축적된 부에서 나오는 것일까, 아니면 현재의 타인 노동에서부터 나오는 것일까? 그의 식탁에는 새로 놓은 계란, 며칠전에 만든 버터, 아침에 짠 우유, 어제만 해도 바다에서 헤엄치던 물고기, 방금 푸줏간에서 배달되어 요리한 고기, 밭에서 금방 딴 채소, 과수원에서 나온 과일 등이 놓여있다. 간단히 말해서 생산적 노동자의 손을 최근에 떠나오지 않은 것은 없다. 이 사람이 아버지에게서 받은 것은 실제로는 전혀 부라고 할 수 없고 단지 다른 사람이 생산한 부를 자기 것으로 할 수 있는 힘일 뿐이다. 그리고 이 사람의 생활 물자는 같은 시기의 생산에서 나온 것이다.'

위의 비유 내용은 헨리 죠지가 자신의 생각을 주장하는 것이지만 실은 왜 오류에 빠지게 되었는지 스스로 그 과정을 보여주는 꼴이 되어 버렸다. 그는 사물의 본질을 파악하지 못하고 겉모습만을 보고 모든 것을 판단하려 했던 것이다. 사실 우리 주위에서 생산되는 대부분의 생산물이 현재의 것임은 분명하다.

물론 좀 오래된 것이 있긴 하지만 시간적으로 보아 현 시점에서 그리 멀리 떨어진 것은 아니며 간혹 아주 오래된 것도 있긴하나 그것은 어디까지나 골동품의 수준일 뿐, 실생활에 활용되고 있는 것은 대부분이 현재 생산된 제품들이다.

그리고 현대 최첨단의 과학을 예로들지 않더라도 일반 가정의 가전제품들이 출고되는 시기는 최근이며 그나마도 조금만 지나면 새것으로 계속 교체되는 과정에 있지 않는가?

과히 모든 생산은 현 시점에서 멀리 떨어지지 않은 시기에 집중적으로 이루어지며 따라서 생산을 직접한 사람도 과거의 노동자가 아니라 현재의 노동자이므로 그 소득의 대가 역시 현재의 노동자들에게만 나눠져야 한다고 생각될 것이다.

그렇지만 우리가 조금만 주의를 기울이면 이 정도의 오류에는 빠지지 않을 수 있다. 분배의 근거는 생산의 시점으로 결정되는 것이 아니라 '생산량'에 기여된 부분으로 평가되는 것이다. 가령, 어떤 엄청난 건축물을 짓기 위해 몇 백년의 공사 기간이 걸렸다고 했을 때, 그 건물의 건축자라고 불릴 수 있는 범주 대상은 완공의 마지막 단계에 참여한 노동자 뿐 아니라 과거에 참여했던 모든 노동자들까지 포함되는 것이다. 다시 말해서 '이것은 내 몫이다' 라고 하는 주장의 근거는 '이것이 지금 생산되었느냐?'가 아니라 '이것을 생산하는데 기여한 것이 있느냐?'라는 질문과 관계된다.

바로 그러한 이유로 앞서 든 한량에 예에서 한량이 놀고도 먹을 수 있고 또 그것이 정당할 수 있었던 것은 비록 노동을 하지 않았지만 한량의 소유였던 자본이 생산시설에 투자되었다는 사실에서 비롯된 것이다. 즉, 과거에 축적된 부가 있느냐, 없느냐의 사실은 그냥 단순히 그것으로 끝나지 않고 현재의 생산량에 엄청난 영향을 끼친다는 사실에 주목해야 한다.

그래서 한량의 몫은 노동자의 몫에서 빼앗은 것이 아니라 '새로 늘어난' 생산 부분이 옮겨간 것이다. 따라서 과거에 축적된 [70]부가 현재생산량을 증가시키는데 투자되었으므로 한량의 몫이 별도로 분배되는 것은 전혀 이상하지가 않다. 다만 달라진 것이 있다면 한량의 아버지가 누릴 수 있는 몫을 자식이 대신 누리고 있다는 사실 뿐이다.

그럼에도 불구하고 오류의 유혹에서 쉽게 빠져나오기 어려웠던 것은 헨리 죠지의 다음과 같은 접근 방식 때문이다.

'어떤 신세계에 백 명의 사람이 아무런 물자도 없이 상륙하여 농사를 짓는다고 하자. 이때, 수확 전까지 필요한 물자를 마련하는데

---

70) 자신의 노동을 통해 실제로 축적시킨 것은 자본이지만 자본가－처음엔 노동자였지만 열심히 노력하여 나중에 새롭게 된 자본가－의 취향이나 보관상의 편의에 따라 자신의 자본을 여러 가지 다른 형태, 이를테면, 화폐나 금과 같은 교환수단으로 바꾸어 보관할 수 있는데 이것을 우리는 '부'라고 표현하는 것이다.

백 명 모두가 종사할 필요가 있을까? 그렇지 않다. 물고기, 짐승, 야생 열매 등이 풍부하여 백 명 중 일부만으로도 전체가 필요로 하는 일용 물자를 충분히 조달할 수 있으며 이들은 훗날의 수확을 얻기 위해 일하는 사람들에게 자신이 마련한 일용 물자를 빌려줌으로써 상호의 이익을 도모하게 될 것이다.'

여기 제시된 비유 논리에 문제가 있는 것은 비유 내용이 아니라 비유 내용을 엉뚱한 논리로 연결시키려는 의도가 있기 때문이다. 물론 모든 사람이 같은 직업에 종사할 필요가 없는 것은 사실이며 나름대로 전체 생산 시스템의 일부로 참여한다는 것도 분명하다.

그렇지만 첫번째 오류는 참여하는 기여도나 우선 순위가 완전히 동일할 수는 없다는 점이다. 모든 직업의 난이도나 선호도, 성취도가 모두 같을 수는 없기 때문이다.

또 식량 생산에 직접 참여하는 대신 다른 직업을 가져도 먹고 살 수는 있다. 다시 말해서 다른 직업으로 얻은 수입을 통해 식량과 교환할 수 있기 때문이다. 그러나 이 사실이 '토끼를 먹으려면 토끼를 사냥하고 요리해야 한다는 사실'을 전적으로 부정하지는 않는다.

즉, 다른 사람의 잉여 생산물을 교환함으로써 먹고 살 수 있는 방법을 시사할 뿐 과거의 생산물이 현재와 미래의 생산에 영향을 끼친다는 사실에는 여전히 변함이 없다. 만약 흉년이 들어 잉여 생산물이 없어 자기가 생산한 식량을 자기 혼자서 다 먹어도 부족할 정도가 되면 식량 확보야말로 가장 시급한 과제로 떠오른다.

따라서 농사일은 더 중요해져 다른 직업에 종사할 여유도 그만큼 줄어든다. 말하자면 생산과 소비에도 우선 순위가 있다는 것이다.

그런데 무엇보다도 중요한 두 번째 오류는 헨리 죠지가 스스로 언급한 바처럼, '이들은 훗날의 수확을 얻기 위해 일하는 사람들에게 자신이 마련한 일용 물자를 빌려줌으로써 상호의 이익을 도모하게 될 것이다'라는 주장에서 드러난다. 다시 말해서 과거의 노동이 훗날의 수확에 영향을 끼친다는 사실이다. 여기서 나를 당혹하게 한 것은 헨리 죠지가 현재의 노동이 미래에 영향을 끼쳤다는 사실을 이해하면서도 과거의 노동이 현재의 생산에 영향을 준다는 사실은 왜 이해 못하는지 하는 점이었다.

그리고 모든 사람이 한 가지 농사일에만 종사할 필요성이 없다는 것과 과거의 생산물이 현재에 이용되지 않는다는 사실이 도대체 무슨 관계가 있다는 말인가?

오히려 모든 사람이 농사일에만 매달릴 필요가 없다는 것은 교환할 잉여 생산물이 생긴다는 반증이고 이것이야말로 미래에 이용될 바로 자본이 아니고 무엇인가?

따라서 현재의 생산물이 순전히 현재의 노동자가 생산한 것으로 해석되려면 잉여 생산물이 전혀 없어야 한다. 그것은 과거로부터 남은 것이 없어야만 현재의 생산 결과를 항상 현재의 노동 결과로 추론할 수 있기 때문이다.

다시 말해서 현재가 과거의 노동 생산물에 의존하지 않음이 실증되려면 모든 사람이 농사에 매달릴 수 밖에 없는 현실을 보여야만 인정받을 수 있다. 그렇지 않으면 잉여 생산물이 발생한다는 뜻이 되고, 이 사실은 과거의 노동 생산물에 의존한다는 것이 된다. 또 그렇기 때문에 농사 외의 다른 일에도 종사할 수 있는 것이다.

4. 인구의 증가와 부의 증가

(1) 인구 증가가 부에 미치는 두 가지 견해

인구의 증가가 부의 증가에 어떤 영향을 미치게 될까? 여기에 대한 입장은 크게 두 가지로 나눠지는데 서로 정반대의 결론을 내리고 있는 점이 특이하다. 물론 두 가지의 견해*가 모두 진실을 왜곡하고 있지만 참고적으로 간단히 살펴볼 필요가 있다.

그럼 역사적인 순서에 따라 먼저 그 유명한 맬더스(Thomas Robert Malthus, 1766-1834 영국의 경제학자)의「인구론」을 살펴보면 인구의 증가가 사회 전체의 부를 늘리기는 하지만 늘어나는 부의 속도보다 인구의 증가 속도가 더 빠르다는 견해를 피력한다. 즉, 인간이 생존에 필요한 생존 물자의 증가 속도는 산술적 증가인 반면 인구의 증가는 기하급수적인 증가를 보이고 있다는 것이다.

물론 이 견해는 헨리 죠지의 지적처럼 다음과 같은 몇 가지 이유때문에 많은 매력을 갖고 있어 초기에 지지자를 쉽게 얻을 수 있었다. 가령 맬더스의 이론은 인구가 계속 증가하면 결국 지구의 식량조달 능력을 초과하게 된다고 하는 수학적인 접근방법이 매우 그럴듯해 보인다.

또 그의 이론은 어떤 자연의 장벽을 통해 각 종끼리 견제가 이루어지는 동식물의 세계에서 비유를 찾을 수 있다는 점에서도 역시 그럴듯해 보인다.

뿐만 아니라 인구가 조밀한 지역에 빈곤과 악과 비참함이 많고, 인구가 증가하는 가운데 발생하는 물질적 진보는 가난을 덜어주지 못하며, 신생국가에는 인구가 급속히 증가하지만 인구가 조밀하게 정착해 있는 국가에서는 빈곤계층의 사망률이 높아 인구 증가가 둔화된다는 사실들이 멜더스의 이론을 뒷받침해 주는 것으로 보인다.

맬더스의 이론은 위와같은 현실을 설명해 주는 하나의 원리이며 또 임금이 자본으로부터 나온다는 원리 및 이 원리에서 파생되는 다른 주장과 조화를 이루고 있다.

이들 원리나 주장은 노동자 수가 증가하면 자본을 잘게 나누어야 하므로 임금이 하락한다는 것이며 맬더스의 이론은 인구가 증가하

---

* 김윤상 역「진보와 빈곤」무실, 1992, p. 60~66.

면 생존 물자를 잘게 나누어야 하므로 빈곤이 나타난다는 것이다.

여기에서 자본과 생존 물자, 노동자 수와 인구를 같다고 보면 두 명제는 내용에서나 형식에서나 동일한 것이 된다.

그런데 흥미있는 것은 맬더스의 인구론을 비판한 헨리 죠지의 이해 방식이었다. 즉 그는 맬더스의 이론대로라면 현재의 인구가 엄청나게 불어났어야 한다는 것이다. 다시말해서 수백만 년 동안 인류가 지구상에 살아왔으므로 인구가 생존 물자의 한계를 넘어서는 기하급수적인 증가 속도를 보였다면 지금의 인구와는 비교할 수 없을 정도로 훨씬 더 많은 인구가 있어야 하는데 그렇지 않다는 것이다.

이 점에서 그는 인구가 오히려 부를 증가시킨다고 보았으며 실례로 영국은 잘 살지만 브라질은 가난하다는 것이다.－전체인구는 브라질이 많지만 인구 밀도는 영국이 높다. －그리고 인도나 중국이 가난한 것은 인구가 많아서가 아니라 수탈이 심해서 그렇다는 것이다.

그렇지만 헨리 죠지의 비판을 자세히 살펴보면 자신이 전개하는 이론을 스스로 논박하는 내용으로 되었다. 왜냐하면 맬더스의 이론을 반박하는 것이 아니라 스스로의 논리를 반박하고 있기 때문이다. 다시말해서 인구가 식량(부)을 늘린다는 논리는 식량이 다시 인구를 늘릴 수 있다는 논리로 이어지는데(풍부한 식량은 많은 사람들을 먹여 살릴 수 있으므로) 이 논리야말로 지금의 인구가 엄청나게 불어났어야 한다는 결론을 이끌어 내는 것이다. 물론 지금의 세계 인구가 적은 것은 아니지만 인류의 긴 역사 동안 일어날 수 있는 수에 비하면 터무니없이 적다고 할 수 있다.

또, 헨리 죠지는 인구가 많은 나라가 잘 산다고 했는데 반대로 인구가 적은 미국이 중국보다 잘 살며, 캐나다가 브라질보다 더 잘 산다. 그리고 인도의 빈곤은 수탈 때문이라고 했는데 이는 상대적인 부의 차이를 설명할 뿐, 인구많은 나라가 인구적은 나라보다 잘산다는 것을 보증하지는 못한다. 가장 확실한 증거로써 인도의 전체 생산 물자보다 미국이나 일본의 전체 생산 물자가 더 많기 때문이다.

그리고 상식적인 수준에서 생각해 보아도 수탈의 결과가 빈자를 만들 수는 있어도 빈국을 만든다고 볼 수는 없다. 비록 수탈되는 일이 발생한다 하더라도 국가 전체의 규모에서 보면 어차피 그 나라의 소유물로 귀착되기 때문이다.

그렇다고 해서 인구가 많은 것이 가난하다는 것도 아니다. 인구적은 나라가 잘 사는 경우처럼 인구가 많은 나라가 잘사는 경우도 얼마든지 있다.

문제는 인구에 있는 것이 아니라 자본이 얼마나 많이 있느냐에 따라 그 나라의 부가 결정되는 것이다.

그럼 각각의 견해를 알아보고 올바른 결론에 접근하도록 하자.

(2) 맬더스 인구론의 올바른 비판

맬더스 인구론은 분명 현실적으로 맞지 않다. 우선 인구가 점차 증가하는 것은 사실이지만 생존 물자를 압박하는 수준까지 증가한다고 볼수는 없다. 왜냐하면 생존 물자를 압박하는 수준에서 인구가 증가한다면 부의 증가가 아무리 일어나도 개인적인 입장에는 아무 의미가 없어지는 것이다. 부의 증가와 동시에 인구도 증가하여 부가 분산되기 때문이다.

그런데 무엇보다도 맬더스의 인구론을 비판할 때, 많은 사람들이 오류를 범하는 것이 하나 있는데 헨리 죠지가 비판했던 논점에서처럼 현재 인구가 그렇게 많지 않다는 지적이 그것이다. 그런데 맬더스의 인구론에서 말하는 내용은 인구가 기하급수적으로 늘어나는 경향을 가지고 있다는 것이지 반드시 기하급수적으로 늘어난다는 얘기는 아니다.

즉, 인구가 기하급수적으로 늘어나는 경향을 가진다는 것은 한쪽의 경향을 표현한 것이지 종합적인 경향을 말하는 것이 아니다. 왜냐하면 생존 물자를 압박하는 수준까지 인구가 증가하는 말의 정확한 의미는 인구 증가는 동시에 생존 물자를 소비시켜 더 이상의 인구 증가를 막는다는 뜻이기 때문이다.

하나의 비유로써 비행기가 날려면 에너지가 될 가솔린이 필요함으로 멀리 날아가려면 충분한 가솔린을 실어야 한다. 그런데 여기서 가솔린이 많아야 멀리 날아갈 수 있다는 사실은 필요 조건을 말하는 것이지 충분 조건은 아니다. 사실 가솔린의 지나친 적재는 비행기를 무겁게 하여 오히려 날 수 조차 없게 만드는 것이다. 즉, 비행기가 멀리 날기 위해서는 에너지의 양과 함께 비행기의 전체 무게도 고려되어야 하기 때문에 에너지의 양이 제한될 수 밖에 없다.

따라서 맬더스의 인구론을 비판할 때, 인구가 적다는 것을 문제삼는 것은 올바른 이해에 아직 도달하지 못했다는 반증이 된다. 아마도 제대로 이해했다면 인구가 오히려 지나치게 많다는 점을 논박했을 것이다. 왜냐하면 그동안 많은 인구가 늘어났지만 생존 물자가 부족해지기는커녕 과거보다 훨씬 더 풍족한 생활을 누리고 있기 때문이다.

이것이 바로 논란의 핵심이며 맬더스 인구론이 가지는 모순이다. 사실 맬더스의 인구론대로라면 이처럼 많은 인구가 존재할 수도 없지만 설령 존재한다 하더라도 너무나 많은 인구 때문에 현시대는 기아에 허덕여야 되는 것이다.

그런데 현실은 정 반대로서 과거에 비해 엄청난 인구가 증가했음에도 불구하고 생활은 더욱 풍족하지 않는가?

그 원인은 무엇인가? 바로 자본 때문이다. 경제적인 관점에서 현대와 과거를 구별짓는 것은 바로 자본의 차이이다. 과거에는 게을러 가난했고 요즘의 노동자는 부지런해서 잘사는 것이 아니다.

또 아프리카의 후진국들이 가난한 것 역시 자본의 부족 때문이지 노동 시간의 부족함이 아니며 선진국이 잘사는 것도 자본이 많아서이지 노동 시간이 많아서가 아니었다.

참고적으로 인구론과 관련하여 몇 가지 사실을 부연한다면 맬더스의 인구론은 너무나 단순하기 때문에 동물 세계를 설명하기에는 적절하지만 인간 세계는 부적절한 편이 많다. 왜냐하면 사람이 먹는 식량만으로 살아가는 조건이 결정되는 것은 아니다. 사람은 다양한 감정과 지성을 가져 요구하는 조건이 꽤나 까다롭고 복잡하기 때문이다.

아마도 맬더스는 이론의 명쾌함과 단순화에만 집착한 나머지 미묘한 요소들이 무시되거나 간과되었던 모양이다.

사실 식량이 풍부하다고 해서 무조건 인구가 증가하는 것은 아니다. 오히려 하나의 조건이 해결되면 다른 분야에 관심을 갖게 되는데 이것이 바로 인간의 심리인 것이다.

경제의 풍요는 더 이상 인구의 증가에 소비되는 것이 아니라 생활의 여유와 여가 활용에 소비되는 것이다. 자본이 많으면 생존 물자를 풍족하게 만들어 인구 수용의 한계를 넓혀 놓을 수는 있으나 인구 자체가 늘어나는 것을 보증하지는 못한다. 따라서 출산율이 감소 할 수도 있으며, 경우에 따라서는 전체 인구 자체가 감소 될 수도 있다는 점을 간과했던 것이다.

(3) 헨리 죠지의 착각

헨리 죠지는 부의 증가 원인이 인구의 증가 때문이라고 한다. 그런데 이 어처구니 없는 결론의 배경에도 가만히 보면 평범한 사실들의 추론에서 시작되어 그럴 듯한 느낌을 풍긴다.

어떻게 보면 헨리 죠지의 생각처럼 사람은 다른 생물과 달라서 인구가 증가하면 식품도 증가한다*. 사람 대신 곰이 유럽에서 북아메리카 대륙으로 이동했다고 해도 현재의 곰의 숫자는 콜럼버스가 대륙을 발견했을 때보다 더 많지 않을 것이다. 아니, 오히려 더 적을지도 모른다. 왜냐하면 곰이 이민해 왔다고 해서 곰의 먹이가 더 늘어나지도 않았을 것이고 또 곰의 생활 조건이 더 개선되지도 않았을 것이며 오히려 그 반대의 가능성이 더 크기 때문이다.

그러나 사람의 경우 미국에 국한시켜 말하면 과거 수십만에 불과했던 인구가 현재 수억으로 늘어났으나 일인당 식품의 양은 과거보다 훨씬 늘어났다.

이러한 사정 때문에 헨리 죠지는 식품 증가가 인구 증가의 원인이 아니고 인구의 증가가 식품 증가의 원인이라고 결론내렸던 모양이다.

그런데 실은 식품 증가가 인구 증가의 충분 조건은 아닐지라도 최소한 필요조건임엔 틀림없다. 거기에 반해서 인구 증가는 식품 증가에 반드시 필요한 조건조차도 아님을 알아야 한다.

적은 인구라도 자본만 많으면 얼마든지 많은 식품을 생산시킬 수 있기 때문이다. 즉, 부의 생산성을 설명하는 데는 인구수 또는 노동력만으로 이론 모델을 완성시킬 수는 없으며, 자본의 독자성을 이해할 필요가 있다.

아무튼 헨리 죠지처럼 얼핏 생각하면 인간이 서로 협동함으로써 부를 증가시킬 수 있기 때문에 인구의 증가가 부를 증가시킨다고 볼수도 있다. 그리고 이러한 추론 과정은 필요하고 좋은 아이디어이기 때문에 쓸만한 구석도 많다. 그러나 문제의 본질에는 접근하지 못했다.

사실인 즉, 그러한 추론 과정의 결론은 인간이 다른 생물과 다르

* 김윤상 역「진보와 빈곤」무실, 1992, p. 74~75.

다는 점과 협동의 능률성을 시사할 뿐 인구 증가가 부를 증가시키는 핵심이라고 비약하는 논리는 잘못되었다. 즉, 인구의 증가만으로 식량이 무조건 늘어나는 것은 아니다. 이는 식량이 증가했기 때문에 인구가 늘어났다는 주장에서 발견되는 모순보다 더 심각한 모순을 안고 있다. 만약에 인구의 증가만으로 식량 증산이 보장된다면 세계 인구는 벌써 옛날에 지금의 수준에 육박했을 것이고 경제적으로 지금보다 더 풍족했어야 한다.

그러나 인류가 지구상에 살아온 장구한 역사를 고려해 볼 때, 앞뒤가 맞지 않는다. 다시말해서 오랜 세월동안 인구가 별로 증가하지 않다가 산업 혁명이 지난 극히 최근에 와서야 인구가 급격히 증가했다는 점이다.

생존 물자의 부족이 인구 증가로 해결되는 것이라면 그렇게 될 이유가 없는 것이다. 생존 물자의 부족이 인구 증가로 해결되는 것이라면 그토록 오랫동안 과거의 역사에 빈곤한 생활이 지속될 리 만무하며 또, 인구만 늘리면 해결될 식량 문제를 일부러 인구를 그토록 오랫동안 억제시켜 어려운 생활을 자처할 리 만무하다. 그리고 경제 성장을 위한 경제 정책이니 기술 개발이니 자본 투자니 하는 것도 필요없다. 필요한 것은 인구증가 뿐이고 모든것은 인구 증가로 해결될 것이다.

그렇지만 인류의 역사와 현실은 정반대로 진행되어 왔다. 일반적으로 인구가 늘어나는 것은 우선 수요를 증가시킨다.

입이 늘어나면 손도 늘어나지만 엄밀히 말하면 수요가 먼저 발생한다. 왜냐하면 사람으로 태어나서 한 사람의 역할을 제대로 수행하려면 어느 정도 성장을 해야되는데 성장 기간동안 먹여 살리고 보살펴야 하는 과정이 먼저 이루어지기 때문이다.

쉽게 말해서 공급보다 먼저 수요부터 시작하는 것이다. 실례로 아기를 하나 더 낳으면 자녀 부양비가 더 많이 지출되는 것을 들 수 있다.

아무튼 수요는 또 공급이 있기에 가능한 것이다. 따라서 인구의 증가는 생존 물자의 공급과 어느 정도 비례 방향에 있는 것은 분명하다.

한편 우리가 말하는 협동이란 인구 증가와 관계되는데 이는 협동이란 개념 자체가 개인이 아닌 '무리' 속에서 이루어지는 것이므로 인구증가는 그만큼 협동을 조직적이고 체계화시킬 수 있는 바탕을 제공한다.

그러한 의미에서 협동은 생산성 향상에 기여한다고 볼 수 있다. 그러나 그것은 제한된 의미로 사용될 뿐이다. 다시말해서 모든 것이 똑같은 조건이라면 분명 인구가 많은 쪽이 유리할 수도 있다.

그런데 현실은 모든 조건이 똑같을 수 없다는데 문제의 핵심을 숨기고 있다. 다시말해서 경제 성장을 설명하는 모델 구성에는 인구보다 더 중요한 변수가 있다는 것이다.

어찌되었거나 헨리 죠지는 인구가 생산 물자를 늘린다는 주장의 비유로써 인구가 많은 나라가 적은 나라보다 더 잘 산다고 주장하였고 멕시코보다는 메사츄세츠(미국의 일부 지명)가, [71]브라질보다는 영국이 부유하다는 것이다. 도대체 이렇게 유치한 비유가 또 어디 있을까?

물론 인구가 많은 나라가 적은 나라보다 잘 사는 경우도 있지만 앞서 얘기한 바 처럼 인구가 적은나라가 많은 나라보다 오히려 잘 사는 경우도 얼마든지 보았다.

또 헨리 죠지는 인구가 많은 나라 중에 가난한 나라의 존재에 대해서는 수탈 때문이라고 변명했는데 이는 올바른 변명이 될 수 없

71) 헨리 죠지가 살던 시대에는 영국의 인구가 많았지만 지금은 브라질의 인구가 더 많다.

다. 왜냐하면 개인간의 빈부차가 수탈 때문이라면 몰라도 국가 단위의 경제 차이는 수탈이란 변명이 통하지 않는다.

국가 내부에서 이뤄지는 수탈은 그 여부에 관계없이 그 생산 물자가 그 나라의 소유물이란 사실에는 변동이 없기 때문이다.

결론적으로 과거에 비해 현대의 놀라운 생산성은 인구의 증가에서 비롯된 것이 아니라 자본의 차이에서 생겨난 것이다.

따라서 맬더스의 인구론이 지닌 모순이나 헨리 죠지의 착각들은 모두 자본의 역할과 개념의 독자성을 제대로 파악하지 못함에서 비롯된 것이다.

쉽게 말해서 여러 사람이 힘을 합쳐 땅을 파도, 포크레인을 이용하는 단 한 사람의 작업량에 미치지 못하는 이유를 생각할 줄 알아야 했었다.

第8章

소유권과 가치이념

상대적 기준으로서의 소유권

1. 소유권의 본질은 우선권이다

인간이 자기 주장을 전개함에 있어 '이것이 옳다'라고 주장할 때, 그 기본이 되는 근거는 무엇인가? 일반적으로 그 근거는 크게 두 가지의 기준에서 뒷받침된다. 즉, 정당성의 여부나 현명함의 여부가 그 기준인 것이다.*

그런데 통상 많은 사람들은 '어느 것이 현명하냐?' 하는 문제보다 '어느 것이 정당하냐?'의 문제에 더 관심을 갖는다. 왜냐하면 현명하기 위해서는 감정을 초월하는 이성적인 판단을 가져야 하는데 보통 사람들이 현명한 수준의 지성을 갖추기가 쉽지 않을 뿐 아니라

* 김윤상 역「진보와 빈곤」무실, 1992, p. 175.

현명하다는 사실이 현실적인 이익을 보장하지 못하기 때문이다. 즉, 현명하다는 것은 전체적인 가치의 기준이기 때문에 물질적 가치에만 관심을 갖는 사람들의 기준에는 별로 매력이 없어 보이는 것이다.

반면 '정당하다'의 평가는 사회 규범이나 법률적인 사항에만 위배되지 않으면 얻을 수 있으므로 권리 주장의 범위가 넓어진다. 다시 말해서 '나의 권리는 정당하다'란 주장은 '나의 권리는 법에 위배되지 않는다'라는 내용을 의미하는 것이다.

당연하겠지만 법에 위배되지 않는 범위에서 주장할 수 있는 모든 권리는 많이 확보하면 할수록 현실적인 이익을 보장하기 마련이다.

이처럼 '정당하다'라는 기준은 최소한의 양심과 사회 규범만을 지키면 문제될 것이 없고 또 인간의 기본적인 욕구의 본능을 공식적이고도 합법적으로 보호받게 해주기 때문에 많은 관심을 받을 수밖에 없는 것이다. 따라서 많은 사람들은 정당하냐, 아니냐 하는 기준의 경계선에서 자신의 권리가 정당하다는 쪽에 있음을 주장하기 위해 모이게 된다.

그러나 같은 이유로 해서 다른 사람들 역시 자신의 권리가 정당하다고 서로 주장하려다 보니 배타적인 권리의 중첩으로 충돌의 위험이 생기게 되는 것이다. 그리고 이 충돌에서 살아남기 위해서는 어떤 공식적인 동의를 얻어야 할 것이다.

그런데 지금부터 우리가 다루게 될 주제는 소유권의 근거 즉 '이것이 내것이다'라고 하는 주장이 정당한지의 기준에 적합한지를 따지는 것이다. 사실 소유권의 문제는 정당성을 따지는 주제의 대부분을 차지할 뿐 아니라 가장 근본적이기도 하다. 왜냐하면 소유권이야말로 이권의 핵심이며 가장 확실한 권리 주장의 근거이기 때문이다.

그럼 소유권이란 무엇인가? 원래 소유권을 가졌다는 사실을 철학적으로 추론하면 사용 권리의 우선권을 가지고 있다고 볼 수 있는데, 우선적인 권리 주장이 '소유권'이란 표현으로 쓰이면서 독점적인 권리 주장의 뉘앙스를 풍기게 했다. 더구나 우선권의 사용이 형식면에서 독점권 사용과 거의 일치할 뿐 아니라 내용면에서도 구분이 불분명하다는 점이다.

그러나 우리가 철학적인 질문에 들어가면 몇가지 의문점이 생기고 이를 확실히 해두지 못하면 오류에 빠지게 되는 경우가 발생한다.

가령 어떤 사람이 나무로 목각인형을 만들었다면 그 사람은 목각인형의 소유권자가 된다. 왜냐하면 목각인형을 만드는 과정에 필요한 노동 행위를 했기 때문에 그 대가로서 소유권이 발생한다고 해석되며 정당하다고 생각된다.

그런데 목각인형을 만들었다고 해서 그 재료가 되는 나무까지 만든 것은 아니므로 목각인형 자체가 사람의 소유권으로 완전히 귀속되는 것은 뭔가 개운치가 않다.

사실 나무는 자연의 일부로써 노동 행위와 관계없이 존재하는 것이다. 설령 나무를 사람이 심었고 또 가꾸었다 해도 나무 씨앗이라든가, 나무가 자라는데 필요한 영양분 자체를 인간이 모두 만들 수는 없다.

인간의 노동 행위란 기껏 자연의 일부를 변형하거나 활용하는 단계일 뿐이다. 그럼에도 불구하고 어떤 생산물에 인간의 노동 행위가 (최초로) 조금이라도 깃들게 되면 그 생산물의 전체 소유권을 인정해 주는 것이다.

어떤 의미에서 보면 참으로 신기한 느낌이 든다. 인간이란 동물은 참으로 인간 중심적이어서 자연의 기여도는 전혀 무시하고 오직 인간의 노동이 포함되었느냐의 여부에만 관심을 갖고 그것만으로 소유권자를 결정하는 모양이다.

그렇지만 철학적인 입장에서 볼 때, 소유권자의 결정 방식이 너무나 인간 중심적이어서 표현이나마 소유권자를 우선권자로 바꿔 부르고 싶은 것이다. 물론 여기서 말하는 우선권은 내용적으로 소유권과 다를 바 없다. 왜냐하면 투자된 노동 행위 자체가 부정되지 않는 한, 그 대상에 대한 우선권도 계속 살아남는다. 즉, 중간에 특별한 사고가 일어나지 않는한 한 번 결정된 우선권은 항상 유효하게 되는 것이다.

다시 말해서 우선권이 특정한 사람에게 항상 유효하다는 사실은 비록 전체에 대한 소유권이 없다고 해도 다른 사람이 같은 대상에 대해 우선권을 주장할 근거가 없으므로 내용적으로 완전히 소유권자와 다를바가 없다는 것이다. 그럼 어차피 내용적으로 같다면 구태여 소유권을 우선권이라 부를 필요가 있을까?

사실이 그렇다. 그럼에도 불구하고 여기서 우선권이란 표현을 고집하고 싶은 것은 소유권이란 표현에서 오는 뉘앙스가 헨리 죠지 같은 많은 사람들을 혼란에 빠지게 하는 경향이 있기 때문이다.

그런 점에서 이러한 구분이 갖는 경제학적 의미도 엄청나지만 소유권 개념의 핵심이 우선권에서 비롯되었다는 사실을 이해함으로써 그동안 혼란에 빠진 문제의 근원들을 해석해 줄 수 있다는 점에서 더욱 중요하다.

2. 1 등은 전승(全勝)이 아니라 우승을 의미한다

소유권 개념의 핵심은 앞서 지적되었듯이 우선권이 인정되느냐의 여부와 일치된다. 다시 말해서 소유권을 주장하기 위한 조건으로 (노동) 생산 전 공정에 모두 참여해야만 하는 것은 아니며 또 가능하지도 않다. 이미 언급되었듯이 인간이 자기 소유를 주장하는 것 중에서 소유권자가 전적으로 생산해낸 것은 아무것도 없으며 단지 자연의 재료를 이용하거나 변형시킨 단계에 불과하지만 사회적으로 소유권이 인정되는 것이 신기롭다.

한편, 더 신기한 것은 이 주목할 만한 사실에는 별로 진지하지 못하다가 그 다음 대목에 가서는 신기하게도 의문점을 꼭 드러낸다는 점이다. 즉, 소유권을 얻게되는 과정에는 인간의 노력뿐 아니라 자연의 도움이 있었음을[72] 이해하면서도 정작 소유권을 주장하는 단계에 가서는 인간의 노력만을 소유권의 근거라고 해석하는 것이다. 쉽게 비유하자면 축구 경기에서 우승을 하여 우승컵을 차지하는 과정은 당연히 여기면서도 우승컵을 차지했다고 해서 '모든 경기를 반드시 이겼다고 볼 수 없다'는 해석에는 수긍할 수 없다는 것과 같다. 이를테면 우승컵의 가치를 우승의 가치가 아닌 전승의 가치로만 해석하려는 경향을 보인다는 것이다.

그렇지만 우리가 분명히 인식해야 될 것은 우승컵의 수상으로 우승이었음을 증명할 수는 있어도 전승이었음을 증명하는 것은 아니라는 점이다. 비록 예선전에서 몇 번 패하더라도 우승컵의 향방은 결승전에서 결정되는 것이다.

사실 우승컵은 모든 경기에서 전승을 하지 않아도 차지(소유)할 수 있는데, 이 부분이 노동가치론자들의 소유권 해석에 혼란을 주는 대목이다. 즉, 우승자가 우승컵을 '완전히 소유' 한다는 사실은 마치 모든 경기에서 항상 '완전한 승리(전게임 승리)'의 근거로 해석하고 싶은 일반적인 느낌에 위배되기 때문이다.

다르게 말하면 완전한 승리가 아니었다면 완전한 소유도 없었을 텐데 완전한 소유로 인정된 것은 완전히 승리의 결과라는 잠재적

---

72) 사실, 이 부분도 정확하게 이해하지는 못하는 것으로 보여진다. 왜냐하면 자본이나 토지 할 것 없이 인간이 노동 생산을 한다는 것은 자연을 이용하는 것이고 소유권의 대상물도 노동이 가미되어 가공되었다는 것 뿐, 자연적인 요소가 포함되기는 마찬가지인데 토지의 소유권에 대해서만 특별히 부정하기 때문이다.

표현인 셈이다.

이처럼 노동가치론자들은 '완전한 소유'의 조건이 '완전한 승리' 외에 '불완전한 승리'로도 가능하다는 논리과정을 충분히 이해하지 못하였던 것이다. 바꾸어 말하면 완전한 소유의 충분조건은 완전한 승리가 아니라 우선권의 확보인 것이다. 말인 즉, 우승컵을 차지할 수 있는 우선권이 우승권자에게 돌아가듯 '완전한 소유'를 보장받기 위해 필요한 것도 결국 우선권이라는 것이다.

결론적으로 소유권은 우선권의 해석과 일치된다는 점이다. 주의할 것은 우선권 개념은 절대평가가 아닌 상대적 평가로 얻어진다는 점이다. 따라서 소유권을 소유권이라고 표현하는 것은 잘못이 없지만 우선권 개념의 충분한 이해없이 소유권을 다루다보면 소유권을 절대평가의 산물로 [73]오해하게 되는 것이다.

참고적으로 '완전한 소유'라고 표현된 경위는 우승자만이 우승컵을 차지한다는 것을 강조하기 위해서이다. 즉, 우승컵의 영예가 2등이나 3 등에 비해 1등이 상대적 우위를 차지하는 정도가 아니라 우승컵의 유일한 영광은 1등에게만 돌아가는 것이다. 사실 경기의 순위에서는 1위 뿐 아니라 2위나 3위처럼 얼마든지 있을 수 있으나 우승컵의 지분만큼은 2위나 3위순으로 나누어지는 법이 없다. 우승컵의 절대적이고 완전한 지분은 오직 우승권자에게만 주어진다. 가

73) 소유권을 갖는다는 것은 완전히 자기 것이라는 것과 함께 자신이 처분할 수 있는 권리까지 포함하므로 적어도 소유 대상에 대해서는 절대적인 권리를 갖고 있는 셈이다. 따라서 소유권을 행사하려면 절대권에 해당하는 만큼의 대가를 지불해야 마땅하며 그냥 쉽게 얻어서는 안된다는 느낌을 준다. 때문에 소유권을 갖고 있다는 것은 역으로 이미 소유권에 해당하는 대가를 충분히 치루었다는 확신을 갖게 한다. 바꾸어 말하면 소유권을 상대적인 우선 순위로 얻을 정도로 보기에는 소유권의 보장 성격이 너무 절대적이었던 것이다. 즉, 소유권을 우선권으로 본다면 절대적 소유권의 근거를 위협한다고 보았던 것이다. 그러나 소유권이 절대적인 것은 우선권의 보장을 위한 사회적 제도에서 비롯된 것이지 소유권의 획득 배경이 절대적이라는 것은 아니다.

령, 어떤 대표자를 뽑을 때도 마찬가지이다. 즉, 선거에서 아무리 아슬아슬하게 이겼다 하더라도 대표권자라는 사실은 변치않으며 승리의 영광도 나누어지지 않는다.

쉽게 말해서 대표권자를 결정하는 규칙은 상대적일 수 있으나, 대표권자가 하나라는 규칙은 원래대로 보장되는 절대적인 개념이다. 그런데 대표권자가 하나라고 해서 모든 사람들의 지지를 받는 유일한 대표라는 해석은 곤란하다.

대표권자를 하나로 정하는 것은 규칙의 문제이지 대표자가 하나뿐이어야 하는 것은 아니다. 단지 여러 대표들 중에서 상대적인 우위의 위치를 인정한다는 것이다. 결국 소유권의 근거는 사회의 일반적이고도 보편적인 규칙과 규범에서 찾을 수 있다.

제2절 소유권의 근거로 주장되는 조건과 이유

1. 인간 중심 사고는 소유권 근거의 제1 조건

흔히 저지르기 쉬운 관념 중에 소유권이 자연권에서 근거한다는 생각이 있다. 말하자면 소유권은 인위적인 규범이나 규칙보다 더 심오하고 본질적인 자연법에서 유래하는 독립적이고 완전한 근거를 가지고 있다는 것이다.

얼핏 생각하면 당연하게 받아들여지고 인간의 정의감과도 합치되는 느낌에 더욱 그럴듯해 보이기까지 한다.

물론 어떤 대상에 자신의 노동이 포함되었다면 어떠한 형태로든 간에 다소간의 권리가 있음은 명백하며 또 있어야만 마땅하다. 그렇다고 해서 그 권리의 근거가 유일한 노동의 배경에서 비롯될 수는 없다. 왜냐하면 노동을 포함한 일체의 노력 행위가 인간만의 유일한 산물은 아니기 때문이다.

다시말해서 새끼를 키우고 또 자신의 생명을 유지하는 생존노력은 인간 외에 모든 동물에게도 주어지는 의무이며 권리이기도 하다. 달리 말하면 힘있는 사람이 힘없는 사람을 잡았다고 해서 힘없는 사람이 힘있는 사람의 소유물이 될 수는 없다.

당연하겠지만 그 논리가 정당하다면 인간이 멧돼지를 잡았다고 해서 멧돼지가 인간의 소유물이 될 수는 없다. 적어도 자기 자신의 노력을 자기 자신의 소유물이라 할 수 있는 자연법이 있다면 생명을 유지하기 위해 그동안 살아온 멧돼지의 노력 역시 멧돼지 자신의 것이어야 함은 마찬가지이다.

사실, 멧돼지의 그 커다란 덩치와 죽지 않고 살아있는 것은 ―죽지않고 살아있음으로 해서 고기가 썩지 않고 신선한 상태로 유지된 것과 성장하여 고기의 양이 늘어난 것 등― 인간에 의해서가 아니라 멧돼지 자신의 치열한 생존 노력에 의해서 가능했던 것이다.

이제 알겠지만 독립된 유기체로서의 권리를 인정한다면 인간의 소유권은 크게 제약될 뿐 아니라 소유권의 근거까지 잃어버리게 된다는 사실이다.

따라서 사냥된 멧돼지가 인간의 소유물이 되기 위해서는 특별히 인위적인 기준을 마련해야 한다. 즉, 독립된 유기체로서의 노력과 권리는 인정하되 그러한 혜택을 인간에게만 적용시킨다는 다소 이기적인 조건이라도 붙여야만 논리적인 하자를 피할 수 있는 것이다.

물론, 우리인간들이 소유권의 근거로써 그러한 명시적인 조건을 말하지는 않았고 발견하지도 못했다. 그러나 그 조건을 만약 부정한다면 소유권의 근거는 뿌리부터 흔들리게 된다.

그동안 인간은 윤리적 바탕이기도 하고 다른 동물과 구별되는 고상한 존재로서 의미를 부여하기 위해 어떤 권리의 근거를 찾을 때 동물세계와는 뭔가 다르다는 것을 말하고 싶어했다. 그래서 약육강식이란 힘의 논리가 지배하는 동물세계와 구별하기 위해 우리 인간은 정의의 논리가 지배한다고 목청높이며 인간의 특별한 위치와 고상한 품격됨을 강조했다. 사실, 치이타가 먹이를 잡았다해도 표범을 만나면 먹이를 놓고 도망가야 한다. 만약, 먹이가 자신의 소유물이라고 버텼다가는 먹이 뿐 아니라 치이타 자신까지 먹이가 된다.

마찬가지로 표범 역시 사자를 만나면 자신의 먹이를 내놓아야 한다. 소유권은 오직 힘있는 자의 권리일 뿐이다. 그것은 누구도 부정할 수 없으며 항의하지 못하는 자연의 법칙이자 섭리이기도 하다.

그래서 우리는 이러한 자연의 섭리를 냉혹하다고 말하며 인간들은 스스로 힘의 논리가 아닌 좀더 근사하고 그럴싸한 명분을 생각하게 되었다. 그 결과 윤리적이고도 근본적인 논리에 따라 소유권을 주장한다는 자긍심을 갖기에 이르렀다.

그러나 그것은 순전히 우리의 오만이며 착각이다. 우리 인간이야말로 철저히 힘의 논리를 자연에 행사하고 있다. 우리는 자연이 유기체로써 기여하는 모든 것을 무시하고 오직 인간의 노동만을 기준으로 소유권의 근거를 주장하는 것이다. 때문에 동물들이 아무리 노력하여 생존 경쟁에서 살아남아도 인간의 배타적이고도 철저히 이기주의적인 기준 때문에 인간에게 잡히는 순간 동물의 모든 삶의 결실은 끝장나고 인간의 소유물로 전락되고 만다. 힘의 논리와 인간 중심 기준 때문에 모든 동물들은 자기 자신의 노력을 자기 자신의 것으로 보장받지 못하고 오직 인간의 관대한 처분만을 기다리는 신세가 된 것이다.

2. 소유권을 만들어 주는 다양한 소득원

어떤 권리의 정당성을 주장한다는 것은, 달리 말해서 어떤 대가를 지불했다는 증거를 갖고 있다는 것과 같다. 즉, 권리는 의무를 요구하고 의무는 권리를 보장하는 것이다. 따라서 노동 행위가 권리주장의 원천임은 명백하다. 더구나 노동 행위의 유무는 권리 주장의 기준일 뿐 아니라 특별히 해석하고 싶은 느낌을 갖게 한다. 물론 다른 의무 수행으로도 권리 주장이 가능할 개연성은 인정하더라도 노동만큼 확실하고 매력적이지는 못한 것 같다. 왜냐하면 노동 행위 과정에서 흘린 피땀의 결실은 어떤 권리를 주장하기 위해 필요한 대가를 충분히 치루었다는 생각을 갖게하는 것이다. 이는 권리의 근거가 정당하다는 인간의 정의감에도 합치되어 더욱 강력한 호소력을 갖는다.

그러나 (소유) 권리의 근거로서 노동에만 관심을 갖게 되면 본질에서 벗어나 오류에 빠지게 된다. 알겠지만 우리가 어디에 고용되어 일을 하면 임금을 받을 수 있다. 그리고 그 임금으로 필요한 것을 구입하거나 교환함으로써 수요욕을 충족시킬 수 있다. 그리고 구입한 물건이나 교환된 물건에 대해서는 소유권을 갖게 된다. 다시말해서 소유권의 확보 여부는 소득원에 의존하는 것인바, 소득원이야말로 소유권을 얻게 해주는 방법 그 자체인 셈이다. 또 말할 것도 없겠지만 소득원의 수단이 육체적인 노동으로만 가능한 것은 아니며 생산을 늘리고 소득을 올리는 방법은 얼마든지 가능하고 무궁무진하다.

직업에는 수많은 직종이 있듯이 직종의 종류만큼이나 소유권을 갖는 수단도 다양하다.

3. 자본과 과학 기술

지금 하려는 질문은 헨리 죠지가 쓴 「진보와 빈곤」에 나오는 얘기다.

어떤 인디언이 작대기와 돌만으로 사냥을 했을 때, 사슴을 일주일에 한 마리 정도 잡을 수 있다고 가정하자. 그리고 활과 화살을 빌려 사냥을 하면 일주일에 일곱 마리를 잡는다고 할 때, 활과 화살을 만든 사람이 그 빌려준 대가로 어느 정도까지 요구할 수 있을까?

또, 여기서 활과 화살을 사냥에 필요한 하나의 자본이라 볼 수 있는데 이 자본을 빌려준 사람이 인디언에게 활과 화살을 사용한 대가로 사슴 일곱 마리당 여섯 마리를 요구한다면 정당하지 못한 불평등 요구일까?

물론, 노동가치론자들은 불평등한 요구라고 주장하겠지만 좀 더 신중할 필요가 있다. 우리가 어떤 것을 평가하고 비판할때는 원칙에 충실해야 하고 자기 분수를 알아야 한다. 솔직히 말해 인디언이 잡은 사슴 일곱 마리 중 여섯 마리씩이나 자본가의 몫으로 돌려주었다 해도 인디언이 손해본 것은 전혀없다. 왜냐하면 자본가의 활과 화살을 이용하지 않고 돌과 작대기만을 이용하여 얻은 인디언의 원래 몫이 일주일에 한 마리였기 때문이다.

그러고 보면 인디언의 입장에서는 소득에 아무 변화가 없었던 것이다. 오히려 인디언은 활을 이용함으로써 별로 힘들이지 않고 일주일에 사슴 한 마리를 얻을 수 있었다는 점에서 이익이 되는 셈이다. 왜냐하면 작대기와 돌만으로 사냥할 때나 활을 이용하는 것이 마찬가지로 한 마리의 사슴밖에 못얻는다 해도 같은 소득을 올리기 위해 투입된 노동의 양은 다를 수 있기 때문이다.

이를테면 사무직이나 노동직 구분없이 같은 시간 동안 일하고 그 소득도 같도록 정한다고 하면 대부분의 사람들은 노동직보다 사무직을 원할 것이다. 경우에 따라 사무직의 수입을 다소적게 책정하더라도 사무직을 원하는 사람들은 여전히 많을 수도 있다. 이유인즉, 노동 강도의 차이에 비하여 소득의 차이는 약하다는 것이며, 쉽게 말해서 사무직이 노동의 강도에 비하여 소득이 높다는 것이다. 게다가 심리적인 선호도나 사회적인 인식도를 포함한다면 사무직이 갖는 매력은 훨씬 높다고 할 것이다.

이처럼 활(자본)을 사용한 대가로 사슴 일곱 마리당 여섯 마리를 요구한다는 극단적인 경우를 상정하더라도 인디언에게 이익이 되는데 하물며 사슴 일곱 마리 중 다섯 마리만을 요구하는 자본가가 있다면 인디언에게 이처럼 고마운 일이 없을 것이다. 그리고 이 경우라도 자본가는 여전히 손해보지 않는다. 물론 여섯 마리를 가지는 것보다야 상대적으로 손해일지 모르나 한 마리의 사슴에 비해 다섯 마리의 사슴은 여전히 많은 것이다. 다시말해서 다섯 마리의 사슴이 비교되는 대상은 여섯 마리의 사슴이 아니라 한 마리의 사슴인 것이다.

더구나 실제에 있어 일반적인 경향은 자본가의 몫으로 사슴일곱 마리당 두 마리나 한 마리 심지어는 한 마리보다도 더 적게 돌아가는 것이 현실 경제의 더 정확한 모델이다.

여기서 주목할 것은 이처럼 자본가의 몫이 상대적으로 낮게 할당되더라도 그 계약이 기꺼이 일어나며 또 자본가 역시 전혀 손해를 보지 않는다는 점이다. 왜냐하면 자본가는 자본이 많은 사람을 지칭하므로 활과 화살도 많을 것이며 그것을 여러 사람들에게 나누어 주면, 비록 한 사람으로부터 한 마리의 사슴을 받는다 해도 받을 곳이 여러 곳이므로 여러 마리의 사슴을 얻는 셈이다.

그리고 하나 더 주목할 것은 이러한 경향이 하나의 가능성의 단계가 아니라 현실 경제의 확실한 경향이며 또 그렇게 될 수 밖에 없는 분명한 이유들이 있다는 점인데 그것을 살펴보자.

앞서 든 비유뿐 아니라 자본이 전체 생산을 늘린다는 것은 이미 상식에 속한다. 그리고 자본은 자본을 낳으며 이 과정이 계속되면서 전체 생산이 더욱 늘어난다는 것도 상식이다. 왜냐하면 늘어난 생산의 여유는 그만큼 더 많은 생산을 가능하게 하는 여력으로 작용하기 때문이다.

그뿐 아니라 과학 기술의 발전 역시 노동 생산을 더욱 늘리게 한다는 것 또한 상식이다. 왜냐하면 과학 기술의 발전으로 더욱 생산성을 높이는 상품(자본)이 발명되기 때문이다. 즉, 자본은 생산량을 늘리는 쪽으로 과학 기술은 생산의 질을 높이는 쪽으로 서로 조화를 이루며 전체 생산량이 가속적으로 불어나게 되는 것이다.

한편 자본은 생산 과정에서 확대 재생산되어 계속 늘어나는 속성 때문에 자본의 희소가치를(상대적으로) 떨어뜨리며 자본 소유주의 계약 입지를 약화시키는 경향을 가진다. 즉, 자본이 늘어나면 자본의 상대적 가치가 하락해지는 것은 물론이고 자본가들의 숫자도 증가하므로 자본가끼리의 경쟁이 심화되어 자본가들은 스스로의 정당한 권리를 모두 주장하기가 어려워진다.

다시말해서 자본가끼리의 경쟁에서 살아남는 방법으로 자본의 사용 대가를 일곱 마리당 다섯 마리로 결정하는 것이 여섯 마리로 결정하는 것 보다 오히려 유리해질 수도 있다. 그것은 자본을 빌리려는 노동자의 수를 많이 유도하기 위해서는 어쩔 수 없이 자본의 사용 대가를 낮추어야 할 것이기 때문이다. 솔직히 자본을 빌리는 인디언(사냥꾼)의 입장에서는 두 마리의 사슴을 자본이용 대가로 지불해야 되는 조건보다 한 마리만 지불해도 괜찮다는 조건으로 계약하려 할 것이고 그렇게 하는 것이 바로 이익이기도 하다.

한편 자본가쪽에서도 자본을 빌려주는 대가로 사슴 한 마리라도 받는 것이 이익이 되는 극단적인 상황이 아주 가볍게, 자주 발생한다. 괜히 두 마리로 계속 고집하다가는 아무도 그 자본가로부터 자본을 빌리지-여기서 빌린다는 표현은 회사의 경우 취직하는 행위에 비유될 수 있고 자본의 사용 대가가 낮다는 표현은 임금 조건이 좋다는 것에 비유될 수 있다 -않게 되면 전혀 수입을 올리지 못하는 불행이 생길 수 있기 때문이다. 즉, 자본가의 입장에서는 자본을 빌려다 쓰려는 노동자가 많으면 많을수록 이익인데 그것은 자본을 빌려줌으로써 그 대가를 받을 수 있고 그 대가야 말로 바로 수입이기 때문이다.

여기서 또하나 주목할 만한 것을 지적하면 이처럼 자본의 증가가 자본의 상대적 가치를 하락시킴에도 불구하고 전체적으로 볼 때, 자본가의 위치가 결코 [74]불리해지는 것이 아니라는 점이다. 왜냐하면 자본가 중에서도 상대적으로 자본이 더 많은 자본가는 규모의 경제(規模의 經濟: economics of scale)를 통하거나 아니면 박리다매를 통해 사업을 점점 확대시킬 수 있고 아울러 자본의 축적도 계속 가속화시킬 수 있기 때문이다. 다시말해서 대자본가의 이익은 노동자의(노동 착취라는) 불이익을 통해 얻어지는 것이 아니라 아이러니컬하게도 자본가 자신의 불이익을 통해 얻어진다는 점이다.

좀더 엄밀히 표현하면 대자본가는 노동자들에게 소자본가에 비해 보다 저렴한 자본 사용 대가를 제시함으로써 더 많은 노동자들과 계약 관계를 맺을 수 있게 된다. 즉, 노동자들은 자본 사용 대가를 보다 낮게 요구하는 자본가에게 자본을 빌리려 할 것이기 때문이다. 물론 이렇게 하여 노동자 한 개인에게는 적은 대가를 받겠지만 티끌모아 태산이듯이 대가를 지불하도록 계약된 노동자의 수가 많을 것이므로 전체의 수입면에서 유리할 수도 있는 것이다.

---

74) 전체 자본 규모가 늘어날 때 자본가의 자본 보유액도 동시에 늘어나면 자본의 상대적 가치가 하락하는 것은 분명하지만 다른 한편으로 늘어난 자본이 전체 생산에 기여하는 절대가치는 증가하며 그 증가 부분이 손실 부분을 상쇄시키고도 남는 것이다. 왜냐하면 동일한 비율로 자본 규모가 증가할 때 상대적으로 하락되는 손실보다 규모의 경제를 실현시킴으로써 발생하는 사회 전체의 이익이 항상 더 크기 때문이다.

결과적으로 자본이 늘어나면 노동자는 노동자대로 [75]유리하고 자본가는 자본가대로 방법이 생겨 어느 쪽도 손해를 보지 않게 되는 것이다. 이것이 바로 자본이 풍부한 나라의 노동자가 자본이 적은 나라의 노동자보다 잘 살게 되는 이유의 핵심이다.

이쯤에서 원점으로 되돌아가 소유권 문제와 연관지어 끝을 내야겠다. 아시다시피 소유권의 근거로서 거론된 노동 소유권이란 다름 아닌 노동을 통해 늘어난 생산 가치에 대한 주장이었다. 그렇다면 자본이나 과학 기술이 기여한 생산가치에 대해서도 동일한 권리가 인정되어야 하는 것은 당연하다.

다시말해서 소유권의 근거는 노동이라는 형식에서 발생하는 것이 아니라 생산에 기여했다는 사실에서 발생하는 것이다. 따라서 자본이나 과학기술처럼 굳이 육체적인 노동의 형식을 취하지 않더라도 전체 생산에 기여하는 부분이있으면 그 부분만큼의 권리로서 소유권을 갖는 것은 아주 자연스런 결과이다.

---

75) 흔히 노동자가 자본가에게 불리하다는 지적은 자본이 생산성 향상에 기여하는 만큼의 본질적인 차이와 그 몫을 무시하고, 노동자의 분수-자본의 생산 기여가 없는-를 생각하지 않고 오직 부의 상대적인 차이만을 보고 그것을 불공평하다는 식으로 왜곡시킨 해석이다. 엄밀하게 분석하여 자본의 소유에 따른 생산가치를 인정하면 (처음부터 조건이 다른 것은 당연하며 그것을 문제삼지 않을 지적 능력과 도덕관을 가지면) 자본이 증가함에 따라 노동자는 오히려 이익이고 항상 유리한 입장을 갖는다고 볼 수 있다. 왜냐하면 자본의 상대적인 하락이 뜻하는 것은 자본이 그만큼 흔해 빠졌다는 것이고 이는 노동자가 그만큼 자본을 많이 이용했다는 증거이며 또 이 증거는 그만큼의 이익이 있었다는 것을 뜻한다.
만약 자본을 이용하는 것이 이익이 없다면 자본을 이용하지 않았을 것이고 그렇게 되면 자본의 감소 흔적을 보여야 하는 것이다. 또 다른 한편으로 노동자에게 유리한 것은 자본이 늘어남에 따라 자본가끼리의 경쟁이 심화되고 이때 경쟁에서 살아남기 위해 자본가들은 자본의 사용 대가를 낮추게 되는데 낮춘만큼 이것 또한 노동자의 이익으로 계산된다. 게다가 자본을 빌리는 노동자의 수가 늘어나면 늘어난 노동자의 수만큼 노동자 전체의 이익도 증가하는 셈이다.

4. 자신의 노동 저축과 선조의 노동 저축

(1) 과거 자신의 성공

매일 어렵게 일하면서 임금을 조금씩 받아 살아가는 사람을 보다가 돈많은 사람이 이자 수입으로 풍족히 살아가는 모습을 보면 왠지 부당한 느낌을 받는다. 그 재산을 부당하게 모은 것이 아니라 해도 말이다. 아마도 일반인들의 정서로는 항상 현재 보여지는 노동없이 얻는 수입에는 경계심을 갖게 되는 모양이다. 그러면서도 이러한 경계심이 함부로 남용되어서는 안 된다는 점 또한 잘 알고 있다. 즉, 정당한 것이냐 아니냐 하는 것은 돈을 어떻게 벌었느냐 하는 점과 관련있는 것이지 재산이 얼마나 있느냐 하는 것이 아니기 때문이다.

돈을 벌어들인 시간이 짧든, 길든 또 한꺼번에 벌든 나누어서 벌든 관계없이 자신의 (노동) 능력으로 정당하게 얻은 것이라면 문제될 것은 전혀 없다. 다시말해서 돈을 벌어들인 방법상에 있어 도덕적인 하자는 전혀 없다. 유일한 차이점은 재주가 좋아 비교적 짧은 시간에 많은 수입을 얻었다는 것 뿐이다.

따라서 돈 있는 사람이 먹고 놀아도 다른 사람들이 일하면서 먹는 것과 크게 다르지는 않다. 즉, 현재의 수입이 현재의 노동에서 나왔느냐 과거의 노동에서 나왔느냐 하는 점이 다를 뿐 수입이 노동의 대가에서 나온다는 원칙이 지켜진 것은 마찬가지이다. 마치 은행에 목돈을 맡겨두면 평생－원금을 찾지 않으면 영원히－이자 수입이 생기듯 과거의 성공이 과거로 끝나지 않고 평생동안 그 혜택을 볼 수 있는 것이다.

돈이 많으면 더 이상 벌지 않아도 수입원이 보장되듯 능력도 좋으면 더 이상 일하지 않고 수입을 보장받을 수 있기 때문이다. 말하자면 노동을 저축했다고 할 수 있겠다.

(2) 과거 자신의 행운

과거 재산 축적이 자신의 (노동이나 아이디어) 능력이 아니라 우연한 행운의 결과*라면 어떻게 해석해야 될까? 다시 말해서 노동을 통하지 않는 수입도 인간의 도덕적인 기준이나 정의감에 위배됨 없이 가능할 수 있을까?

• 행운을 예측한 결과 : 운이 좋아 수입을 얻었다면 즉 노동의 대가없이 운수(運數)로 돈을 벌었다 하더라도 그것이 예측의 결과라면 노동의 대가로 봐야 온당하다. 왜냐하면 예측을 아무나 하는 것이 아니며, 예측을 위해서는 많은 노력과 연구 그리고 명철한 판단력이 필요하기 때문이다. 쉽게 말해서 예측한다는 것 자체가 능력이기 때문이다. 그리고 당연하겠지만 능력으로 얻은 수입에는 정당한 소유권이 발생한다.

순수한 우연의 결과: 앞으로 수입이 될만한 사업을 예측하여 얻은 노력의 소유권이 아니고 순전히 우연의 결과로 얻은 소유권이라 해도 소유권의 지위에는 변화가 없다. 왜냐하면 어떠한 우연의 행운이라 해도 그것을 얻기 위해 최소한의 노력과 대가는 지불해야 하기 때문이다.

간단한 예로 복권에 당첨되기 위해서는 복권부터 구입해야 하는 것이다. 적어도 복권을 구입하는 정도의 노력은 투자해야 조금이라도 기대가 가능한 법이다. 사실 복권이 없는 사람은 기대 자체를 아예 할 수 없다.

또한 복권을 구입하더라도 추첨할 때까지는 기다려야 할 것이다. 만약 기다리는 것이 지루하여 남에게 되팔거나 버린다면 역시 행운

---

* 저자는 우연한 결과나 행운으로 얻어진 소유권을 싫어한다. 그리고 그러한 사상을 체계화시킨 것이 바로 가치이념이기도 하다. 그렇지만 이미 정해진 약속에 의해 얻어진 소유권에 대해서는 배격하지 않는다. 다만 그러한 방법으로 정해지는 소유권 획득을 최소한으로 줄여 나가야 한다는 것이 저자의 견해다.

의 기회가 사라진다. 여기서 '기다린다'는 것도 하나의 비용(노력)인데 경제학적인 용어로는 기회 비용이라 한다. 즉, 그 비용이면 다른 곳에 투자하여 경제적 이익을 얻을 수 있기 때문이다.

이처럼 행운이란 다른 곳에서 얻을 수 있는 경제적 이익을 포기하면서까지 기다리는 노력을 투자했기 때문에 기회도 생기는 것이다. 그렇다고 해서 행운에 해당하는 만큼의 기회 비용이 전부 투자되었다는 것은 아니다. 다만 운수가 좋았다는 것도 완전히 공짜가 아니라는 것 뿐이다.

• 과거 조상의 혜택 : 그럼 별 노력이 없이 조상을 잘 만나 많은 재산을 갖게 된 사람의 소유권에 대해서는 어떻게 평가해야 되나? 결론부터 얘기하면 소유권의 근거와 획득에 아무 하자가 없다. 그것은 그 자손의 특별한 지위를 인정해서가 아니라 애초의 소유권자였던 조상의 고유한 소유권 행사가 정당하기 때문이다. 즉, 자신의 노력으로 얻은 소유물에 대해서는 소유권을 가질 수 있으며 또 보장되어야 한다. 자신의 소유물에 대해 후손들을 위해 물려줄 수 있는 권리는 당연한 것이다. 또 그래서 소유권이라 하는 것이다.

따라서 자손의 소유권이 인정되어야 하는 당위성은 조상의 소유권이 보존되어야 하는 원리에 의해서이다. 만약 조상이 자손에게 재산을 물려주려는 소유권 행사를 부정한다면 그것은 다름아닌 소유 권리를 침해하는 결과가 된다. 왜냐하면 자신의 소유물에 대해 자신이 마음대로 물려줄 수 있는 결정권이 없다면 그것이야말로 소유권의 근거 자체를 송두리째 부정하는 것이기 때문이다. 사실 소유권자가 소유권을 행사하지 못하고서야 어찌 소유권이라 부를 수 있겠는가?

(3) 규칙과 행운

이제 소유권의 유일한 근거는 노동이라는 노동가치론자들의 주장을 그대로 받아 들인다 해도 행운을 소유권으로 주장할 수 있게 되었다. 왜냐하면 그 어떠한 행운이라 해도 최소한의 노력이나 노동은 반드시 포함되기 때문이다.

그러나 행운이 소유권의 근거일 수 밖에 없는 이유는 더욱 근본적인 사실에서 비롯된다. 사실 소유권의 근거는 유일하지도 않으며 더구나 노동으로 결정되는 것은 더더욱 아니다.

가령, 남이 당첨된 복권을 훔쳐 아무리 열심히 도망치는 연습을 노력하여 성공해도 여전히 자신의 소유권으로 인정받을 수 없으며, 단지 도둑놈일 뿐이다. 반면 복권이 당첨된 사람은 가만히 앉아서 거액의 돈을 가질 수 있는 것이다. 복권의 당첨금이 누구의 것이냐 하는 것은 오로지 정해진 규칙에 따른 행운이지 노동이 아니다. 복권을 구입하기 위해 아무리 먼거리를 달려오고 아무리 많은 돈을 투자하여도 당첨금을 소유할 수 있는 근거가 될 수는 없다.

다시말해서 소유권은 규칙에 의해 정해진 우선권자에게 돌아갈 뿐이다. 물론 그 규칙은 사전의 약속에 따라 달라질 수 있으므로 노동이나 기술, 돈, 시간이 될 수도 있다. 따라서 노동만이 소유권의 근거가 되어야 한다는 주장은 무지에서 비롯된 것이다. 중요한 것은 노동이냐, 아니냐가 아니라 규칙을 지켰느냐 아니냐로 결정되는 것이다. 즉, 정해진 규칙에 위배만 되지 않으면 노동이 전혀 포함되지 않은 행운만으로도 정당한 소유권을 보장받을 수 있다.

여기에 조금 더 부연한다면 능력이나 노동이라고 하는 것 조차도 따지고 보면 행운적인 요소를 완전히 배제할 수 없다는 점이다. 가령 머리가 좋아 자신의 능력이 뛰어나다 해도 부모로부터 좋은 유전자를 물려 받았기 때문이라고 볼 수 있으며 또 노동을 잘하는 것도 태어날 때부터 건강한 체력을 가지고 태어났기 때문에 가능하다고 볼 수 있기 때문이다.

가치이념이 추구하는 소유권

1. 소유권의 주체는 인간 대(對) 인간

소유권이 발생하기 위해서는 먼저 소유 대상과 소유의 주체가 있어야 한다. 자신의 소유물이라 주장할 수 있는 대상 자체가 없는 상태에서는 소유권의 의미가 없기 때문이다.

마찬가지로 소유의 주체 즉, 소유권자도 미리 정의(定義)돼 있어야 한다. 밤하늘에 반짝이는 많은 별이 있지만 그 별의 소유권자는 없다고 할 수 있다. 물론 외계인이라도 존재하여 이미 소유권을 행사하고 있는 별이 어디엔가 있을지는 모르지만 적어도 인간이 소유권의 주체로 나설 수는 없다. 왜냐하면 소유 대상은 있어도 소유권을 주장하기 위한 능력이 현재로서는 아무에게도 없기 때문이다.

좀더 현실적인 예는 아프리카에서 찾아 볼 수 있다. 흔히 백수의 왕이라 불리는 사자들은 각기 자신들의 영역을 갖고 있다. 물론 그 영역의 소유권은 힘이라고 하는 그들 나름대로의 방식으로 결정될 것이다. 그렇지만 인간은 그들의 소유권을 인정하지 않을 뿐 아니라 아예 관심이 없거나 무시한다. 비록 어떤 지역이 사자의 영역이라 할지라도 인간은 그것을 사자의 소유권으로 인정하지는 않는다. 결국 사자의 소유권은 사자들 사이에서만 유효할 뿐이다.

하기야 아주 무서운 사자집단이 버티고 있다면 사람들은 그곳을 위험지역으로 보고 접근하기 꺼려할 것이다. 그렇지만 그 경우도 사자의 소유권을 인정하였기 때문이라고 볼수는 없으며 단지 사나운 사자의 공격을 받지 않기 위한 하나의 지혜일 뿐이다. 따라서 그 어떤 누구도 사자에게 소유권을 빼앗겼다고 보지는 않는 법이다.

또 산세가 험하여 등산을 포기했다면 그것 역시도 조난사고를 예방하거나 쓸데없는 일에 힘을 낭비하지 않겠다는 의사표시이지 '산'에게 소유권을 뺏겼다고 볼 사람은 아무도 없다. 그리고 또 사람이 바다에서 살지 않는 것은 수중 생활을 할 수 없기 때문이지 '바다'에게 소유권을 박탈당했다고 여기지는 않을 것이다.

요컨대 소유 주체는 반드시 인간을 대상으로 한다는 점이다. 즉, 소유권의 관계는 같은 인간사이에서 논의되는 문제로, 그 주체와 범위에 대해 분명하게 이해할 필요가 있다. 물론 얼핏보면 너무나 당연하여 이 사실을 대수롭지 않게 보아 넘길 수도 있다. 그렇지만 이 개념을 명확히 이해하여야만 여러 가지 잘못된 오류로부터 벗어날 수 있다. 실제로 이 오류에서 헤어나지 못하는 사람들이 의외로 많은데 그중에서도 대표적인 인물이 '헨리 죠지'였던 것이다.

그는 명석한 두뇌로 많은 사람들에게 영향력을 끼친 경제학자였지만 토지의 소유권 개념을 설명하면서 바로 이 오류에 빠져 엄청난 논리적 과오를 범하게 된 것이다.

그는 토지의 소유권을 설명하면서 인간의 소유권 행사는 전적으로 잘못되었다고 주장했는데 그 이유는 인간이 토지를 직접 만들지 않았기 때문이라고 했다. 즉, 토지는 원래부터 존재하는 것일 뿐 인간이 먼저 선점했다고 해서 소유권이 발생할 수는 없다는 입장이었다.

바꾸어 말하면 소유권을 주장하기 위해서는 반드시 노동을 통해 소유 대상을 직접 만들어야 한다는 것이다. 그러니까 그는 토지를 소유권의 대상으로 볼 수 없다고 결론 내리는 것이다.

그렇지만 사려깊은 독자들은 이러한 논리의 허구를 꿰뚫어 볼 수 있을 것이다. 이유인 즉, 그의 논리는 토지 뿐 아니라 그 어떤 것도 소유의 대상으로 포함시킬 수 없기 때문이다. 사실 세상에 존재하는 그 어떤 것도 순전히 인간의 힘으로 만들어 낸 것은 하나도 없다.

인간은 단지 주어진 자연 대상을 변경시키거나 추출하고 조립할 뿐이다. 그러니 그 어떤 것도 인간의 소유물은 될 수 없으며 자신의 소유물이라고 주장할 수도 없게 되었다. 물론 그의 의도는 토지만을 선별적으로 골라 소유의 대상에서 제외시키려고 했겠지만 바로 그러한 의도적인 논리적 편견이 끝내 모순을 자초하게 된 것이다.

쉽게 말해서 소유권의 정의는 있는데 그 정의에 포함되는 내용물 즉, 소유 대상이 없는 것이다. 그러니까 그의 논리는 결국 의미없는 내용과 정의만으로 나열된 빈 껍데기인 셈이다.

그런데 헨리 죠지의 관점이 이처럼 오류에 빠지게 된 이유는 소유권의 주체를 지나치게 확대함으로써 빗어진 결과라 할 수 있다. 즉, 그의 논리적 관점은 인간이 아니어도 소유권의 주체에 포함될 수 있었던 것이다. 그러니까 토지의 소유권자는 인간이 아니라 자연이었다는 얘기다.

물론 그는 기독교인 이었으므로 자연이라는 표현 대신 '창조주'라고 표현했지만 어차피 내용적으로는 동일하다. 왜냐하면 인간이 소유권을 가질 수 없다는 점에서는 마찬가지이기 때문이다. 그렇지만 다른 사람이 자신의 물건을 가져간다면 그도 별수없이 그것을 자신의 소유물이라 주장했을 것이다. 왜?

아무튼 소유권의 획득 과정은 현실적으로 볼 수 있듯이 매우 다양한 요인에 의해 발생한다. 인간의 힘으로는 어쩔 수 없이 아예 처음부터 소유권이 정해지는 선천적인 권리에서부터 인간에 의해 소유권이 정해지고 또 통제되는 후천적인 권리에 이르기까지 여러 형태의 소유권이 있을 수 있다.

가령, 태어날 때부터 부잣집에서 태어나 부모로부터 엄청난 재산을 물려받았다면 그 재산의 새로운 소유권자가 될 수 있다. 또 태어날 때부터 머리가 좋다면 좋은 머리의 소유권자가 바로 자신이 되는 것이다.

이처럼 우리 인간으로서는 어쩔 수 없이 발생하는 여러 소유권이 실제로 존재하는 것이다. 그리고 이러한 소유권들은 한결같이 저절로 생겨난 것이므로 노동을 통해 얻어진 소유권이 아니었던 것이다.

그렇지만 그러한 소유권을 의심하는 사람은 아무도 없다. 또 태어날 때부터 힘이 세다고 해서 자신의 힘을 자신의 힘이 아니라고 말하는 사람도 마찬가지로 없다.

그런데 만약 노력없이 갖게 된 힘이라 해서(태어날 때부터 갖게된 힘이라고 해서), 그 힘의 소유권을 부정한다면 소유권 뿐 아니라 소유권의 개념 자체마저도 부정될 수 밖에 없다. 설령 평소에 끊임없는 노력으로 힘이 강해졌다고 하더라도 그 기본적인 육체만큼은 부모로부터 물려받은 것이 아닌가?

그러니 자신의 노력과 노동만으로 어떤 소유권을 가진다는 것은 처음부터 불가능하다. 이 세상 사람들이 전부 힘을 합쳐도 만들 수 있는 것은 아무것도 없다. 최소한 그 재료 자체는 원래부터 존재하는 물질에서 빌려와야 하기 때문이다.

2. 소유권 발생의 우선 순위

버스를 타기 위해 정류장에 가면 사람들이 줄지어 서 있는 것을 볼 수 있다. 버스가 오면 차례대로 승차하기 위해서이다. 그리고 당연하겠지만 순서에 따라 승차할 것이며 제일 앞줄에 서 있는 사람은 자신이 가장 선호하는 자리를 골라 앉게 될 것이다. 그리고 다음 사람 역시 앞사람이 차지한 자리를 제외한 나머지 자리 중 하나를 골라 선점할 수가 있으며 그 권리가 인정된다. 이렇게 차례대로 좌석의 선점권이 부여되는 것이다.

너무나 당연한 사실이긴 하지만 그러한 선점권의 근거는 무엇이며, 별 저항없이 그 선점권에 동의하는 이유는 또 무엇인가?

버스를 타기 위해 모인 사람들은 각자 다른 볼일과 여러 가지 사연을 갖고 있을 것이다. 그렇지만 버스를 타려고 한다는 점에서 공통점을 갖고 있으며 그래서 정류장에 모인 것이다. 그러면서 자연히 그들의 좌석 안배를 어떻게 조정하느냐 하는 문제가 뒤따른다. 그리고 그것을 해결하기 위해서 선점권이 필요했던 것이다. 즉, 먼저 온 순서에 따라 좋은 자리를 선점하는 권리 말이다.

그런데 이 선점권이 갖는 의미는 소유권을 이해하는 데도 상당히 중요한 관점을 부여한다. 우선 효용성면에서 아주 유용하다. 즉, 자리 하나를 정하기 위해 모든 사람의 사연을 들을수도 없는 노릇이고 또 그것을 평가하는 작업도 불가능하다.

각자의 주관적인 사연을 객관적인 기준으로 평가한다는 것도 어렵지만 그것이 가능하다 할지라도 곧 엄청난 불평불만에 직면하게 될 것이다. 왜냐하면 주관적인 사연으로 다른 승객들의 객관적인 동의를 얻기가 어렵기 때문이다. 그렇지만 무엇보다도 큰 문제는 짧은 시간, 잠깐의 볼일을 보기 위해 이용하는 방법치고 그 절차가 그토록 번잡하다면 너무나 비효율적이라는 점이다.

한편, 선점권은 사회 정의 차원에서도 정당성을 갖고 있다. 즉, 먼저 줄을 서서 기다리고 있다는 사실은 그만큼의 대가를 지불하는 것으로 해석할 수가 있는 것이다. 남보다 빨리 오기 위해서는 늦잠부터 줄이거나 부지런해야 하고, 하던 일이나 재미있던 일도 더 빨리 중지해야 하는 안타까움을 감수해야 하기 때문이다. 그러니 어떻게 보면 선점권이란 그러한 노력에 대한 보상의 대가로 볼 수도 있으며, 이 관점은 가장 많은 사람들로부터 동의를 받고 있는 사실이기도 하다. 말하자면 자연법적인 불문율로써 소유권의 근거를 제공하고 있는 것이다.

그럼에도 불구하고 여전히 일부 사람들은 선점권을 잘못된 비유와 연결시켜 이해함으로써 소유권의 근거에 많은 의혹을 제기하고 있다.

그 첫번째 비유로서 버스에 먼저 올라탄 사람이라 해도 여러 자리를 한꺼번에 선점할 수 없는 사례를 들며, 소유권으로서의 부족한 근거로 여기는 것이다. 그러나 이러한 오해는 선점권의 의미를 제대로 파악하지 못한 결과이다.

그것은 선점권의 근거가 부족해서가 아니라 한 개인이 모든 좌석에 대해 '선점권을 행사할 만큼의 선점권'을 확보하지 못했기 때문이다.

결국 줄의 순서가 갖고있는 선점권이란 각각의 개별 좌석에 대한 선점권을 의미하는 것이지 모든 좌석을 독점할 수 있는 선점권이 아니었던 것이다.

그런데 좀더 극단적인 관점에서의 의문 제기도 있다. 즉, 차에 먼저 올라타더라도 그 차가 자신의 소유물이 될 수 없다는 사실을 통해 선점권의 근거를 약화시키려는 주장 말이다. 그러나 이것은 소유권의 발생 과정에 대한 초보적인 이해조차 없는 반론일 뿐이다.

사실 필자가 앞에서 소유권을 우선권이라고 표현했던 것도 바로 이러한 반론들에 대비하기 위한 준비였던 셈이다. 물론 차에 먼저 올라가더라도 차의 소유권자로서의 선점권은 행사할 수 없다. 그러나 그것은 선점권의 부당함 때문이 아니라 우선권에서 밀려났기 때문이다.

다시 말해서 차의 소유권자가 있는 상태에서는 아무리 좋은 좌석을 선점하더라도 승객으로서의 우선권만 인정될 뿐, 소유권자로서의 우선권은 가질 수 없다. 왜냐하면 그 승객보다 먼저 차를 선점한 사람이 이미 있기 때문이다.

요컨대 이미 선점권이 지정돼 있는 소유 대상은 그 소유권자가 항상 우선권을 가지고 있는 것이다.

가령 A라는 사람이 길을 가다가 우연히 싼 값에 골동품을 구입하게 되었다고 하자. 그리고 나중에 그 골동품이 아주 진귀한 문화재로 새로이 밝혀졌다고 하자. 그러나 갑자기 그 소식을 들은 원래의 주인은 물론이고 다른 많은 사람들까지 몰려와 원래의 가격보다 100배의 가격을 줄테니 다시 되팔라고 했다. 그렇지만 A는 그것을 팔수 없다고 했다. 바로 그때 원래의 주인이 '이것은 원래 내것이므로 그때 받은 돈을 내가 되돌려 준다면 당신 역시 그 물건을 되돌려 주어야 하오' 하며 항의하는 것이었다. 그렇다면 여기서 독자들은 그 소유권자가 과연 누구라고 보는가?

사실 이것은 질문꺼리도 못된다. 당연히 소유권자는 A이기 때문이다. 아무리 싼 값에 구입했다 하더라도 정당한 절차에 의해 구입했다면 스스로 포기하지 않는 이상 A의 우선권(또는 소유권)은 언제나 유효하기 때문이다. 그런데 이 사실은 좀 더 근본적인 내용을 시사하고 있다. 즉, 우선권의 개념이 소유권 행사에 얼마나 큰 부분을 차지하고 있는지를 보여주기 때문이다.

요컨대 어떤 소유물을 갖기 위해 얼마만큼의 노력과 노동을 제공했느냐 하는 것 보다, 시기적으로 누가 먼저 우선권을 갖고 있느냐 하는 점이 훨씬 더 중요한 것이다. 다시말해서 골동품을 구입하기 위해 얼마나 많은 노력과 돈을 투자했느냐 하는 것 보다, 지금 현재 우선권이 누구에게 있느냐 하는 점이 더 중요한 것이다. 쉽게 말해서 어떤 물건에 대해 아무리 많은 돈을 주고 새로운 소유권자가 되고 싶어도 원래의 소유권자가 갖고 있는 우선권을 계승받지 못하면 -소유권자가 자신의 물건을 팔 생각이 없으면-새로운 소유권자가 되는 것은 불가능하다.

3. 가치 이념이 추구하는 소유권

이처럼 소유권의 획득 과정은 인간으로서 어쩔 수 없이 발생하는 요소들이 너무나 많다. 태어날 때부터 존재하는 차별적인 소유권에서부터 시기적으로 결정되는 우선권에 이르기까지 비록 불합리한 느낌이 들더라도 인간이 통제할 수 있는 범위를 벗어나면 다른 대안이 없기 때문에 가치이념으로 다룰 수 있는 주제가 못된다.

물론 태어날 때부터 누구는 부자고 누구는 가난뱅이라는 사실이 불공평하지만 그것은 인간의 힘으로는 통제 불능의 대상이므로 가치 이념의 관점에서는 다룰 수가 없는 것이다. 그러한 소유권은 운명적으로 발생하는 것이므로 부정한다고 부정될 수 있는 성질이 아니기 때문이다.

따라서 가치 이념에서는 인간의 힘으로 통제 가능한 소유권 발생에 대해 알아보고 그 정당성을 논하는 것이 주된 관심사이다. 사상이란 어차피 인간의 힘으로 변혁이 가능한 부분만을 대상으로 하기 때문이다.

그럼 소유권과 관련하여 어떤 것이 통제 가능한가?

그것은 말할것도 없이 제도적인 부분이다. 그리고 이 제도적인 부분은 두 가지 관점에서 분석함으로써 통제가 가능하다. 즉, 제도의 근거가 얼마나 정당한지를 살피는 것과, 얼마나 현명하고 가치 있는지를 살피는 것이 그것이다.

그런데 일반적으로 정당성의 관점은 경제적인 이해 관계나 개별 주체의 권리에 관련된 것들이고, 가치론의 관점은 사회전체의 효용성이나 발전 방향을 연구 대상으로 삼는다는 점에서 약간의 차이가 있다.

제4절

토지 소유권과 지대의 근거

만약 어떤 사람이 길을 가다가 우연히 주인없는 차를(제일)먼저 발견했다고 하자. 가령 그 차의 소유권자가 자신의 우선권을 포기하거나 아니면 법적인 소유권자의 등록이 누락되어 누가 소유권자인지를 모르는 상태에서 소유권자의 행방이 묘연하다면 그 차는 먼저 발견하는 사람의 소유물이 될 수 있다. 왜냐하면 그 차를 발견한 사람보다 더 앞서는 객관적인 우선권을 누구도 제시할 수 없기 때문이다.

물론 원래의 소유권자가 우선권을 포기하지 않거나 행방불명 되지 않았다면 발견자라는 이유만으로는 원래 소유권자의 우선권을 앞설 수 없을 것이다. 그렇지만 최초 발견자보다 더 유리한 우선권을 아무도 갖고 있지 못하다면 놀랍게도 '최초로 발견했다는 사실' 만으로도 소유권이 발생할 수 있는 것이다.

소유권은 우선권의 순서로 정해지는 바, 모두가 똑같은 조건이라면 최초의 발견 사실이 우선권을 갖는 다는 것은 당연하다. 물론 그것이 부당하게 느껴질 수도 있지만 그것을 부당하다고 말할 수 있는 더 강력한 우선권이 없다면 그것은 결코 부당한 방법이 아니다.

그래도 그것이 계속 부당하게 여겨진다면 당신도 마찬가지의 방법으로 가장 강력한 우선권을 확보하면 소유권을 얻을 수가 있을테니 특별히 억울한 것은 아니다. 그렇지만 당신은 곧 그 일이 그렇게 쉬운 일이 아님을 알게 될 것이다. 왜냐하면 주인을 잃어버린 차가 아니라 아예 주인이 없는 차를 발견해야 가능하기 때문이다.

1. 선점권의 내용과 범위

이제 시야를 옮겨 넓은 초원을 생각해 보자. 그리고 그 초원은 처음 탐험되는 곳으로 아직 주인이 없는 지역이라고 하자. 즉, 첫번째 초원을 탐험하고 있는 사람보다 그 초원에 대해 특별히 더 우선권을 갖고 있는 사람이 현재로서는 없다고 하자. 그렇다면 당연히 탐험가는 위치 선점의 우선권을 갖게 된다.

따라서 돌아다니다가 가장 마음에 드는 곳을 골라 정착을 하게 되면 바로 그곳이 탐험가 소유의 토지가 되는 것이다. 왜냐하면 우선권을 시기적으로 먼저 확보했기 때문이다.

그런데 선점의 우선권을 이해하는 데는 몇 가지 주의할 점이 있다. 그것은 토지의 공간적 넓이보다 위치 개념을 더 관심있게 지켜보는 일이다. 그것은 탐험가의 우선권이 선점하는 위치와 더 많이 관련되기 때문이다.

사실 아무리 맨 먼저 초원을 탐험한 사람이라 해도 그 넓은 초원 전체를 다 가질 수는 없다. 우선 다음에 뒤따라와 이주하는 사람들이 그것을 인정해 주지 않을 것이기 때문이다.

생각해 보라! 당신같으면 좀더 일찍 탐험했다고 해서 그 탐험가에게 그 넓고 넓은 초원을 모조리 양보할 수 있겠는가? 그럼 남보다 일찍 탐험함으로 해서 얻어진 선점권이란 도대체 무엇인가?
앞에서 차에 먼저 올라탄 승객의 선점권이란 모든 좌석을 독차지하는 것이 아니라 자신의 좌석 위치를 선점하는 권리임을 기억할 것이다.

마찬가지로 최초 탐험가에게도 남보다 더 좋은 위치를 선점하는 우선권이 주어지는 것이지 모든 토지를 독식하는 우선권이 주어지지는 않는다. 왜냐하면 최초의 탐험가 역시 전체 토지에 대해서는 우선권을 가질 수가 없기 때문이다. 쉽게 말해서 전체 토지에 대해 우선권을 주장할 수 있는 사람은 아무도 없다는 얘기다.

우선권이란 남보다 더 우월한 권리를 말하는 것인데 그러한 조건을 충족시키려면 그만한 근거가 있어야 하는 것이다. 그런데 아무리 최초 탐험가라 해도 모든 초원에 대해 권리 주장할 만큼의 강력한 근거는 마련할 수가 없다. 왜냐하면 그 넓은 토지를 모조리 개간할 수는 없기 때문이다. 따라서 선점권의 핵심은 위치에 대한 우선권으로 요약될 수 있다.

그렇기 때문에 두 번째 탐험가는 최초 탐험가가 개간한 땅의 우선권(또는 위치의 선점권)을 인정하고 다른 곳을 찾아 자신의 선점권을 확보하려 할 것이다.

또 세 번째 탐험가 역시 앞의 두 탐험가가 선점한 위치(또는 개간한 땅)를 제외한 다른 곳을 찾아 자신의 보금자리로 선점할 것이다. 이렇게 이주하는 순으로 각각의 위치에 대해 선점권이 부여되는 것이다. 그러다가 포화상태가 돼 더 이상 새로이 개간할 땅이 없어지면 — 앞서 이주해온 사람들이 토지의 모든 선점권을 차지해 버리면 — 그 이후의 이주자들은 앞서 이주한 사람들이 선점한 토지를 빌려 사용할 수 밖에 없다. 자신이 새롭게 선점할 (토지의) 위치가 더 이상 없기 때문이다.

이는 마치 버스를 기다리는 사람들의 줄이 길어 나중에 올라타는 사람들은 서서 가야 하는 것과 흡사하다. 서서 가는 이유 역시 남은 좌석의 (위치가) 없기 때문이다. 다만 버스의 경우에는 원래의 소유권자가 따로 있기 때문에 좌석의 선점권이 승차동안만 허용된다는 점이 다를 뿐이다.

결국 선점권의 내용이란 토지의 위치를 말하는 것이고 선점권의 범위란 선점권이 인정되는 토지의 넓이 즉, 노동을 투입함으로써 다른 토지에 비해 특별히 우월한 권리를 행사할 수 있는 부분의 토지를 말하는 것이다.

2. 선점권의 효용가치

그럼 이번엔 두 번째 이후의 탐험가들 입장에서 생각해 보자. 아마도 두 번째 탐험가는 초원을 누비며 자신의 보금자리를 어디로 정하면 좋을지를 생각할 것이다. 그러다가 우연히 첫번째 탐험가가 정착하여 사는곳을 지나가게 되었다고 하자.

그럼 두번째 탐험가는 그곳이 다른 어느 곳보다 특별히 좋은 두 가지 매력을 느끼게 될 것이다. 그곳은 위치의 편의성과 생활의 효용성면에서 아주 유리한 이점을 갖고 있기 때문이다.

사람이 정착해 살아가려면 주위의 풍경 뿐 아니라 우선 먹고, 마실 물이 필요할 것이다. 따라서 가까운 곳에 물이 풍부해야 한다. 그리고 또 새로운 집을 짓기 위한 재료 즉, 나무와 가축들이 마음놓고 뜯어먹을 수 있는 풀도 풍부해야 할 것이다. 그런데 바로 그곳이 (그 주위에서는) 그나마 가장 좋은 입지적 조건을 갖추고 있는 것이다.

그도 그럴 수 밖에 없는 것이 최초의 탐험가 역시도 바로 그런곳을 찾아 자신의 보금자리로 선점했기 때문이다. 그러니 두 번째 탐험가로서도 주위를 더 이상 살펴볼 필요없이 (첫번째 탐험가가 살아가는) 바로 그곳 근처에서 함께 살아가고 싶은 것이다. 바꾸어 말하면(위치의 편의성이라는) 입지적 혜택을 함께 누리고 싶은 것이다.

그런데 두 번째 탐험가에게는 그곳이 특별히 더 마음에 드는 또 다른 이유가 있는데 그것은 생활의 효용성이라고도 할 수 있을 것이다. 즉, 혼자 사는 것 보다 든든한 이웃을 두고 있으면 외로움도 달랠 수 있을 뿐 아니라 어려운 일이 있을 때 서로 도와가며 살아갈 수 있을 것이기 때문이다. 쉽게 말해서 서로 협동을 하면 여러 가지 생산 활동이 훨씬 더 효율적으로 이루어 질 수 있는 것이다. 그렇지 않겠는가?

바로 그러한 이유로 세 번째, 네 번째 탐험가들 역시도 계속 그곳에서-같은 위치는 아니지만 서로 가까운 위치에서-살아가길 희망할 것이며, 곧 그 근처의 토지는 선점권의 포화 상태를 맞게 될 것이다.

따라서 그 이후의 사람들이 이주할 때는 그곳이 비록 마음에 들더라도 마음대로 살 수는 없게 된다. 왜냐하면 그 지역은 먼저 이주해온 사람들에 의해 선점권이 이미 행사되고 있기 때문이다. 그렇다면 그 사람은 그곳을 떠나 먼 곳으로 새로운 삶의 터전을 정하든지, 아니면 이미 살고 있는 사람에게 일정액의 지대를 주고 땅을 빌려 살아가든지 선택할 것이다.

물론, 얼핏 생각하면 지대까지 주면서 그곳에서 굳이 살아갈 필요가 있을까 하고 독자들은 느끼겠지만 그것이 그렇지가 않다. 사람이 함께 모여 살아 간다는 것은 생각 이상으로 유용하며 높은 효율성을 갖고 있기 때문에 웬만하면-돈만 충분하면-그냥 그곳에서 함께 살아가길 희망하게 된다.

그리고 그것은 그 비싼 도시의 지대에도 불구하고 그 돈을 기꺼이 지불하면서 까지 그 많은 사람들이 끊임없이 몰려드는 사실로 충분히 증명되는 것이다. 바보가 아닌 다음에야 일부러 손해 보아가며 도시에서 살아갈 까닭은 없기 때문이다.

더구나 새로운 곳을 찾아 이리 저리 헤매 다니는 것 자체가 시간적으로나 경제적으로 부담이 되는 기회 비용이 아니겠는가?

3. 지대의 발생과 그 근거

여기서 우리의 관심거리는 사람들이 왜 그 비싼 지대를 지불하면서까지 그토록 도시 생활을 선호하느냐 하는 점이다. 그것은 말할 것도 없이 최초의 이주자 이래 계속 사람들이 몰려와 살면서 더불어 사는 삶의 효율성과 그 혜택 때문이다. 그러한 혜택이 없고서야 그 높은 지대를 부담하며 억울해서 어떻게 살아 가겠는가?

그만한 가치가 있으니까 돈을 내고 살아가는 것일게다.

그런데 놀랍게도 그렇게 생각하지 않는 사람들도 있다. 그리고 그 대표적인 인물은 더욱 놀랍게도 그 유명한 헨리 죠지라는 사람이다. 그는 그 유명한 명성에 어울리지 않게 지대에 대한 근거를 전혀 이해하지 못하고 있었던 것이다.

그 결과 그는 지대개념을 아주 부당하게만 보았던 것이다. 그에게 있어 지대란 노동자들이 벌어들이는 노동의 대가를 지주들이 착취하는 악의 존재일 뿐이었다.

그렇지만 사실은 전혀 그렇지가 않다. 물론 가난한 사람들이야 도시에서 살고 싶어도 비싼 지대와 임대료 때문에 도시의 외곽이나 시골에서 살 수 밖에 없다.

그러나 그에게도 돈이 있다면 그는 기꺼이 그 돈을 지불하고 도시에서 살아가려고 했을 것이다. 도시라고 하는 공간적 위치가 갖는 효용가치는 그만큼 막강하고 매력적이기 때문이다.

독자들은 도시의 중심지일수록 상점 가게의 임대료가 비싸다는 것을 잘 알고 있을 것이다. 그런데도 중심지에 있는 가게를 더 많이 찾는 것이다. 또 많이 찾으니까 임대료도 그만큼 더 비싼 것이다. 그것은 무엇을 말하는가?

그만큼 그 위치가 경제적으로 가치가 있다는 뜻이 아니겠는가?

투자가치도 없는데 그 비싼 임대료를 물어가면서 손해볼 필요는 없기 때문이다.

실제로 도시의 주위를 살펴보면 중심지에는 돈 많은 사람들이 많이 살고 있다. 물론 돈이 많으니까 비싼 임대료를 내고 살아간다고도 볼 수 있지만 그 보다도 그것은 위치의 경제적 가치를 포기할 수 없기 때문이다. 즉, 그 위치에서는 비싼 임대료를 지불하고도 임대료가 낮은 다른 곳에서 벌어 들이는 수입보다 더 많은 것이다.

만약 그렇지 않았다면 비싼 임대료를 지불하면서까지 그 곳에서 머물러 있어야 할 이유가 없기 때문이다. 더구나 그 정도의 큰 임대료라면 그냥 은행에 맡기기만 해도 이자 수입이 꽤 짭짤하지 않겠는가?

그렇다면 결국 도심부의 경제적 가치는 최소한 임대료에 해당하는 이자 수입보다는 더 많다는 계산이 가능하다.

요컨대 지대가 비싸면 비쌀수록 임대료가 높으면 높을수록 그곳의 경제적 가치도 더 크다는 뜻이 된다. 물론 편협된 시각으로 지대 자체에만 주목하면 지대는 생산성을 떨어뜨리는 요인이 될 수 있다. 지대만큼의 생산 비용이 추가되기 때문이다.

그러나 시각을 넓히고 전체를 바라볼 수 있는 능력을 키우면 그러한 관점이 잘못되었음을 알게 된다. 즉, 경제가치는 비용의 관점뿐 아니라 생산의 관점까지 고려할 줄 알아야 하는 것이다.

쉽게 말해서 지대로 인해 생산 비용이 추가되는 것 이상으로 그 곳은 장사가 잘되고 경제적 가치도 충분하다는 것이다. 그리고 그만큼의 경제적 가치가 없었다면 장사를 포기하든지 아니면 거기에 상응하는 만큼의 지대가 떨어졌을 것이다.

4. 가치의 해석 방법

그런데 헨리 죠지가 이처럼 큰 오류를 범하게 된 것은 아마도 그 자신의 특이한 관점 때문이었을 것이다. 즉, '더불어 사는 삶의 효율성'이란 사람들이 많이 모여 살면서 생겨난 효용가치이므로 그 원인 역시 새로이 추가적으로 이주해 온 사람들의 몫으로 돌려야 한다는 신념을 가졌던 것이다.

다시말해서 먼저 땅을 선점한 사람들에 의해서가 아니라 나중에 사람들이 몰려 오면서 그곳의 가치가 올라갔다는 논리이다.

사실 결과만 놓고 보면 그러한 추론도 가능하다. 그렇지만 언제나 그러하듯 올바른 결론에 도달하기 위해서는 내용 전체의 흐름을 살펴 보아야지 결과만 보아서는 곤란하다. 솔직히 그냥 결과만 놓고 보면 토지의 (위치)가치가 이미 먼저와 살고 있는 앞사람들의 존재에 의해 발생한 것인지 아니면 뒤에 이주해 오면서 늘어난 사람들 때문에 발생한 것이지 불분명해 보일 수도 있다. 그러나 내용의 핵심을 알고 나면 그의 관점이 얼마나 왜곡되고 편협돼 있었는지를 금방 알 수 있게 된다.

중요한 것은 인구가 왜 늘어나게 되었는지 하는 점이다. 그것은 먼저 이주해 온 사람들이 선점한 위치에서 발생하는 '더불어 사는 삶의 효율성' 때문이었다. 즉, 그곳을 그냥 지나치고 혼자 다른 곳에 갔더라면 누리지도 못했을 여러가지 생활 혜택이 더불어 살면서 함께 누릴 수 있었던 것이다. 그러니 나중에 이주해온 사람으로서는 그냥 그곳에 사는 것만으로도 이익을 보는 셈이다. 이익이 없었다면 그냥 지나쳤을 테니 말이다.

생각해 보라! 이제 더 이상 선점할 수 있는 토지가 없음에도 불구하고 굳이 지대를 지불해 가면서까지 선점권을 행사하고 있는 사람들과 함께 살아 가려고 한다면 그곳의 경제적 가치도 그만큼 창출되었다고 보기 때문일 것이다. 또 인구도 그래서 늘어난 것일테고 말이다. 그럼에도 불구하고 헨리 죠지의 관점 역시 나름대로의 일리는 있다.

어쨌든 인구가 늘어남으로 해서 지대의 효용가치도 더 올라갔으니 말이다. 따라서 이러한 논란거리는 비유의 대상을 좀 더 엄밀하게 선정하여 접근해야만 오류를 막을 수 있다.

가령 100×2 = 200에서 우변항 값이 200이 되는 데는 좌변항의 100과 2중에서 어느 쪽의 영향력으로 평가해야 하나? 물론 100과 2

라는 숫자만 놓고 보면 어느 쪽도 단독으로는 200을 만들 수 없고 반드시 서로 (곱하는 과정의) 협력을 통해서만 가능하다. 즉, '200'은 100과 2의 곱셈이라는 공동의 작업을 통해 얻어진 공동의 작품이라고 볼 수 있을 것이다. 그렇지만 굳이 그 영향력을 따지고, 어느 쪽의 영향력이 더 크냐고 묻는 질문에 답해야 한다면 당연히 '100'이라고 해야 하는 것이 상식 아닐까?

왜냐하면 '100'은 '2'라고 하는 작은 수의 도움만으로도 200을 만드는 것이 가능하지만 '2'가 '200'을 만들기 위해서는 자신보다 훨씬 더 큰 수의 도움을 받아야만 가능하기 때문이다. 다시말해서 서로 곱해질 상대방의 수를 '1'로 정했을 때를 비교하면 된다. 즉, 100은 '1'과 곱해져도 '1'이라는 숫자에 비해 상대적으로 워낙 자기자신이 크기 때문에 100이라고 하는 원래의 큰 수 –'1'에 대해 상대적으로 큰 수 –가 그대로 보존되고 있다.

반면에 '2'는 곱해지는 상대의 숫자가 '1'처럼 작으면 곱셈의 결과도 원래 자신의 값은 '2'가 되어 큰 수를 나오게 할 수가 없는 것이다. 다시말해서 작은 수가 큰 수로 변하기 위해서는 곱해지는 상대 숫자의 크기에 전적으로 의존할 수 밖에 없는 것이다.

요컨대 새로 한 사람이 이주해 옴으로서 전체가 느끼는 효용가치의 상승분(分) 보다도 전체에 대해 새로이 추가되는 (한 사람) 그 당사자의 입장에서 느끼는 효용가치가 훨씬 더 큰 법이다.

그러니 어느 쪽에서 많은 이익을 보았다고 해야겠는가?

5. 공동 생산과 공동 분배의 논리적 함정

공동 생산과 공동 분배는 상당히 그럴 듯한 주장으로 한동안 –어쩌면 지금도 –많은 사람들의 사상적 동기가 되기도 했다. 그러나 공산주의가 무너진 요즈음에 와서는 공동 생산과 공동 분배의 허구와 그 비효율성이 만천하에 공개되면서 그 호소력도 점차 잊혀져 가고 있는 추세이다.

물론, 저자 역시도 공동 생산과 공동 분배를 바람직한 사회 모델로 보지는 않지만 그 관점은 좀 다르다. 즉, 공동 생산과 공동 분배라는 사상의 순수성만큼은 아직 신선한 느낌을 주는 편이다.

그런데 문제는 사상의 동기가 아니라 사상의 내용이 심하게 오염되어 있다는 점이다. 그리고 그 예는 멀리 찾을 것도 없이 앞서 언급했던 헨리 죠지의 논리 속에서도 일종의 공동 생산 공동 분배 개념을 찾아낼 수 있다.

그는 사람이 함께 모여 생활한 결과로서 지대가 올라갔으니 그 지대를 공공의 재산 즉, 세금으로 전액 충당하자고 했던 것이다. 내용을 모르고 그의 주장만 들으면 상당히 그럴듯하게 들리지만 실은 논리의 오류 그 자체일 뿐이다.

결국 그의 논리는 인간 공동의 생활로 지대가 상승한 만큼 그 지대의 전체 이익 역시 공동의 이익으로 사용해야 한다는 주장이다.

그런데 그런 식의 주장이라면 이미 실현된 셈이다. 솔직히 개인의 능력과 기여도를 무시하고 무조건 그것을 공동 생산 공동 기여라고 과장해서 말한다면 각자의 수입이 서로 불공평하다는 따위의 불만도 무시되어야 한다. 왜냐하면 특별히 누가 많은 수입을 불공평하게 가져가는 경우가 있을지라도 그 사람 역시 '공동'이라는 전체의 일원이기는 마찬가지이기 때문이다. 즉, 같은 논리에 의해 개인도 엄연히 공동체의 구성원이고 그 구성원의 일원이 가져간 이상 항상 '공동'으로 가져갔다는 강변이 가능하기 때문이다.

요컨대 진정한 의미에서의 공동 분배를 주장하기 위해서는 공동 생산 역시 진정한 의미에서 실현되어야 한다. 다시말해서 모든 사람이 생산 활동에 똑같이 기여해야 하는 것이다. 그런데 어떻게 똑같은 능력을 발휘하고 기여할 수 있다는 말인가?

사실인 즉, 공동 생산이라는 말이 틀린 것은 아니지만 생산에 기여한 정도가 한결같을 수는 없다.

마찬가지로 공동의 생산물에 대해 공동으로 가져가는 것은 마땅하지만 반드시 똑같은 몫으로 분배해야 하는 것은 아니다. 똑같은 분배를 요구할 만큼 똑같은 기여 행위를 하지 못했기 때문이다.

생각해 보라! 공동으로 생산했다고 해서 기여도까지 어떻게 같을 수가 있는가?

권리보다도 가치를 위해

만약 누군가 달리기를 잘하여 올림픽에서 금메달을 받았다면 그것이 부럽기는 하겠지만 불공평하다는 느낌은 별로 들지 않는다. 달리기를 그만큼 잘하는 것에 대한 대가로 볼 수 있기에 오히려 당연하게 여겨질 수도 있다.

그렇지만 다른 한편으로 생각해 보면 정말 불공평할 수도 있다. 누구는 태어날 때부터 달리기를 잘하고 금메달까지 받는데 누구는 장애아로 태어나 평생 휠체어에 몸을 의지해야 하니 말이다.

그럼에도 불구하고 그 엄청난 불공평이 사회 문제로 부각되지 않는 것은 그러한 종류의 불공평은 인간의 힘으로는 어쩔 수 없는 부분이기 때문이다. 즉, 운명적인 선택에 대해서는 누구를 원망할 수도 없고, 누구에게 하소연할 수도 없는 법이다.

반면에 똑같은 조건에서 똑같이 일했는데 월급에 차이가 난다면 아주 불공평하게 느껴진다. 불과 돈 몇 푼의 차이밖에 차이 나는 게 없을지라도 당연히 같아야 할 월급에서 조금이라도 차이가 난다면 이상하게도 분노감이 치밀어 오를 수 있다. 그것은 왜 그럴까?

일반적으로 사람은 사람의 힘으로 통제가 불가능한 부분에 대해서는 그것이 아무리 큰 불공평이라 할지라도 운명적으로 받아 들이고 순응하는 태도를 보이는 경향이 있다.

그런데 그것이 비록 사소한 것일지라도 사람의 힘으로 통제가 가능한 부분에서 불공평한 처사가 이루어진다면 매우 민감하게 받아들이는 경향을 나타낸다.

그런데 우리 사회에는 바로 그 엄청난 불평불만이 끊임없이 쏟아져 나오고 있는 것이다. 그렇다면 그것은 곧 인간의 힘이나 사회적 제도에 의해 야기된 문제로 볼 수 있으며 또 결자해지의 원칙에 따라 그 문제가 사회적 제도로 바꿀 수 있다는 반증이기도 하다. 그렇지만 더 시급한 사회 문제가 선결 과제로 남아있다. 그것은 사회의 불평불만에 대해 각자의 입장에서, 각자의 주장만 일삼을 뿐 양심적이고도 객관적인 주장이나 노력이 없다는 점이다.

가령 임금을 착취당한다고 그렇게 불평하면서도 정작 회사를 그만두라고 하면 법정 투쟁도 불사하고 끝까지 버티려고 한다든지, 회사가 어려워 정리해고를 단행하려고 하면 회사가 자신들을 이용해 먹었다고 선전하면서 가만있지 않겠다고들 말한다.

아니, 임금을 착취당하고 있다면 자신이 일한 만큼의 대가를 제대로 받지 못하고 있다는 얘긴데 그렇다면 그따위 회사가 무엇이 그리 좋아서 지금까지 다녔다는 말인가?

정말로 자신이 다니는 회사가 임금을 착취하는 곳이라면 회사에서 그만두라고 하기 전에 자진해서 먼저 그만 두어야 했을 것이 아닌가?

왜 임금을 착취당하는 회사에 기를쓰며 남아 있으려고 노력하는가? 임금을 착취당한다면 다닐수록 손해일 텐데 왜 손해를 보려고 그토록 노력하는가? 또, 그동안 회사가 자신들을 이용해 먹었다고 하면서도 그놈의 회사에는 왜 그렇게 있고 싶어 하는가?

그리고 그런 회사에 사람들은 왜 그렇게 들어가려고 안달인가?

회사에서 더 많이 이용해 먹기 전에 먼저 회사를 그만두는 것이 상책 아닐까? 왜 사람들은 그토록 회사에 이용당하기를 좋아하는가?

사람은 참으로 간사하고 이기적인 생각을 갖고 있다. 회사에서 주는 월급으로 살아가는 것이 얼마나 고마운지를 모르고 당치 않게도 회사를 위해 봉사하고 있다느니 또는 이용당하고 있다느니 하면서 참으로 한가한 말만 할 줄 안다. 아니, 무슨 놈의 봉사를 그렇게 하고 싶어 취직 시험까지 봐가며 들어왔다는 말인가?

그리고 그 정도로 봉사하고 싶어 들어왔다면 감사한 마음으로 회사에 다녀야 할 것이 아닌가? 봉사한다는 사람이 돈까지 받아가면서 봉사 운운하는 것은 보기에도 참으로 민망할 따름이다.

만약 돈이 많아서 개인 사업이라도 할 수 있다면 몰라도 자본이 별로 없는 대부분의 사람들은 직장에 다니기를 원할 것이다. 그리고 그렇게 바라는 직장을 처음 다니게 되었을 때는 참으로 기뻤을 것이다.

그것은 사람이 살아가는데 가장 기본적인 생계 수단을 의미하는 것, 이상의 의미가 있기 때문이다. 사람에게 직장이 있다는 것은 단순히 생계수단 만을 의미하는 것이 아니라 자신의 능력이나 노동이 사회에 필요한 생산 활동에 기여된다는데 더 큰 의미가 있다는 것을 알아야 한다.

당신이 지금 당장 밖에 나가 하루 종일 피땀흘려가며 땅을 파더라도 돈은 한 푼도 생기지 않는다. 왜냐하면 그러한 노동은 생산 활동에 필요한 방법으로 사용되지 못했기 때문이다.

그런 의미에서 직장이란 자신의 노동을 생산 활동에 필요한 형태로 바꿔주고 그 기회를 제공하는 곳이다. 만약에 무작정 땅을 파는 것이라면 그러한 노동이 어느 정도 가치가 있는지도 알 수 없을 뿐 아니라, 소득을 보장할 수가 없다. 운이 좋아 땅 속에서 금덩어리를 발견한다면 몰라도 그러한 노동에서 보람을 찾는 것은 불가능하다.

요컨대 어려운 것은 노동이 아니라 그 노동을 소득으로 연결시켜 주는 방법이 어려운 것이다. 직장이란 그래서 필요하고 또 고마운 것이다.

사실 대부분의 직장인들은 주어지는 업무에만 충실하면 소득이 발생한다. 따라서 소득이 생기는 노동 방법을 별도로 연구해야 하는 부담으로부터 벗어나 있는 것이다. 이것은 굉장히 중요한 것이다. 사람이 자신의 노동 방법에 신경쓰지 않고도 소득이 생기는 노동을 보장받을 수 있다는 것은 실로 엄청난 행운이기 때문이다.

그리고 그것을 행운이라고 보는 이유에 동의하기가 어렵다면 당장 회사를 그만두고 실업자가 한번 되어 보라. 그럼 그것을 왜 행운으로 보아야 하는지를 알게 될 것이다. 바로 그러한 이유에서 회사에 대해 그렇게 불평불만이 많은 사람도 회사만큼은 끝까지 다니려 하는 것이다. 왜냐하면 한 번 쥔 행운을 놓치면 다시 잡기가 얼마나 어려운지 그것을 알기 때문이다. 말하자면 이기적인 인간일수록 계산만큼은 빠른 법이다.

이쯤에서 이 글의 결론 부분을 정리해야 할 것 같다. 그동안 저자는 참으로 많은 얘기를 하면서 거듭되는 안타까움과 슬픔을 맛보아야만 했다. 저자 스스로가 빈자 중의 한 사람으로서 빈자의 논리를 변호하려고 했지만 적어도 진실 속에는 그러한 논리가 없었기 때문이다.

물론 노동자들에게 인기를 얻기 위해서라면 그들을 위해 양심을 팔고 거짓논리를 개발할 수도 있었겠지만 저자는 그렇게 뻔뻔하지가 못했던 것이다.

노동자들은 분명 사회적 약자이다. 물론 약자라는 조건에 의해 특별히 차별받는 것이 있다면 부당하지만 그렇다고 해서 특별히 우대받아야 할 권리는 없다. 그럼에도 불구하고 약자는 특별히 보호받아야 마땅하다 그것은 그러한 권리가 있어서가 아니라 그렇게 해야 가치가 있기 때문이다.

결국, 가치 이념에서 약자를 보호해야 하는 당위성은 더불어 사는 사회의 전체 효용가치를 증진시키는 목적에서 찾을 수 있다.

그렇다면 결론은 자명해 진다. 세상은 혼자만 살아가는 것이 아니라 더불어 사는 사회다. 그리고 더불어 사는 이상 서로 도와가며 살아가야 하는 것이 인간된 도리이며, 그것을 우리는 도덕이라고 부르는 것이다.

그렇다면 강자는 약자를 도와야 한다. 그것은 약자를 도와야 하는 의무 때문이 아니라 사람이 살아가는 도리이기 때문이다. 즉, 모든 사람들은 더불어 사는 사회의 일원으로서 모두가 소중한 존재들이기 때문이다.

사실 동물세계였다면 약자라는 사실 하나만으로도 생명의 위험에 노출될 수 있다. 동물세계에서는 강자만이 살아 남을 수 있고 약자는 전혀 불필요하기 때문이다.

그렇지만 우리 인간은 무지몽매한 다른 동물과는 다르다. 인간은 더불어 사는 삶이 효율성을 끝까지 누리기 위해서, 그리고 사회 전체의 효용가치를 높이기 위해서는 약자까지도 보호해야 하는 것이다. 약자를 보호해야 하는 것은 약자의 권리에 의해서가 아니라 약자의 사회적 가치 때문이다.

요컨대 인간이 다른 동물과 다른 것은 인간의 특별한 권리에 의해서가 아니라 인간의 특별한 가치 때문이다. 그래서 인간은 위대한 것이 아니겠는가?

권리보다 더 소중한 가치를 논하고 추구할 수 있으니 말이다.

■ 에필로그

권리만을 얘기하는 진보주의자보다도 의무에 대해서도 철저히 따지는 공정한 양심이 필요

이 글을 끝내면서 갑자기 진보주의를 자처하는 사람들에게 말해주고 싶은 것이 생각났다. 진보주의임을 내세우는 사람들이 더 잘 알겠지만 그들의 논리는 대중들에게 많은 지지를 얻고 있다. 그들은 누구보다도 대중들의 인기가 보장되는 방법을 잘 알고 있는 것이다. 즉, 대중들이 해야 하는 의무에 대해서는 별로 고민하지 않고 언제나 대중들이 누려야 할 권리에 대해서만 이야기 하기 때문이다.

대중들은 당장 듣기 좋은 권리에 더 많이 현혹되기 마련이다. 그렇지만 많은 사람들이 다 함께 더불어 사는 과정 속에는 권리만이 추구될 수는 없다. 권리는 그만큼의 대가와 의무를 필요로 하기 때문이다.

물론 당장의 인기와 다수의 지지를 받기 위해 듣기 좋은 권리만을 이야기하고 싶겠지만 양심을 가진 지성인이라면 그렇게 처신할 수는 없는 법이다. 비록 인기가 없고 비난받을지라도 권리를 이야기할때는 반드시 의무도 함께 이야기해야 되는 것이다.

좋은 약이 입에 쓰다고 했듯이 진리를 추구하는 것이 목적이라면 칭찬만을 기대해서는 안 된다. 칭찬보다 더 중요한 것은 학문의 공정성이다. 진리는 영원하지만 칭찬은 순간적이기 때문이다.

결국 진보주의라는 화려한 수식어를 얻기 위해 사회 전체의 도덕은 파괴되고 말았다. 권리는 권리만큼의 비용을 수반하기 마련인데 의무는 소홀히 하면서 권리만을 따지다 보니 권리사용에 따른 사회적 비용을 부담하게 만들었다.

요컨대, 개인적 인기와 명성을 위해 권리만을 얘기하는 진보주의자보다도 비록 다수의 비난을 받을지언정 의무에 대해서도 철저히 따지는 공정한 양심이야말로 이 사회에는 더 필요하고 유용하다는 것이 필자의 확신이다. 한사코 진보집단에 합류하기를 거부하는 것도 권리의 유혹보다 의무의 소중함과 그 고통을 누구보다도 더 잘 알기 때문이다.

■ 감사의 글

힘든 과정이 길었던 만큼이나 풍부한 인생경험

이 글의 집필작업을 시작한 지가 5년이 지났다. 이 글을 쓰기 위해 투자된 시간이 그만큼 길었다는 뜻이기도 하고 다른 한편으로는 세월이 벌써 그렇게 흘러 버렸다는 뜻이기도 하다.

물론 이렇게 시간이 오래 걸리게 된 것은 여러 권의 책 분량을 한꺼번에 완성하려는 필자의 지나친 욕심 때문이기도 했지만 오랜 병마 끝에 돌아가신 어머님의 죽음, 장남으로서의 역할과 고뇌라는 현실적 여건 때문에 이 책을 집필하는데 전적으로 헌신할 수는 없었다. 그러나 단 한 순간도 이 책을 완성해야 한다는 강박관념에서 벗어날 수는 없었으므로 지난 5년 간의 세월은 참으로 힘들었고 괴로운 나날이었던 셈이다.

무엇보다도 사회에 대한 필자의 강한 참여의식 때문에 연구활동과 집필작업에 많은 방해가 되었으며 정신집중을 효율적으로 관리하지 못했던 것이 안타까움으로 남는다. 그러나 다른 한편으로는 많은 보람과 감사한 마음을 가질 수도 있게 되었다. 힘든 과정이 길었던 만큼이나 풍부한 인생경험과 안목을 가지는 데는 오히려 유리한 위치에 있었기 때문이다.

아무튼 이제 새로운 곳에 관심을 가질 수 있는 여유가 생기게 되었다는 점이 가장 기쁘다. 하나의 연구과제를 단계적으로 완성했다는 사실과 그 과정은 생각 이상의 의미를 갖게 하기 때문이다. 그리고 그러한 기쁨은 현실적이고도 구체적인 저작물에 의해 더욱 극적으로 얻어지는 법이다.

그런데 필자가 이 글을 쓰면서 가장 궁금했던 것은 독자들의 반응이었다. 그래서 책을 출간하기로 결심했으며 태을출판사 최상일 사장님의 적극적인 배려와 편집위원이신 황국산 선생님의 열성적인 노력 덕분에 그것이 가능하게 되었다. 참으로 다행스럽고 고마운 일이 아닐 수 없다.

아울러 이 책이 나오기까지 많은 조건을 아끼지 않았던 친구 장영훈, 이복행 그리고 귀한 시간을 기꺼이 쪼개어 컴퓨터 워드 작업을 도와준 노강, 김송희, 최희란, 김선자, 김은경, 김인자 후배학생들의 노고에도 깊은 감사를 드린다.